이렇게만 공부하면 자격증딴다!

ITQ 정보기술자격
한글 2022

발 행 일 : 2025년 11월 03일(1판 1쇄)
I S B N : 979-11-92695-74-7(13000)
정   가 : 17,000원

집   필 : KIE기획연구실
진   행 : 김동주
본문디자인 : 아카데미소프트 편집팀

발 행 처 : (주)아카데미소프트
발 행 인 : 유성천
주   소 : 경기도 파주시 정문로 588번길 24
홈페이지 : www.aso.co.kr

CONTENTS

※ 부록 : 시험직전 모의고사 3회분 수록

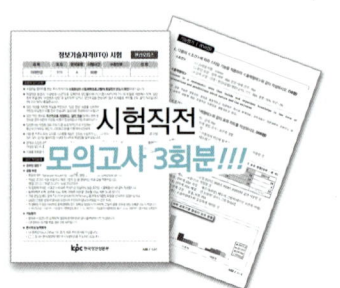

시험직전 모의고사 3회분!!!

PART 01
ITQ 시험 안내 및 자료 사용 방법

☑ **시험안내 01** ITQ 시험 안내
- ☑ 정보기술자격(ITQ) 시험의 응시 자격 및 시험 과목
- ☑ 합격 결정기준 및 시험 시간

☑ **시험안내 02** ITQ 자료 사용 방법
- ☑ 자료 다운로드 방법
- ☑ 아카데미소프트의 코딩아지트에서 개발한 '온라인 답안 시스템'
- ☑ 아카데미소프트의 코딩아지트에서 개발한 '개인용 채점 프로그램(MAG_Personal)'

ITQ 시험 안내

☑ 정보기술자격(ITQ) 시험의 응시 자격 및 시험 과목
☑ 합격 결정기준 및 시험 시간

1. 정보기술자격(ITQ) 시험이란?

정보화 시대의 기업, 기관, 단체 구성원들에 대한 정보기술능력 또는 정보기술 활용능력을 객관적으로 평가하는 시험입니다. 정보기술 관리 및 실무능력 수준을 지수화, 등급화하여 객관성을 높였으며, 과학기술정보통신부에서 공식 인증하는 국가공인자격 시험입니다.

2. 응시 자격 및 시험 과목

❶ 정보기술자격(ITQ) 시험은 정보기술실무능력을 평가하는 시험으로 국민 누구나 응시가 가능합니다.

❷ ITQ 시험은 동일 회차에 아래 한글/MS 워드, 한글 엑셀/한셀, 한글 액세스, 한글 파워포인트/한쇼, 인터넷의 5개 과목 중 최대 3과목까지 시험자가 선택하여 신청할 수 있습니다.

※ 단, 한글 엑셀/한셀, 한글 파워포인트/한쇼, 아래 한글/MS 워드는 동일 과목군으로 동일 회차에 응시 불가
　(자격증에는 "한글 엑셀(한셀)", "한글 파워포인트(한쇼)"로 표기되며 최상위 등급이 기재됨)

자격종목		등급	ITQ시험 프로그램 버전		시험방식
			시험 S/W	공식버전	
ITQ 정보기술자격	아래 한글	A/B/C 등급	한컴 오피스	한컴오피스 2022/2020 선택 응시	PBT
	한셀			한컴오피스 2022 단일 응시	
	한쇼				
	MS 워드		MS 오피스	MS 오피스 2021 단일 응시	
	한글 엑셀				
	한글 액세스				
	한글 파워포인트				
	인터넷		내장 브라우저 : IE8.0이상		

※ 한컴오피스 : 2022/2020 중 선택 응시(시험지 2022/2020 공용), 한쇼/한셀 : 2022 단일 응시

3. 합격 결정기준

❶ 합격 결정기준

ITQ 시험은 500점 만점을 기준으로 A등급부터 C등급까지 등급별 자격을 부여하며, 낮은 등급을 받은 수험생이 차기시험에 재응시하여 높은 등급을 받으면 등급을 업그레이드 해주는 방법으로 평가를 합니다.

A등급	B등급	C등급
400~500점	300~399점	200~299점

❷ 등급별 수준

등급	수준
A등급	주어진 과제의 80~100%를 정확히 해결할 수 있는 능력
B등급	주어진 과제의 60~79%를 정확히 해결할 수 있는 능력
C등급	주어진 과제의 40~59%를 정확히 해결할 수 있는 능력

4. 시험 배점 및 시험 시간

시험 배점	문항 및 시험방법	시험 시간
과목당 500점	5~10문항 실무작업형 실기시험	과목당 60분

5. 시험출제기준(아래한글)

문항	배점	출제기준
❶ 스타일	50점	한글/영문 텍스트 작성능력과 스타일 기능 사용 능력을 평가 • 한글/영문 텍스트 작성 • 스타일 이름/문단모양/글자모양
❷ 표와 차트	100점	표를 작성하고 이를 이용하여 간단한 차트를 작성할 수 있는 능력을 평가 • 표 내용 작성/정렬/셀 배경색 • 표 계산 기능/캡션 기능/차트기능
❸ 수식 편집기	40점	수식편집기 사용 능력 평가 • 수식편집기를 이용한 수식작성
❹ 그림/그리기	110점	다양한 기능을 통합한 문제로 도형, 그림, 글맵시, 하이퍼링크등 문서작성시의 응용능력을 평가 • 도형 삽입 및 편집, 하이퍼링크 • 그림/글맵시(워드아트) 삽입 및 편집, 개체배치 • 도형에 문자열 입력하기
❺ 문서작성능력	200점	문서작성을 위한 다양한 능력을 평가 • 문서작성 입력 및 편집(글자모양/문단모양), 한자변환, 들여쓰기 • 책갈피, 덧말, 문단 첫글자장식, 문자표, 머리말, 쪽번호, 각주 • 표 작성 및 편집, 그림 삽입 및 편집(자르기 등)

※ 응시료 확인 : https://license.kpc.or.kr/ 홈페이지 접속 → [자격소개-정보기술자격(ITQ)]

6. ITQ 회원 가입 및 시험 접수 안내

❶ 아카데미소프트(https://aso.co.kr) 홈페이지 자료실에 **PDF**로 제공합니다.

❷ [자료실]-[공지]-'ITQ 회원 가입 PDF 및 시험 접수 안내' 파일을 클릭

ITQ 자료 사용 방법

☑ 자료 다운로드 방법   ☑ 온라인 답안 시스템
☑ 개인용 채점 프로그램

1. 자료 다운로드 방법

❶ 웹 브라우저를 실행하여 아카데미소프트(https://aso.co.kr) 홈페이지에 접속합니다. 이어서, [교재소개]−[ITQ 자격증]−[26 ITQ 한글 2022(좌)] 교재를 클릭합니다.

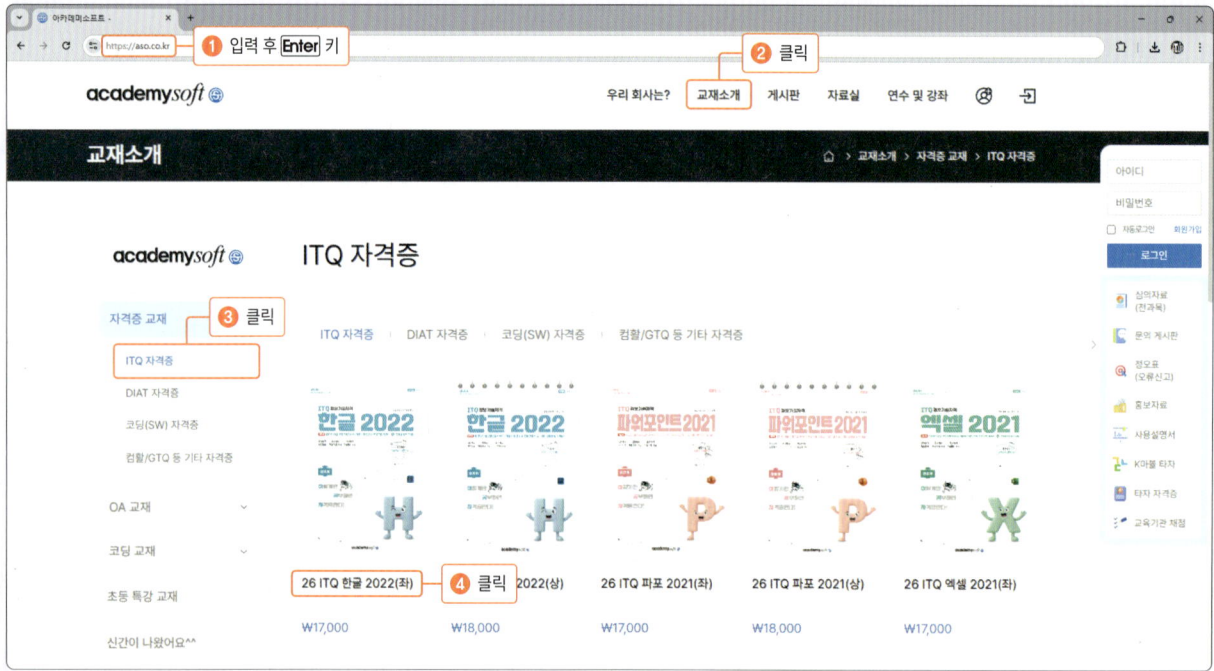

❷ 교재 이미지 오른쪽에 [교재 학습자료]를 클릭하면 [다운로드] 폴더에 저장됩니다.

2. 아카데미소프트의 코딩아지트에서 개발한 '온라인 답안 시스템'

❶ 온라인 답안 시스템

[MAG PER 개인용 채점 프로그램·답안전송] 프로그램은 **수험자 연습용 답안 전송 프로그램**이기 때문에 **서버에서 제어가 되지 않는 개인용 버전**입니다. 실제 시험 환경을 미리 확인하는 차원에서 테스트하시기 바랍니다.

※ 해당 '온라인 답안 시스템'은 변경된 ITQ 시험 버전에 맞추어 수정된 최신 버전의 프로그램입니다.

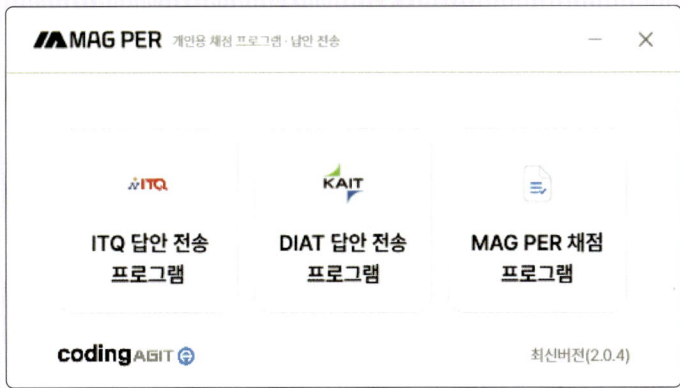

❷ [개인용 채점프로그램]을 클릭하여 다운로드한 다음 [ASO_MAG_PER_250912] 파일을 압축 해제합니다. 이어서, [ASO_MAG_PER_250912] 폴더에서 **개인용 채점 프로그램(MAG_Personal)_실행 파일**을 더블클릭하여 실행합니다.

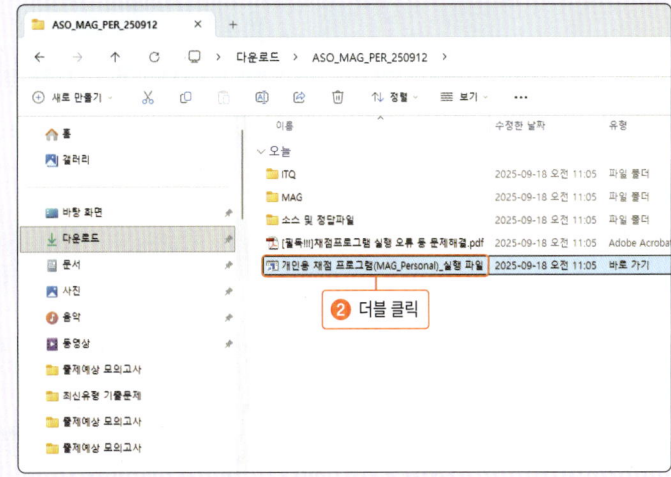

❸ 〈ITQ 답안 전송 프로그램〉 단추를 클릭합니다.

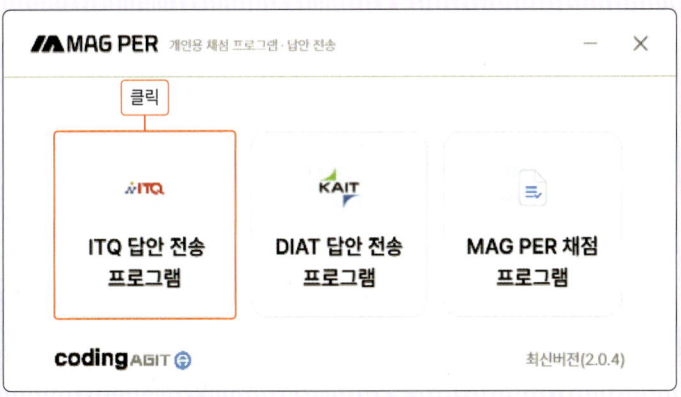

❹ '**수험번호**' 입력란에 임의대로 숫자 8자리로 입력한 후 〈조회〉 단추를 클릭합니다. 이어서, '**이 름**' 입력란에 본인 이름을 입력합니다.

※ 시험장에서는 수험번호만 입력한 후 〈조회〉 단추를 클릭하면 수험자의 이름, 수험과목, 좌석번호 등이 자동으로 표시됩니다.

❺ [수험과목]을 클릭한 다음 '아래한글'을 선택합니다. 이어서, 〈확인〉 단추를 클릭합니다.

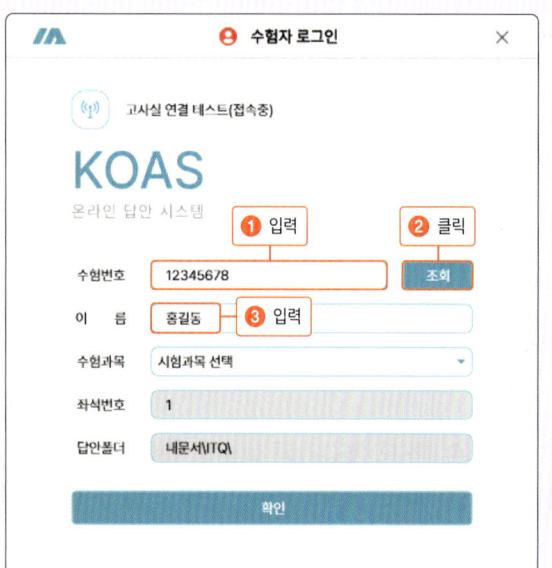 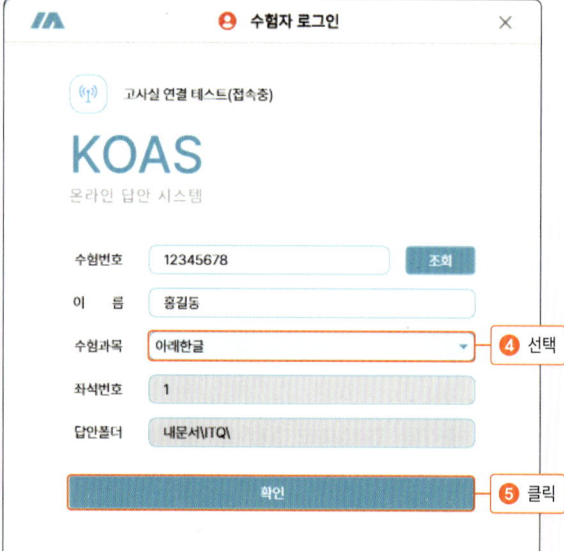

❻ [유의사항] 대화상자가 나오게 되면 유의사항을 숙지한 후 '동의합니다.'를 체크한 다음 〈확인〉 단추를 클릭합니다.

※ 시험장에서는 감독위원이 〈시험시작〉 단추를 누르게 되면 화면이 바탕 화면으로 바뀌면서 시험이 시작됩니다.

KOAS 온라인 답안 시스템

응시자는 KOAS 시스템을 통해 진행되는 실기 시험에 응시하기 전에, 아래 사항을 반드시 숙지하고 동의해야 합니다.

1. KOAS 시스템 이용에 대한 동의

- 본 시험은 KOAS(답안전송 시스템)를 통해 진행되며, KOAS 시스템을 사용하여 응시자가 작성한 답안을 전송(제출)합니다.
- 응시자는 시험 시간을 준수하여, 시험 시작부터 종료 전까지 답안을 작성하며, 종료 전 반드시 KOAS 시스템의 '답안전송' 버튼을 클릭하여 답안을 제출해야 합니다.
- 답안을 저장한 후, 지정된 경로에 정확히 저장되었는지, 파일에 오류(ERROR)가 없는지 확인 후 제출합니다.
- 응시자는 시험 종료 전 최종 답안 제출 여부를 확인할 책임이 있으며, 시험 종료 후에는 추가 제출이 불가합니다.
- ※ 답안 작성 중에는 주기적으로 답안을 저장하고, '답안 전송' 버튼을 클릭하여 감독관 PC로 전송해야 합니다.
- ※ 수험생 정보와 파일명이 다를 경우 답안이 전송되지 않을 수 있으며, 답안을 주기적으로 저장하지 않은 것은 응시자의 과실로 간주합니다.
- ※ 최종 답안을 작성한 후 저장하고, '답안 전송' 버튼을 눌러 전송 여부를 확인한 뒤 감독관 지시에 따라 퇴실합니다.

2. 응시자의 책무

- 응시자는 자신의 수험번호로 KOAS 시스템에 접속하여 응시합니다.
- 개인적인 문제나 부주의로 인해 답안을 제출하지 못한 경우 응시자의 책임으로 간주됩니다.
- 시험 시작 전에 안정적인 인터넷(네트워크) 환경을 반드시 확인하고, 시스템 또는 네트워크 오류로 인해 답안 작성 및 제출이 어려울 경우 즉시 감독관에게 알리고 조치를 받아야 합니다.
- 시험 시작 전 시험지에 제시된 유의사항 및 답안 작성 요령을 반드시 읽고 숙지해야 합니다.
- 응시자는 모든 답안이 본인이 직접 작성한 것임을 보증하며, 부정행위를 하지 않을 것을 서약합니다.
- 부정행위가 확인될 경우, 시험 성적이 무효 처리됨을 인지해야 합니다.

3. 부정행위 및 실격 처리

- 부정행위(사후적발 포함): 당일 응시한 전 과목이 부정 처리되며, 향후 2년간 본부 주관 시험 응시 불가.
- 실격 처리: 해당 고시 과목은 무효 처리되며, 다른 고시는 응시 가능

☑ 동의합니다. — ❶ 체크 표시

확인 — ❷ 클릭

❼ 온라인 답안 시스템이 실행되면 모니터 오른쪽 상단에 답안 전송 프로그램이 나타납니다.

❶ 남은 시험 시간

❷ 답안 저장 파일명으로 '수험번호–수험자명'으로 구성

❸ 사용자가 선택한 수험 과목

❹ 답안을 마지막에 전송한 시간

❺ 수험자가 작성한 답안을 감독위원 PC로 전송

❻ 답안 작성시 필요한 그림의 폴더 보기

❼ 답안 작성시 필요한 그림 파일 등을 감독위원 PC에서 수험자 PC로 가져오기

❽ 수험자가 전송한 답안을 다시 불러옴

❾ 시험 종료(비밀번호 : 0000)

❽ 답안 파일 이름은 수험자 자신의 '수험번호–성명(12345678–홍길동)' 형태로 「내 PC₩문서₩ITQ」 폴더에 저장합니다.

※ 2025년 1월 정기시험부터 확장자가 *.hwp에서 *.hwpx로 변경되었으니 반드시 확장자를 확인합니다.

※ 간혹, 시험장에 따라 [내 PC] 폴더 안에 [문서] 폴더가 없을 수 있습니다. [문서] 폴더를 찾지 못할 때는 [라이브러리] 폴더 또는 [검색]–'문서'를 입력해서 찾는 방법도 있습니다.

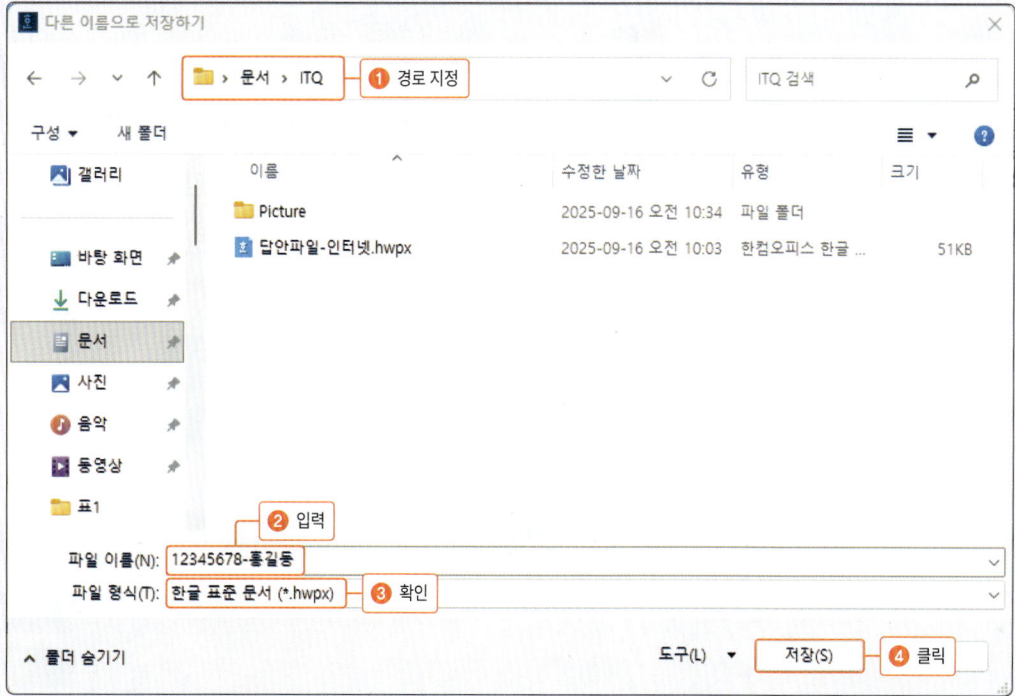

❾ 답안 전송 프로그램에서 〈답안 전송〉 단추를 클릭합니다.

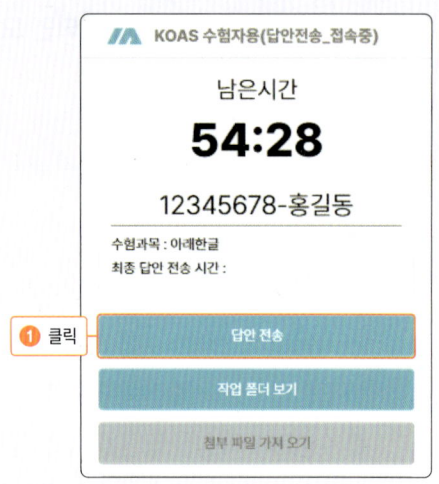

❿ 전송할 답안 파일이 맞는지 확인(파일목록과 존재)한 후 〈답안전송〉 단추를 클릭합니다. 이어서, 메시지 창이 나오면 〈확인〉 단추를 클릭합니다.

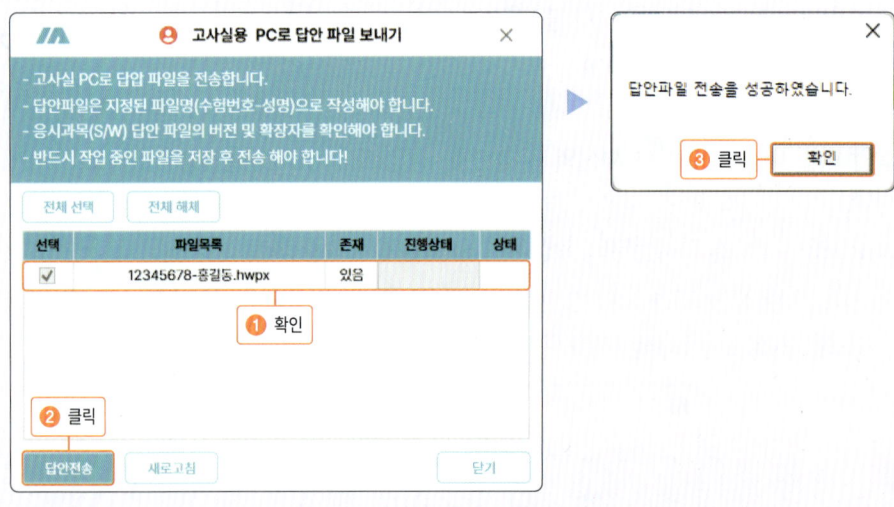

⓫ '상태' 항목이 '성공'인지 확인한 후 〈닫기〉 단추를 클릭합니다. 이어서, 감독위원의 지시를 따릅니다.

※ 해당 '온라인 답안 시스템'은 개인이 연습할 수 있도록 만들어진 프로그램으로 실제 답안 파일이 전송되지는 않습니다.

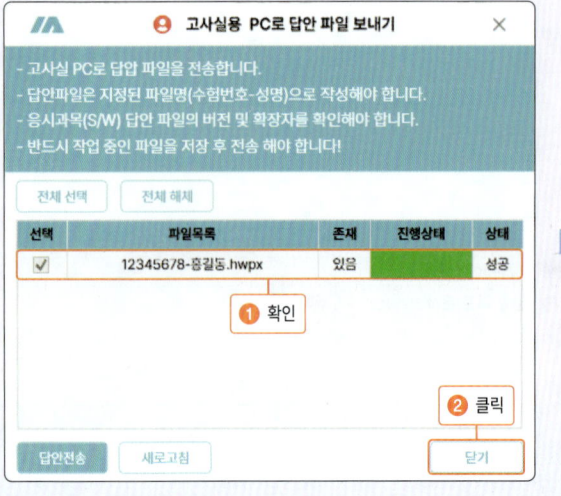

3. 아카데미소프트의 코딩아지트에서 개발한 '개인용 채점 프로그램(MAG_Personal)'

❶ 자동 채점 프로그램은 작성한 답안 파일을 정답 파일과 비교하여 틀린 부분을 찾아주는 프로그램입니다. 프로그램 상의 한계로 100% 정확한 채점은 어렵기 때문에 참고용으로 사용하시기 바랍니다.

❷ [아카데미소프트 홈페이지]–[자격증 교재]에서 해당 교재를 클릭하고 교재 이미지 오른쪽에 [개인용 채점프로그램] 클릭합니다. 이어서, [ASO_MAG_PER_250912] 파일의 압축을 해제한 후 [ASO_MAG_PER_250912] 폴더에서 '개인용 채점 프로그램(MAG_Personal)_실행 파일'을 더블클릭하여 실행합니다.

※ 채점 프로그램 폴더는 임의로 이름을 변경하거나 삭제하면 작동되지 않습니다.

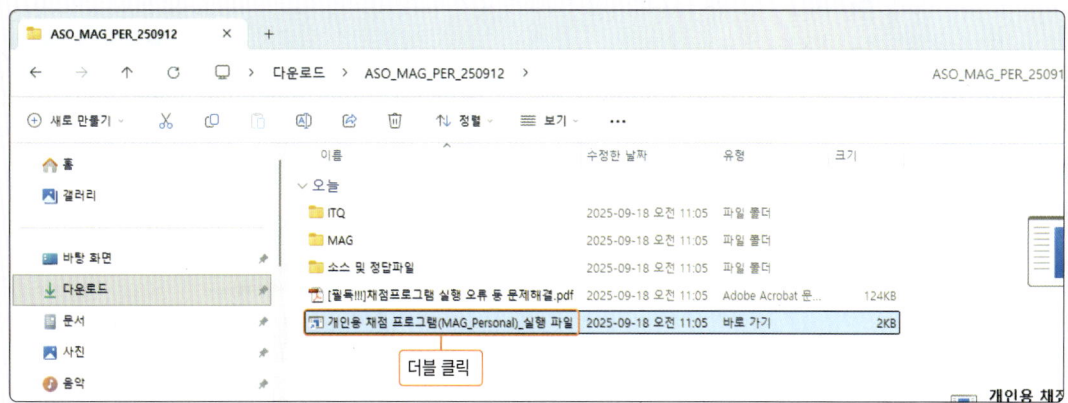

❸ 〈MAG PER 채점 프로그램〉 단추를 클릭합니다.

❹ [MAG PER_개인용 채점프로그램]이 실행되면 채점하고자 하는 표지 아래 〈채점시작〉 단추를 클릭합니다.

❺ [MAG PER_개인용 채점프로그램] 대화상자가 나오면 [정답 파일]에서 〈불러오기〉 단추를 클릭합니다. 이어서, [열기] 대화상자가 나오면 채점에 사용할 정답 파일을 선택한 후 〈열기〉 단추를 클릭합니다.

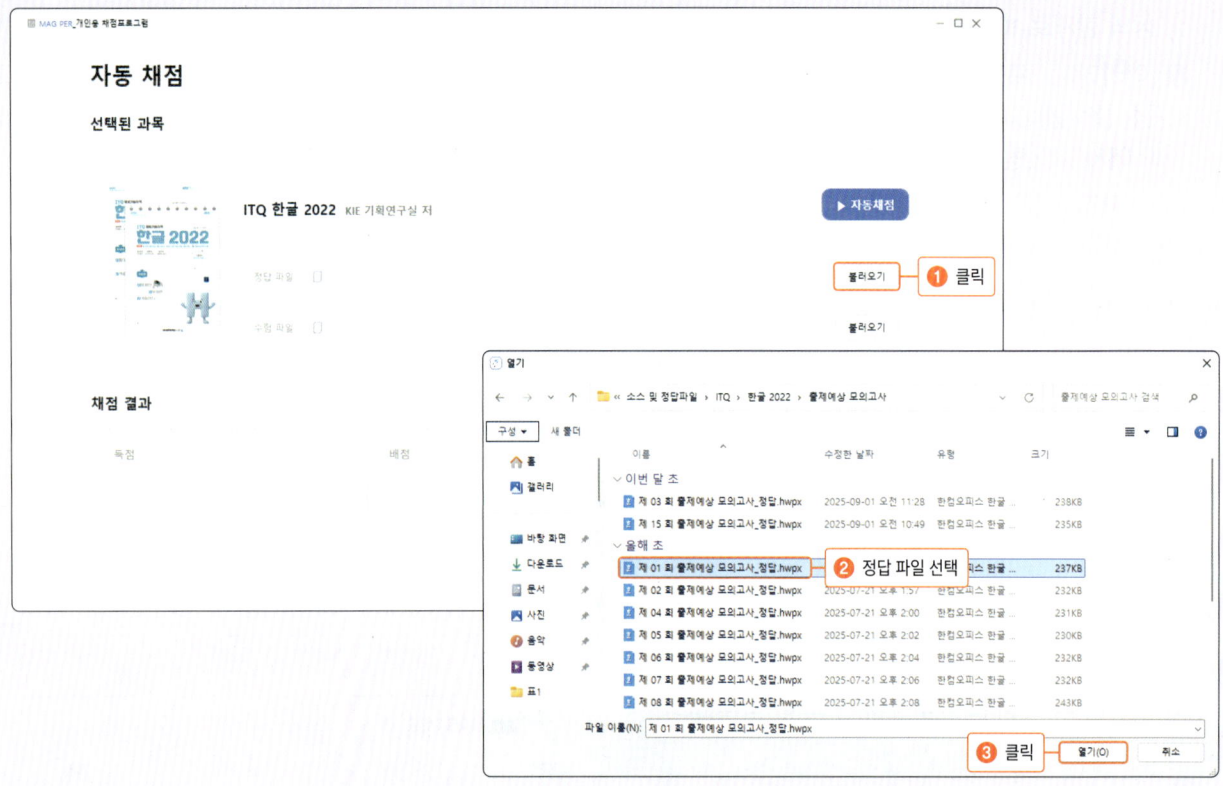

❻ 정답 파일이 열리면 [수험 파일]에서 〈불러오기〉 단추를 클릭합니다. 이어서, [열기] 대화상자가 나오면 정답 파일과 비교하여 채점할 학생 답안 파일을 선택한 후 〈열기〉 단추를 클릭한 다음 〈자동채점〉 단추를 클릭합니다.

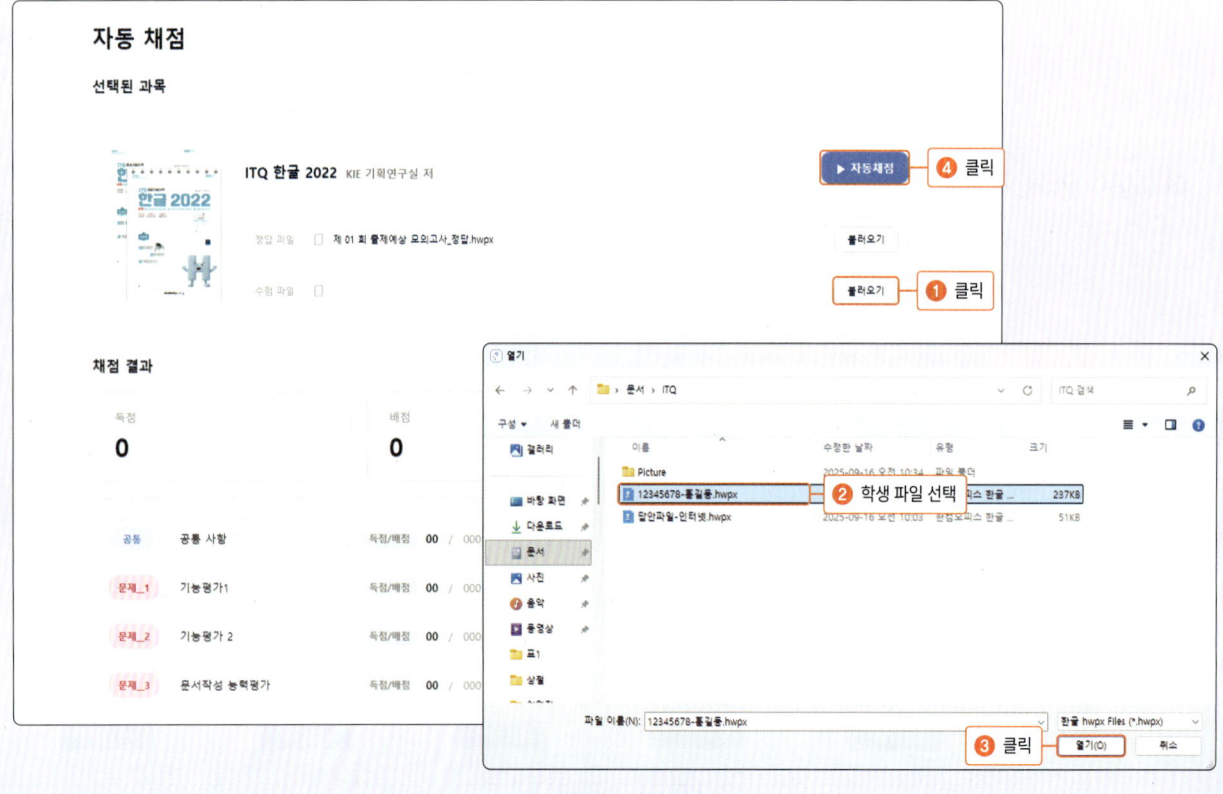

❼ 채점이 완료되면 문제별 전체 점수에서 맞은 점수를 확인하실 수 있습니다. 각 기능별로 자세하게 틀린 부분을 확인 할 때는 문제별 오른쪽에 〈상세결과〉 단추를 클릭하여 [정답] 항목과 비교하여 틀린 부분을 다시 확인합니다.

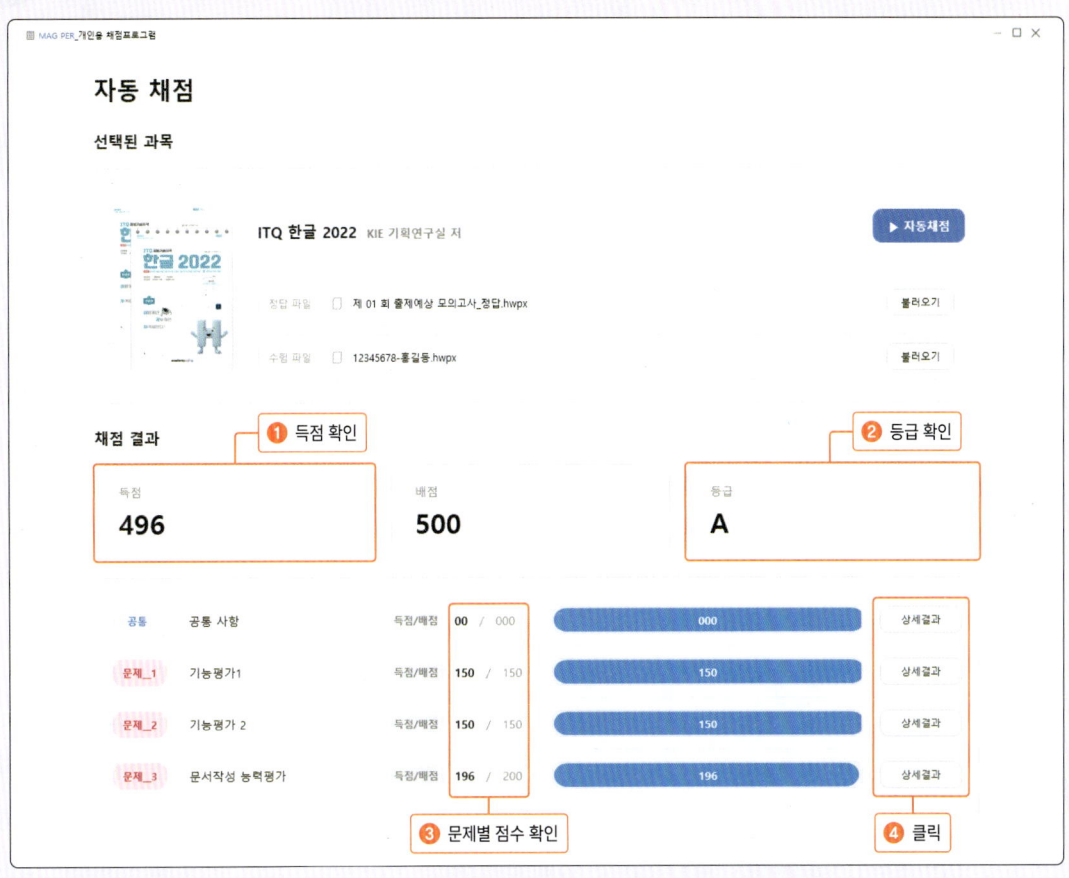

▲ 상세결과 페이지

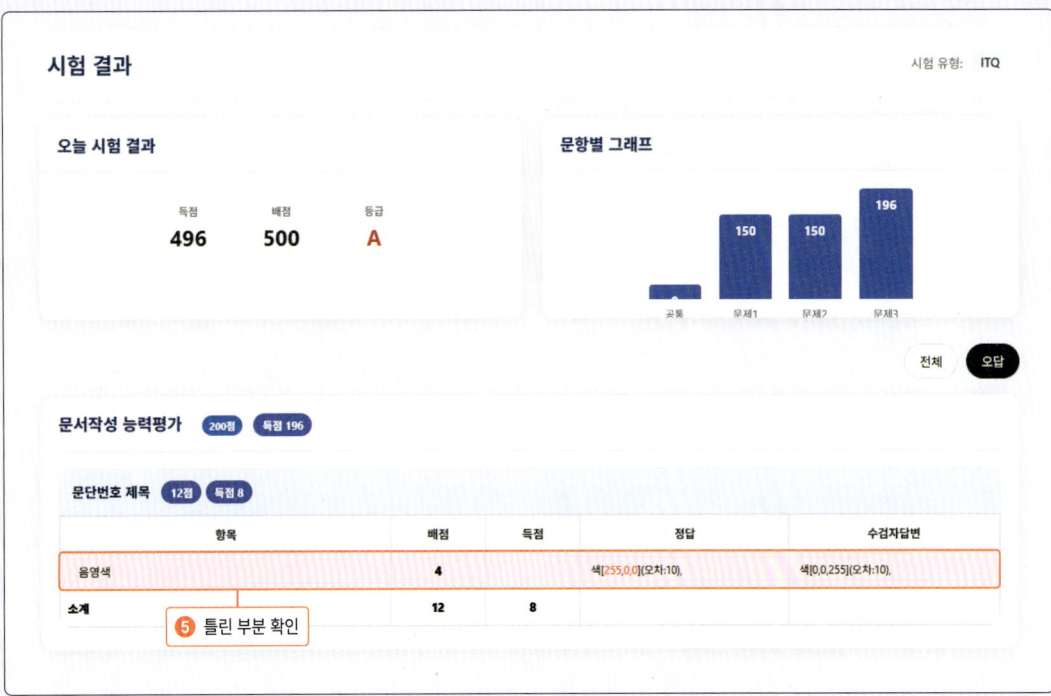

▲ 틀린 부분 확인

MEMO

PART 02
출제유형 완전정복

수험자 유의사항 및 답안 작성 요령

☑ 편집 용지 및 기본 글자 서식 지정하기   ☑ 문제 번호 입력 및 페이지 구분하기
☑ 답안 파일 저장하기

 미리보기

· 소스 : 없음   · 정답 : 유형01_정답.hwpx

[수험자 유의사항 및 답안 작성 요령]

정보기술자격(ITQ) 시험   한컴오피스

UTA1111

과 목	코드	문제유형	시험시간	수험번호	성 명
아래한글	1111	A	60분		

수험자 유의사항

- 수험자는 문제지를 받는 즉시 문제지와 <u>수험표상의 시험과목(프로그램)이 동일한지 반드시 확인</u>하여야 합니다.
- 파일명은 본인의 "수험번호-성명"으로 입력하여 답안폴더(내 PC₩문서₩ITQ)에 하나의 파일로 저장해야 하며, 답안파일을 전송하지 않아 미제출로 처리될 경우 실격 처리합니다(예:12345678-홍길동.hwpx).
- 답안 작성을 마치면 파일을 저장하고, '답안 전송' 버튼을 선택하여 감독위원 PC로 답안을 전송하십시오. 수험생 정보와 저장한 파일명이 다를 경우 전송되지 않으므로 주의하시기 바랍니다.
- 답안 작성 중에도 <u>주기적으로 저장하고, '답안 전송'</u>하여야 문제 발생을 줄일 수 있습니다. 작업한 내용을 저장하지 않고 전송할 경우 이전에 저장된 내용이 전송되오니 이점 유의하시기 바랍니다.
- 답안문서는 지정된 경로 외의 다른 보조기억장치에 저장하는 경우, 지정된 시험 시간 외에 작성된 파일을 활용할 경우, 기타 통신수단(이메일, 메신저, 네트워크 등)을 이용하여 타인에게 전달 또는 외부 반출하는 경우는 부정 처리합니다.
- 시험 중 부주의 또는 고의로 시스템을 파손한 경우는 수험자가 변상해야 하며, <수험자 유의사항>에 기재된 방법대로 이행하지 않아 생기는 불이익은 수험생 당사자의 책임임을 알려 드립니다.
- 문제의 조건은 한컴오피스 2022 / 2020 버전으로 설정되어 있으니 유의하시기 바랍니다.
- 시험을 완료한 수험자는 답안파일이 전송되었는지 확인한 후 감독위원의 지시에 따라 문제지를 제출하고 퇴실합니다.

답안 작성요령

- **온라인 답안 작성 절차**
  수험자 등록 ⇒ 시험 시작 ⇒ 답안파일 저장 ⇒ 답안 전송 ⇒ 시험 종료
- **공통 부문**
  - 글꼴에 대한 기본설정은 함초롬바탕, 10포인트, 검정, 줄간격 160%, 양쪽정렬로 합니다.
  - 색상은 조건의 색을 적용하고 색의 구분이 안 될 경우에는 RGB 값을 적용하십시오.
    (빨강 255,0,0 / 파랑 0,0,255 / 노랑 255,255,0).
  - 각 문항에 주어진 ≪조건≫에 따라 작성하고 언급하지 않은 조건은 ≪출력형태≫와 같이 작성합니다.
  - 용지여백은 왼쪽·오른쪽 11㎜, 위쪽·아래쪽·머리말·꼬리말 10㎜, 제본 0㎜로 합니다.
  - 그림 삽입 문제의 경우 「내 PC₩문서₩ITQ₩Picture」 폴더에서 지정된 파일을 선택하여 삽입하십시오.
  - 삽입한 그림은 반드시 문서에 포함하여 저장해야 합니다(미포함 시 감점 처리).
  - 각 항목은 지정된 페이지에 출력형태와 같이 정확히 작성하시기 바라며, 그렇지 않을 경우에 해당 항목은 0점 처리됩니다.
    ※ 페이지구분 : 1페이지 - 기능평가 I (문제번호 표시 : 1. 2.),
    　　　　　　　 2페이지 - 기능평가 II (문제번호 표시 : 3. 4.),
    　　　　　　　 3페이지 - 문서작성 능력평가
- **기능평가**
  - 문제와 ≪조건≫은 입력하지 않으며 문제번호와 답(≪출력형태≫)만 작성합니다.
  - 4번 문제는 묶기를 했을 경우 0점 처리됩니다.
- **문서작성 능력평가**
  - A4 용지(210㎜×297㎜) 1매 크기, 세로 서식 문서로 작성합니다.
  - ☐ 표시는 문서작성에 대한 지시사항이므로 작성하지 않습니다.

kpc 한국생산성본부

난이도	권장 시간 / 시험 시간
★★☆☆☆	5분 / 60분

시험 분석

➜ **주의 사항 : 실수가 많은 내용**

☑ 입력한 단어들의 끝 자리 글자가 맞지 않을 경우 오탈자 및 편집 용지 설정을 하지 않아 발생하므로, 오탈자와 편집 용지 설정을 확인합니다.

☑ 문서를 3페이지로 지정할 때 구역 나누기를 하지 않고 쪽 나누기를 하면 [문서작성 능력평가]의 페이지 번호를 지정할 때 문제가 발생하므로, 문서를 3페이지로 지정할 때는 [구역 나누기]를 합니다.

☑ 답안 저장은 '내 PC\문서\ITQ' 폴더에 '수험번호−성명.hwpx'로 저장해야 하는데, '내 PC\문서', '바탕 화면', '내 PC\문서\ITQ\Picture' 등 다른 위치에 저장하게되면 답안 전송이 안되므로, 저장 위치 및 파일명을 정확히 지정합니다('문서' 폴더가 보이지 않을 경우, '라이브러리' 폴더를 클릭하면 '문서' 폴더를 확인할 수 있습니다).

➜ **주요 단축키 : 문서 작성시 시간 단축에 도움**

☑ 편집 용지 : F7   구역 나누기 : Alt + Shift + Enter   저장하기 : Alt + S

Skill 01 | 편집 용지 설정 및 기본 글자 서식 지정하기

《답안 작성 요령》 공통 부문
- 글꼴에 대한 기본 설정은 함초롬바탕, 10포인트, 검정, 줄 간격 160%, 양쪽 정렬로 합니다.
- 용지 여백은 왼쪽 · 오른쪽 11mm, 위쪽 · 아래쪽 · 머리말 · 꼬리말 10mm, 제본 0mm로 합니다.

① 〈시작(⊞)〉 단추를 눌러 [모두]−[한글 2022(⬛)]를 클릭합니다.

② [새 문서 서식] 창이 열리면 [새 문서]를 클릭합니다.

③ 한글 2022 프로그램이 실행되면 [서식] 도구 상자에서 '글꼴(함초롬바탕), 글자 크기(10pt), 글자 색(검정), 양쪽 정렬(▤), 줄 간격(160%)'이 지정되어 있는지 확인합니다.

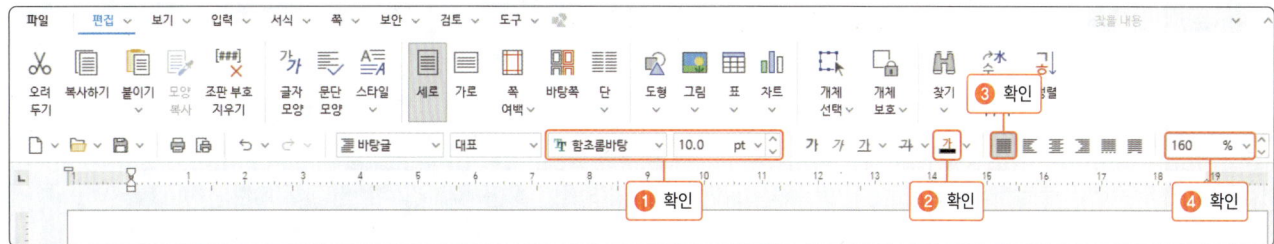

④ [파일]−[편집 용지](또는 F7)를 선택합니다.

TIP 편집 용지

[쪽] 탭에서 [편집 용지(▤)]를 클릭해도 됩니다.

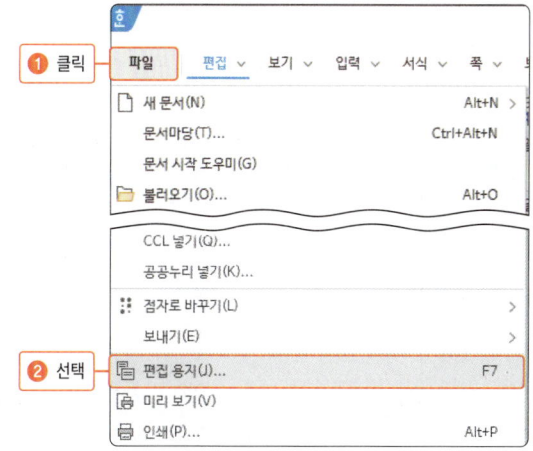

❺ [편집 용지] 대화상자가 나오면 [기본] 탭에서 [용지 종류]–'A4(국배판) [210×297mm]', [용지 방향]–'세로', [제본]–'한쪽'을 확인합니다. 이어서, [용지 여백]–'왼쪽(11), 오른쪽(11), 위쪽(10), 아래쪽(10), 머리말(10), 꼬리말(10), 제본(0)'을 입력한 후 〈설정〉 단추를 클릭합니다.

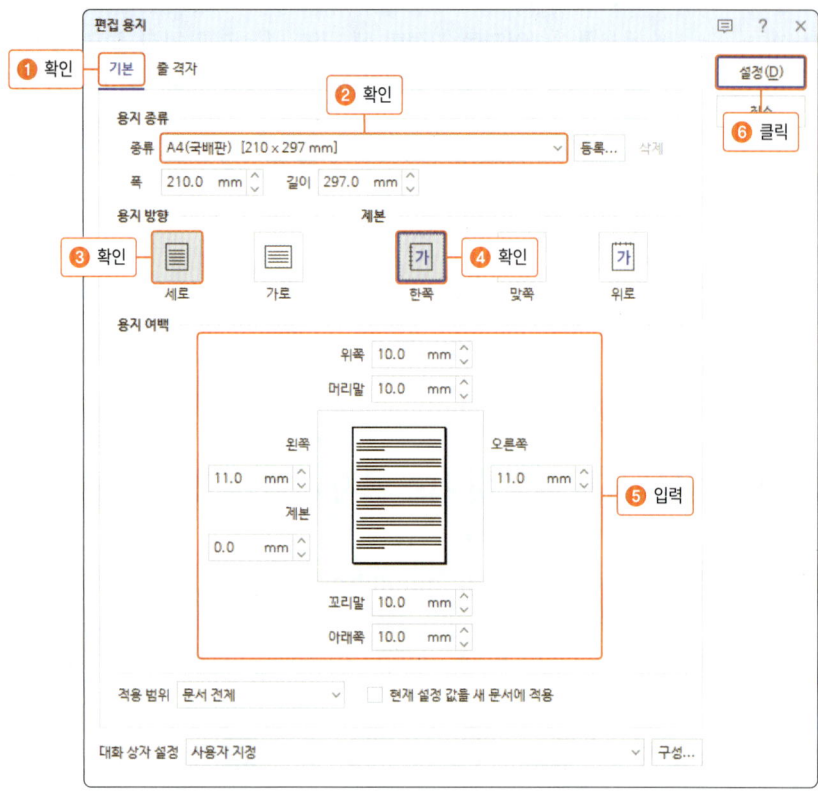

설정된 편집 용지 알아보기

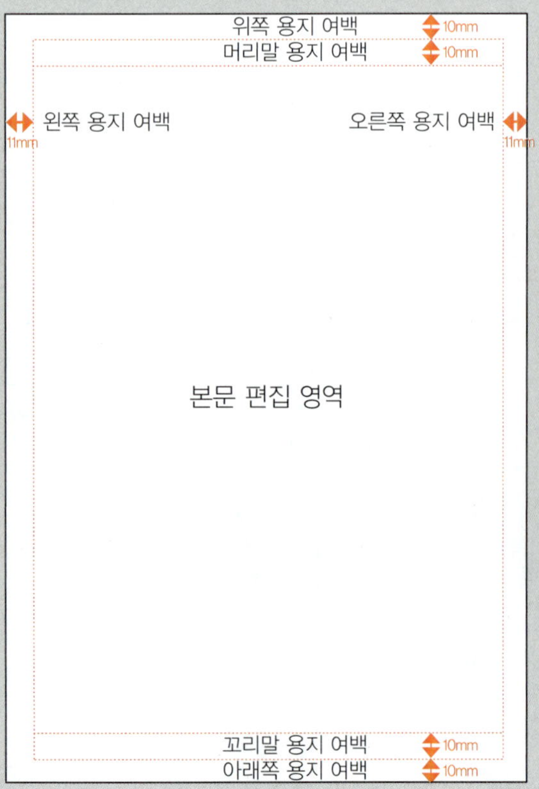

위쪽 용지 여백 ⇕ 10mm
머리말 용지 여백 ⇕ 10mm

⇔ 왼쪽 용지 여백
11mm

오른쪽 용지 여백 ⇔
11mm

본문 편집 영역

꼬리말 용지 여백 ⇕ 10mm
아래쪽 용지 여백 ⇕ 10mm

02 문제 번호 입력 및 페이지 구분하기

《답안 작성 요령》 공통 부문
• 각 항목은 지정된 페이지에 《출력형태》와 같이 정확히 작성하시기 바라며, 그렇지 않을 경우에 해당 항목은 0점 처리됩니다.
 ※ 페이지 구분 : 1페이지 – 기능평가 I (문제번호 표시 : 1. 2.),
        2페이지 – 기능평가 II (문제번호 표시 : 3. 4.),
        3페이지 – 문서작성 능력평가

1 1페이지의 맨 윗 줄을 클릭하여 커서를 위치시킵니다. 이어서, 문제 번호 1.을 입력한 후 **Enter** 키를 다섯 번 누릅니다.

2 문제 번호 2.를 입력한 후 **Enter** 키를 두 번 누릅니다.

3 [쪽] 탭에서 '구역 나누기(📑)'(또는 **Alt** + **Shift** + **Enter**)를 클릭합니다.

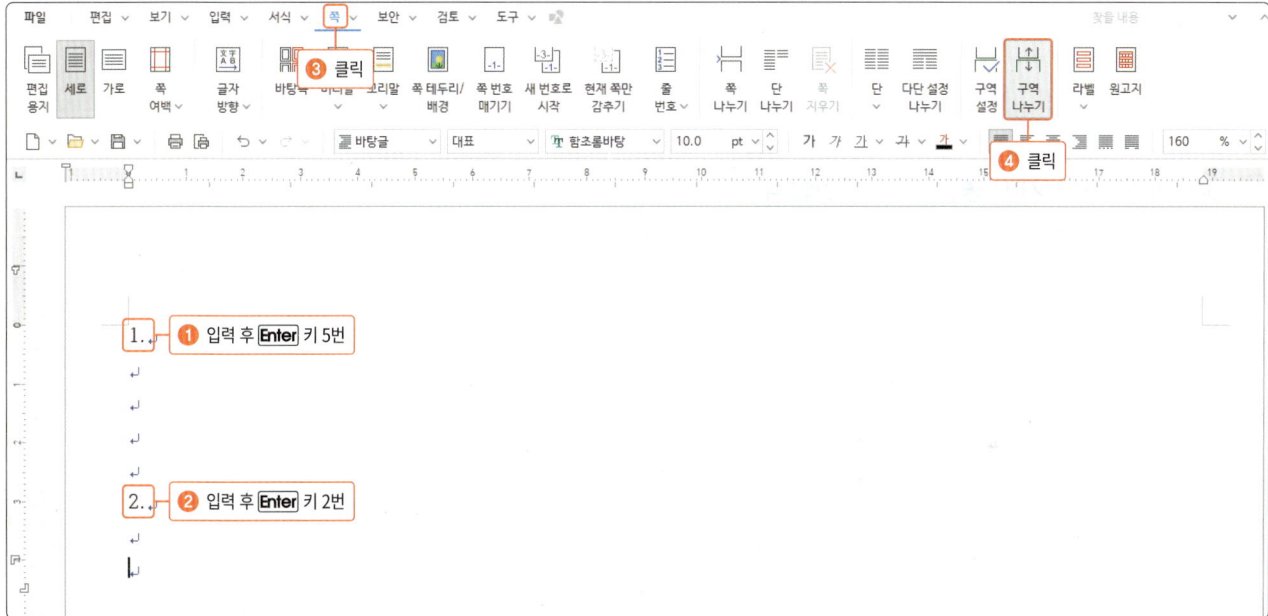

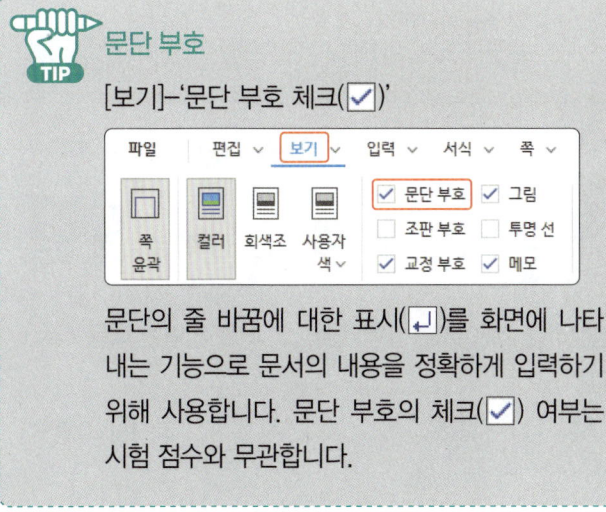

TIP 문단 부호

[보기]–'문단 부호 체크(☑)'

문단의 줄 바꿈에 대한 표시(↵)를 화면에 나타내는 기능으로 문서의 내용을 정확하게 입력하기 위해 사용합니다. 문단 부호의 체크(☑) 여부는 시험 점수와 무관합니다.

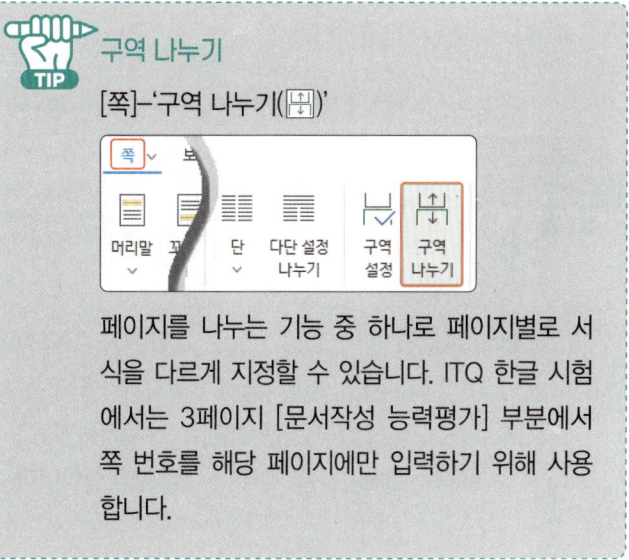

TIP 구역 나누기

[쪽]–'구역 나누기(📑)'

페이지를 나누는 기능 중 하나로 페이지별로 서식을 다르게 지정할 수 있습니다. ITQ 한글 시험에서는 3페이지 [문서작성 능력평가] 부분에서 쪽 번호를 해당 페이지에만 입력하기 위해 사용합니다.

④ 2페이지로 커서가 이동하면 1페이지에 입력한 방법과 똑같이 문제 번호 3.과 4.를 입력한 후 '구역 나누기(⊞)' (또는 [Alt]+[Shift]+[Enter])를 한 번 더 클릭합니다.

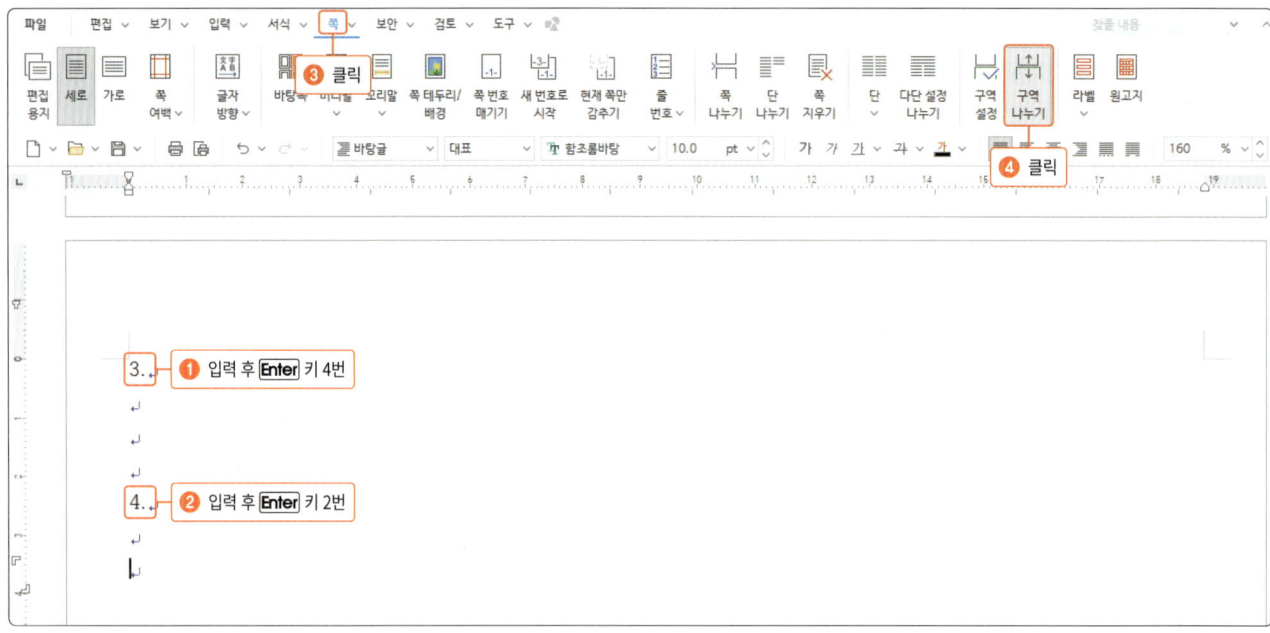

⑤ 3페이지에 커서가 이동된 것을 확인합니다.

ITQ 한글 답안 작성 요령

❶ 편집 용지(용지 종류, 용지 방향, 제본, 여백) 및 글꼴 기본 설정(함초롬바탕, 10pt, 검정, 양쪽 정렬, 줄 간격 (160%))을 지정합니다.

❷ 1페이지에 문제 번호(1, 2)를 입력한 후 구역 나누기를 실행하여 2페이지에 문제 번호(3, 4)를 입력한 다음 다시 구역 나누기를 실행하여 총 3페이지가 되도록 지정합니다.

❸ 모든 준비가 끝나면 문제 번호 순서(기능평가Ⅰ → 1페이지 1. 2. / 기능평가Ⅱ → 2페이지 3. 4. / 문서작성 능력 평가 → 3페이지)에 맞추어 답안을 작성합니다.

《수험자 유의사항》
• 파일명은 본인의 "수험번호−성명"으로 입력하여 답안폴더(내 PC₩문서₩ITQ)에 하나의 파일로 저장해야 하며, 답안문서 파일명이 "수험번호−성명"과 일치하지 않거나, 답안파일을 전송하지 않아 미제출로 처리될 경우 실격 처리합니다(예 : 12345678−홍길동.hwpx).

❶ Ctrl + Page Up 키를 눌러 첫 페이지로 이동한 후 [파일]−[저장하기](또는 Alt + S)를 선택합니다.

※ [서식] 도구 상자에서 '저장하기(📁)'를 클릭해도 결과는 같습니다.

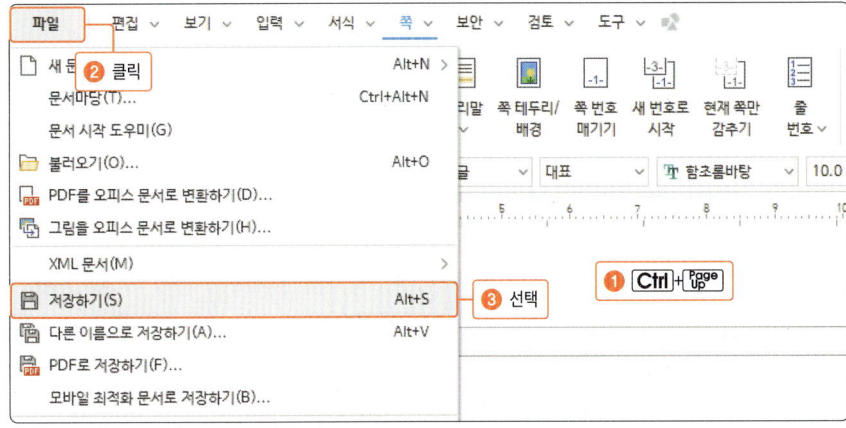

❷ [다른 이름으로 저장하기] 대화상자가 나오면 저장 위치(내 PC\문서\ITQ)를 지정한 후 파일 이름(수험번호−성명)을 입력합니다. 이어서, 파일 형식(한글 표준 문서(*.hwpx))이 맞게 되어 있는지 확인한 후 〈저장〉 단추를 클릭합니다.

※ 2025년 1월 정기시험부터 확장자가 *.hwp에서 *.hwpx로 변경되었으니 반드시 확장자를 확인합니다.

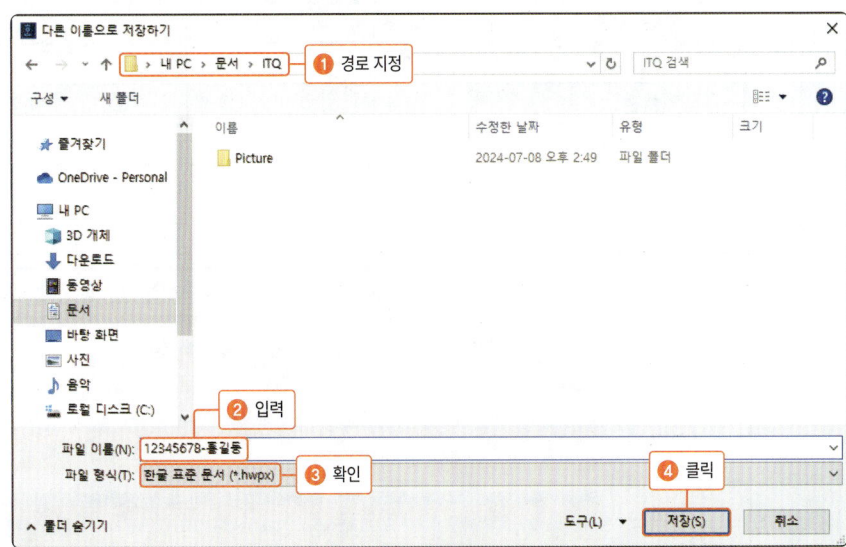

TIP 다른 이름으로 저장하기

답안 파일을 잘못 저장했을 경우 [파일]−[다른 이름으로 저장하기]를 클릭합니다. [다른 이름으로 저장하기] 대화상자가 나오면 파일 이름과 저장 위치를 정확하게 입력 및 지정한 후 〈저장〉 단추를 클릭합니다.

기능평가 Ⅰ - 스타일 지정

☑ 스타일 내용 입력하기   ☑ 스타일 지정하기
☑ 기본 스타일(바탕글) 확인하기

1. 다음의 《조건》에 따라 스타일 기능을 적용하여 《출력형태》와 같이 작성하시오.   (50점)

※ 스타일 지정 세부 《조건》은 다음 페이지를 참고하시기 바랍니다.

1.

Since its establishment in 2008, it has been commissioned by the Korea Youth Activity Promotion Agency and has operated various international exchange programs to help teenagers grow into global leaders.

청소년들이 글로벌 리더로 성장하도록 다양한 국제교류 프로그램을 운영하고 있으며, 2008년 설치 이후 2013년부터 현재까지 한국청소년활동진흥원에서 위탁하고 있다.

2.

청소년국제교류 사업 효과성 변화(단위 : 점)

연도	2020년	2021년	2022년	2023년	평균
이해증진도	2.8	3.1	3.3	3.5	
시민의식	4.2	4.1	4.3	4.1	
가치관	3.6	4.2	4.7	4.1	
문화 개방성	3.5	4.1	4.4	4.9	

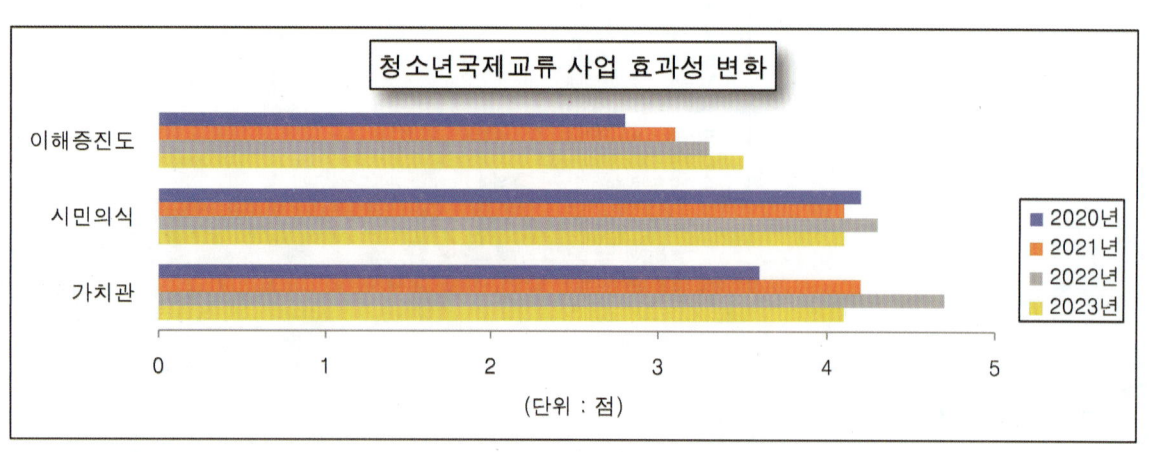

▲ 1번 문제만 연습합니다.

시험 분석

➜ 출제 경향 : 출제 문제를 분석

☑ 스타일의 문단 모양은 왼쪽 여백과 첫 줄 들여쓰기, 문단 아래 간격 지정이 가장 많이 출제되고 있습니다.

☑ 스타일에 사용되는 한글, 영문의 글꼴은 3개의 글꼴(돋움, 궁서, 굴림)이 번갈아가며 출제되고 있습니다.

☑ 내용을 입력한 후 텍스트 아래쪽에 빨간 밑줄(글로벌 리더로)이 생기더라도 《출력형태》와 똑같이 입력했다면 채점과 무관합니다.

➜ 주의 사항 : 실수가 많은 내용

☑ 시험지의 《출력형태》에 문제 번호가 없어 문서 작성시 누락하는 경우가 발생합니다. 문제 번호 작성은 답안 작성요령에 기술되어 있으므로, 문제 번호(1.)를 꼭 입력합니다.

☑ 문서를 저장할 때 블록이 설정된 상태에서 [파일]-'저장하기'(또는 Alt+S)를 클릭하여 저장하면 블록으로 설정된 부분만 저장됩니다. 문서를 저장할 때는 블록을 해제한 후 저장해야 합니다.

➜ 주요 단축키 : 문서 작성시 시간 단축에 도움

☑ 스타일 : F6   바탕글 스타일 : Ctrl+1

Skill 01 스타일을 적용시킬 내용 입력하기

《조건》 : (1) 스타일 이름 – global
(2) 문단 모양 – 왼쪽 여백 : 15pt, 문단 아래 간격 : 10pt
(3) 글자 모양 – 글꼴 : 한글(굴림)/영문(돋움), 크기 : 10pt, 장평 : 95%, 자간 : −5%

《출력형태》

1.

Since its establishment in 2008, it has been commissioned by the Korea Youth Activity Promotion Agency and has operated various international exchange programs to help teenagers grow into global leaders.

청소년들이 글로벌 리더로 성장하도록 다양한 국제교류 프로그램을 운영하고 있으며, 2008년 설치 이후 2013년부터 현재까지 한국청소년활동진흥원에서 위탁하고 있다.

① 한글 2022 프로그램을 실행한 후 [파일]-[불러오기]를 선택합니다. [불러오기] 대화상자가 나오면 [소스 및 정답]-[소스 파일]-[출제유형 완전정복]-[출제유형 02]-'유형02_문제.hwpx' 파일을 불러옵니다.

② 1페이지에 입력한 문제 번호 1.의 다음 문단을 클릭하여 커서를 위치시킵니다.

③ 문제지 기능평가 I 의 1번 문제 《출력형태》를 보면서 다음과 같이 내용을 입력합니다.

※ 《출력형태》의 내용을 모두 입력한 후 Enter 키를 누르지 않도록 주의합니다.

입력

1.

Since its establishment in 2008, it has been commissioned by the Korea Youth Activity Promotion Agency and has operated various international exchange programs to help teenagers grow into global leaders.
청소년들이 글로벌 리더로 성장하도록 다양한 국제교류 프로그램을 운영하고 있으며, 2008년 설치 이후 2013년부터 현재까지 한국청소년활동진흥원에서 위탁하고 있다.

TIP 기능평가 I 의 1번 문제 내용 입력

기능평가 I 의 1번 문제 《출력형태》를 보면 영문과 한글의 문장 사이가 두 줄로 띄어진 것처럼 보이지만 실제 입력할 때는 영문 내용을 입력한 후 Enter 키를 한 번만 눌러 한글 내용을 입력합니다. 영문과 한글 문장의 사이 간격은 스타일 지정으로 해결할 수 있습니다.

Skill 02 스타일 지정하기

■ 스타일 추가 및 문단 모양 적용하기

(1) 스타일 이름 – global
(2) 문단 모양 – 왼쪽 여백 : 15pt, 문단 아래 간격 : 10pt

 ① 《조건》에 따라 global 스타일을 만들기 위해 입력한 내용을 드래그하여 블록으로 지정한 후 [서식] 탭에서 '스타일 추가하기(🖹)'를 클릭합니다.

※ 내용을 드래그할 때 문제 번호 '1.'이 같이 선택되지 않도록 주의합니다.

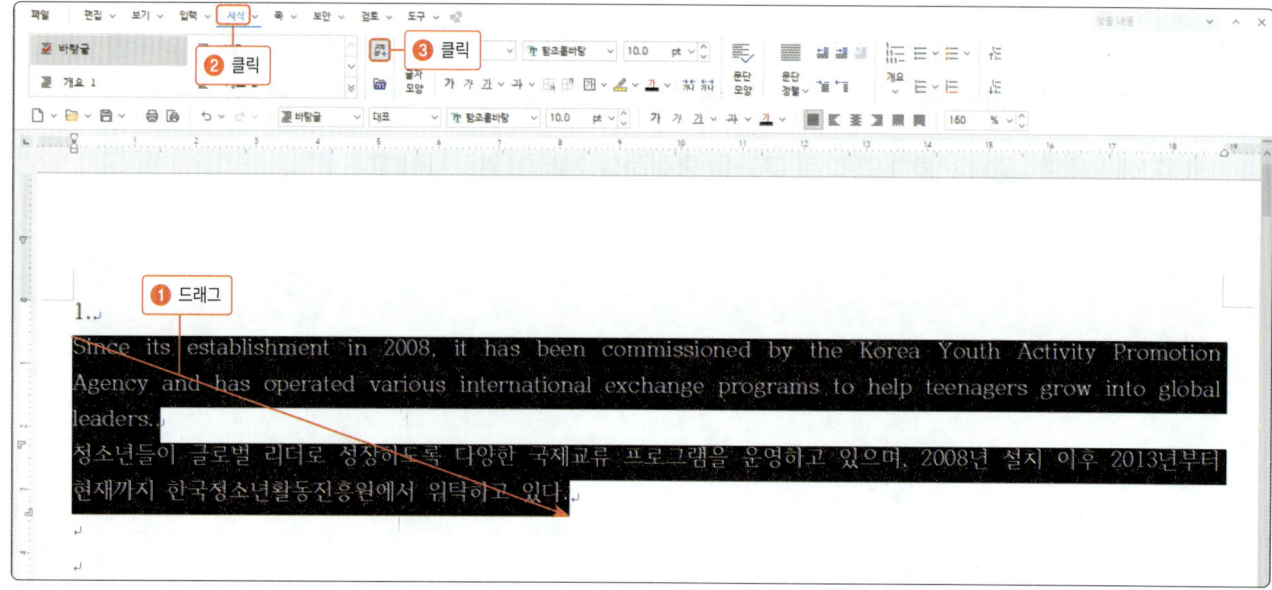

❷ [스타일 추가하기] 대화상자가 나오면 스타일 이름 (global)을 입력한 후 문단 모양을 지정하기 위해 〈문단 모양〉 단추를 클릭합니다.

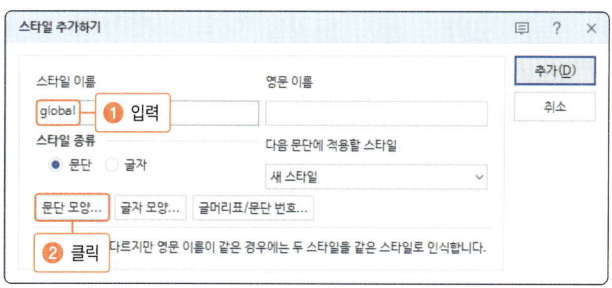

❸ [문단 모양] 대화상자가 나오면 [기본] 탭에서 [여백]–'왼쪽(15)', [간격]–'문단 아래(10)'를 입력한 후 〈설정〉 단추를 클릭합니다.

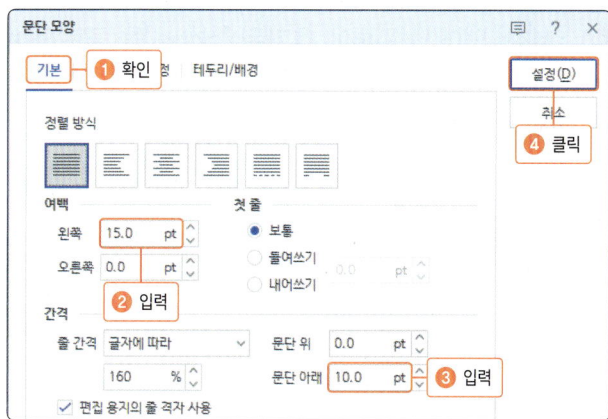

 첫 줄 들여쓰기
문단 모양에서 왼쪽 여백이 아닌 첫 줄 들여쓰기로 문제가 출제되면 첫 줄 항목에서 들여쓰기를 선택한 후 값(예: 10)을 입력합니다.

■ **글자 모양 적용하기**

(3) 글자 모양 – 글꼴 : 한글(굴림)/영문(돋움), 크기 : 10pt, 장평 : 95%, 자간 : –5%

❹ 스타일의 글자 모양을 지정하기 위해 〈글자 모양〉 단추를 클릭합니다.

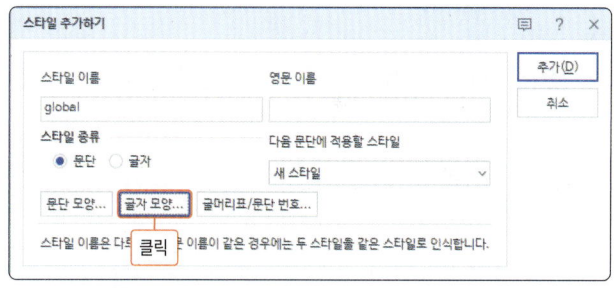

❺ [글자 모양] 대화상자가 나오면 [기본] 탭에서 '기준 크기(10)', [언어별 설정]–'장평(95), 자간(–5)'을 입력합니다.

❻ 이어서, [언어별 설정]–'언어(한글), 글꼴(굴림)'을 선택한 후 다시 [언어별 설정]–'언어(영문), 글꼴(돋움)'을 선택한 다음 〈설정〉 단추를 클릭합니다.

※ 기준 크기와 장평, 자간을 먼저 입력한 후 언어별 글꼴(한글, 영문)을 설정하는 것이 편리합니다.

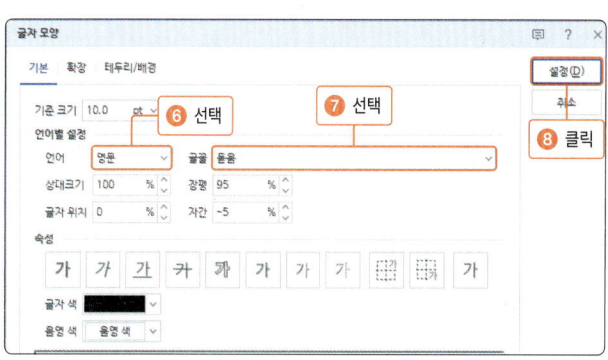

⑦ 문단 모양과 글자 모양을 모두 지정한 후 [스타일 추가하기] 대화상자가 다시 나오면 〈추가〉 단추를 클릭합니다.

⑧ [서식] 탭에서 목록에 추가된 [global]을 클릭하여 블록으로 지정한 문장에 스타일을 적용시킵니다.

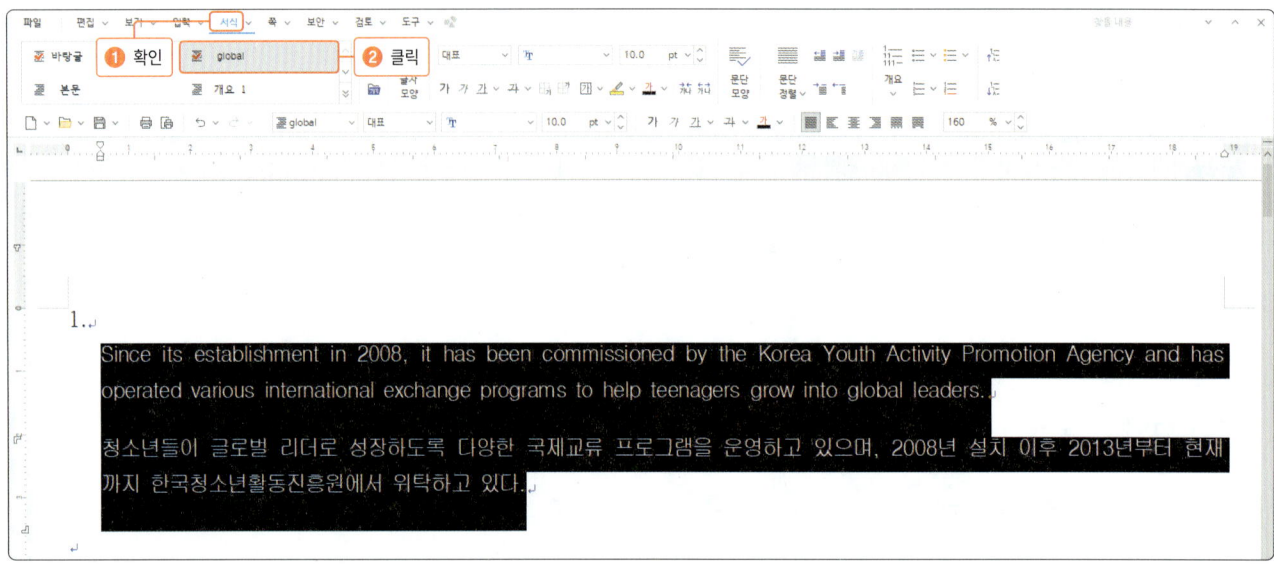

⑨ **Esc** 키를 눌러 블록 지정을 해제한 후 《출력형태》와 같은지 확인합니다.

※ 《출력형태》와 비교하여 오탈자가 없는지 반드시 확인합니다.

TIP 스타일 편집하기

❶ [서식] 탭의 '목록 단추(⌄)'를 클릭한 후 [스타일]을 클릭하거나 **F6** 키를 누릅니다.

❷ [스타일] 대화상자가 나오면 스타일 목록에서 변경할 스타일을 선택한 후 〈스타일 편집하기(✐)〉 단추를 클릭합니다.

❸ [스타일 편집하기] 대화상자가 나오면 스타일 이름, 문단 모양, 글자 모양 등을 수정할 수 있습니다.

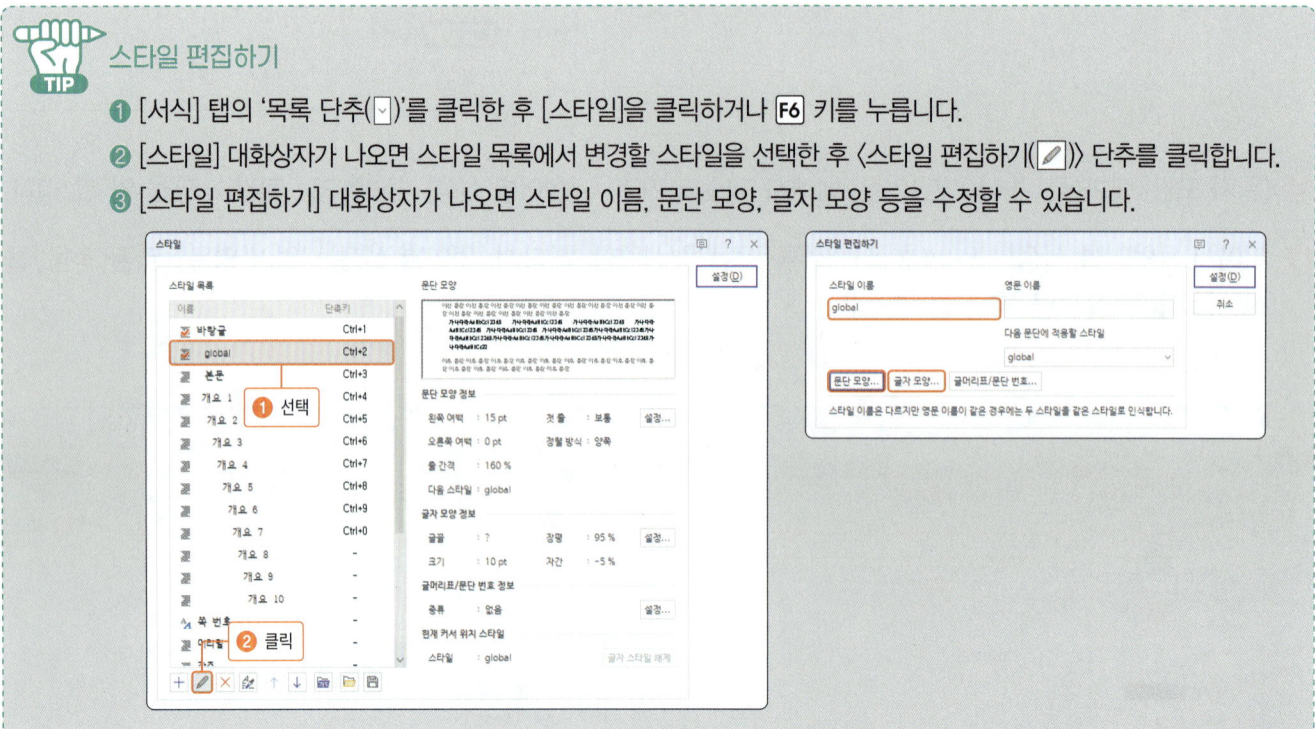

03 기본 스타일(바탕글) 확인하기

① 스타일 작업이 완료되면 문제 번호 2.의 다음 문단을 클릭하여 커서를 위치시킵니다.

② [서식] 도구 상자에서 '글꼴(함초롬바탕), 글자 크기(10pt), 글자 색(검정), 양쪽 정렬(▤), 줄 간격(160%)'이 지정되어 있는지 확인합니다.

※ 만약 글꼴 기본 설정이 변경되었을 때는 Ctrl + 1 키를 눌러 글꼴과 글자 크기 등을 '기본 스타일(바탕글)'로 지정합니다.

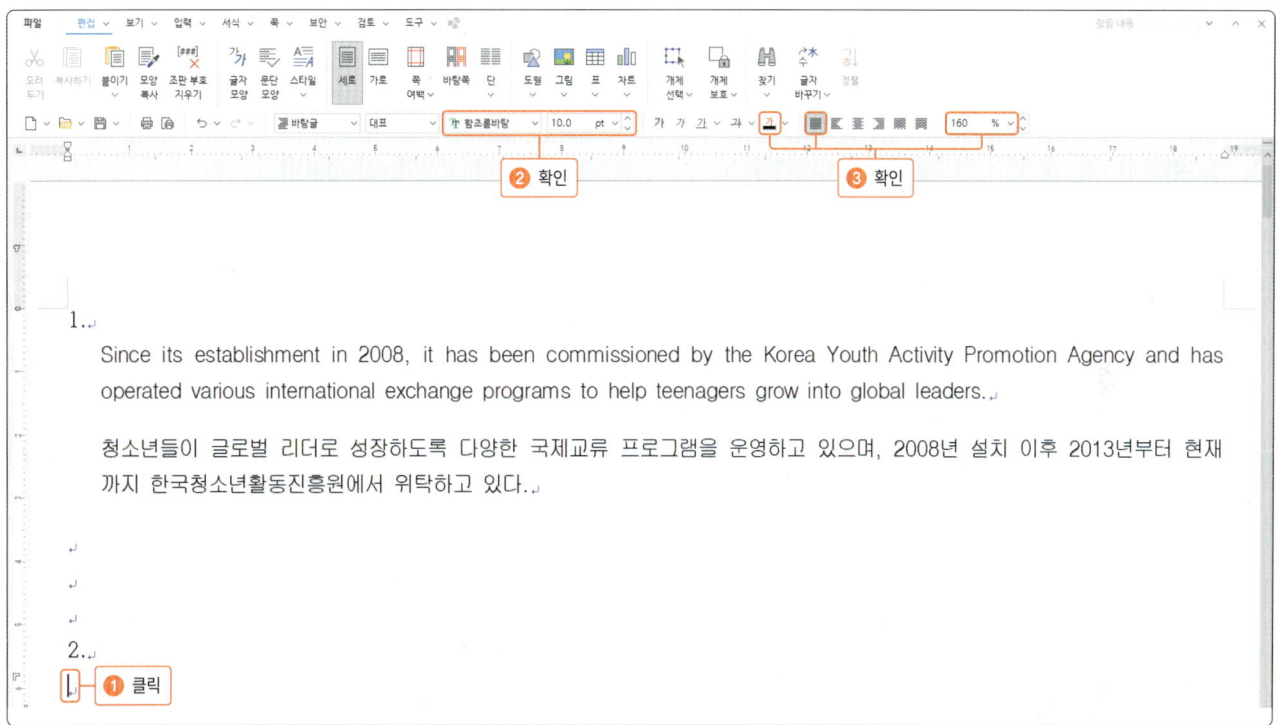

③ 모든 작업이 완료되면 [파일]-[저장하기](Alt + S) 또는 [서식] 도구 상자에서 '저장하기(💾)'를 클릭하여 파일을 저장합니다.

※ 실제 시험을 볼 때 작업 도중에 수시로(10분에 한 번 정도) 저장을 하는 것이 좋습니다.

・작성 시간 : 수험자가 문제를 해결하는데 걸린 시간을 기록
・권장 시간 : 전체 시간을 배분하여 해당 문제를 해결하는데 필요한 권장 소요 시간

완전정복- **01** **다음의 《조건》에 따라 스타일 기능을 적용하여 《출력형태》와 같이 작성하시오.**

작성 시간 / 권장 시간
분 / 10분

・소스 : 정복02_문제01.hwpx   ・정답 : 정복02_정답01.hwpx

《조건》   (1) 스타일 이름 – fairtrade
(2) 문단 모양 – 왼쪽 여백 : 15pt, 문단 아래 간격 : 10pt
(3) 글자 모양 – 글꼴 : 한글(굴림)/영문(돋움), 크기 : 10pt, 장평 : 95%, 자간 : -5%

《출력형태》

1.

Fair trade is an organized social movement that aims to help producers in developing countries to make better trading conditions and promote sustainability.

공정무역은 세계무역시장에서 공정하지 못한 무역 관행을 개선하고자 하는 노력에서 시작되었습니다. 정의, 공정성, 지속가능한 발전은 공정무역 구조의 핵심입니다.

2.

공정무역 소매 판매량(단위 : 천 톤)

구분	2020년	2021년	2022년	2023년	평균
커피	13.5	14.8	15.6	17.5	
올리브유	16.2	16.7	17.5	18.2	
수공예품	9.1	9.2	9.1	9.2	
쌀	6.1	6.9	7.1	8.2	

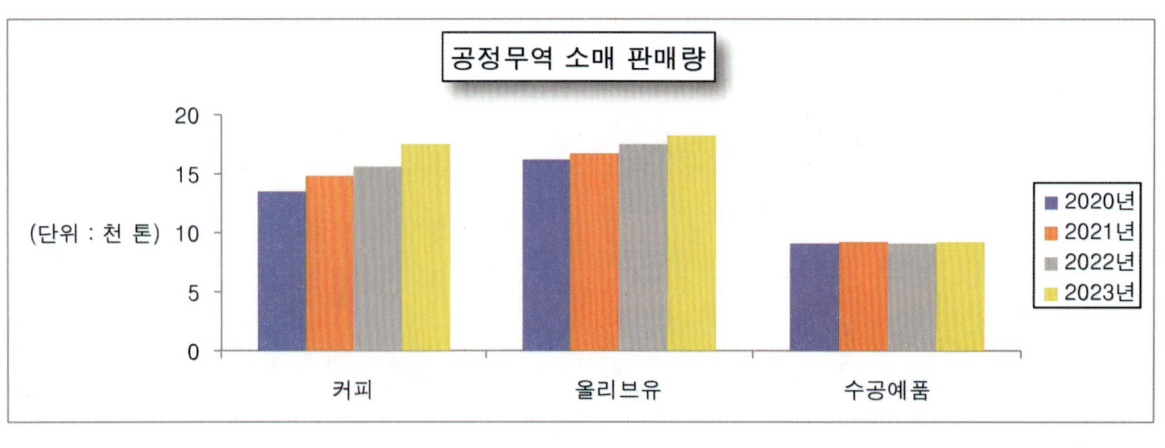

▲ 1번 문제만 연습합니다.

완전정복- 02

다음의 《조건》에 따라 스타일 기능을 적용하여 《출력형태》와 같이 작성하시오.

· 소스 : 정복02_문제02.hwpx · 정답 : 정복02_정답02.hwpx

작성 시간 / 권장 시간

분 / 10분

《조건》
(1) 스타일 이름 – pumba
(2) 문단 모양 – 왼쪽 여백 : 15pt, 문단 아래 간격 : 10pt
(3) 글자 모양 – 글꼴 : 한글(굴림)/영문(돋움), 크기 : 10pt, 장평 : 95%, 자간 : –5%

《출력형태》

1.

The Eumseong Pumba Festival is a festival that combines the benevolence of Pumba and grandfather Choi Gwi-dong, which are hardened like the pronouns of traditional a traveling marketeer.

거지 성자로 불리는 최귀동 할아버지의 숭고한 삶에서 비롯된 음성 지역의 품바축제는 삭막한 현대인들의 가슴에 따뜻한 나눔의 의미를 깊이 새기고 있다.

완전정복- 03

다음의 《조건》에 따라 스타일 기능을 적용하여 《출력형태》와 같이 작성하시오.

· 소스 : 정복02_문제03.hwpx · 정답 : 정복02_정답03.hwpx

작성 시간 / 권장 시간

분 / 10분

《조건》
(1) 스타일 이름 – dementia
(2) 문단 모양 – 왼쪽 여백 : 15pt, 문단 아래 간격 : 10pt
(3) 글자 모양 – 글꼴 : 한글(궁서)/영문(돋움), 크기 : 10pt, 장평 : 95%, 자간 : 5%

《출력형태》

1.

Dementia is not a natural consequence of aging. Memory loss due to aging is usually limited to trivial matters and does not seriously interfere with an individual's daily life.

나이가 들면서 생기는 기억력 저하는 대개 사소한 일들에 국한되어 있으며, 개인의 일상생활에 심각한 지장을 주지는 않는다. 그러나 치매는 나이가 들어서 생기는 자연스러운 결과가 아니다.

완전정복- 04

다음의 《조건》에 따라 스타일 기능을 적용하여 《출력형태》와 같이 작성하시오.

· 소스 : 정복02_문제04.hwpx · 정답 : 정복02_정답04.hwpx

작성 시간 / 권장 시간

분 / 10분

《조건》
(1) 스타일 이름 – disease
(2) 문단 모양 – 왼쪽 여백 : 15pt, 문단 아래 간격 : 10pt
(3) 글자 모양 – 글꼴 : 한글(궁서)/영문(돋움), 크기 : 10pt, 장평 : 95%, 자간 : 5%

《출력형태》

1.

The Centers for Disease Control and tools protect the public health based on research on the mechanism, prevention and management of infectious and chronic diseases.

질병관리본부는 감염병과 만성병의 기전과 예방, 치료, 관리에 관한 연구와 환경과 유전 요인에 대한 분석연구를 바탕으로 국민 건강을 지킬 과학적 근거와 수단을 마련한다.

다음의 《조건》에 따라 스타일 기능을 적용하여 《출력형태》와 같이 작성하시오.

작성 시간 / 권장 시간

분 / 10분

· 소스 : 정복02_문제05.hwpx   · 정답 : 정복02_정답05.hwpx

《조건》
(1) 스타일 이름 – martial
(2) 문단 모양 – 첫 줄 들여쓰기 : 15pt, 문단 아래 간격 : 10pt
(3) 글자 모양 – 글꼴 : 한글(궁서)/영문(돋움), 크기 : 10pt, 장평 : 95%, 자간 : –5%

《출력형태》

1.

Martial art a traditional Japanese, Chinese, or Korean form of fighting or defending yourself, practised as a sport or as exercise. Martial arts include karate, judo, kung fu, and aikido

한국택견협회, 세계무술연맹 등 무예 관련 기관들이 거점을 두고 있어 무예의 고장으로 불리는 충주에서 '무예와 함께 삶을 건강하고 평등하게'라는 주제로 국제연무대회가 열립니다.

다음의 《조건》에 따라 스타일 기능을 적용하여 《출력형태》와 같이 작성하시오.

작성 시간 / 권장 시간

분 / 10분

· 소스 : 정복02_문제06.hwpx   · 정답 : 정복02_정답06.hwpx

《조건》
(1) 스타일 이름 – metaverse
(2) 문단 모양 – 왼쪽 여백 : 15pt, 문단 아래 간격 : 10pt
(3) 글자 모양 – 글꼴 : 한글(돋움)/영문(굴림), 크기 : 10pt, 장평 : 95%, 자간 : 5%

《출력형태》

1.

In order to revitalize and continue to grow various industrial ecosystems, it is necessary to establish leading governance and establish and operate a metaverse partnership organization that can lead.

다양한 산업 생태계의 활성화와 지속적인 성장을 위해서는 선도적 거버넌스의 정립이 필요하며 견인할 수 있는 메타버스 파트너십 기구를 설치하고 운영할 필요가 있다.

다음의 《조건》에 따라 스타일 기능을 적용하여 《출력형태》와 같이 작성하시오.

작성 시간 / 권장 시간

분 / 10분

· 소스 : 정복02_문제07.hwpx   · 정답 : 정복02_정답07.hwpx

《조건》
(1) 스타일 이름 – credit
(2) 문단 모양 – 왼쪽 여백 : 15pt, 문단 아래 간격 : 10pt
(3) 글자 모양 – 글꼴 : 한글(돋움)/영문(굴림), 크기 : 10pt, 장평 : 95%, 자간 : 5%

《출력형태》

1.

A high school credit system is a system in which students select courses, attend classes, and complete the necessary credits for graduation.

고교학점제란 대학처럼 학생들이 적성과 희망 진로에 따라 교과를 선택하고 강의실을 다니며 수업을 듣고 졸업에 필요한 학점을 이수하는 제도를 말한다.

완전정복- 08

다음의 《조건》에 따라 스타일 기능을 적용하여 《출력형태》와 같이 작성하시오.

· 소스 : 정복02_문제08.hwpx · 정답 : 정복02_정답08.hwpx

작성 시간 / 권장 시간

분 / 10분

《조건》
(1) 스타일 이름 – multicultural
(2) 문단 모양 – 왼쪽 여백 : 15pt, 문단 아래 간격 : 10pt
(3) 글자 모양 – 글꼴 : 한글(돋움)/영문(굴림), 크기 : 10pt, 장평 : 95%, 자간 : 5%

《출력형태》

1.

Multicultural Family Support Center supports stable living for multicultural families through a variety of services including counseling and cultural programs.

오늘날 교통, 통신 기술의 발달로 서로 다른 문화권에 속한 사람들 간의 접촉이 빈번해지면서 다양한 인종과 문화를 가진 사람들이 함께 공존하는 다문화 사회가 되었다.

완전정복- 09

다음의 《조건》에 따라 스타일 기능을 적용하여 《출력형태》와 같이 작성하시오.

· 소스 : 정복02_문제09.hwpx · 정답 : 정복02_정답09.hwpx

작성 시간 / 권장 시간

분 / 10분

《조건》
(1) 스타일 이름 – information
(2) 문단 모양 – 왼쪽 여백 : 15pt, 문단 아래 간격 : 10pt
(3) 글자 모양 – 글꼴 : 한글(굴림)/영문(돋움), 크기 : 10pt, 장평 : 95%, 자간 : 5%

《출력형태》

1.

In the age of based on big data personal information is becoming increasingly more important. Personal information is becoming a global problem.

4차 산업혁명 시대에 빅데이터 기반 개인정보의 중요성은 더욱 커지고 있다. 또한 개인정보는 더 이상 어느 한 국가의 문제가 아닌 전 세계적인 문제가 되었다.

완전정복- 10

다음의 《조건》에 따라 스타일 기능을 적용하여 《출력형태》와 같이 작성하시오.

· 소스 : 정복02_문제10.hwpx · 정답 : 정복02_정답10.hwpx

작성 시간 / 권장 시간

분 / 10분

《조건》
(1) 스타일 이름 – ransomware
(2) 문단 모양 – 첫 줄 들여쓰기 : 15pt, 문단 아래 간격 : 10pt
(3) 글자 모양 – 글꼴 : 한글(굴림)/영문(돋움), 크기 : 10pt, 장평 : 95%, 자간 : 5%

《출력형태》

1.

Ransomware is malicious program that locks the system or encrypts data in combination with ransom and software, and requires money to be paid hostage.

랜섬웨어는 몸값과 소프트웨어의 합성어로 시스템을 잠그거나 데이터를 암호화해 사용할 수 없도록 하고 이를 인질로 금전을 요구하는 악성 프로그램을 말한다.

기능평가 I - 표 작성

- ☑ 표 만들기
- ☑ 표 내용 입력 및 정렬하기
- ☑ 셀 배경색 및 테두리 지정하기
- ☑ 블록 계산 및 캡션 입력하기

 **미리보기**

·소스 : 유형03_문제.hwpx ·정답 : 유형03_정답.hwpx

2. 다음의 《조건》에 따라 《출력형태》와 같이 표와 차트를 작성하시오. (100점)

※ 《표 조건》은 다음 페이지를 참고하시기 바랍니다.

1.

Since its establishment in 2008, it has been commissioned by the Korea Youth Activity Promotion Agency and has operated various international exchange programs to help teenagers grow into global leaders.

청소년들이 글로벌 리더로 성장하도록 다양한 국제교류 프로그램을 운영하고 있으며, 2008년 설치 이후 2013년부터 현재까지 한국청소년활동진흥원에서 위탁하고 있다.

2.

청소년국제교류 사업 효과성 변화(단위 : 점)

연도	2020년	2021년	2022년	2023년	평균
이해증진도	2.8	3.1	3.3	3.5	
시민의식	4.2	4.1	4.3	4.1	
가치관	3.6	4.2	4.7	4.1	
문화 개방성	3.5	4.1	4.4	4.9	

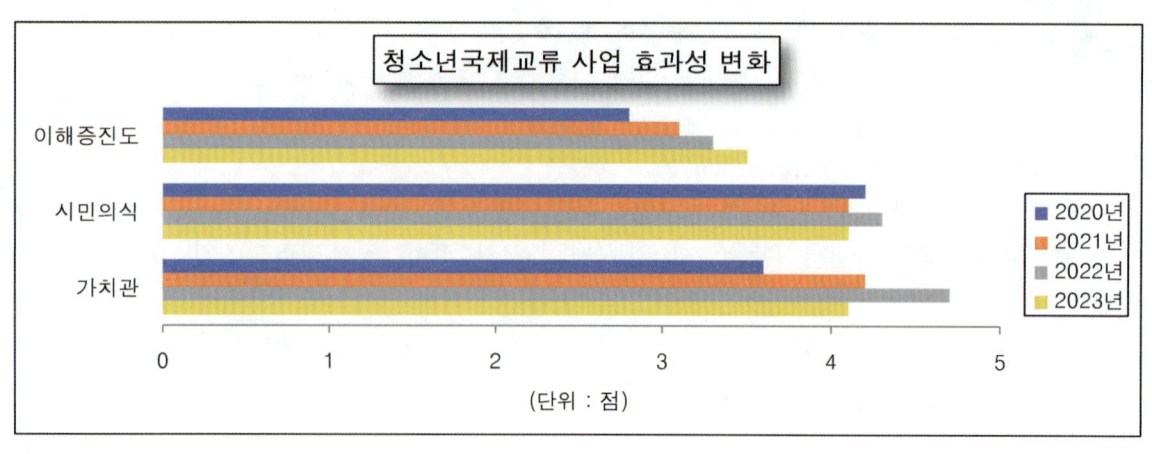

▲ 2번 문제 표만 연습합니다.

난이도	권장 시간 / 시험 시간	유형 점수 / 시험 점수
★★★☆☆	5분 / 60분	50점 / 500점

시험 분석

➜ 출제 경향 : 출제 문제를 분석

☑ 표 전체(표, 캡션)의 글꼴은 3개의 글꼴(돋움, 궁서, 굴림)이 번갈아가며 출제되고, 셀 배경색은 노랑이 출제되고 있습니다.

☑ 블록 계산식은 합계와 평균(소수점 두 자리)이 출제되고 있습니다.

➜ 주의 사항 : 실수가 많은 내용

☑ 시험에서는 표를 글자와 같게 취급하여 문단으로 이동할 수 있도록 만들어야 하기 때문에 글자처럼 처리하는 [글자처럼 취급]으로 만들어야 합니다.

☑ 캡션 영역에서 Delete나 Back space를 눌러 내용을 모두 지우고 본문으로 빠져나온 경우 내용은 비어 있지만 캡션 영역은 그대로 남아 있으므로 캡션 영역을 클릭하여 내용을 입력합니다.

➜ 주요 단축키 : 문서 작성시 시간 단축에 도움

☑ 표 : Ctrl + N, T, 표 테두리 : L, 표 배경색 : C, 블록 합계 : Ctrl + Shift + S, 블록 평균 : Ctrl + Shift + A

Skill 01 표 만들기

≪표 조건≫ : (1) 표 전체(표, 캡션) – 굴림, 10pt

(2) 정렬 – 문자 : 가운데 정렬, 숫자 : 오른쪽 정렬

(3) 셀 배경(면색) : 노랑

(4) 한글의 계산 기능을 이용하여 빈칸에 평균(소수점 두 자리)을 구하고, 캡션 기능 사용할 것

(5) 선 모양은 ≪출력형태≫와 동일하게 처리할 것

≪출력형태≫

2.

청소년국제교류 사업 효과성 변화(단위 : 점)

연도	2020년	2021년	2022년	2023년	평균
이해증진도	2.8	3.1	3.3	3.5	
시민의식	4.2	4.1	4.3	4.1	
가치관	3.6	4.2	4.7	4.1	
문화 개방성	3.5	4.1	4.4	4.9	

❶ 한글 2022 프로그램을 실행한 후 [파일]-[불러오기]를 선택합니다. [불러오기] 대화상자가 나오면 [소스 및 정답]-[소스 파일]-[출제유형 완전정복]-[출제유형 03]-'유형03_문제.hwpx' 파일을 불러옵니다.

❷ 1페이지의 문제 번호 2. 다음 문단을 클릭하여 커서를 위치시킨 후 표를 작성하기 위해 [입력] 탭에서 '표(▦)'(또는 Ctrl + N, T)를 클릭합니다.

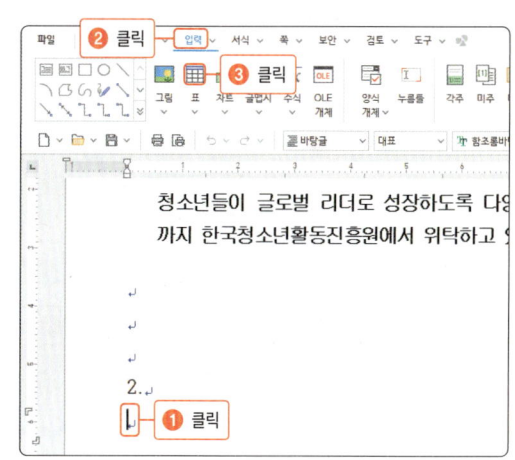

③ [표 만들기] 대화상자가 나오면 《출력형태》를 참고하여 '줄 개수(5), 칸 개수(6)'를 입력한 후 '글자처럼 취급'을 클릭하여 체크(☑)한 다음 〈만들기〉 단추를 클릭합니다.

※ '글자처럼 취급'이 이미 체크(☑)가 된 상태라면 선택하지 않습니다.

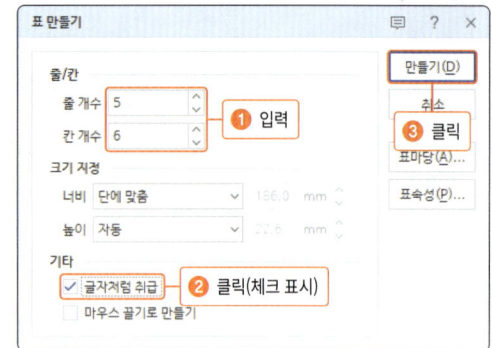

표 내용 입력 및 정렬하기

(1) 표 전체(표, 캡션) – 굴림, 10pt
(2) 정렬 – 문자 : 가운데 정렬, 숫자 : 오른쪽 정렬

① 표가 만들어지면 표 안쪽을 클릭한 후 문제지 기능평가 I 의 2번 문제 《출력형태》를 참고하여 다음과 같이 내용을 입력합니다.

2.↵   [입력]

연도↵	2020년↵	2021년↵	2022년↵	2023년↵	평균↵
이해증진도↵	2.8↵	3.1↵	3.3↵	3.5↵	↵
시민의식↵	4.2↵	4.1↵	4.3↵	4.1↵	↵
가치관↵	3.6↵	4.2↵	4.7↵	4.1↵	↵
문화 개방성↵	3.5↵	4.1↵	4.4↵	4.9↵	↵

 셀 안쪽의 커서 이동 방법

표 안의 내용을 입력한 후 **Tab** 키(오른쪽으로 이동) 또는 방향키(↑, ↓, ←, →)를 이용하여 커서를 이동할 수 있습니다.

② 모든 내용이 입력되면 표 전체를 드래그하여 블록으로 지정한 후 [서식] 도구 상자에서 '글꼴(굴림), 글자 크기(10)'를 지정합니다. 이어서, '가운데 정렬(≡)'을 클릭합니다.

※ [서식] 도구 상자에서 글꼴을 선택할 때는 [모든 글꼴]을 선택한 상태에서 글꼴을 찾습니다.

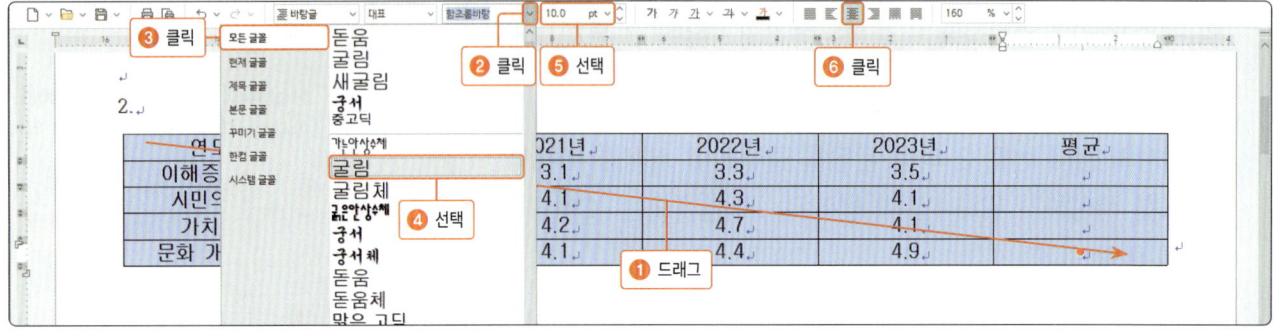

❸ 표 내용에서 숫자를 오른쪽으로 정렬하기 위해 다음과 같이 드래그하여 블록으로 지정한 후 [서식] 도구 상자에서 '오른쪽 정렬(▤)'을 클릭합니다.

　※ 해당 빈 칸(평균 열)은 블록 계산식을 이용하여 숫자 값이 입력되기 때문에 《표 조건》에 맞추어 미리 오른쪽 정렬을 지정합니다.

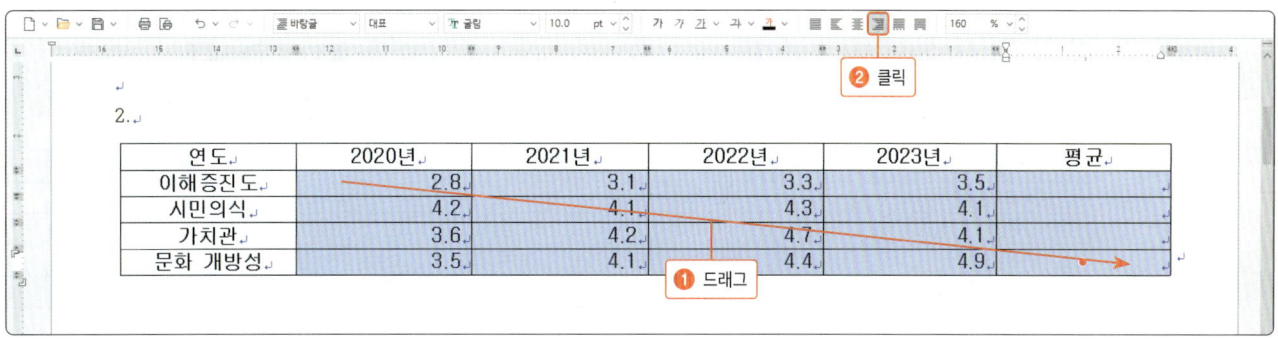

Skill 03 셀 배경색 및 테두리 지정하기

■ 셀 배경색 지정하기

(3) 셀 배경(면색) : 노랑

❶ 셀 배경색을 지정하기 위해 다음과 같이 드래그하여 블록으로 지정합니다.

연도	2020년	2021년	2022년	2023년	평균
이해증진도	2.8	3.1	3.3	3.5	
시민의식	4.2	4.1	4.3	4.1	
가치관	3.6	4.2	4.7	4.1	
문화 개방성	3.5	4.1	4.4	4.9	

드래그

❷ [표 디자인(▤)] 탭에서 [표 채우기(▤)]의 '목록 단추(▽)'를 클릭합니다. 이어서, '테마 색상표(▷)'를 클릭한 후 '오피스'를 선택합니다.

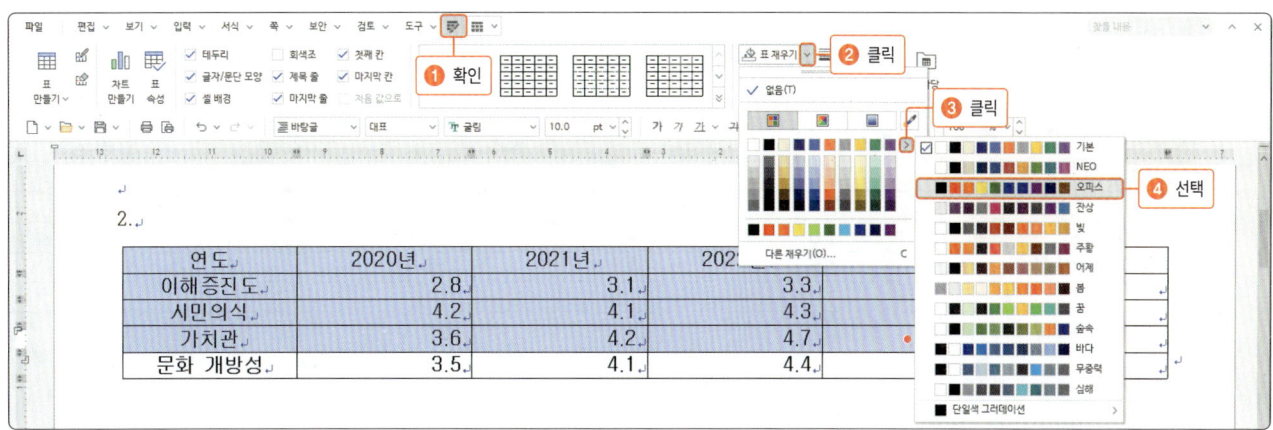

③ 오피스 색상 팔레트가 나오면 '노랑'을 선택합니다.

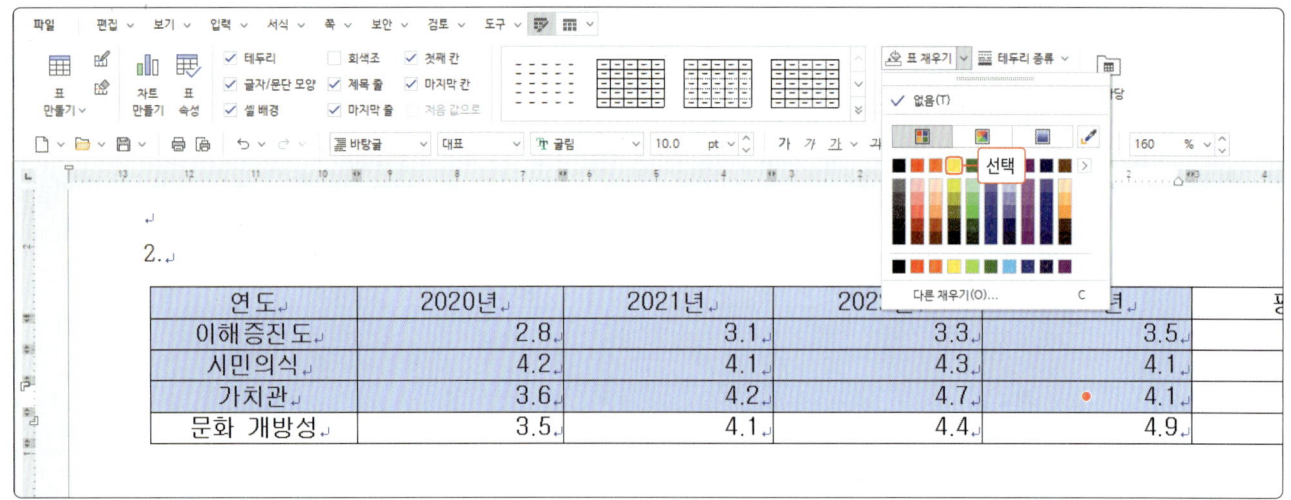

> **TIP 색상 테마**
>
> ❶ 실제 시험에서 지시하는 색상(빨강, 파랑, 노랑, 하양, 검정)은 하양을 제외하고 모두 [오피스] 색상 테마입니다. 사용자 환경에 따라 다른 색상 테마가 설정되어 있을 수 있으니 반드시 색상 테마를 [오피스]로 변경한 후 작업합니다.
>
> ※ 단, 하양은 [기본] 테마의 '하양'을 선택하여 사용합니다.
>
> ❷ 테마 색 이외에도 팔레트, 스펙트럼을 클릭한 후 RGB 값을 직접 입력 또는 클릭하여 색상을 지정할 수도 있습니다. (빨강 : 255. 0. 0. / 파랑 : 0. 0. 255. / 노랑 : 255. 255. 0.)
>
>

④ Esc 키를 늘러 블록 지정을 해제한 후 셀 배경색을 확인합니다.

연도	2020년	2021년	2022년	2023년	평균
이해증진도	2.8	3.1	3.3	3.5	
시민의식	4.2	4.1	4.3	4.1	
가치관	3.6	4.2	4.7	4.1	
문화 개방성	3.5	4.1	4.4	4.9	

Esc 키 후 확인

■ 셀 테두리 지정하기

(5) 선 모양은 《출력형태》와 동일하게 처리할 것

❺ 셀 테두리를 변경하기 위해 표 전체를 드래그하여 블록으로 지정합니다. 이어서, [표 레이아웃(▦)] 탭의 '목록 단추(⌄)'를 클릭한 후 [셀 테두리/배경]–'각 셀마다 적용'(또는 Ⓛ)을 선택합니다.

※ 표 전체를 블록으로 지정한 후 [마우스 오른쪽 단추]를 눌러 [셀 테두리/배경]–'각 셀마다 적용'을 선택할 수도 있습니다.

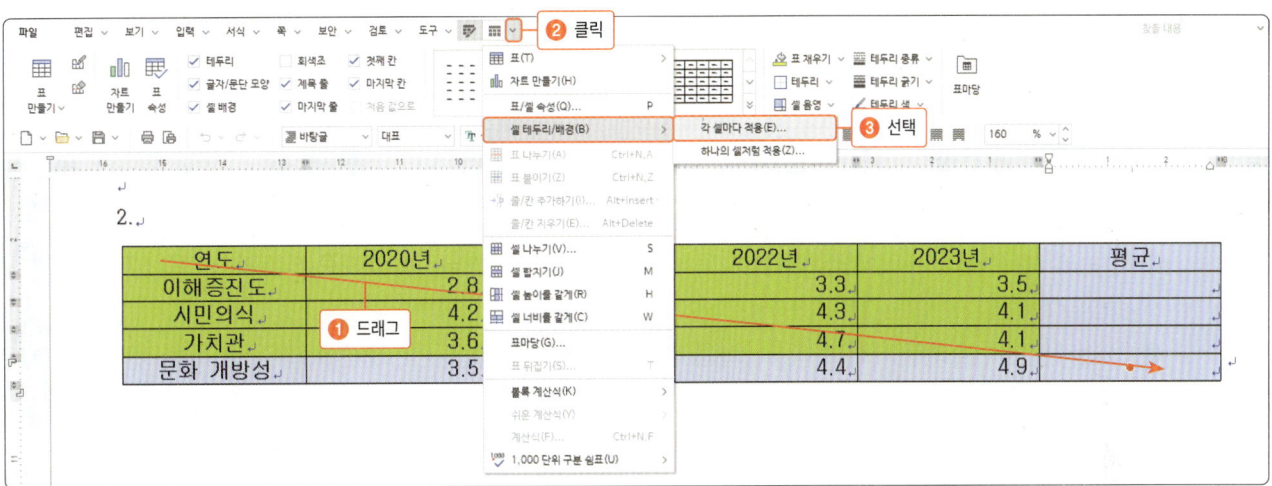

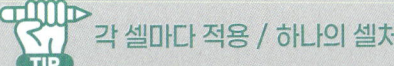

❶ 각 셀마다 적용 : 블록으로 지정된 셀에 테두리나 배경, 대각선 등을 지정하면 각 셀마다 지정되어 나타납니다.

❷ 하나의 셀처럼 적용 : 블록으로 지정된 셀에 테두리나 배경, 대각선 등을 지정하면 하나의 셀에 지정되는 것처럼 나타납니다.

| ▲ [각 셀마다 적용]–[대각선]을 적용한 경우 | ▲ [하나의 셀처럼 적용]–[대각선]을 적용한 경우 |

❻ [셀 테두리/배경] 대화상자가 나오면 [테두리] 탭에서 [종류]–'이중 실선([＝＝＝＝])', '바깥쪽(▢)'을 선택한 후 〈설정〉 단추를 클릭합니다.

※ 테두리 종류는 《출력형태》를 참고하여 작업합니다.

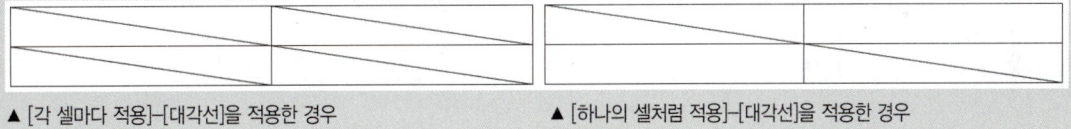
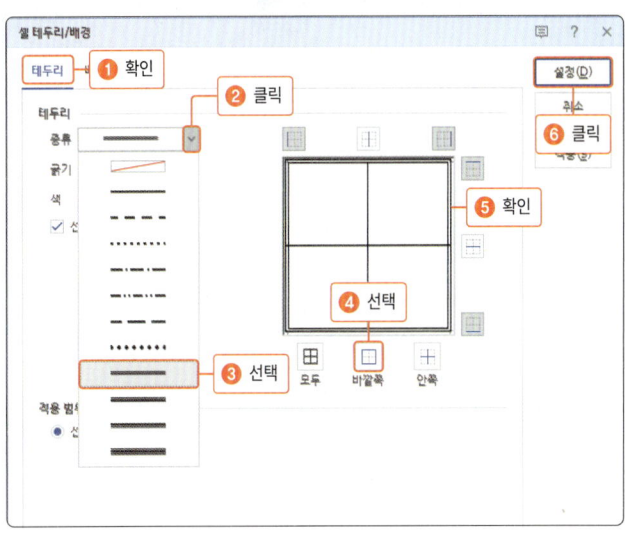

7️⃣ 바깥쪽 테두리가 이중 실선으로 적용되면 똑같은 방법으로 다음과 같이 표의 테두리를 지정합니다.

– 첫 번째 행(연도, 2020년, 2021년, 2022년, 2023년, 평균)을 셀 블록으로 지정한 후 '이중 실선(▤)'으로 '바깥쪽(▢)' 테두리 지정
– 첫 번째 열(연도, 이해증진도, 시민의식, 가치관, 문화 개방성)을 셀 블록으로 지정한 후 '이중 실선(▤)'으로 '바깥쪽(▢)' 테두리 지정

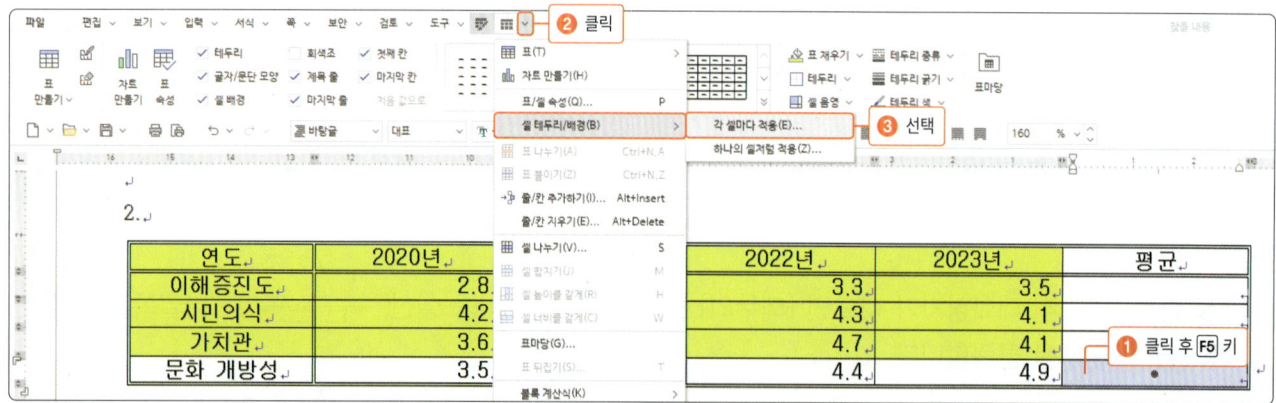

테두리 지정

❶ 첫 번째 행은 [셀 테두리/배경] 대화상자에서 [종류]–'이중 실선(▤)', 아래쪽 테두리(▤)를 선택해도 결과는 같습니다.

❷ 첫 번째 열은 [셀 테두리/배경] 대화상자에서 [종류]–'이중 실선(▤)', 오른쪽 테두리(▥)을 선택해도 결과는 같습니다.

8️⃣ 하나의 셀에 대각선을 지정하기 위해 다음과 같이 표 안의 셀을 클릭하여 커서를 위치시킨 후 F5 키를 눌러 블록으로 지정합니다.

9️⃣ [표 레이아웃(▦)] 탭의 '목록 단추(▽)'를 클릭한 후 [셀 테두리/배경]–'각 셀마다 적용'(또는 L)을 선택합니다.

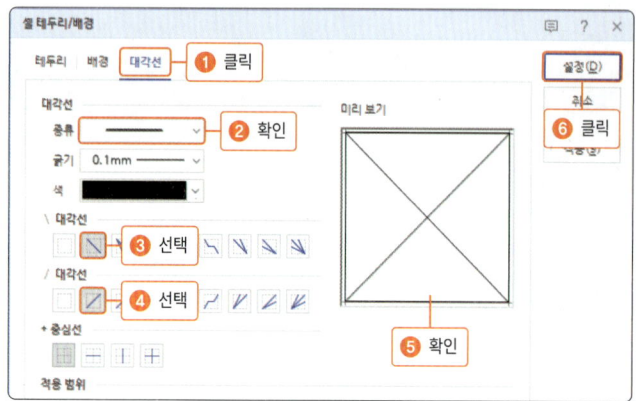

🔟 [셀 테두리/배경] 대화상자가 나오면 [대각선] 탭에서 [종류]–'실선(━━━)', [대각선]–'◸, ◹'을 선택한 후 〈설정〉 단추를 클릭합니다.

(1) 표 전체(표, 캡션) – 굴림, 10pt
(2) 한글의 계산 기능을 이용하여 빈칸에 평균(소수점 두 자리)을 구하고, 캡션 기능 사용할 것

① 블록 계산식을 이용하여 평균을 구하기 위해 다음과 같이 드래그하여 블록으로 지정한 후 [표 레이아웃(▦)] 탭에서 [계산식(▦)]–'블록 평균'을 선택합니다.

※ 블록으로 지정된 셀 위에서 마우스 오른쪽 단추를 눌러 [블록 계산식]–'블록 평균'을 선택할 수도 있습니다.

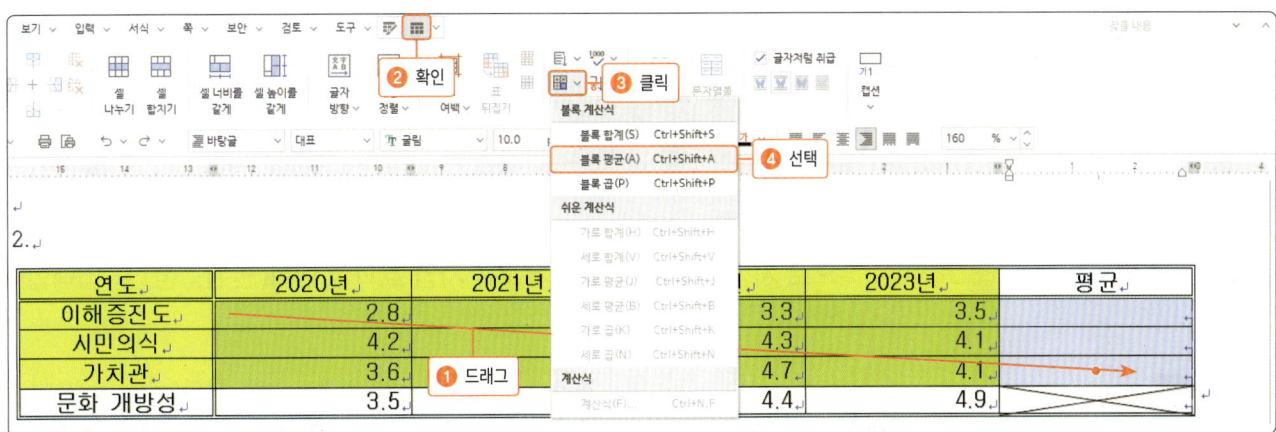

블록 계산

표의 《출력형태》를 보면 평균 부분이 빈 칸으로 되어 있지만, 《표 조건》에는 계산 기능을 이용하여 빈 칸의 평균을 구하라고 되어있기 때문에 블록 계산식을 이용하여 평균을 구해야 합니다.

② 빈 셀에 평균이 계산되어 입력되면 **Esc** 키를 눌러 블록 지정을 해제합니다.

블록 계산식

❶ 바로 가기 키 : 블록 합계(**Ctrl**+**Shift**+**S**), 블록 평균(**Ctrl**+**Shift**+**A**), 블록 곱(**Ctrl**+**Shift**+**P**)

❷ 소수점 자릿수 변경 : 만약 평균을 계산한 후 소수점 자릿수를 변경하고자 할 경우에는 평균으로 계산된 숫자(예 : 60.50) 위에서 마우스 오른쪽 단추를 눌러 [계산식 고치기]를 클릭합니다. 이어서, [계산식] 대화상자가 나오면 '형식'을 클릭한 후 원하는 자릿수를 지정합니다.

※ 현재 ITQ 한글 시험에서는 평균 계산식의 형식이 기본 자릿수(소수점 이하 두 자리)로 출제되고 있으니 참고 하시기 바랍니다.

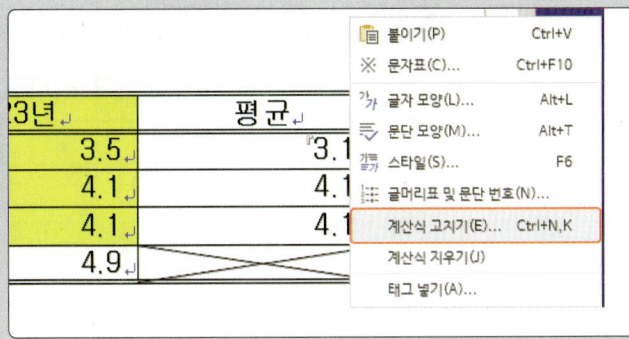

❸ 평균이 계산되면 [표 레이아웃(▦)] 탭에서 캡션(◻)의 '목록 단추(▾)'를 클릭한 후 '위'를 선택합니다.

※ 캡션이란 표 또는 그림 등의 이해를 돕기 위하여 간단한 내용을 입력하는 기능으로 《출력형태》의 표 우측 상단을 참고하여 캡션 내용을 입력합니다.

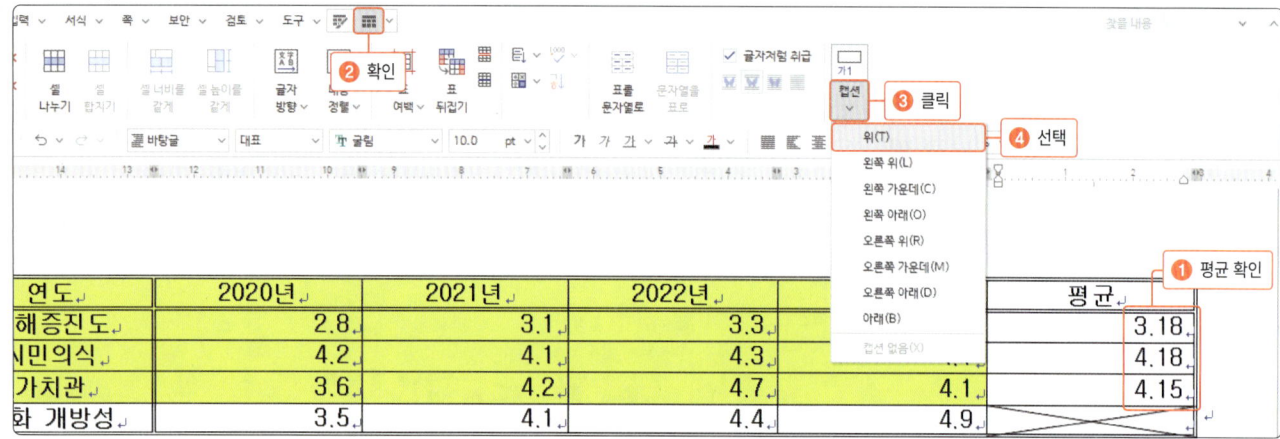

❹ 캡션 내용(표 1)을 드래그하여 블록으로 지정한 후 **'청소년국제교류 사업 효과성 변화(단위 : 점)'**을 입력합니다.

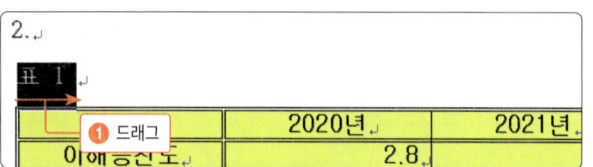

❺ 캡션을 블록으로 지정한 후 [서식] 도구 상자에서 '글꼴(굴림), 글자 크기(10pt), 오른쪽 정렬(▤)'을 지정합니다. 이어서, Esc 키를 눌러 블록 지정을 해제합니다.

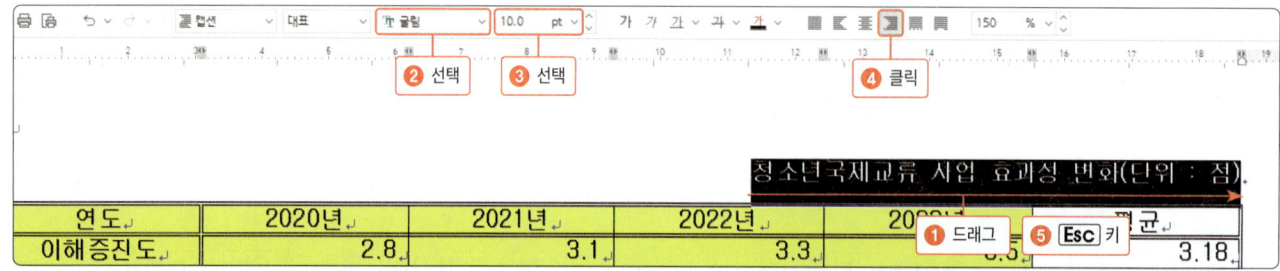

❻ 표 전체를 드래그하여 블록으로 지정한 후 Ctrl 키를 누른 채 ↓ 키를 두 번 눌러 표의 크기를 조절합니다.

※ 표의 크기는 《출력형태》를 참고하여 작업하며, 표의 크기를 조절하지 않아도 감점사항은 아닙니다.

청소년국제교류 사업 효과성 변화(단위 : 점)

연도	2020년	2021년	2022년	2023년	평균
이해증진도	2.8	3.1	3.3	3.5	3.18
시민의식	4.2	4.1	4.3	4.1	4.18
가치관	3.6	4.2	4.7	4.1	4.15
문화 개방성	3.5	4.1	4.4	4.9	

❼ 모든 작업이 완료되면 [파일]-[저장하기](Alt+S) 또는 [서식] 도구 상자에서 '저장하기(💾)'를 클릭하여 파일을 저장합니다. ※ 실제 시험을 볼 때 작업 도중에 수시로(10분에 한 번 정도) 저장을 하는 것이 좋습니다.

완전정복- 01 다음의 《조건》에 따라 《출력형태》와 같이 표와 차트를 작성하시오.

작성 시간 / 권장 시간
분 / 5분

· 소스 : 정복03_문제01.hwpx   · 정답 : 정복03_정답01.hwpx

《표 조건》 (1) 표 전체(표, 캡션) – 굴림, 10pt

(2) 정렬 – 문자 : 가운데 정렬, 숫자 : 오른쪽 정렬

(3) 셀 배경(면색) : 노랑

(4) 한글의 계산 기능을 이용하여 빈칸에 평균(소수점 두 자리)을 구하고, 캡션 기능 사용할 것

(5) 선 모양은 《출력형태》와 동일하게 처리할 것

《출력형태》

1.

Fair trade is an organized social movement that aims to help producers in developing countries to make better trading conditions and promote sustainability.

공정무역은 세계무역시장에서 공정하지 못한 무역 관행을 개선하고자 하는 노력에서 시작되었습니다. 정의, 공정성, 지속가능한 발전은 공정무역 구조의 핵심입니다.

2.

공정무역 소매 판매량(단위 : 천 톤)

구분	2020년	2021년	2022년	2023년	평균
커피	13.5	14.8	15.6	17.5	
올리브유	16.2	16.7	17.5	18.2	
수공예품	9.1	9.2	9.1	9.2	
쌀	6.1	6.9	7.1	8.2	✕

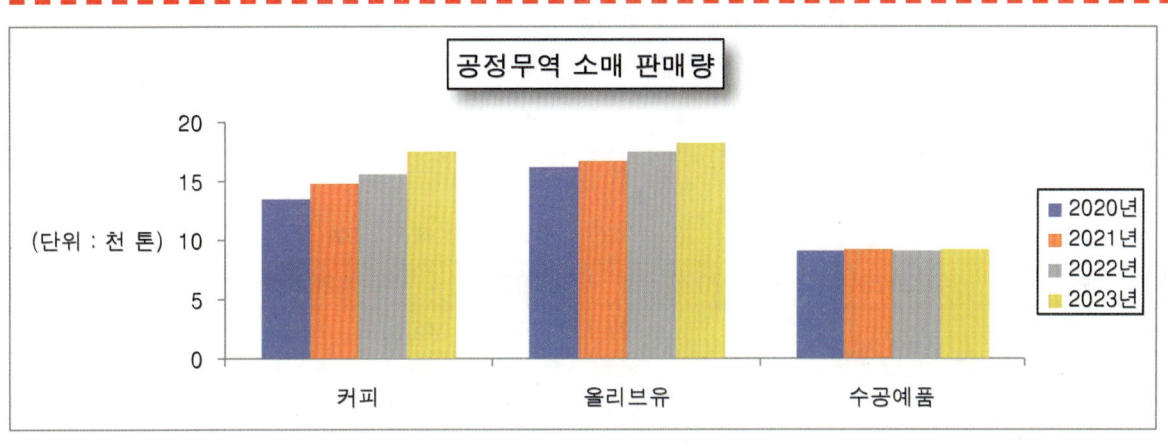

공정무역 소매 판매량

(단위 : 천 톤)

▲ 2번 문제의 표만 연습합니다.

다음의 《조건》에 따라 《출력형태》와 같이 표와 차트를 작성하시오.

작성 시간 / 권장 시간

분 / 5분

· 소스 : 정복03_문제02.hwpx   · 정답 : 정복03_정답02.hwpx

《표 조건》　(1) 표 전체 (표, 캡션) – 굴림, 10pt
　　　　　　(2) 정렬 – 문자 : 가운데 정렬, 숫자 : 오른쪽 정렬
　　　　　　(3) 셀 배경(면색) : 노랑
　　　　　　(4) 한글의 계산 기능을 이용하여 빈칸에 평균(소수점 두 자리)을 구하고, 캡션 기능 사용할 것
　　　　　　(5) 선 모양은 《출력형태》와 동일하게 처리할 것

《출력형태》

2.

품바축제 관람객 현황(단위 : 천 명)

구분	2020년	2021년	2022년	2023년	평균
품바래퍼	437	378	349	416	
품바패션	325	397	118	597	
품바왕	321	253	406	463	
천인의 엿치기	264	328	384	451	✕

완전정복 **03**

다음의 《조건》에 따라 《출력형태》와 같이 표와 차트를 작성하시오.

작성 시간 / 권장 시간

분 / 5분

· 소스 : 정복03_문제03.hwpx   · 정답 : 정복03_정답03.hwpx

《표 조건》　(1) 표 전체 (표, 캡션) – 굴림, 10pt
　　　　　　(2) 정렬 – 문자 : 가운데 정렬, 숫자 : 오른쪽 정렬
　　　　　　(3) 셀 배경(면색) : 노랑
　　　　　　(4) 한글의 계산 기능을 이용하여 빈칸에 합계를 구하고, 캡션 기능 사용할 것
　　　　　　(5) 선 모양은 《출력형태》와 동일하게 처리할 것

《출력형태》

2.

재가 노인 복지 시설 서비스 현황(단위 : 10개소)

연도	2019년	2020년	2021년	2022년	합계
방문 요양	15	27	42	58	
주야간 보호	18	23	26	30	
단기 보호	8	7	6	7	
방문 간호	6	10	1	2	✕

다음의 《조건》에 따라 《출력형태》와 같이 표와 차트를 작성하시오.

작성 시간 / 권장 시간

분 / 5분

· 소스 : 정복03_문제04.hwpx   · 정답 : 정복03_정답04.hwpx

《표 조건》　(1) 표 전체 (표, 캡션) – 굴림, 10pt

(2) 정렬 – 문자 : 가운데 정렬, 숫자 : 오른쪽 정렬

(3) 셀 배경(면색) : 노랑

(4) 한글의 계산 기능을 이용하여 빈칸에 합계를 구하고, 캡션 기능 사용할 것

(5) 선 모양은 《출력형태》와 동일하게 처리할 것

《출력형태》

2.

인천광역시 연도별 사고발생 현황(단위 : 건)

연도별	2018년	2019년	2020년	2021년	합계
교통사고(건)	1,127	1,229	1,141	1,150	
교통사고(인원)	1,607	1,658	1,563	1,550	
화재사고(건)	172	147	155	136	
화재사고(인원)	16	11	13	12	

다음의 《조건》에 따라 《출력형태》와 같이 표와 차트를 작성하시오.

작성 시간 / 권장 시간

분 / 5분

· 소스 : 정복03_문제05.hwpx   · 정답 : 정복03_정답05.hwpx

《표 조건》　(1) 표 전체 (표, 캡션) – 돋움, 10pt

(2) 정렬 – 문자 : 가운데 정렬, 숫자 : 오른쪽 정렬

(3) 셀 배경(면색) : 노랑

(4) 한글의 계산 기능을 이용하여 빈칸에 평균(소수점 두 자리)을 구하고, 캡션 기능 사용할 것

(5) 선 모양은 《출력형태》와 동일하게 처리할 것

《출력형태》

2.

연도별 무예퍼포먼스 참가 현황(단위 : 팀)

구분	2019년	2020년	2021년	2022년	평균
개인전	25	24	20	15	
듀오	23	22	15	12	
단체전	15	10	10	16	
초청	2	3	4	4	

다음의 《조건》에 따라 《출력형태》와 같이 표와 차트를 작성하시오.

소스 : 정복03_문제06.hwpx　　정답 : 정복03_정답06.hwpx

작성 시간 / 권장 시간

분 / 5분

《표 조건》　(1) 표 전체 (표, 캡션) – 돋움, 10pt
　　　　　　(2) 정렬 – 문자 : 가운데 정렬, 숫자 : 오른쪽 정렬
　　　　　　(3) 셀 배경(면색) : 노랑
　　　　　　(4) 한글의 계산 기능을 이용하여 빈칸에 합계를 구하고, 캡션 기능 사용할 것
　　　　　　(5) 선 모양은 《출력형태》와 동일하게 처리할 것

《출력형태》

2.

글로벌 메타버스 시장 전망(단위 : 10억 달러)

구분	2022	2023	2024	2025	합계
가상현실(VR)	13.4	27.8	79.4	138.3	
증강현실(AR)	33.0	67.9	193.8	338.1	
VR+AR	46.5	95.7	273.2	476.4	
기타	7.5	9.2	21.4	85.3	

다음의 《조건》에 따라 《출력형태》와 같이 표와 차트를 작성하시오.

소스 : 정복03_문제07.hwpx　　정답 : 정복03_정답07.hwpx

작성 시간 / 권장 시간

분 / 5분

《표 조건》　(1) 표 전체 (표, 캡션) – 돋움, 10pt
　　　　　　(2) 정렬 – 문자 : 가운데 정렬, 숫자 : 오른쪽 정렬
　　　　　　(3) 셀 배경(면색) : 노랑
　　　　　　(4) 한글의 계산 기능을 이용하여 빈칸에 평균(소수점 두 자리)을 구하고, 캡션 기능 사용할 것
　　　　　　(5) 선 모양은 《출력형태》와 동일하게 처리할 것

《출력형태》

2.

제도 개선 사항 설문 응답(단위 : 명)

구분	교원연수	제도홍보	조직개편	업무경감	평균
학생	21,634	8,566	7,572	8,334	
학부모	1,589	1,587	1,127	2,942	
교사	2,967	2,235	2,181	4,825	
교수	694	829	967	894	

다음의 《조건》에 따라 《출력형태》와 같이 표와 차트를 작성하시오.

· 소스 : 정복03_문제08.hwpx · 정답 : 정복03_정답08.hwpx

작성 시간 / 권장 시간

분 / 5분

《표 조건》 (1) 표 전체 (표, 캡션) – 돋움, 10pt
(2) 정렬 – 문자 : 가운데 정렬, 숫자 : 오른쪽 정렬
(3) 셀 배경(면색) : 노랑
(4) 한글의 계산 기능을 이용하여 빈칸에 평균(소수점 두 자리)을 구하고, 캡션 기능 사용할 것
(5) 선 모양은 《출력형태》와 동일하게 처리할 것

《출력형태》

2.

학교급별 다문화 학생 수(단위 : 천 명)

구분	2020	2021	2022	2023	평균
초등학교	107.7	111.4	111.7	112.3	
중학교	26.8	34.1	39.8	40.1	
고등학교	12.7	14.5	17.2	17.5	
대학교	9.1	9.5	10.3	10.8	

완전정복- **09** 다음의 《조건》에 따라 《출력형태》와 같이 표와 차트를 작성하시오.

· 소스 : 정복03_문제09.hwpx · 정답 : 정복03_정답09.hwpx

작성 시간 / 권장 시간

분 / 5분

《표 조건》 (1) 표 전체 (표, 캡션) – 굴림, 10pt
(2) 정렬 – 문자 : 가운데 정렬, 숫자 : 오른쪽 정렬
(3) 셀 배경(면색) : 노랑
(4) 한글의 계산 기능을 이용하여 빈칸에 평균(소수점 두 자리)을 구하고, 캡션 기능 사용할 것
(5) 선 모양은 《출력형태》와 동일하게 처리할 것

《출력형태》

2.

스팸 발송경로별 유통 현황(단위 : 십만 건)

구분	2018년	2019년	2020년	2021년	평균
유선전화	62	73	94	122	
인터넷전화	81	83	67	85	
휴대전화	21	26	31	30	
이메일(국내발송)	0.9	11	5	7	

기능평가 Ⅰ - 차트 작성

☑ 차트 만들기
☑ 축 제목 및 축 이름표 서식 지정하기
☑ 차트 제목 및 범례 서식 지정하기

🔍 **문제 미리보기**

· **소스** : 유형04_문제.hwpx   · **정답** : 유형04_정답.hwpx

2. 다음의 《조건》에 따라 《출력형태》와 같이 표와 차트를 작성하시오. (100점)

※ 《차트 조건》은 다음 페이지를 참고하시기 바랍니다.

1.

Since its establishment in 2008, it has been commissioned by the Korea Youth Activity Promotion Agency and has operated various international exchange programs to help teenagers grow into global leaders.

청소년들이 글로벌 리더로 성장하도록 다양한 국제교류 프로그램을 운영하고 있으며, 2008년 설치 이후 2013년부터 현재까지 한국청소년활동진흥원에서 위탁하고 있다.

2.

청소년국제교류 사업 효과성 변화(단위 : 점)

연도	2020년	2021년	2022년	2023년	평균
이해증진도	2.8	3.1	3.3	3.5	
시민의식	4.2	4.1	4.3	4.1	
가치관	3.6	4.2	4.7	4.1	
문화 개방성	3.5	4.1	4.4	4.9	

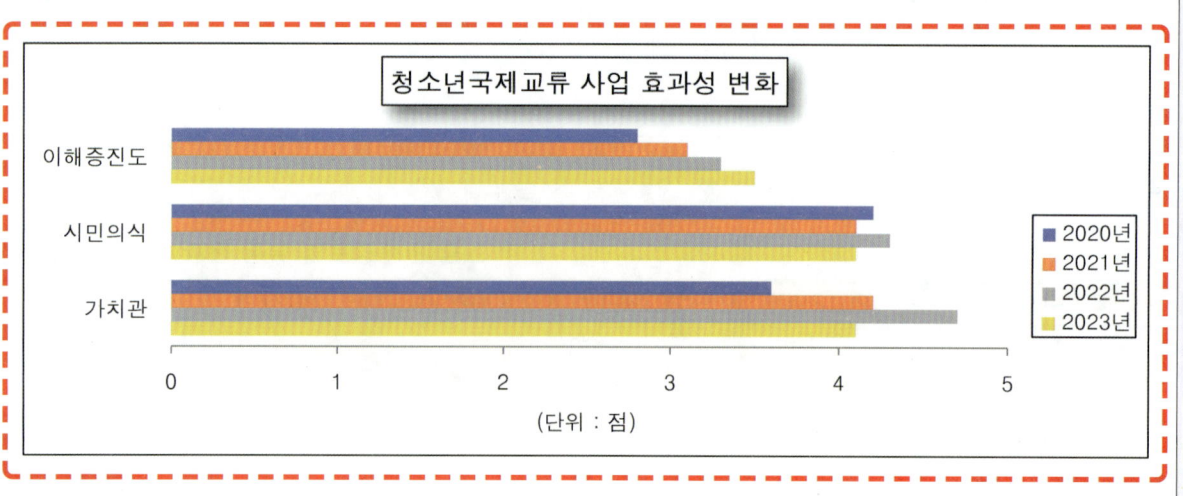

▲ 2번 문제 차트만 연습합니다.

난이도	권장 시간 / 시험 시간	유형 점수 / 시험 점수
★★★☆☆	5분 / 60분	50점 / 500점

시험 분석

→ **출제 경향 : 출제 문제를 분석**

☑ 차트 범위는 표의 셀 배경색이 지정된 부분이 차트 데이터로 사용되고 있습니다.

☑ 차트의 종류는 묶은 세로 막대형과 묶은 가로 막대형이 번갈아가며 출제되고 있습니다.

→ **주의 사항 : 실수가 많은 내용**

☑ 축의 값은 대부분 《출력형태》와 똑같기 때문에 기본 값으로 두어도 무관하지만 만약 기본 값이 《출력형태》와 다를 경우에는 값을 입력하여 변경해야 합니다.

☑ 숫자는 영문 글꼴 속성이 적용되기 때문에 [차트 글자 모양] 대화상자에서 한글과 영문 글꼴 모두 지정합니다.

→ **주요 단축키 : 문서 작성시 시간 단축에 도움**

☑ 개체 속성 : P

Skill 01 차트 만들기

《차트 조건》 : (1) 차트 데이터는 표 내용에서 연도별 이해증진도, 시민의식, 가치관의 값만 이용할 것
(2) 종류 – 〈묶은 가로 막대형〉으로 작업할 것
(3) 제목 – 글꼴 : 돋움, 진하게, 12pt
   속성 : 채우기(밝은 색 : 하양), 테두리, 그림자(바깥쪽 : 대각선 오른쪽 아래)
(4) 제목 이외의 전체 글꼴 – 돋움, 보통, 10pt
(5) 축제목과 범례는 《출력형태》와 동일하게 처리할 것

《출력형태》

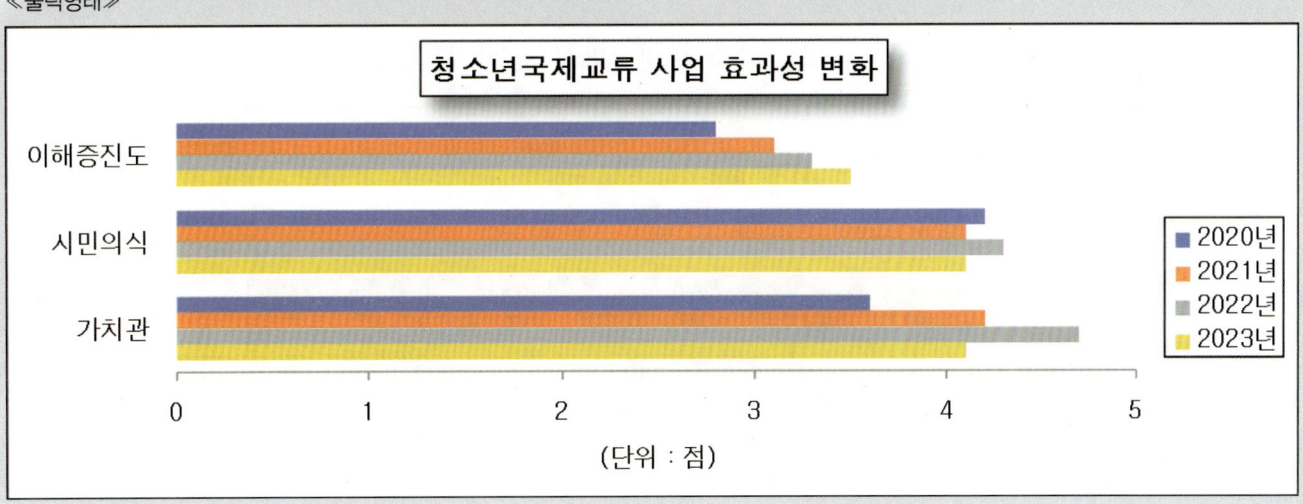

■ 표 내용을 이용하여 차트 만들기

(1) 차트 데이터는 표 내용에서 연도별 이해증진도, 시민의식, 가치관의 값만 이용할 것

❶ 한글 2022 프로그램을 실행한 후 [파일]-[불러오기]를 선택합니다. [불러오기] 대화상자가 나오면 '유형04_문제.hwpx' 파일을 불러옵니다.

❷ 1페이지의 표에서 차트로 작성할 셀 범위를 드래그하여 블록으로 지정한 후 [표 디자인(⊞)] 탭에서 [차트 만들기(📊)]를 클릭합니다.

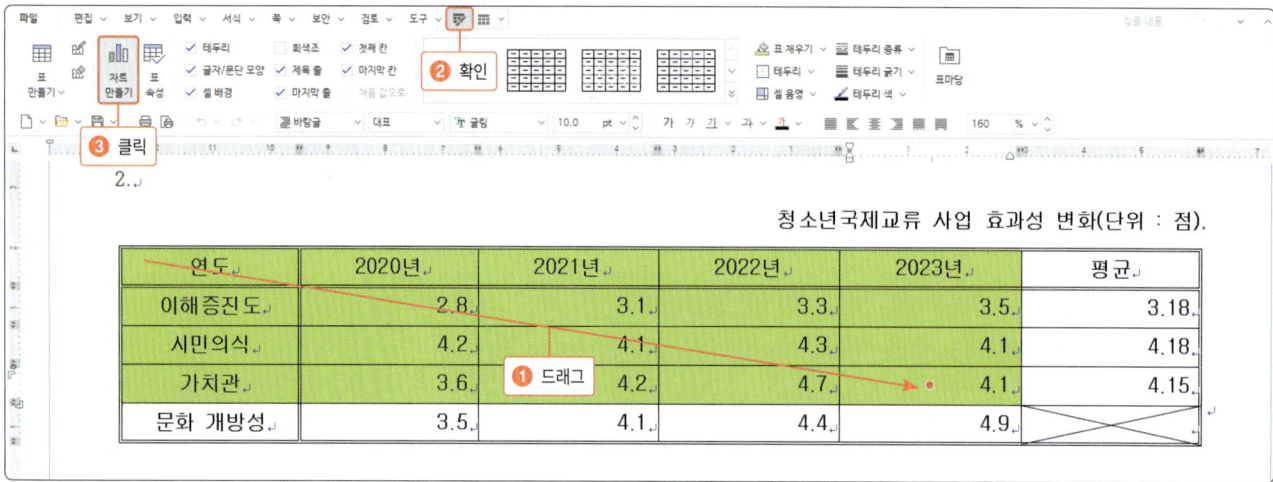

❸ [차트 데이터 편집] 대화상자가 나오면 '×'를 클릭하여 창을 닫습니다.

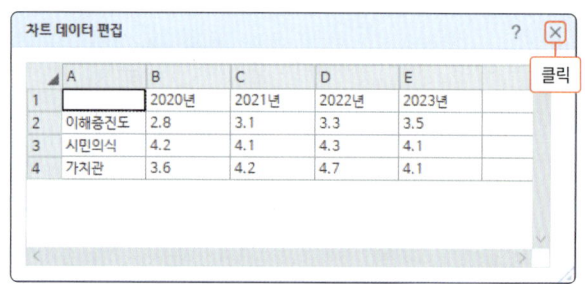

❹ 차트가 만들어지면 차트를 클릭한 후 [차트 서식(⤵)] 탭에서 '글자처럼 취급'을 클릭하여 체크(☑)합니다.

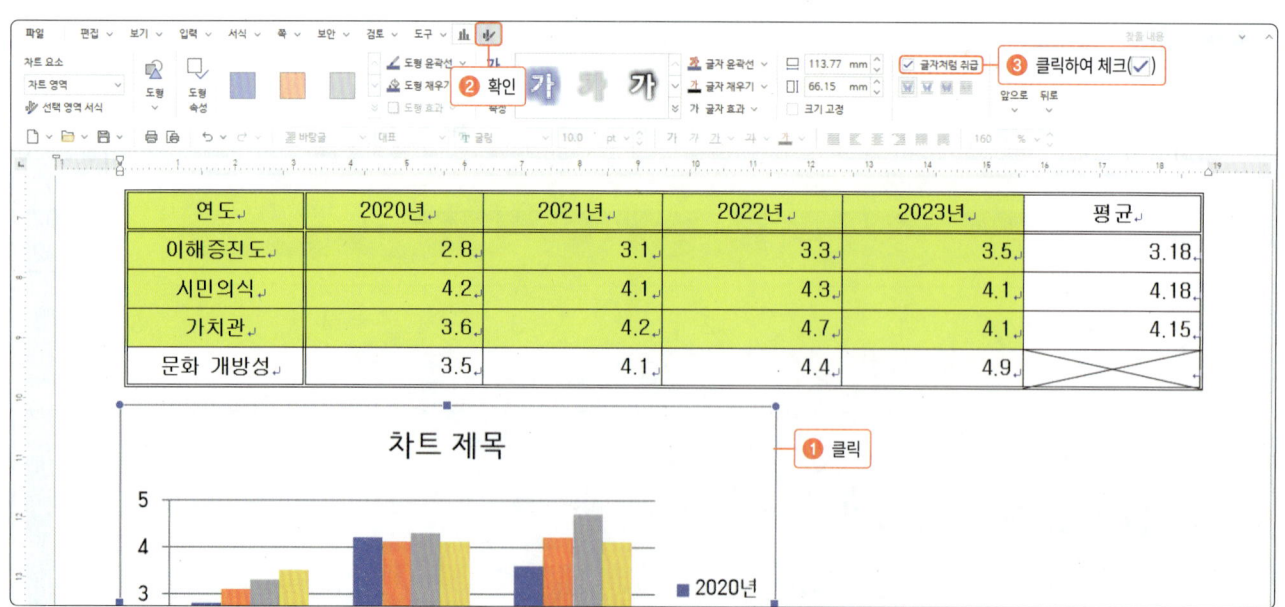

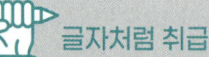 글자처럼 취급

차트를 보통 글자와 똑같은 문단으로 취급합니다. 따라서, 글을 입력하거나 지우는 대로 개체의 위치가 같이 변합니다.

⑤ 차트의 오른쪽 조절점(■)을 드래그하여 다음과 같이 차트의 크기를 조절합니다.

※ 차트 크기 조절은 《출력형태》를 참고하여 작업합니다.

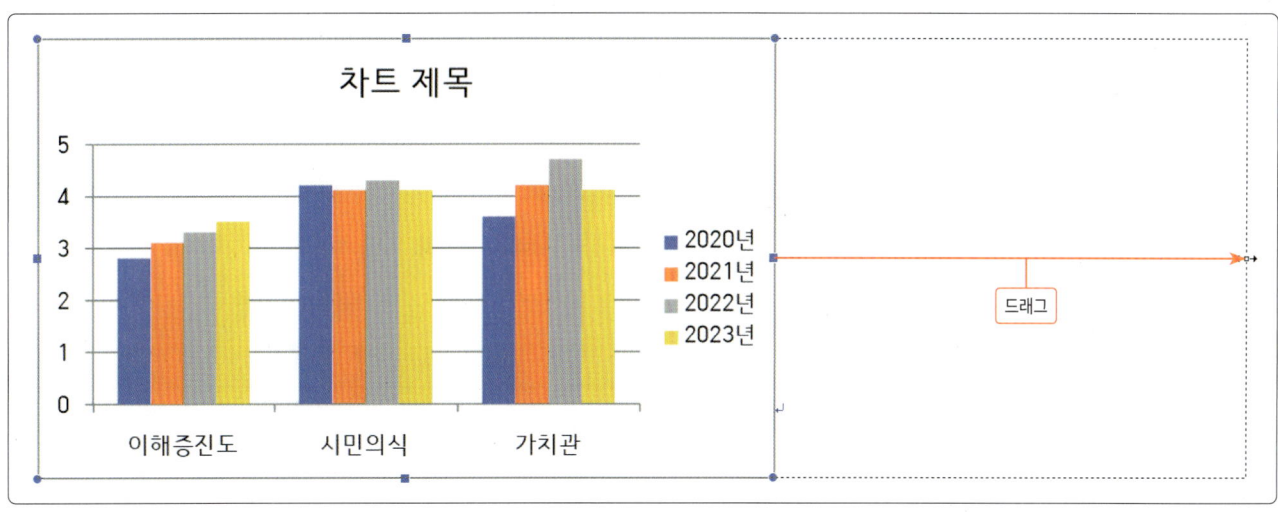

[개체 속성] 작업창

한글 2020버전 부터는 [차트 마법사]가 없습니다. 차트를 더블클릭하면 오른쪽에 [개체 속성] 작업창이 나옵니다.

[개체 속성] 작업창에서 차트를 수정하거나 [차트 디자인(📊)] 탭 또는 [차트 서식(🖌)] 탭에서 수정할 수 있습니다.

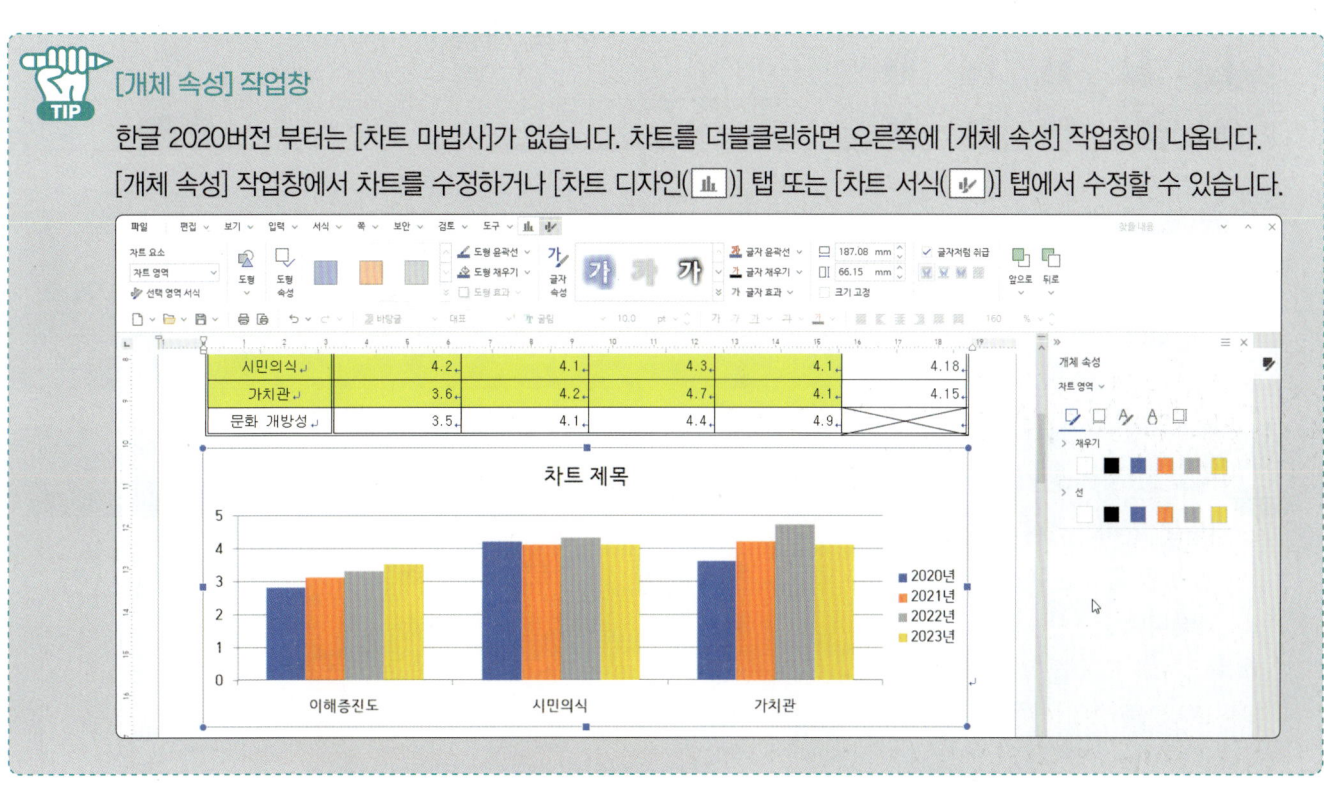

■ 차트 변경하기

(2) 종류 – 〈묶은 가로 막대형〉으로 작업할 것

⑥ 차트가 선택된 상태에서 [차트 디자인( )] 탭에서 [차트 종류 변경( )]을 클릭한 후 《차트 조건》에서 지시한 대로 [가로 막대형]–'묶은 가로 막대형'을 선택합니다.

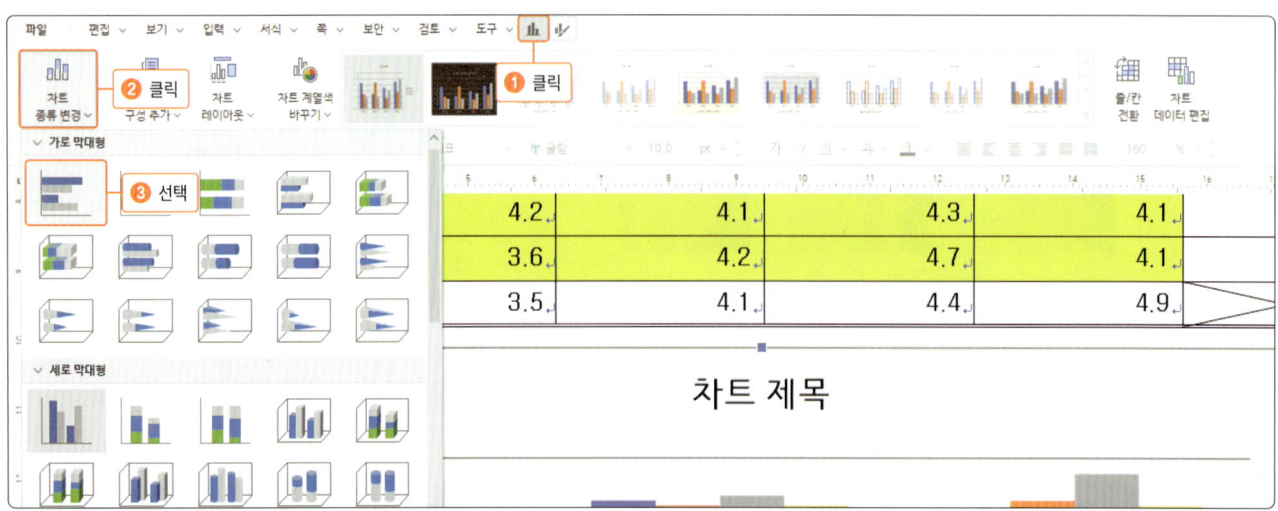

TIP 세로 막대형 차트

시험에서는 '세로 막대형 차트(묶은 세로 막대형)'와 '가로 막대형 차트(묶은 가로 막대형)'가 번갈아가며 출제되고 있습니다.

TIP 차트 행/열(축)

[줄/칸 전환( )]을 클릭하여 차트의 방향(행/열 또는 X/Y축)을 변경할 수 있습니다.

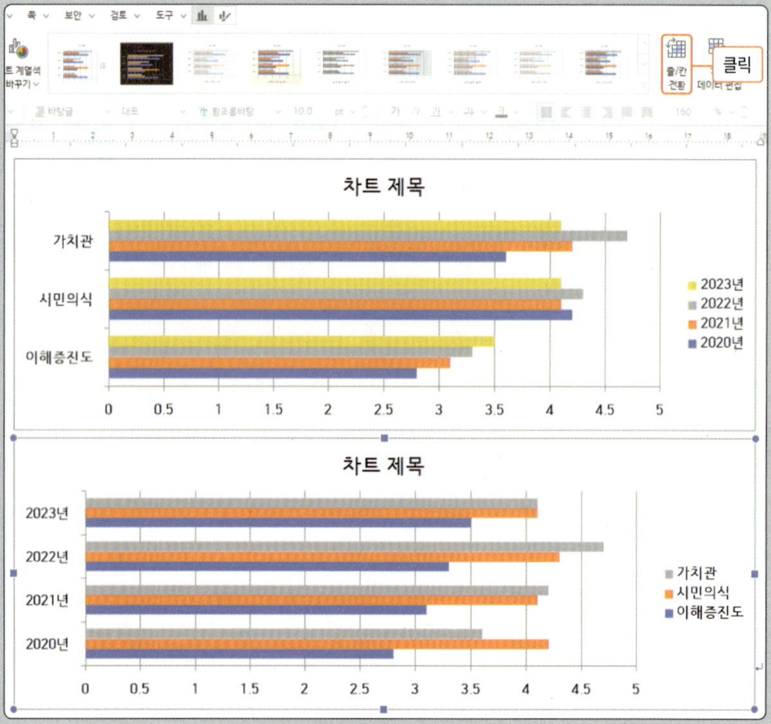

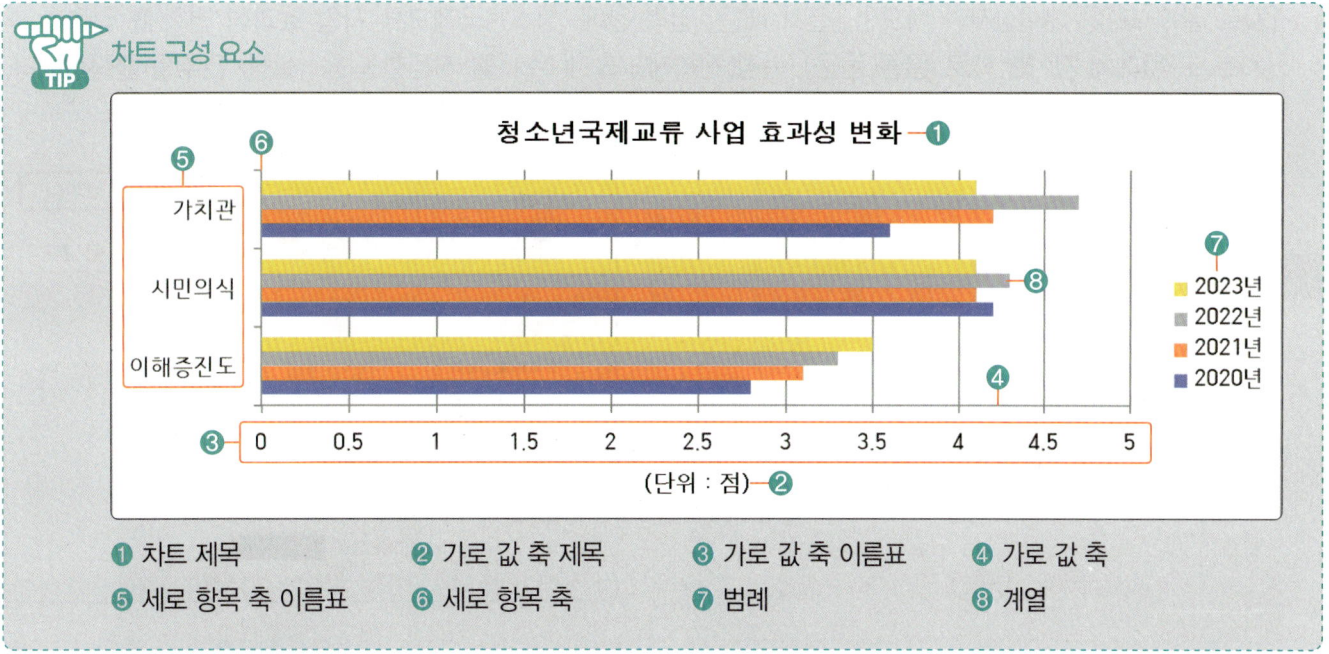

① 차트 제목   ② 가로 값 축 제목   ③ 가로 값 축 이름표   ④ 가로 값 축
⑤ 세로 항목 축 이름표   ⑥ 세로 항목 축   ⑦ 범례   ⑧ 계열

Skill 02 차트 제목 및 범례 서식 지정하기

(3) 제목 – 글꼴 : 돋움, 진하게, 12pt
       속성 : 채우기(밝은 색 : 하양), 테두리, 그림자(바깥쪽 : 대각선 오른쪽 아래)
(4) 제목 이외의 전체 글꼴 – 돋움, 보통, 10pt
(5) 축제목과 범례는 《출력형태》와 동일하게 처리할 것

① 차트 제목을 클릭한 후 [마우스 오른쪽 단추]–'제목 편집'을 클릭합니다.

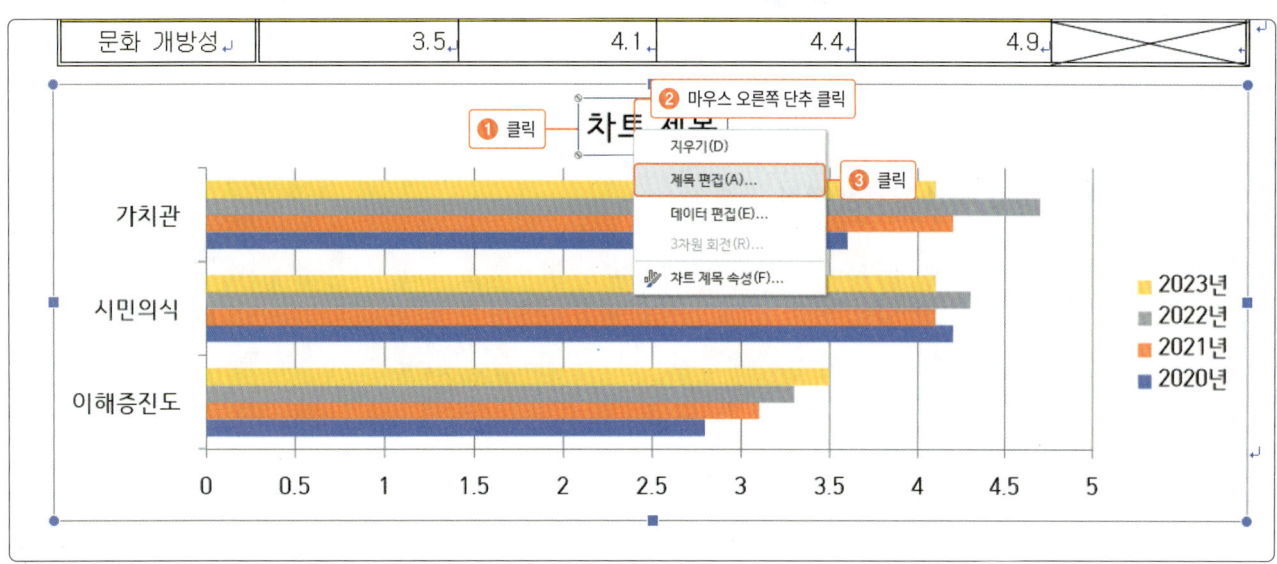

차트 방향(행/열)

행 또는 열을 번갈아가며 선택하여 차트 방향을 확인한 후 《출력형태》와 똑같은 모양을 선택합니다.

❷ [차트 글자 모양] 대화상자가 나오면 [글자 내용] 입력 칸에 '청소년국제교류 사업 효과성 변화'를 입력한 후 《차트 조건》에서 지시한 대로 '글꼴(돋움), 속성(진하게), 크기(12pt)'를 지정한 다음 〈설정〉 단추를 클릭합니다.

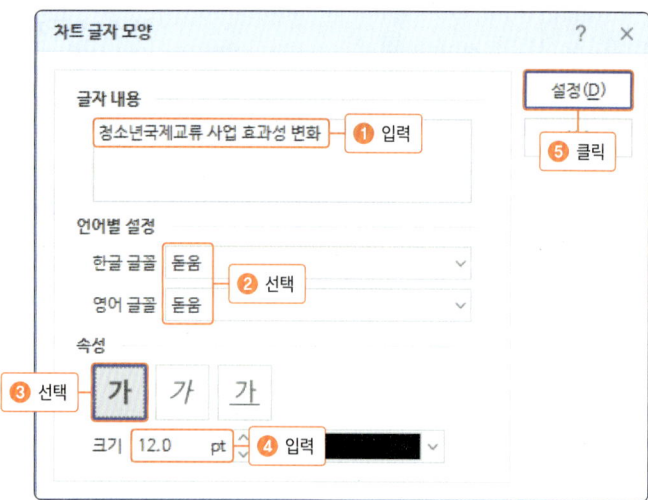

TIP **한글 글꼴 / 영어 글꼴**

차트 제목에서 한글 글꼴과 영어 글꼴을 구분해서 선택하고 실수하지 않도록 주의합니다. 영어와 숫자가 있을 경우 가급적 한글과 영어 글꼴 모두 시험지에 지시한 '돋움'을 지정하는 것이 바람직합니다.

❸ 차트 제목의 개체 속성을 변경하기 위해 차트 제목을 더블 클릭하면 오른쪽에 [개체 속성] 작업창이 열립니다.
　※ 차트를 제목을 클릭한 후 [마우스 오른쪽 단추]-'차트 제목 속성'을 선택하여 나타낼 수도 있습니다.

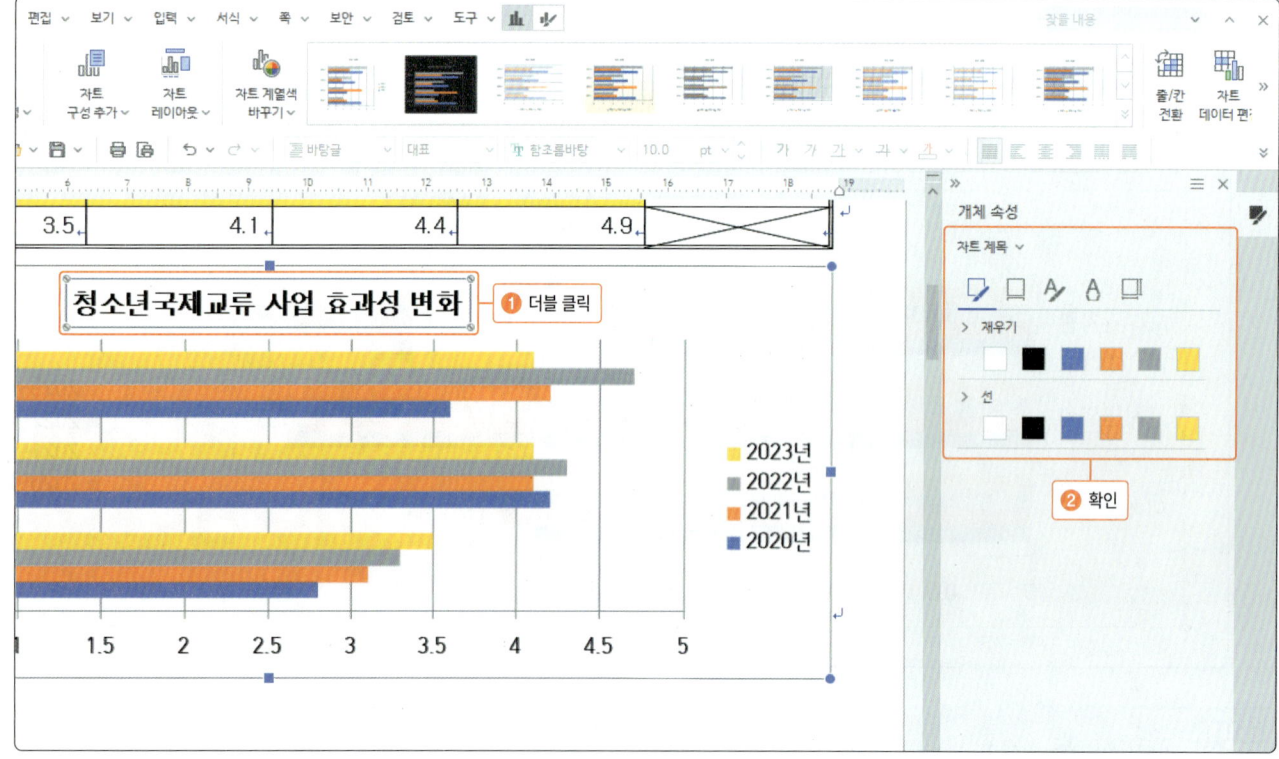

④ 오른쪽 [개체 속성] 작업창에서 [차트 제목]–[그리기 속성(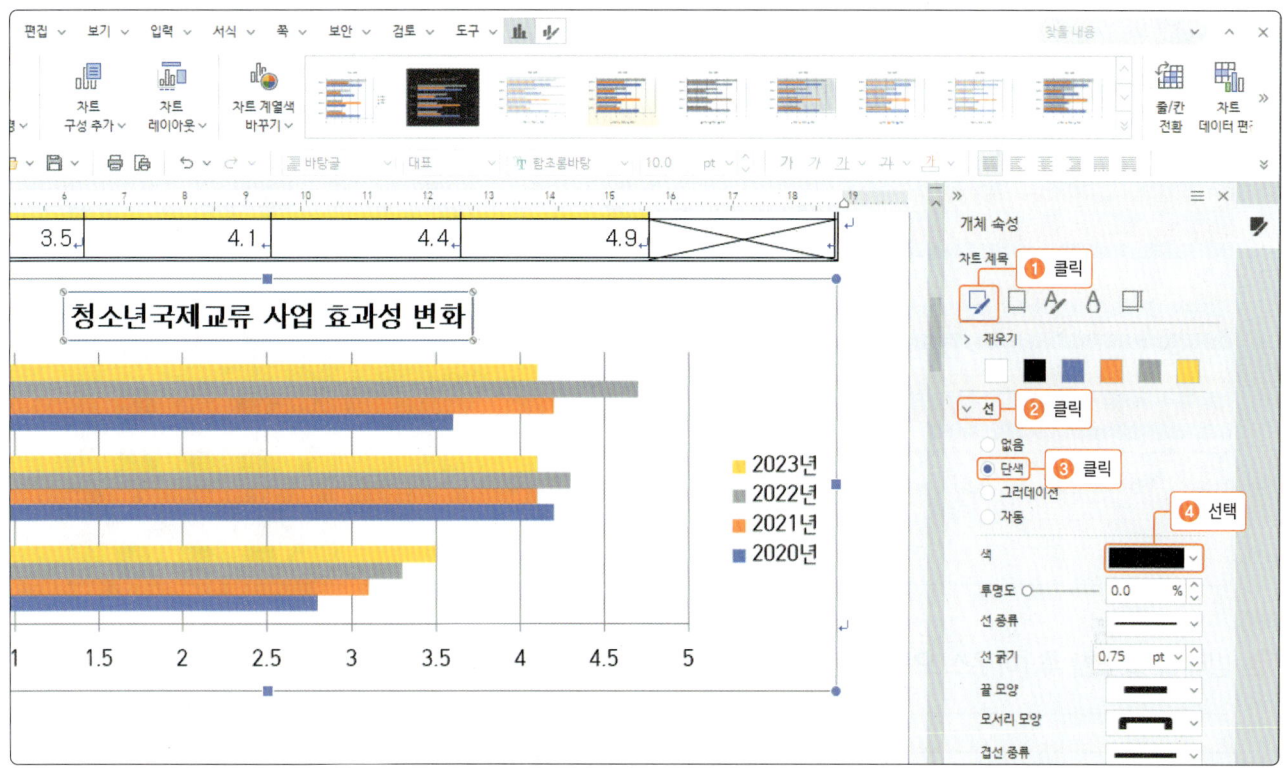)]–[선(▷)]을 클릭한 후 [선]–'단색', [색]–'검정'을 지정합니다.

⑤ 오른쪽 [개체 속성] 작업창에서 [차트 제목]–[그리기 속성(▷)]–[채우기(▷)]–[단색]–[색]에서 《차트 조건》에서 지시한 대로 '하양'을 선택합니다.

※ '하양'은 [테마 색상표(▷)]의 [기본]에 있습니다.

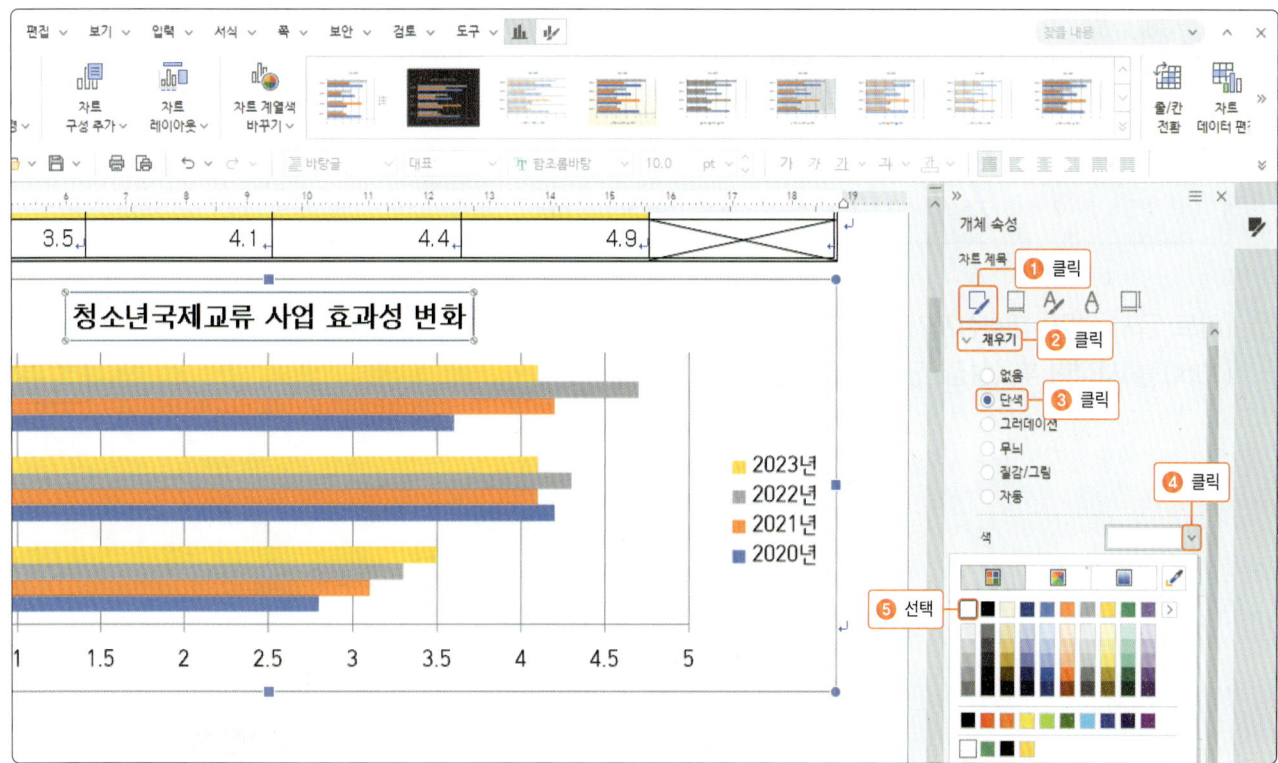

⑥ 오른쪽 [개체 속성] 작업창에서 [차트 제목]−[효과(■)]−[그림자]에서 《차트 조건》에서 지시한 대로 [바깥쪽]−'대각선 오른쪽 아래(■)'를 선택합니다.

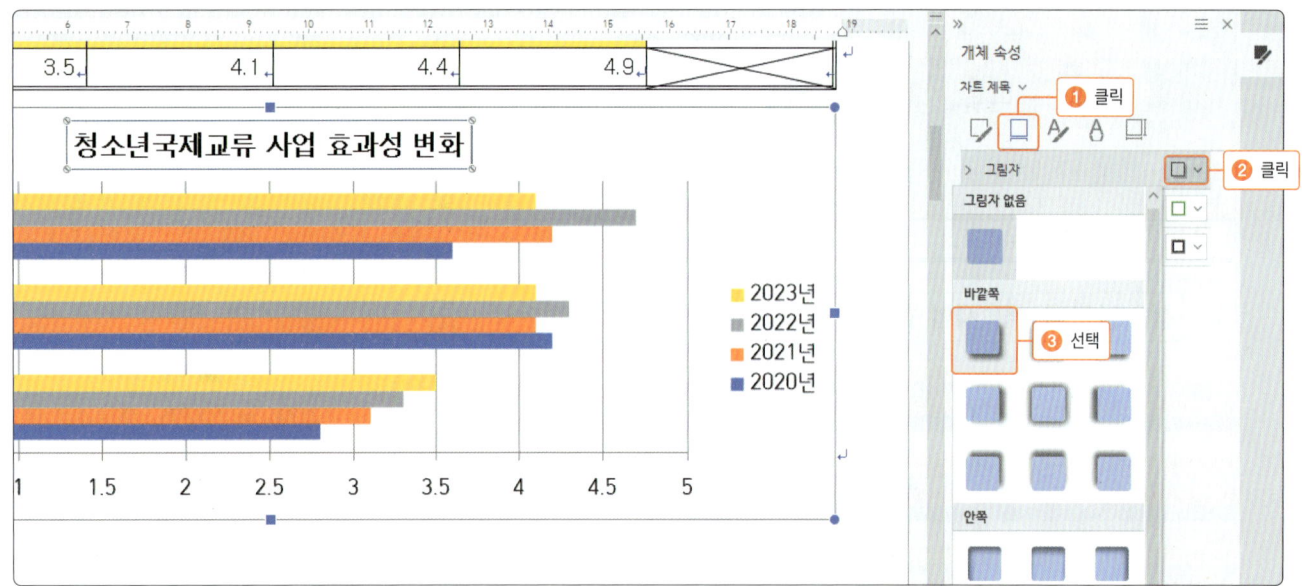

⑦ 범례를 클릭한 후 [마우스 오른쪽 단추]−'글자 모양 편집'을 클릭합니다.

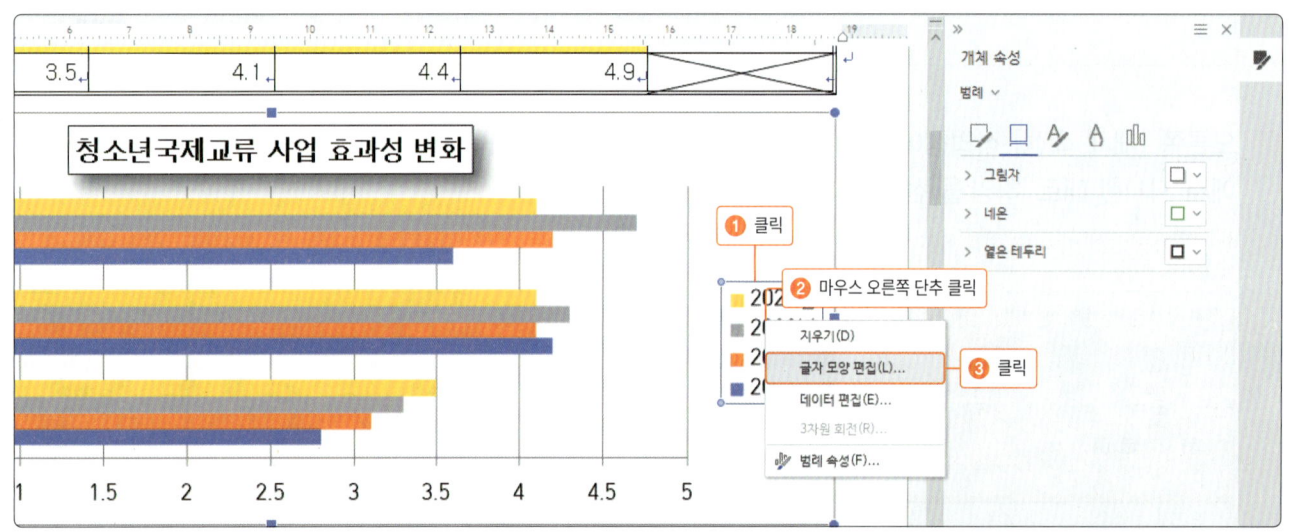

⑧ [차트 글자 모양] 대화상자가 나오면 '글꼴(돋움), 크기(10pt)'를 지정한 후 〈설정〉 단추를 클릭합니다.

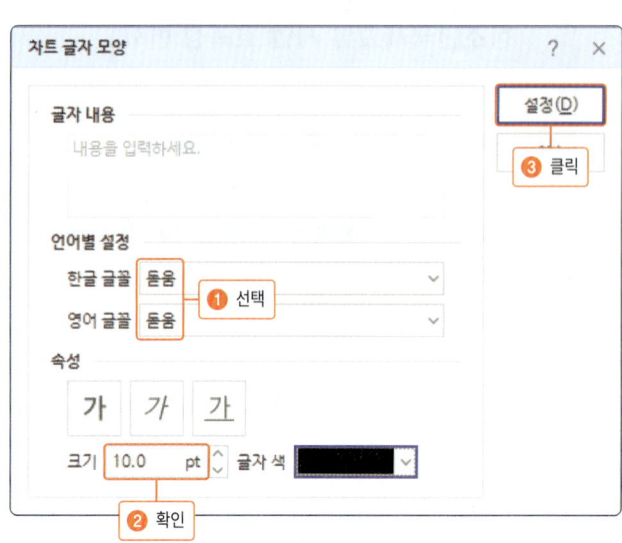

❾ 범례가 선택된 상태에서 오른쪽 [개체 속성] 작업창의 [범례]–[그리기 속성(✎)]–[선(›)]–'단색', [색]–'검정'을 선택합니다.

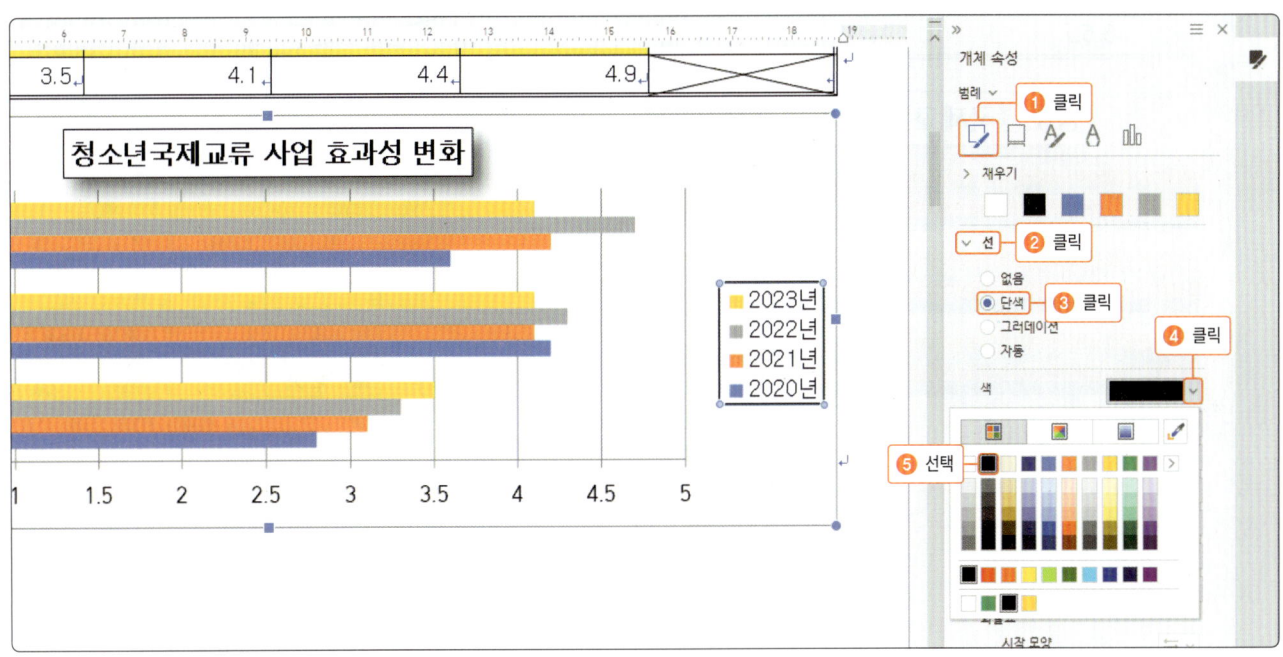

■ **축 제목 추가 및 서식 지정하기**

(4) 제목 이외의 전체 글꼴 – 돋움, 보통, 10pt
(5) 축제목과 범례는 《출력형태》와 동일하게 처리할 것

❶ 가로 축 제목을 추가하기 위해 차트를 선택한 후 [차트 디자인(📊)] 탭에서 [차트 구성 추가]–[축 제목]–'기본 가로'를 선택합니다.

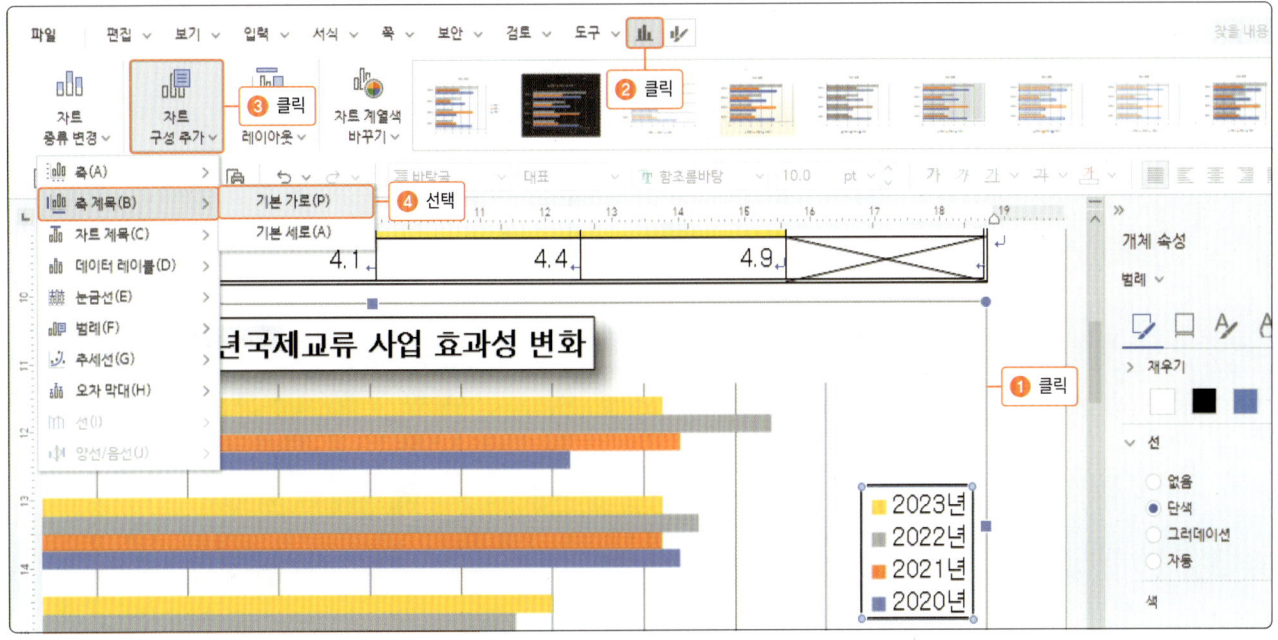

❷ 가로 축 제목을 클릭한 후 [마우스 오른쪽 단추]–'제목 편집'을 선택합니다.

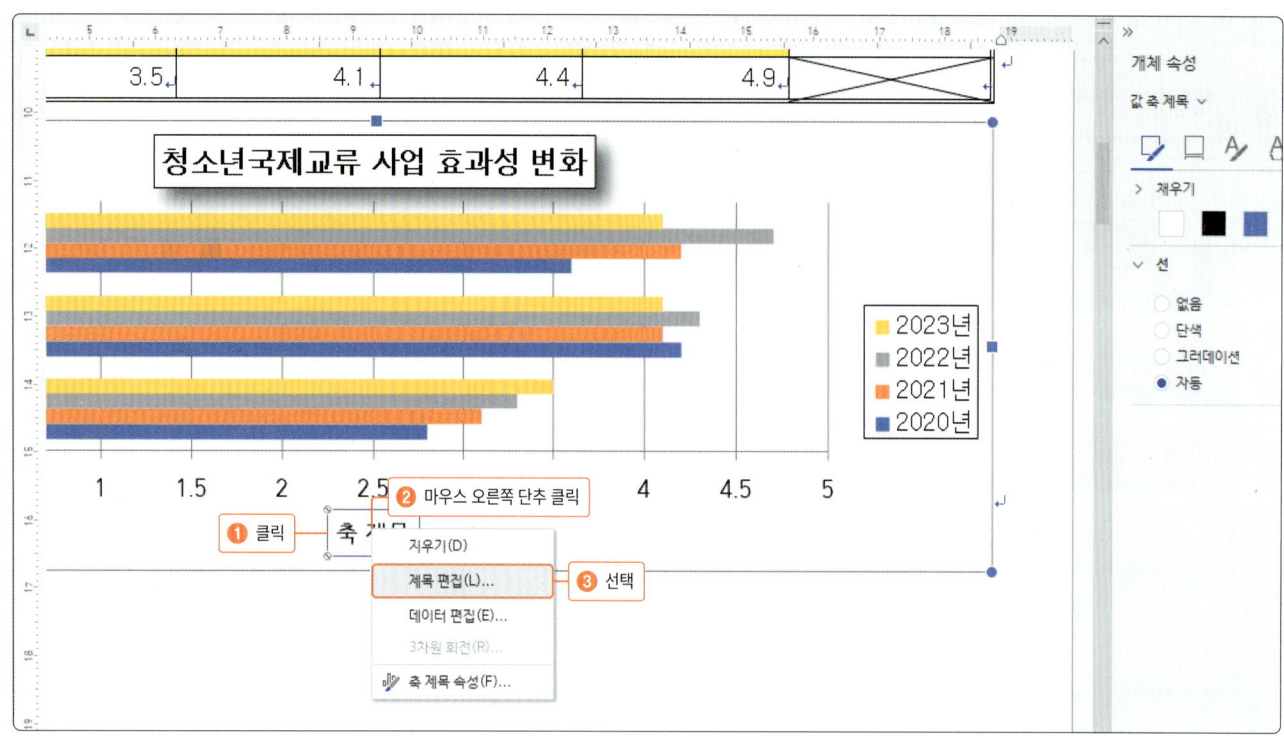

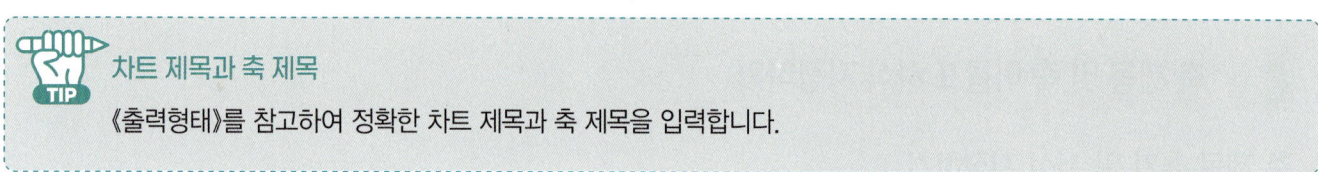

차트 제목과 축 제목

《출력형태》를 참고하여 정확한 차트 제목과 축 제목을 입력합니다.

❸ [차트 글자 모양] 대화상자가 나오면 [글자 내용] 입력 칸에 '(단위 : 점)'을 입력한 후 '글꼴(돋움), 속성(보통), 크기(10pt)'를 지정한 다음 〈설정〉 단추를 클릭합니다.

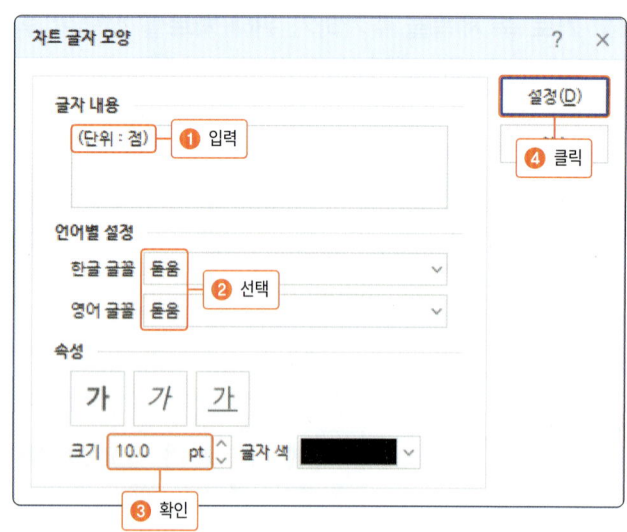

■ 축 이름표 서식 지정하기

④ 가로 값 축 이름표를 클릭한 후 [마우스 오른쪽 단추]-'글자 모양 편집'을 클릭합니다.

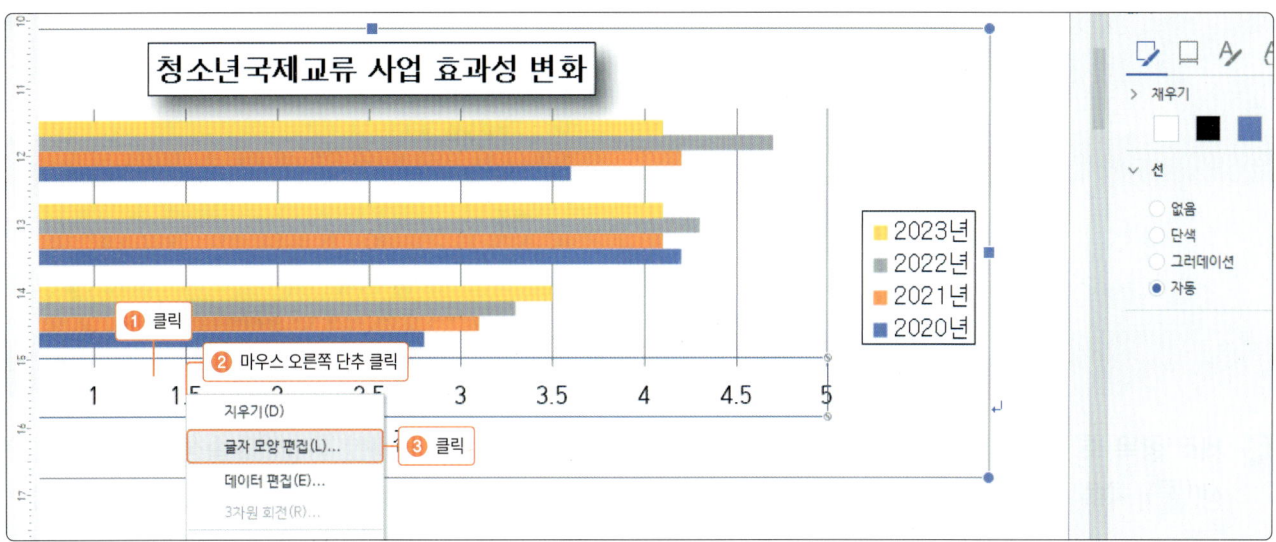

⑤ [차트 글자 모양] 대화상자가 나오면 '글꼴(돋움), 크기(10pt)'를 지정한 후 〈설정〉 단추를 클릭합니다.

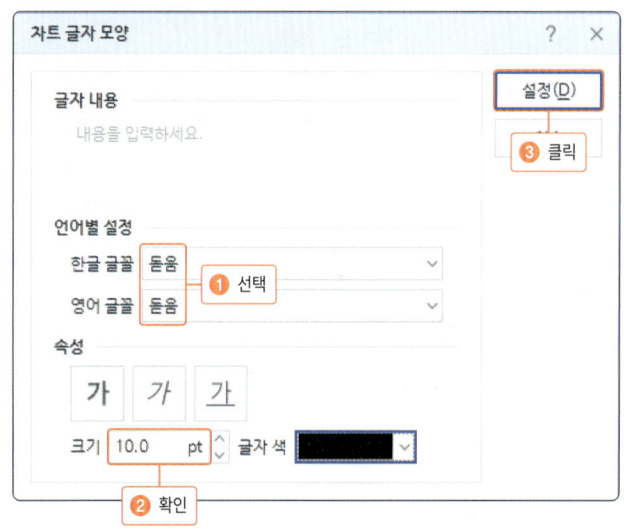

⑥ 세로 항목 축 이름표를 선택한 후 [마우스 오른쪽 단추]-'글자 모양 편집'을 클릭합니다.

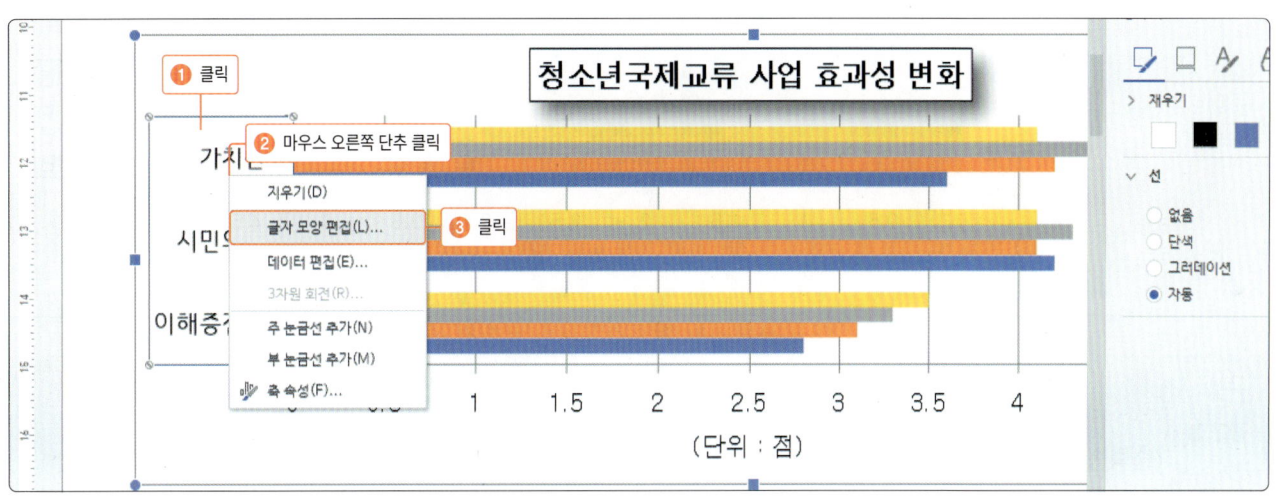

⑦ [차트 글자 모양] 대화상자가 나오면 '글꼴(돋움), 크기(10pt)'를 지정한 후 〈설정〉 단추를 클릭합니다.

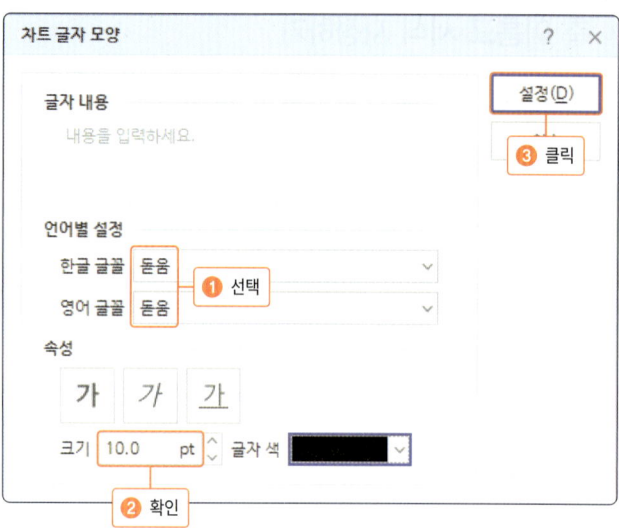

⑧ 세로 항목 축 값을 위·아래로 바꾸기 위해 세로 항목 축 값 이름표를 클릭한 후 [개체 속성] 작업창에서 [축 속성(📊)]-[축 속성(⟩)]-[축 교차]에서 '최대 항목'을 선택(●)한 다음 '항목을 거꾸로'를 체크(☑)합니다.

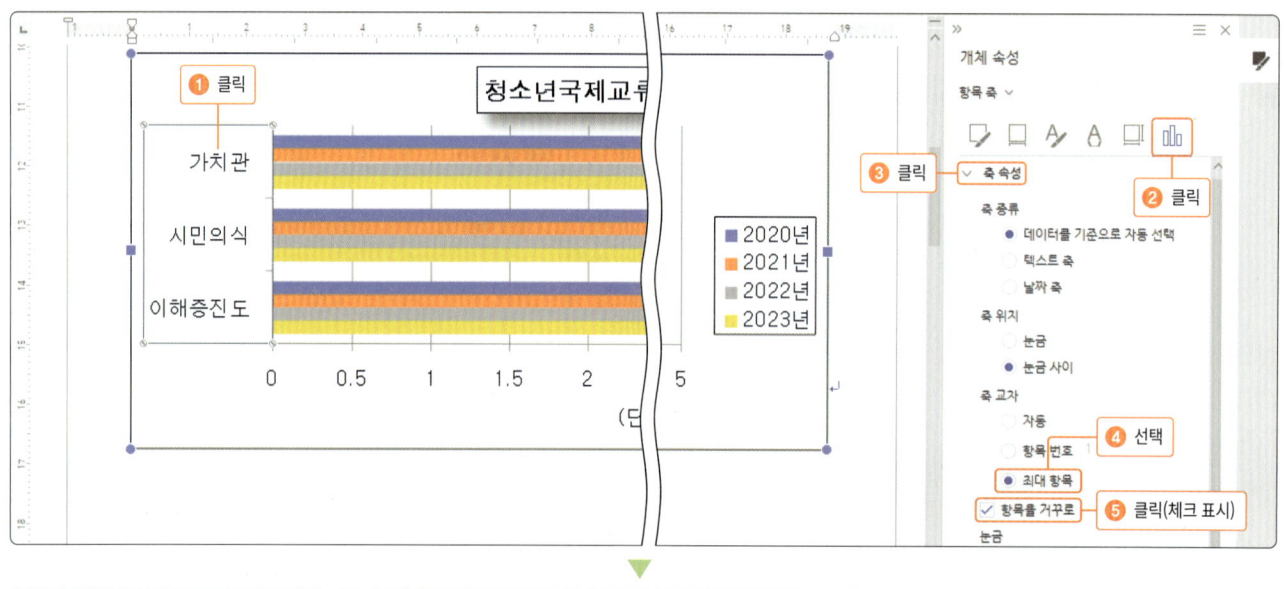

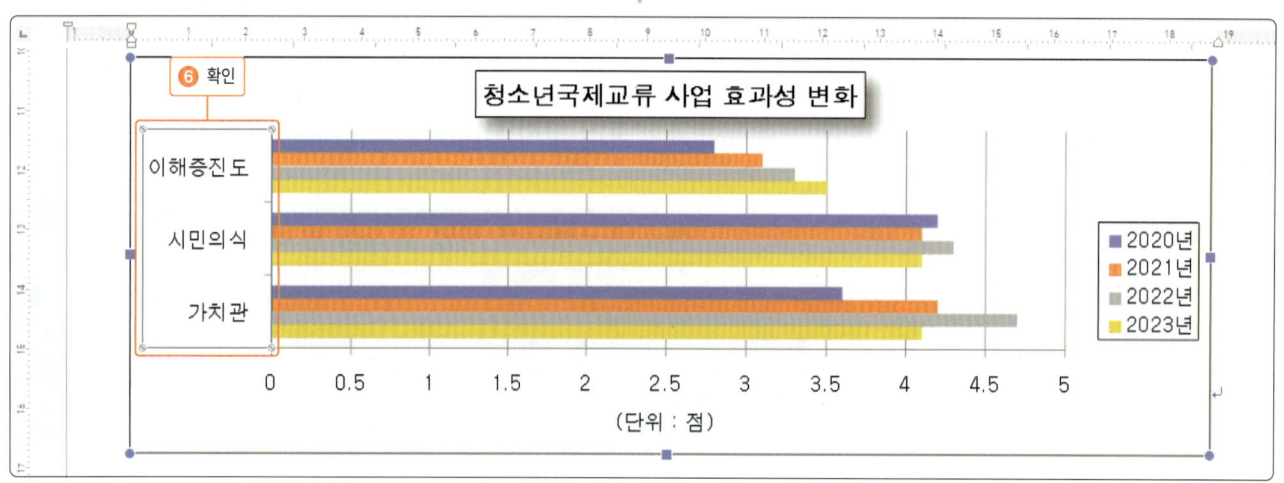

축 속성

《출력형태》를 참고하여 세로 항목 축 값을 바꿔야 하는지 확인합니다.

⑨ 가로 값 축 이름표를 클릭한 후 [개체 속성] 작업창에서 [축 속성(▥)]−[축 속성(▷)]−[단위]에서 '주'를 체크(☑)한 다음 값 '1'을 입력하고 **Enter** 키를 누릅니다.(가로 값 축의 눈금 값이 1씩 증가합니다.)

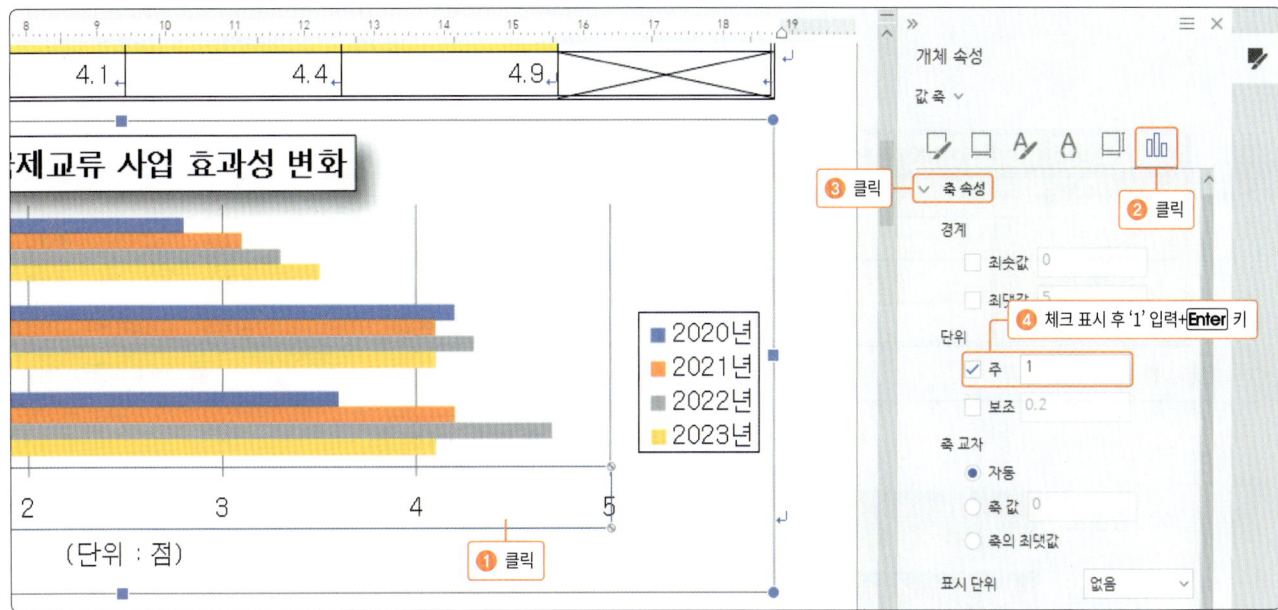

⑩ 세로 항목 축의 눈금선을 《출력형태》와 동일하게 하기 위해 아래와 같은 순으로 작업합니다.

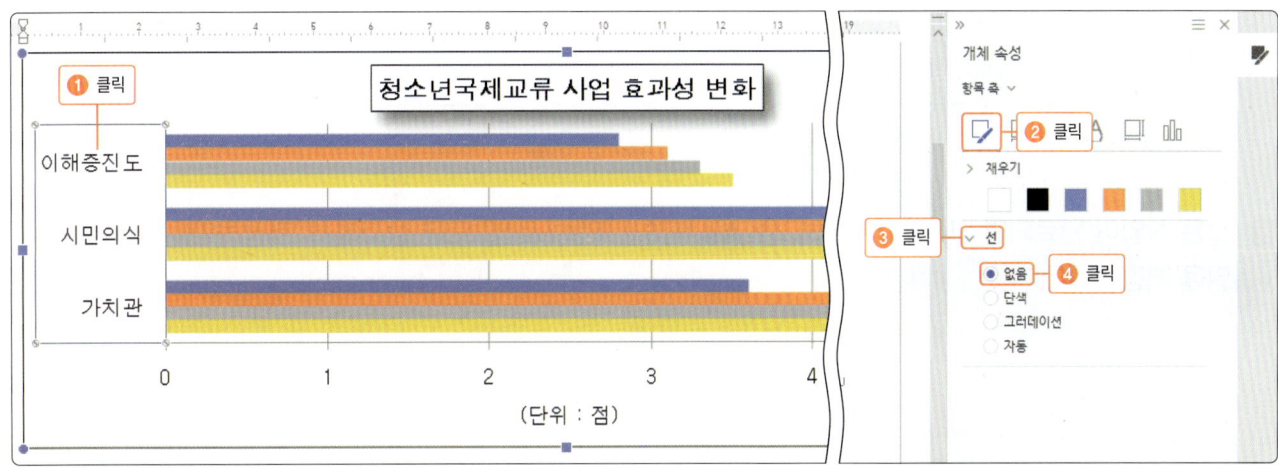

▲ [세로 항목 축]−[선]

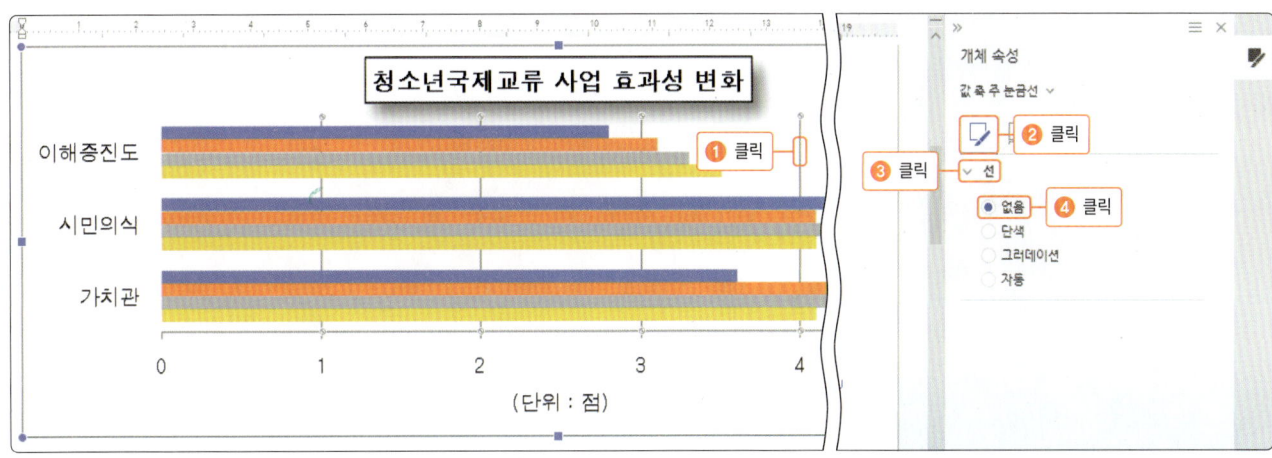

▲ [값 축 주 눈금선]−[선]

⓫ 모든 차트 작업이 끝나면 표의 오른쪽 끝을 클릭하여 커서를 위치시킨 후 **Enter** 키를 두 번 누릅니다. 이어서, 《출력형태》와 비교하여 결과가 같은지 확인합니다.

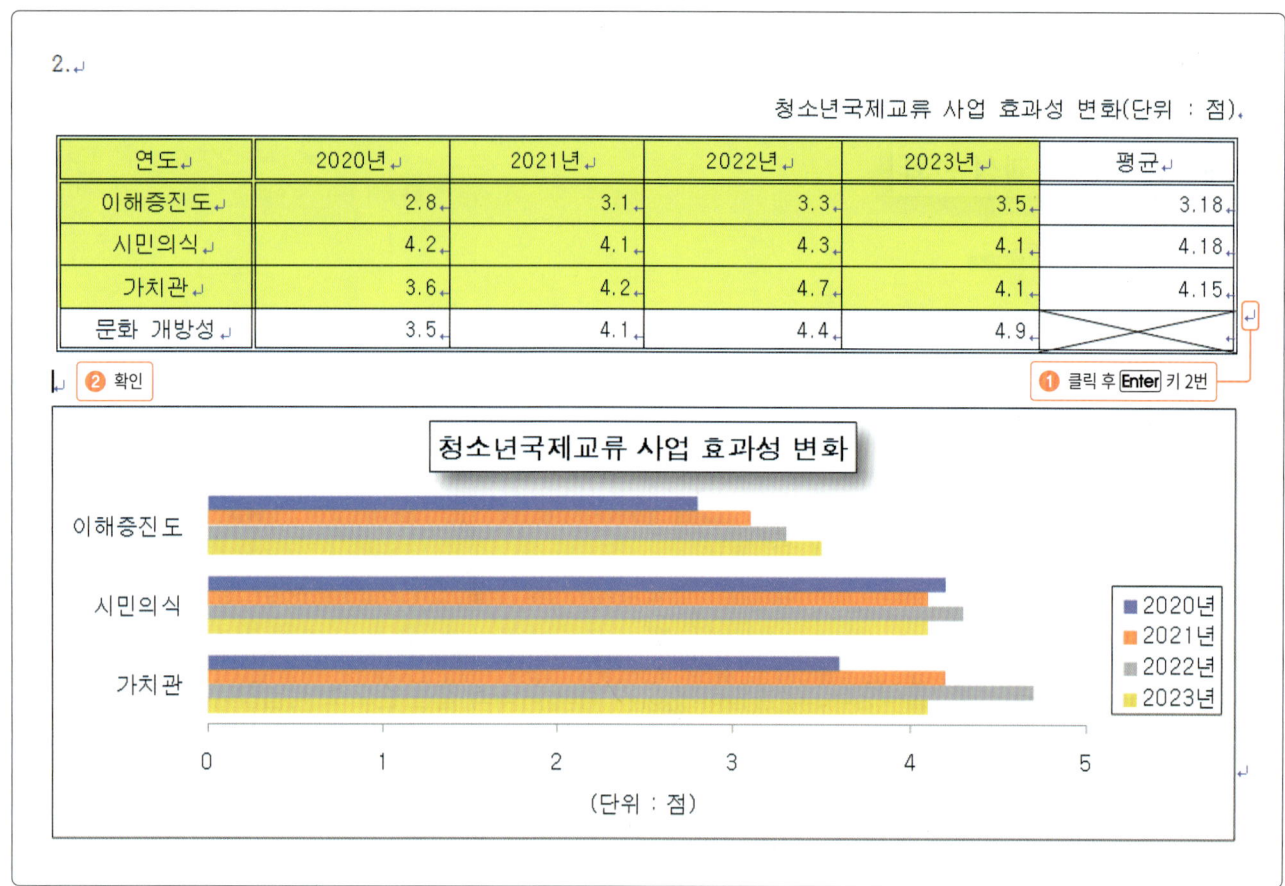

2.

청소년국제교류 사업 효과성 변화(단위 : 점).

연도	2020년	2021년	2022년	2023년	평균
이해증진도	2.8	3.1	3.3	3.5	3.18
시민의식	4.2	4.1	4.3	4.1	4.18
가치관	3.6	4.2	4.7	4.1	4.15
문화 개방성	3.5	4.1	4.4	4.9	

❷ 확인   ❶ 클릭 후 **Enter** 키 2번

청소년국제교류 사업 효과성 변화

(단위 : 점)

⓬ 모든 작업이 완료되면 [파일]-[저장하기](**Alt**+**S**) 또는 [서식] 도구 상자에서 '저장하기(🖫)'를 클릭하여 파일을 저장합니다.

※ 실제 시험을 볼 때 작업 도중에 수시로(10분에 한 번 정도) 저장을 하는 것이 좋습니다.

차트 작성

《차트 조건》 (1) 차트 데이터는 표 내용에서 연도별 커피, 올리브유, 수공예품의 값만 이용할 것
(2) 종류 – 〈묶은 세로 막대형〉으로 작업할 것
(3) 제목 – 글꼴 : 돋움, 진하게, 12pt
   속성 : 채우기(밝은 색 : 하양), 테두리, 그림자(바깥쪽 : 대각선 오른쪽 아래)
(4) 제목 이외의 전체 글꼴 – 돋움, 보통, 10pt
(5) 축제목과 범례는 《출력형태》와 동일하게 처리할 것

《출력형태》

1.
Fair trade is an organized social movement that aims to help producers in developing countries to make better trading conditions and promote sustainability.

공정무역은 세계무역시장에서 공정하지 못한 무역 관행을 개선하고자 하는 노력에서 시작되었습니다. 정의, 공정성, 지속가능한 발전은 공정무역 구조의 핵심입니다.

2.

공정무역 소매 판매량(단위 : 천 톤)

구분	2020년	2021년	2022년	2023년	평균
커피	13.5	14.8	15.6	17.5	
올리브유	16.2	16.7	17.5	18.2	
수공예품	9.1	9.2	9.1	9.2	
쌀	6.1	6.9	7.1	8.2	

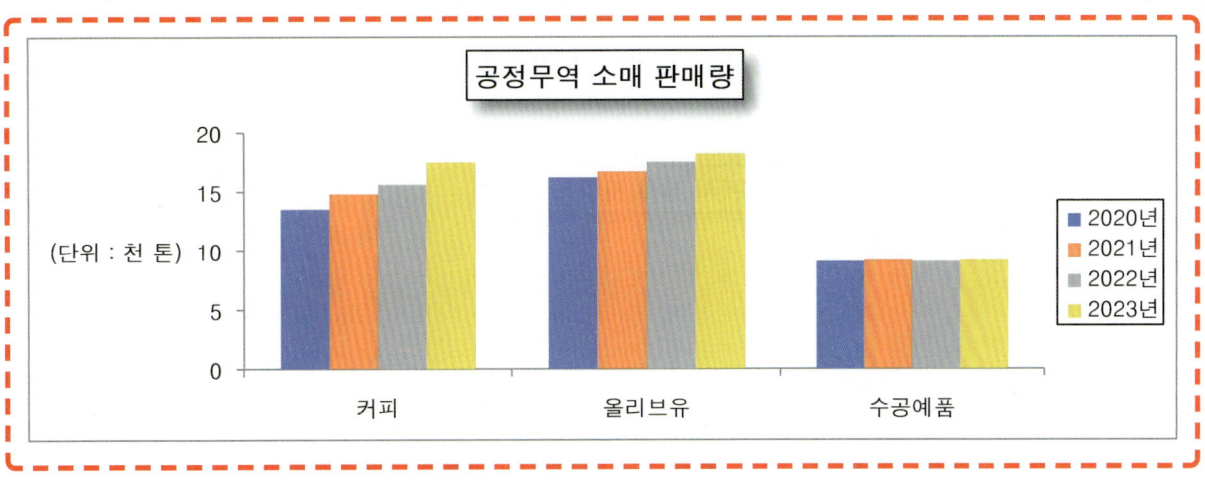

▲ 2번 문제 차트만 연습합니다.

《차트 조건》 (1) 차트 데이터는 표 내용에서 연도별 품바래퍼, 품바패션, 품바왕의 값만 이용할 것
  (2) 종류 – 〈묶은 세로 막대형〉으로 작업할 것
  (3) 제목 – 글꼴 : 돋움, 진하게, 12pt
    속성 : 채우기(밝은 색 : 하양), 테두리, 그림자(바깥쪽 : 대각선 오른쪽 아래)
  (4) 제목 이외의 전체 글꼴 – 돋움, 보통, 10pt
  (5) 축제목과 범례는 《출력형태》와 동일하게 처리할 것

《출력형태》

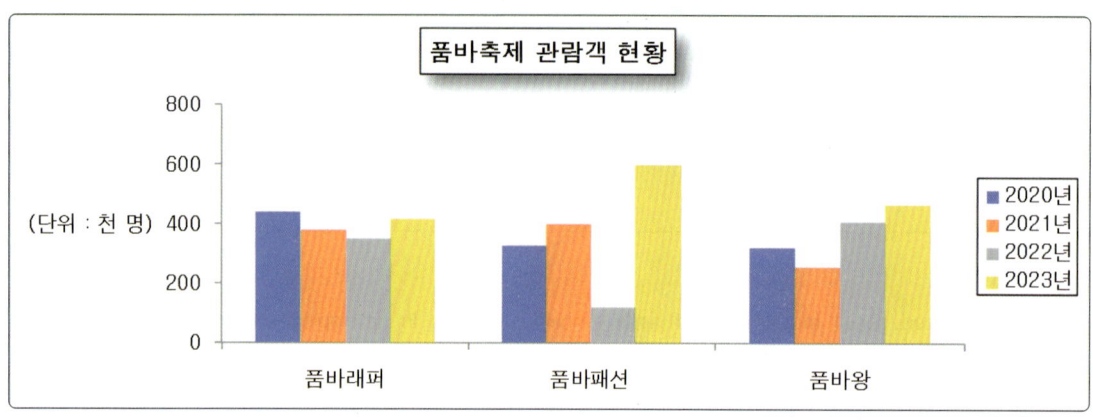

《차트 조건》 (1) 차트 데이터는 표 내용에서 연도별 방문 요양, 주야간 보호, 단기 보호 값만 이용할 것
  (2) 종류 – 〈묶은 세로 막대형〉으로 작업할 것
  (3) 제목 – 글꼴 : 굴림, 진하게, 12pt
    속성 : 채우기(밝은 색 : 하양), 테두리, 그림자(바깥쪽 : 대각선 오른쪽 아래)
  (4) 제목 이외의 전체 글꼴 – 굴림, 보통, 10pt
  (5) 축제목과 범례는 《출력형태》와 동일하게 처리할 것

《출력형태》

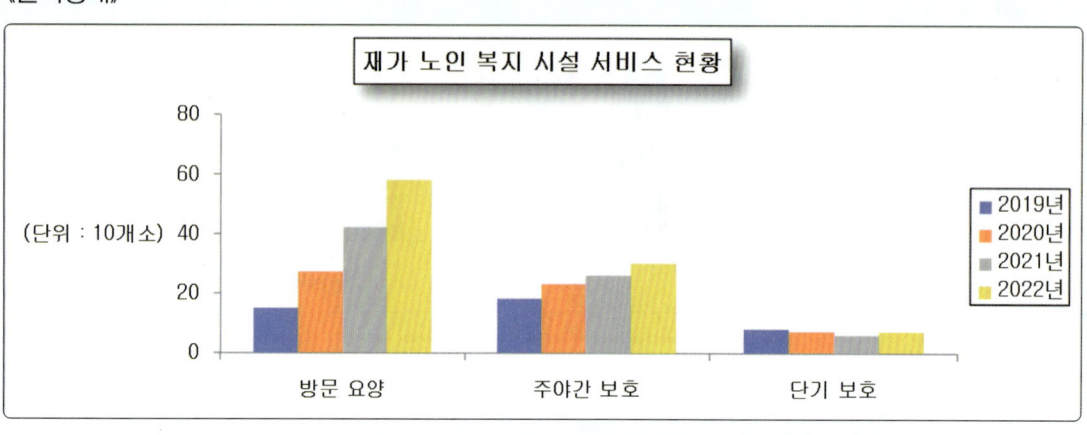

다음의 《조건》에 따라 《출력형태》와 같이 표와 차트를 작성하시오.

· 소스 : 정복04_문제04.hwpx   · 정답 : 정복04_정답04.hwpx

작성 시간 / 권장 시간

분 / 5분

《차트 조건》 (1) 차트 데이터는 표 내용에서 연도별 교통사고(건), 교통사고(인원), 화재사고(건)의 값만 이용할 것
　　　　　　 (2) 종류 – 〈묶은 가로 막대형〉으로 작업할 것
　　　　　　 (3) 제목 – 글꼴 : 굴림, 진하게, 12pt
　　　　　　　　 속성 : 채우기(밝은 색 : 하양), 테두리, 그림자(바깥쪽 : 오른쪽)
　　　　　　 (4) 제목 이외의 전체 글꼴 – 굴림, 보통, 10pt
　　　　　　 (5) 축제목과 범례는 《출력형태》와 동일하게 처리할 것

《출력형태》

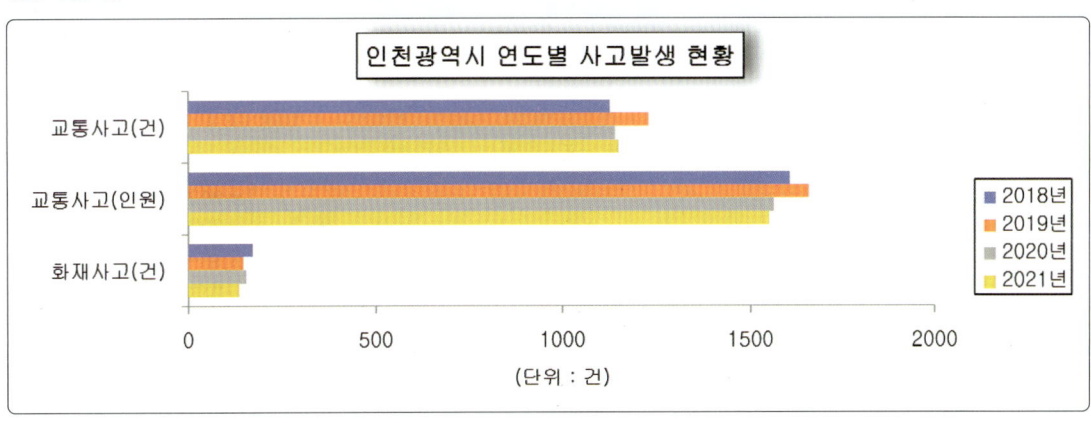

다음의 《조건》에 따라 《출력형태》와 같이 표와 차트를 작성하시오.

· 소스 : 정복04_문제05.hwpx   · 정답 : 정복04_정답05.hwpx

작성 시간 / 권장 시간

분 / 5분

《차트 조건》 (1) 차트 데이터는 표 내용에서 연도별 개인전, 듀오, 단체전의 값만 이용할 것
　　　　　　 (2) 종류 – 〈표식이 있는 꺾은선형〉으로 작업할 것
　　　　　　 (3) 제목 – 글꼴 : 굴림, 진하게, 12pt
　　　　　　　　 속성 : 채우기(밝은 색 : 하양), 테두리, 그림자(바깥쪽 : 대각선 오른쪽 아래)
　　　　　　 (4) 제목 이외의 전체 글꼴 – 굴림, 보통, 10pt
　　　　　　 (5) 축제목과 범례는 《출력형태》와 동일하게 처리할 것

《출력형태》

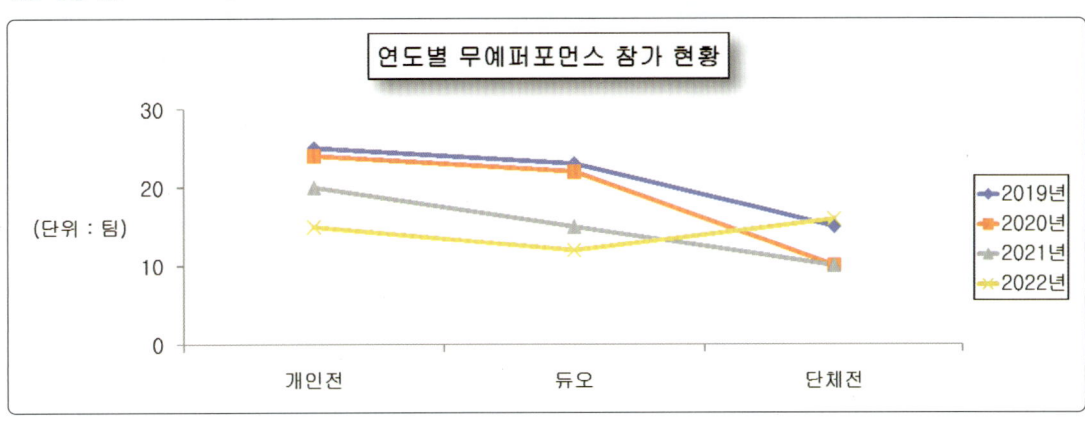

다음의 《조건》에 따라 《출력형태》와 같이 표와 차트를 작성하시오.

작성 시간 / 권장 시간
분 / 5분

· 소스 : 정복04_문제06.hwpx · 정답 : 정복04_정답06.hwpx

《차트 조건》 (1) 차트 데이터는 표 내용에서 연도별 가상현실(VR), 증강현실(AR), VR+AR의 값만 이용할 것
　　　　　 (2) 종류 - 〈묶은 세로 막대형〉으로 작업할 것
　　　　　 (3) 제목 - 글꼴 : 궁서, 진하게, 12pt
　　　　　　　 속성 : 채우기(밝은 색 : 하양), 테두리, 그림자(바깥쪽 : 대각선 오른쪽 아래)
　　　　　 (4) 제목 이외의 전체 글꼴 - 궁서, 보통, 10pt
　　　　　 (5) 축제목과 범례는 《출력형태》와 동일하게 처리할 것

《출력형태》

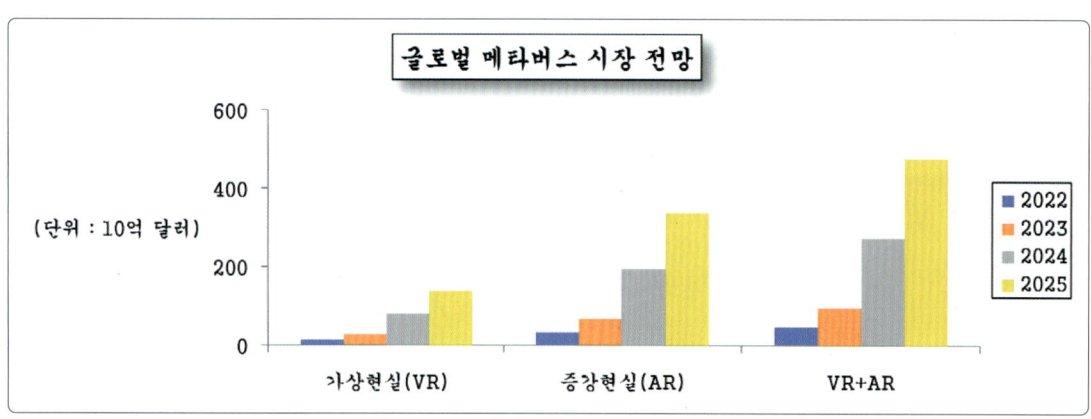

다음의 《조건》에 따라 《출력형태》와 같이 표와 차트를 작성하시오.

작성 시간 / 권장 시간
분 / 5분

· 소스 : 정복04_문제07.hwpx · 정답 : 정복04_정답07.hwpx

《차트 조건》 (1) 차트 데이터는 표 내용에서 구분별 학생, 학부모, 교사의 값만 이용할 것
　　　　　 (2) 종류 - 〈묶은 세로 막대형〉으로 작업할 것
　　　　　 (3) 제목 - 글꼴 : 굴림, 진하게, 12pt
　　　　　　　 속성 : 채우기(밝은 색 : 하양), 테두리, 그림자(바깥쪽 : 대각선 오른쪽 아래)
　　　　　 (4) 제목 이외의 전체 글꼴 - 굴림, 보통, 10pt
　　　　　 (5) 축제목과 범례는 《출력형태》와 동일하게 처리할 것

《출력형태》

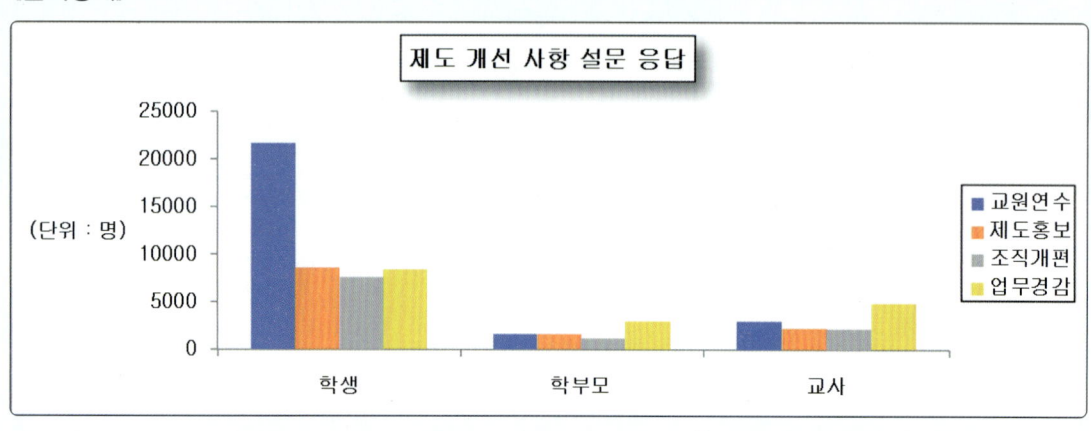

· 소스 : 정복04_문제08.hwpx   · 정답 : 정복04_정답08.hwpx

《차트 조건》 (1) 차트 데이터는 표 내용에서 연도별 초등학교, 중학교, 고등학교의 값만 이용할 것

(2) 종류 – 〈묶은 가로 막대형〉으로 작업할 것

(3) 제목 – 글꼴 : 궁서, 진하게, 12pt
   속성 : 채우기(밝은 색 : 하양), 테두리, 그림자(바깥쪽 : 아래쪽)

(4) 제목 이외의 전체 글꼴 – 궁서, 보통, 10pt

(5) 축제목과 범례는 《출력형태》와 동일하게 처리할 것

《출력형태》

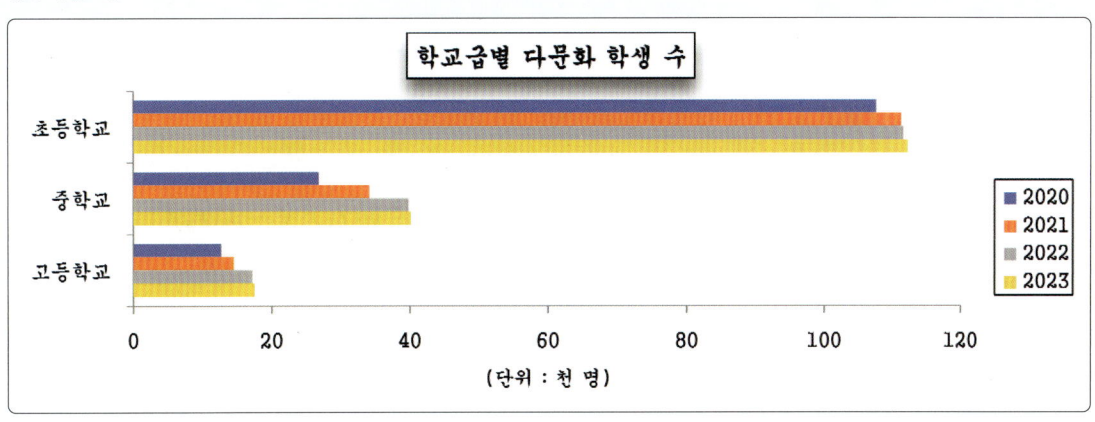

· 소스 : 정복04_문제09.hwpx   · 정답 : 정복04_정답09.hwpx

《차트 조건》 (1) 차트 데이터는 표 내용에서 연도별 유선전화, 인터넷전화, 휴대전화의 값만 이용할 것

(2) 종류 – 〈표식이 있는 꺾은선형〉으로 작업할 것

(3) 제목 – 글꼴 : 돋움, 진하게, 12pt
   속성 : 채우기(밝은 색 : 하양), 테두리, 그림자(바깥쪽 : 대각선 오른쪽 아래)

(4) 제목 이외의 전체 글꼴 – 돋움, 보통, 10pt

(5) 축제목과 범례는 《출력형태》와 동일하게 처리할 것

《출력형태》

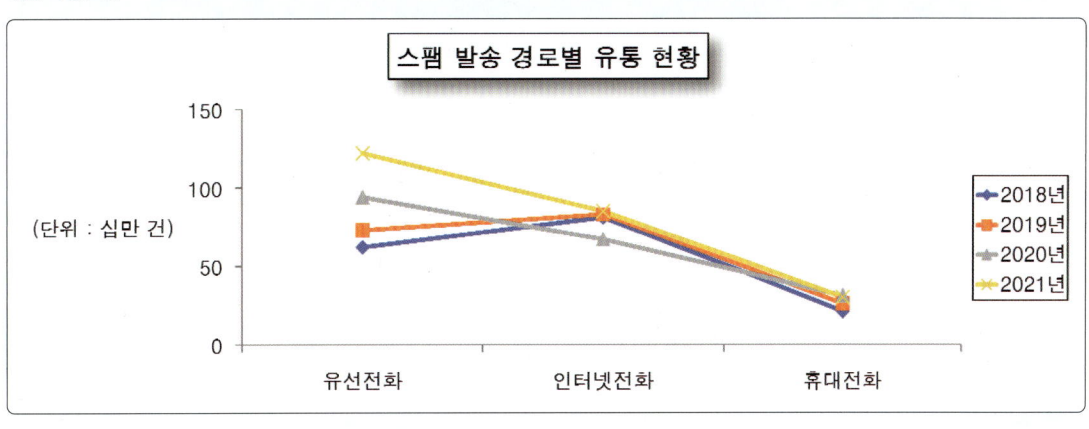

기능평가 Ⅱ - 수식 입력

☑ 첫 번째 수식 입력하기   ☑ 두 번째 수식 입력하기

🔍 문제 미리보기

· 소스 : 유형05_문제.hwpx   · 정답 : 유형05_정답.hwpx

3. 다음 (1), (2)의 수식을 수식 편집기로 각각 입력하시오. (40점)

3.

(1) $1 + \sqrt{3} = \dfrac{x^3 - (2x+5)^2}{x^3 - (x-2)}$

(2) $\Delta W = \dfrac{1}{2}m(f_x)^2 + \dfrac{1}{2}m(f_y)^2$

4.

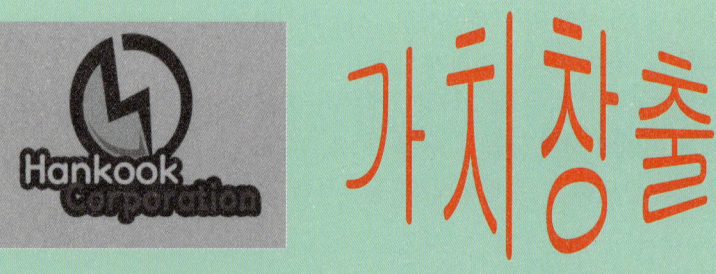

건강하고 행복한 청소년활동

Hankook Corporation   가치창출

1   깨끗한 미래를 위한 활동

2   공존하고 협력하는 활동

▲ 3번 문제 수식만 연습합니다.

난이도	권장 시간 / 시험 시간	유형 점수 / 시험 점수
★★★☆☆	5분 / 60분	40점 / 500점

➡ 출제 경향 : 출제 문제를 분석

☑ 수식 입력은 번거로운 작업에 비해 배점(각 20점 – 총 40점)이 크게 높지 않으며, 문제 특성상 부분 점수가 없기 때문에 실제 시험에서는 다른 문제의 답안을 먼저 작성한 후 수식 입력 작업을 하는 것이 효율적입니다.

☑ 다양한 수식을 이용하여 답안을 작성하기 때문에 수식 도구의 위치와 입력 방법을 숙지합니다.

➡ 주의 사항 : 실수가 많은 내용

☑ 모든 수식 입력은 반드시 [수식 편집기] 대화상자에서 작성해야 합니다.

☑ 수식은 문제번호(3.)와 다음 줄에 (1), (2)를 입력해야 하는데, 문제 번호 작성을 누락하는 경우가 발생합니다. 문제 번호 작성은 답안 작성요령에 기술되어 있으므로, 문제 번호를 꼭 입력합니다.

➡ 주요 단축키 : 문서 작성시 시간 단축에 도움

☑ 수식 : Ctrl + N, M

Skill 01 첫 번째 수식 입력하기

≪출력형태≫

3.

(1) $1 + \sqrt{3} = \dfrac{x^3 - (2x + 5)^3}{x^3 - (x - 2)}$

(2) $\Delta W = \dfrac{1}{2} m (f_x)^2 + \dfrac{1}{2} m (f_y)^2$

❶ 한글 2022 프로그램을 실행한 후 [파일]–[불러오기]를 선택합니다. [불러오기] 대화상자가 나오면 '유형05_문제.hwpx' 파일을 불러옵니다.

❷ 2페이지에 입력된 문제 번호 3.의 다음 문단을 클릭합니다. 이어서, '(1)'을 입력한 후 Space Bar 키를 눌러 한 칸을 띄웁니다. 수식을 입력하기 위해 [입력] 탭에서 '수식($\sqrt{x}$)'(또는 Ctrl + N, M)을 클릭합니다.

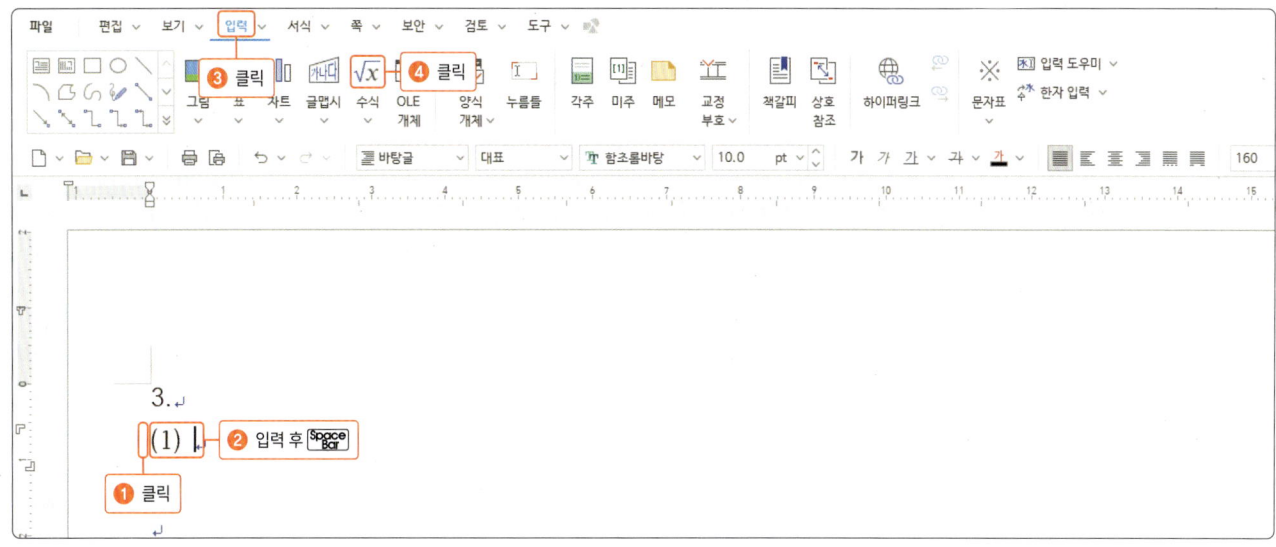

❸ [수식 편집기] 대화상자가 나오면 《출력형태》를 참고하여 다음 수식 입력 과정을 따라합니다.

❶ 1+ 입력

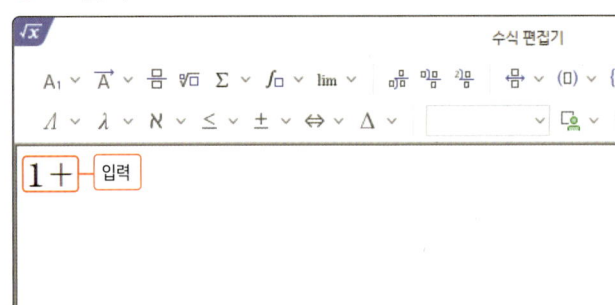

❷ 근호(√□) 클릭

> **TIP 항목 이동**
>
> [수식 편집기] 대화상자에서 항목을 이동하려면 방향키(↑, ↓, ←, →) 또는 수식 도구 상자에서 이전 항목(←),
> 다음 항목(→)을 클릭하여 이동할 수 있으며 마우스로 원하는 위치의 항목을 선택하여 이동할 수도 있습니다.

❸ 3 입력 후 Tab 키 누르기

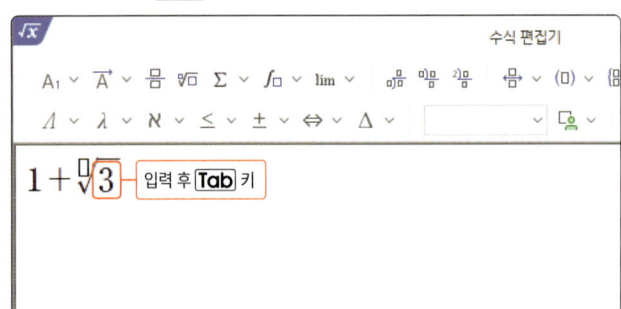

❹ = 입력 → 분수(□/□) 클릭

❺ x 입력 → 첨자(A₁)—위첨자(A¹) 클릭 → 3 입력 후 Tab 키 누르기

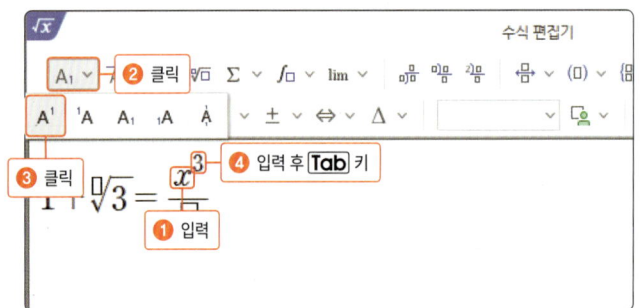

❻ −(2x+5) 입력

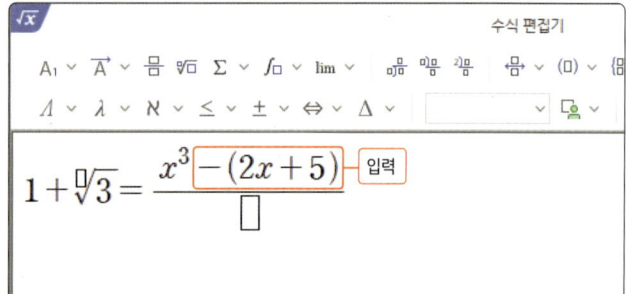

❼ 위첨자(A¹) 선택 → 3 입력 후 Tab 키 2번 누르기

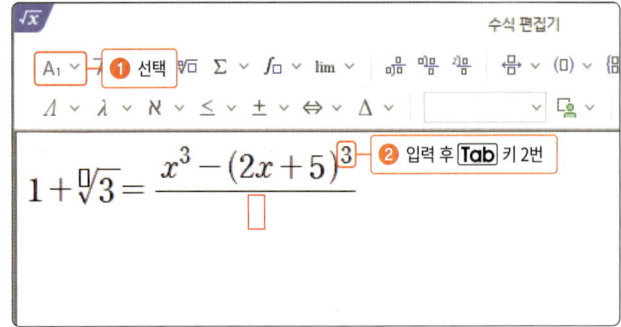

❽ x 입력 후 위첨자(A¹) 선택 → 3 입력 후 Tab 키 누르기

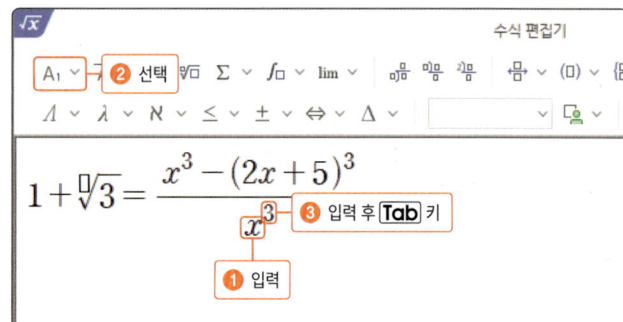

⑨ −(x−2) 입력 후 넣기(⏎) 클릭

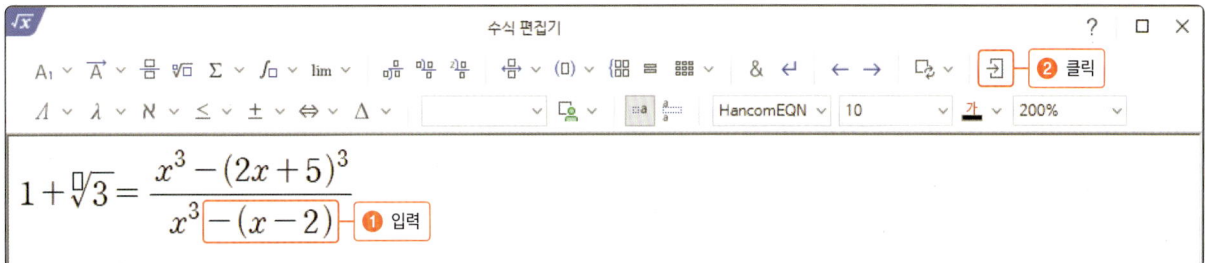

TIP 수식 수정

❶ 수식을 잘못 입력했을 경우 [수식 편집기] 대화상자에서 수정할 수식 뒤로 커서를 위치시킨 후 [Back space] 키를 누릅니다. 수정할 내용이 많을 경우에는 수식을 블록으로 지정한 후 [Delete] 키 또는 [Back space] 키를 눌러 삭제합니다.

❷ 한글에 입력된 수식을 더블 클릭하면 [수식 편집기] 대화상자가 활성화되어 수식을 수정할 수 있습니다.

④ 수식 문제 번호 (1) 뒤에 첫 번째 수식이 입력된 것을 확인합니다.

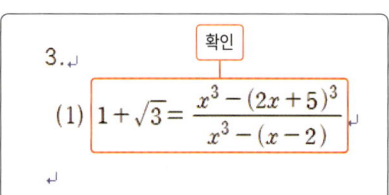

확인

3.↵

(1) $1 + \sqrt{3} = \dfrac{x^3 - (2x+5)^3}{x^3 - (x-2)}$ ↵

↵

TIP [수식] 도구 상자

❶ 첨자($A_1 \vee$)

A^1 ^1A A_1 $_1A$ $\dot{A}$

❷ 장식 기호($\bar{A} \vee$)

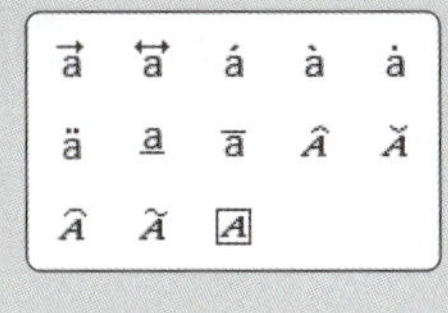

$\vec{a}$ $\vec{\underline{a}}$ $\acute{a}$ $\grave{a}$ $\dot{a}$
$\ddot{a}$ $\underline{a}$ $\bar{a}$ $\hat{A}$ $\tilde{A}$
$\hat{A}$ $\tilde{A}$ $\boxed{A}$

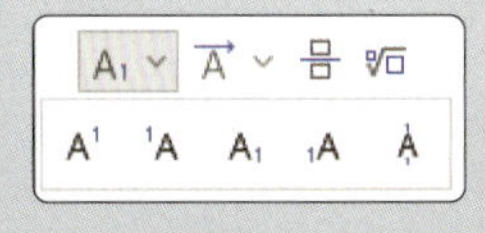

❸ 분수($\frac{\square}{\square}$)

❹ 근호($\sqrt[\square]{\square}$)

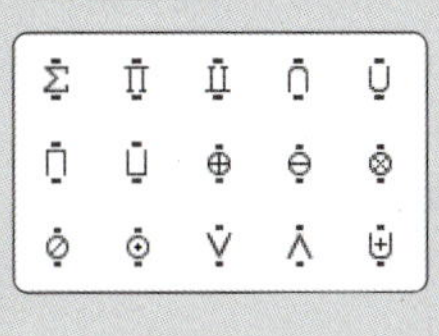

❺ 합($\Sigma \vee$)

❻ 적분($\int_\square \vee$)

$\int$ $\iint$ $\iiint$ $\oint$ $\oiint$
$\oiiint$

❼ 극한($\lim \vee$)

$\lim$ $\lim$ $\lim$ $\lim$ Lim
Lim Lim Lim 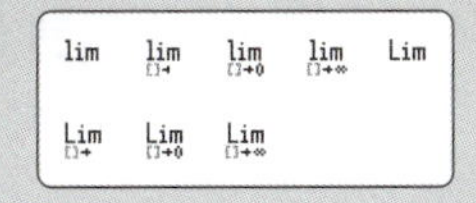

❽ 세로 나눗셈

❾ 최소공배수/최대공약수

❿ 2진수로 변환

⓫ 상호 관계

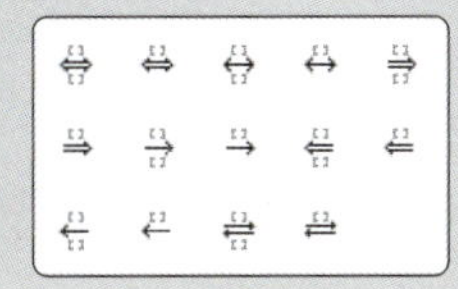

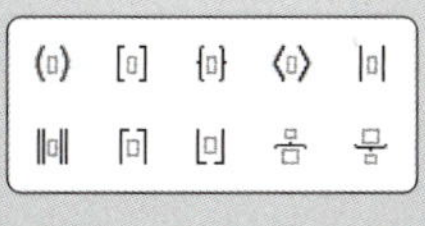

⓬ 괄호($(\square) \vee$)

⓭ 경우

⓮ 세로 쌓기

⓯ 행렬

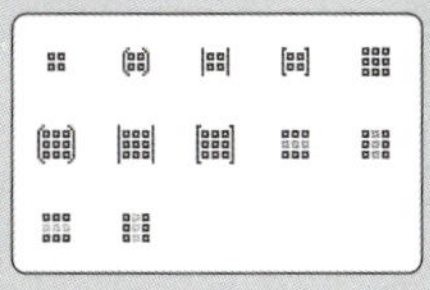

TIP

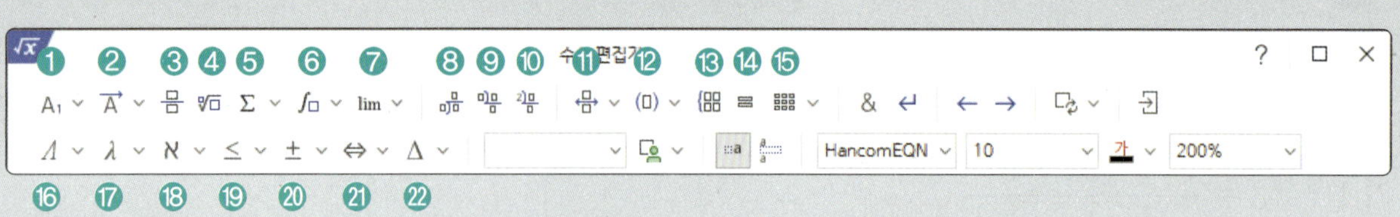

⑯ 그리스 대문자(Λ ∨)

A	B	Γ	Δ	E
Z	H	Θ	I	K
Λ	M	N	Ξ	
Π	P	Σ	T	Υ
Φ	X	Ψ	Ω	

⑰ 그리스 소문자(λ ∨)

α	β	γ	δ	ε
ζ	η	θ	ι	κ
λ	μ	ν	ξ	ο
π	ρ	σ	τ	υ
φ	χ	ψ	ω	

⑱ 그리스 기호(ℵ ∨)

⑲ 합, 집합 기호(≤ ∨)

⑳ 연산, 논리 기호(± ∨)

㉑ 화살표(⇔ ∨)

㉒ 기타 기호(△ ∨)

Skill 02 두 번째 수식 입력하기

$$(2) \ \Delta W = \frac{1}{2}m(f_x)^2 + \frac{1}{2}m(f_y)^2$$

❶ 첫 번째 수식 뒤에 커서를 위치시킨 후 **Tab** 키를 3번 눌러 일정하게 칸을 띄웁니다. 이어서, '(2)'를 입력한 후 **Space Bar** 키를 눌러 한 칸 띄웁니다. 두 번째 수식을 입력하기 위해 [입력] 탭에서 '수식(√x)'(또는 **Ctrl**+**N**, **M**)을 클릭합니다.

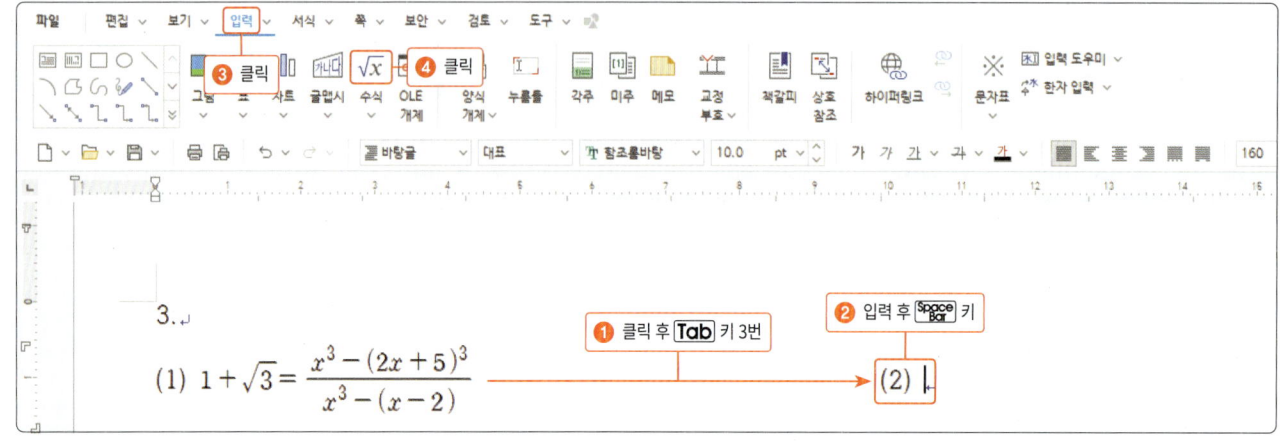

② [수식 편집기] 대화상자가 나오면 《출력형태》를 참고하여 다음 수식 입력 과정을 따릅니다.

❶ 기타 기호(△∨)-삼각형(△) 클릭

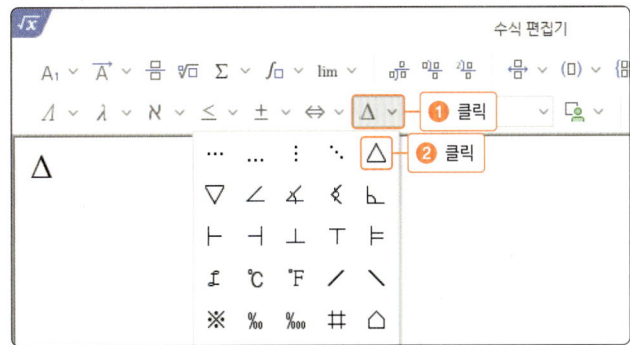

❷ W= 입력 → 분수(믐) 클릭

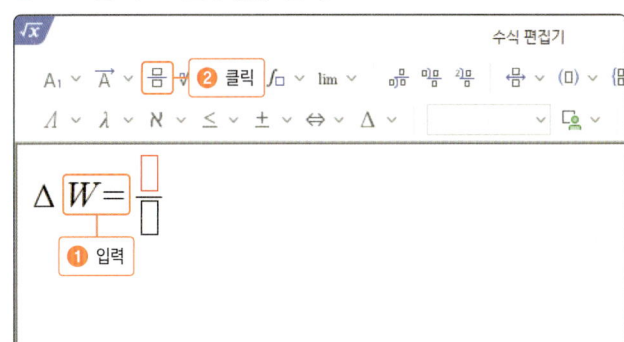

❸ 1 입력 후 **Tab** 키 누르기
　2 입력 후 **Tab** 키 누르기

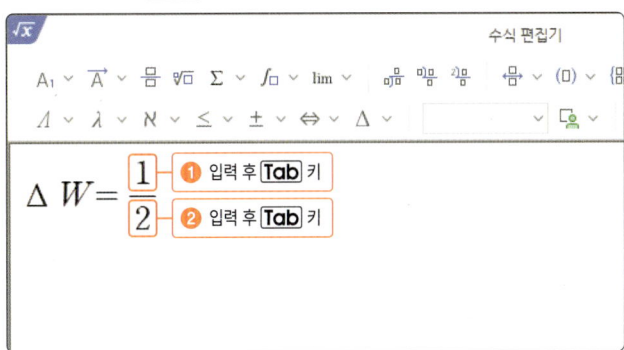

❹ m(입력

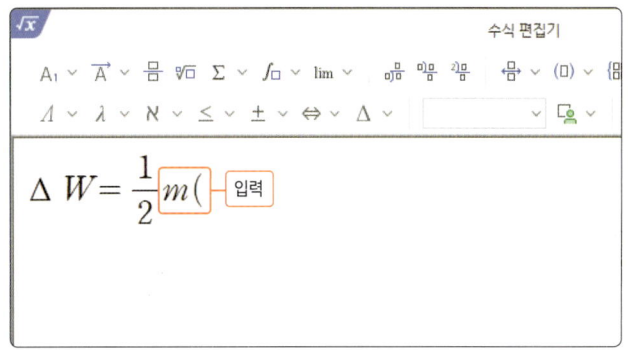

❺ f 입력 → 첨자(A₁∨)-아래 첨자(A₁) 클릭

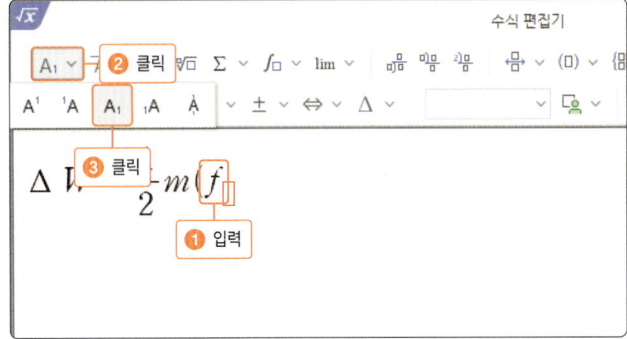

❻ x 입력 후 **Tab** 키 누르기 →) 입력

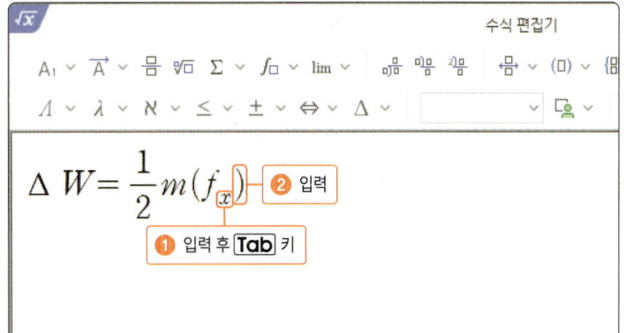

❼ 첨자(A₁∨)-위첨자(A¹) 클릭 → 2 입력 후 **Tab** 키 누르기

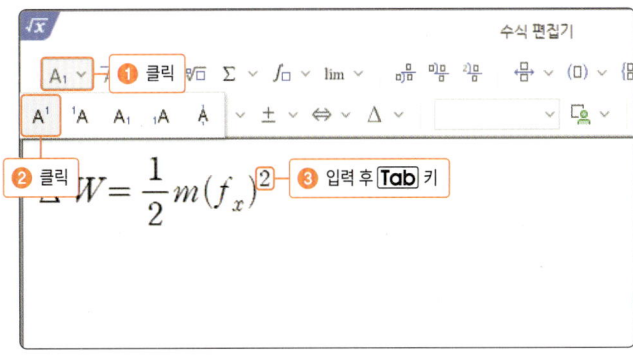

❽ + 입력 → 분수(믐) 클릭

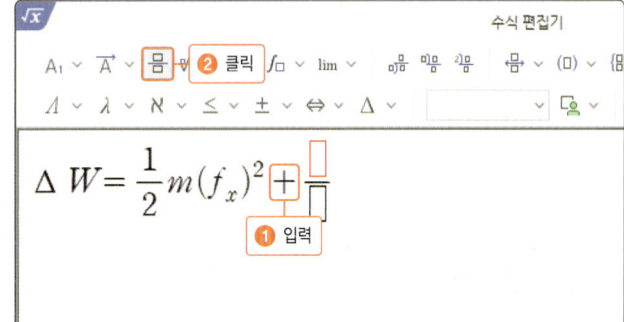

❾ 1 입력 후 **Tab** 키 누르기

　2 입력 후 **Tab** 키 누르기

❿ m(입력

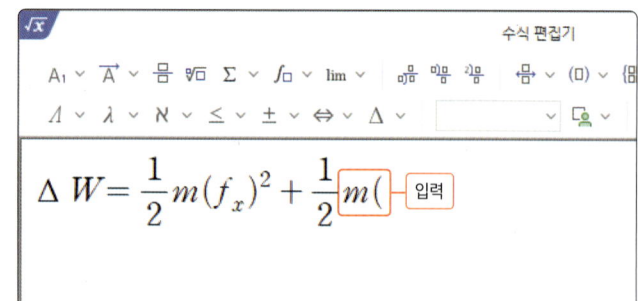

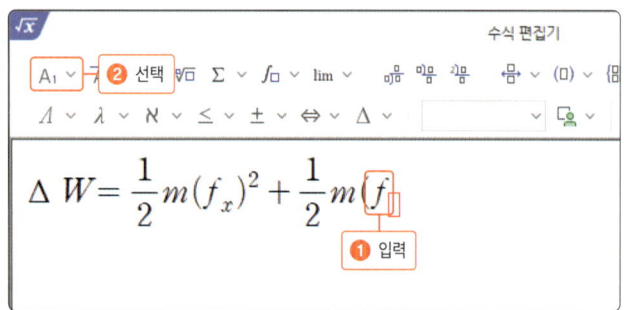

⓫ f 입력 → 첨자(A₁ ˅)–아래 첨자(A₁) 선택

⓬ y 입력 후 **Tab** 키 누르기 →) 입력

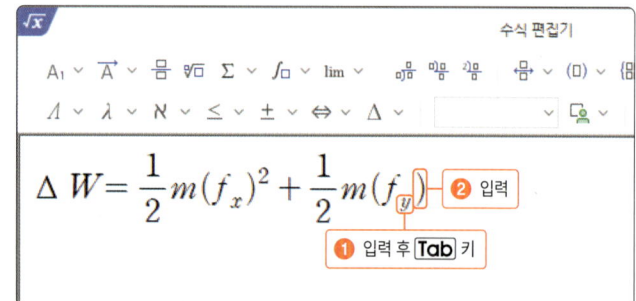

⓭ 첨자(A₁ ˅)–위첨자(Aᴵ) 선택 → 2 입력 후 **Tab** 키 누르기 후 넣기(⏎) 클릭

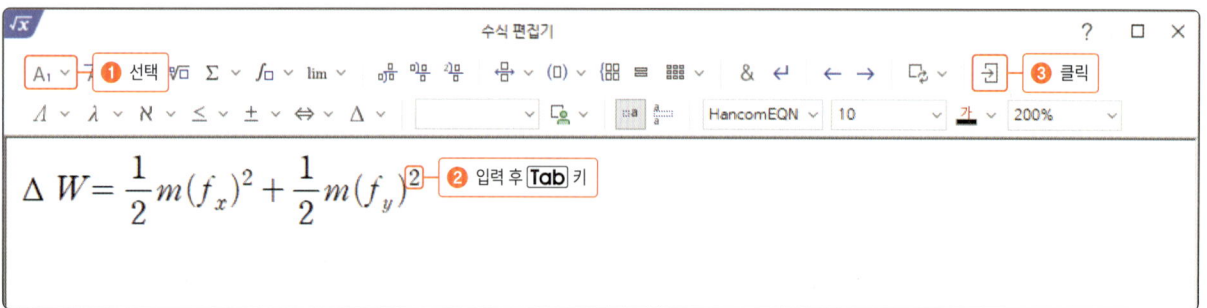

❸ 완성된 두 개의 수식을 《출력형태》와 비교하여 확인합니다.

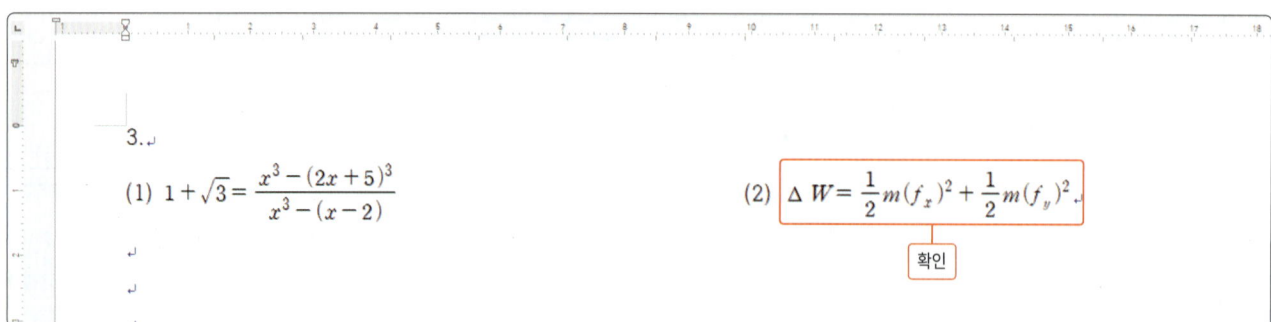

❹ 모든 작업이 완료되면 [파일]–[저장하기](**Alt** + **S**) 또는 [서식] 도구 상자에서 '저장하기(💾)'를 클릭하여 파일을 저장합니다.

※ 실제 시험을 볼 때 작업 도중에 수시로(10분에 한 번 정도) 저장을 하는 것이 좋습니다.

수식 입력

완전정복- 01 다음 (1), (2)의 수식을 수식 편집기로 각각 입력하시오.

· 소스 : 정복05_문제01.hwpx   · 정답 : 정복05_정답01.hwpx

작성 시간 / 권장 시간
분 / 5분

《출력형태》

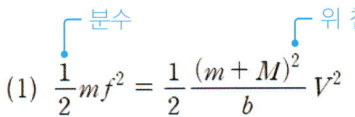

$(1)\ \dfrac{1}{2}mf^2 = \dfrac{1}{2}\dfrac{(m+M)^2}{b}V^2$

$(2)\ P_A = P \times \dfrac{V_A}{V} = P \times \dfrac{V_A}{V_A + V_B}$

완전정복- 02 다음 (1), (2)의 수식을 수식 편집기로 각각 입력하시오.

· 소스 : 정복05_문제02.hwpx   · 정답 : 정복05_정답02.hwpx

작성 시간 / 권장 시간
분 / 5분

《출력형태》

$(1)\ A(1+r)^n = \dfrac{a((1+r)^n - 1)}{\gamma}$

└ 그리스 소문자

$(2)\ F = \dfrac{4\pi^2}{T^2} - 1 = 4\pi^2 K \dfrac{m}{\gamma^2}$

└ 그리스 소문자

완전정복- 03 다음 (1), (2)의 수식을 수식 편집기로 각각 입력하시오.

· 소스 : 정복05_문제03.hwpx   · 정답 : 정복05_정답03.hwpx

작성 시간 / 권장 시간
분 / 5분

《출력형태》

$(1)\ U_a - U_b = \dfrac{GmM}{a} - \dfrac{GmM}{b} = \dfrac{GmM}{2R}$

$(2)\ V = \dfrac{1}{R}\displaystyle\int_0^q q\,dq = \dfrac{1}{2}\dfrac{q^2}{R}$

적분

다음 (1), (2)의 수식을 수식 편집기로 각각 입력하시오.

· 소스 : 정복05_문제04.hwpx   · 정답 : 정복05_정답04.hwpx

작성 시간 / 권장 시간

분 / 5분

《출력형태》

(1) $H_n = \dfrac{a(r^n - 1)}{r - 1} = \dfrac{a(1 + r^n)}{1 - r} (r \neq 1)$

연산, 논리 기호

(2) $L = \dfrac{m + M}{m} V = \dfrac{m + M}{m} \sqrt{2gh}$

근호

다음 (1), (2)의 수식을 수식 편집기로 각각 입력하시오.

· 소스 : 정복05_문제05.hwpx   · 정답 : 정복05_정답05.hwpx

작성 시간 / 권장 시간

분 / 5분

《출력형태》

(1) $f = \sqrt{\dfrac{2 \times 1.6 \times 10^{-7}}{9.1 \times 10^{-3}}} = 5.9 \times 10^5$

(2) $\lambda = \dfrac{h}{mh} = \dfrac{h}{\sqrt{2mc\,V}}$

그리스 소문자

다음 (1), (2)의 수식을 수식 편집기로 각각 입력하시오.

· 소스 : 정복05_문제06.hwpx   · 정답 : 정복05_정답06.hwpx

작성 시간 / 권장 시간

분 / 5분

《출력형태》

(1) $K = \dfrac{a(1 + r)((1 + r)^n - 1)}{r}$

(2) $\displaystyle\int_a^b x f(x) dx = \dfrac{1}{b - a} \int_a^b x dx = \dfrac{a + b}{2}$

《출력형태》

(1) $H_n = \dfrac{a(r^n - 1)}{r - 1} = \dfrac{a(1 + r^n)}{1 - r}(r \neq 1)$

(2) $\displaystyle\sum_{k=1}^{n}(k^4 + 1) - \sum_{k=3}^{n}(k^4 + 1) = 19$

《출력형태》

(1) $\dfrac{1}{\lambda} = 1.097 \times 10^5 \left(\dfrac{1}{2^2} - \dfrac{1}{n^2}\right)$

(2) $\displaystyle\int_{0}^{3} \dfrac{\sqrt{6t^2 - 18t + 12}}{5} dt = 11$

《출력형태》

(1) $1 + \sqrt{3} = \dfrac{x^3 - (2x + 5)^2}{x^3 - (x - 2)}$

(2) $\displaystyle\int_{a}^{b} x f(x) dx = \dfrac{1}{b - a} \int_{a}^{b} x dx = \dfrac{a + b}{2}$

기능평가 II - 도형 그리기

☑ 배경 도형 그리기　　　　　☑ 제목 글상자 그리기
☑ 목차 도형 그리기　　　　　☑ 목차 글상자 만들어 복사하기
☑ 그림 및 글맵시 입력하기　　☑ 책갈피 삽입 및 하이퍼링크 지정하기

🔍 문제 미리보기

· 소스 : 유형06_문제.hwpx　　**· 정답** : 유형06_정답.hwpx

4. 다음의 《조건》에 따라 《출력형태》와 같이 문서를 작성하시오. (110점)

《조건》　(1) 그리기 도구를 이용하여 작성하고, 모든 도형(글맵시, 지정된 그림 포함)을 《출력형태》와 같이 작성하시오.
　　　　(2) 도형의 면색은 지시사항이 없으면 색 없음을 제외하고 서로 다르게 임의로 지정하시오.

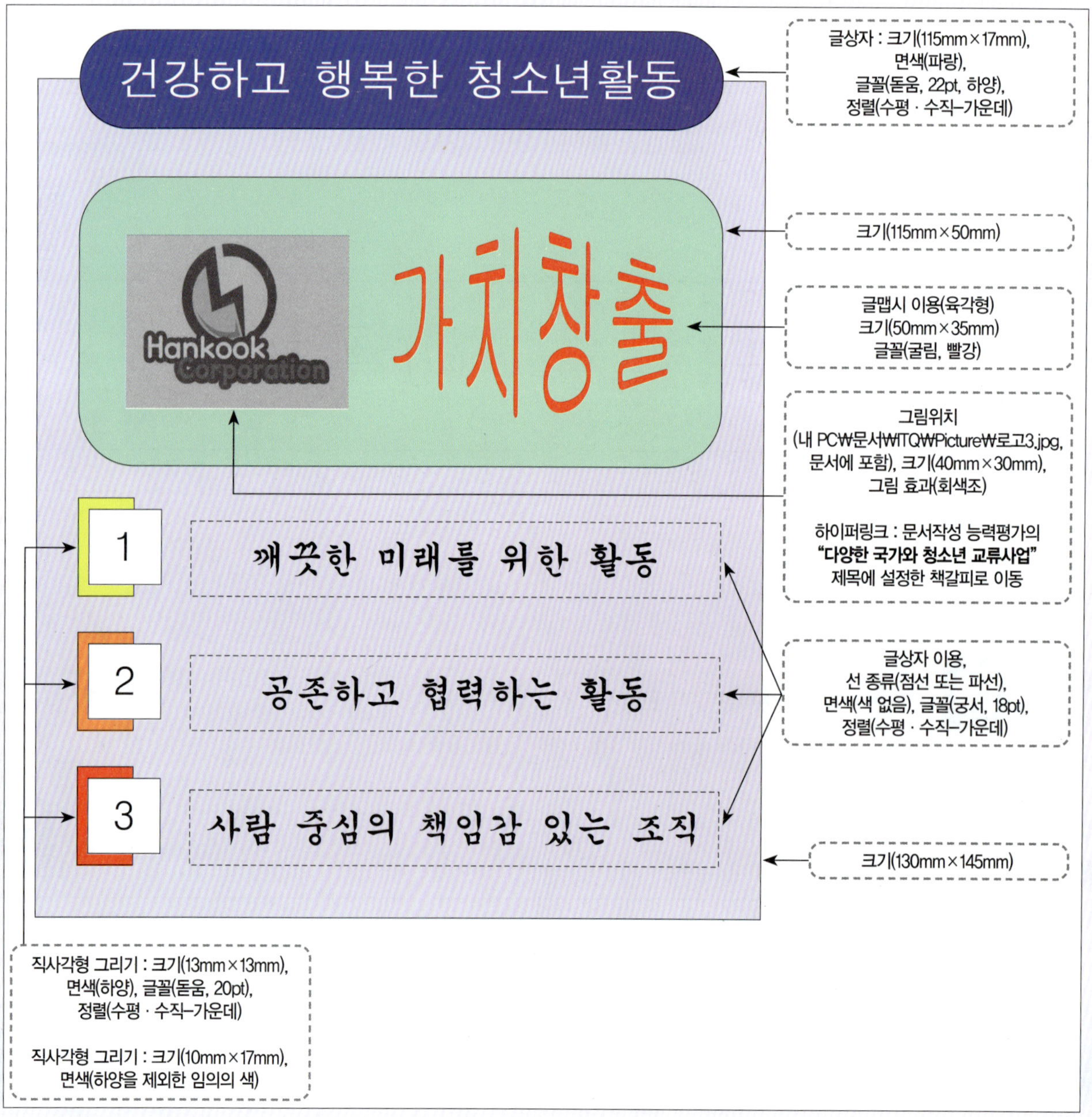

건강하고 행복한 청소년활동

> 글상자 : 크기(115mm×17mm),
> 면색(파랑),
> 글꼴(돋움, 22pt, 하양),
> 정렬(수평·수직-가운데)

가치창출

Hankook corporation

> 크기(115mm×50mm)

> 글맵시 이용(육각형)
> 크기(50mm×35mm)
> 글꼴(굴림, 빨강)

> 그림위치
> (내 PC₩문서₩ITQ₩Picture₩로고3.jpg,
> 문서에 포함), 크기(40mm×30mm),
> 그림 효과(회색조)

> 하이퍼링크 : 문서작성 능력평가의
> **"다양한 국가와 청소년 교류사업"**
> 제목에 설정한 책갈피로 이동

1　깨끗한 미래를 위한 활동

2　공존하고 협력하는 활동

3　사람 중심의 책임감 있는 조직

> 글상자 이용,
> 선 종류(점선 또는 파선),
> 면색(색 없음), 글꼴(궁서, 18pt),
> 정렬(수평·수직-가운데)

> 크기(130mm×145mm)

> 직사각형 그리기 : 크기(13mm×13mm),
> 면색(하양), 글꼴(돋움, 20pt),
> 정렬(수평·수직-가운데)

> 직사각형 그리기 : 크기(10mm×17mm),
> 면색(하양을 제외한 임의의 색)

난이도	권장 시간 / 시험 시간	유형 점수 / 시험 점수
★★★★☆	10분 / 60분	110점 / 500점

시험 분석

➡ **출제 경향 : 출제 문제를 분석**

☑ 글맵시의 모양은 역등변사다리꼴, 역갈매기형 수장, 갈매기형 수장, 나비넥타이, 육각형, 역아래로 계단식, 아래로 계단식 등이 자주 출제되었지만 이외에도 다양한 모양이 출제되고 있습니다.

☑ 도형의 모양은 직사각형의 테두리 선을 변경하여 반원과 둥근 모양으로 작업하는 유형이 자주 출제되고 있으며, 이외에도 타원과 호를 이용하는 작업이 출제된 적도 있었습니다.

➡ **주의 사항 : 실수가 많은 내용**

☑ 도형이나 글맵시, 글상자 등에 지시되어 있는 색상은 반드시 해당 색상으로 변경해야 하지만, 문제지에 색상이 지정되어 있지 않으면 서로 다른 임의의 색상(하양, 검정색 제외)을 선택하여 작업합니다.

☑ 《출력형태》를 참고하여 도형, 글상자, 글맵시, 그림의 위치를 지정하고, [개체 속성] 대화상자에서 '크기 고정'을 선택하여 크기가 변경되는 것을 방지합니다.

☑ 도형을 그룹으로 지정하면 0점 처리 되므로 그룹으로 지정하지 않습니다.

➡ **주요 단축키 : 문서 작성시 시간 단축에 도움**

☑ 개체 속성 : P   그림 : Ctrl + N, I   하이퍼링크 : Ctrl + K, H

Skill 01 배경 도형 그리기

■ 뒤쪽 배경 도형 그리기

크기(130mm×145mm)

① 한글 2022 프로그램을 실행한 후 [파일]-[불러오기]를 선택합니다. [불러오기] 대화상자가 나오면 '유형06_문제.hwpx' 파일을 불러옵니다.

② 2페이지에 입력된 문제 번호 '4.'의 다음 문단을 클릭한 후 뒤쪽 배경 도형을 그리기 위해 [입력] 탭에서 '직사각형(▢)'을 선택합니다.

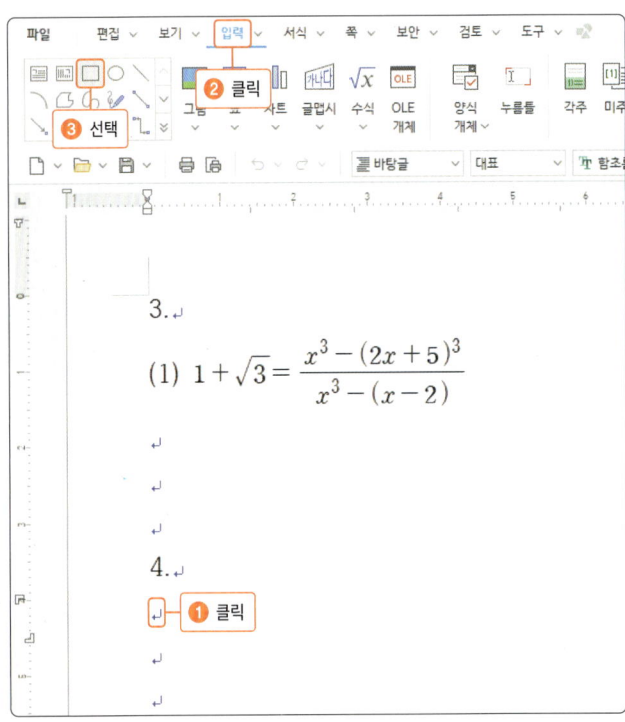

3.

$$(1)\ 1+\sqrt{3} = \frac{x^3 - (2x+5)^3}{x^3 - (x-2)}$$

4.

❸ 마우스 포인터 모양이 ＋로 변경되면 다음과 같이 드래그하여 뒤쪽 배경 도형을 그립니다.

  ※ 도형을 그릴 때 《출력형태》를 참고하여 문제 번호 4.를 기준으로 그립니다.

❹ 삽입된 도형 위에서 [마우스 오른쪽 단추]–'개체 속성'을 클릭합니다.

  ※ [도형(📷)] 탭에서 [도형 속성(🔲)]을 클릭하거나, 도형의 테두리를 더블 클릭하여 [개체 속성] 대화상자를 실행할 수도 있습니다.

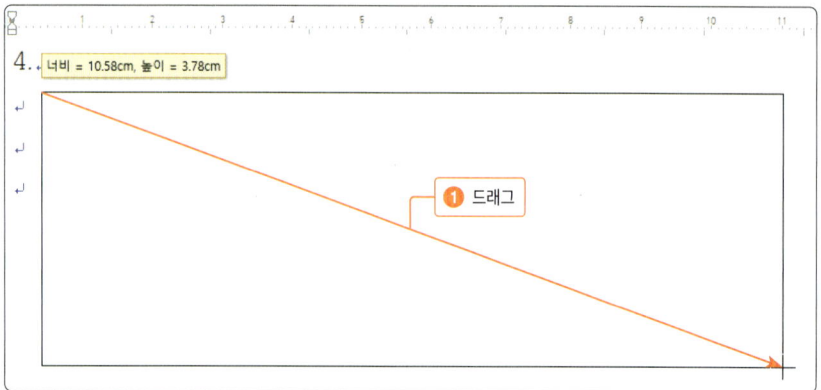 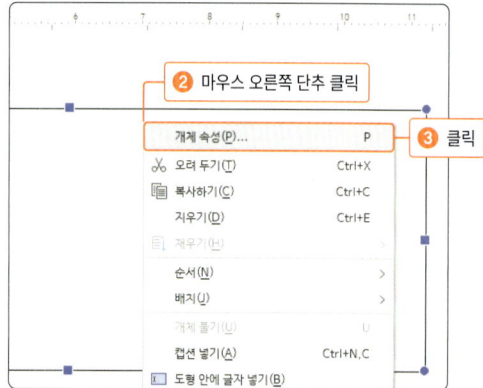

❺ [개체 속성] 대화상자가 나오면 [기본] 탭에서 [크기]–'너비(130mm), 높이(145mm)'를 입력한 후 '크기 고정'을 클릭하여 체크(☑)합니다. 이어서, [채우기] 탭을 클릭합니다.

  ※ '크기 고정'을 체크(☑)하는 이유는 도형의 크기가 변경되는 것을 방지하기 위해서입니다.

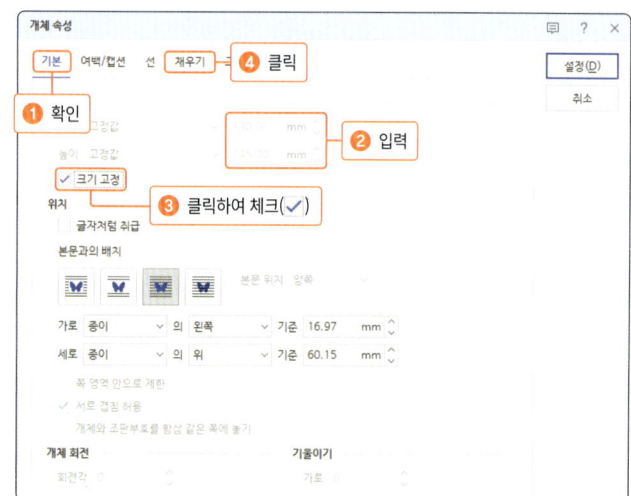

❻ [채우기] 탭에서 [색]–'면 색'을 클릭합니다. 이어서, 임의의 색상을 선택한 후 〈설정〉 단추를 클릭합니다.

  ※ 도형을 만들 때 면 색에 대한 별도의 지시사항이 없으면 [없음]을 제외한 임의의 색(검정색, 하양 제외)으로 지정합니다.

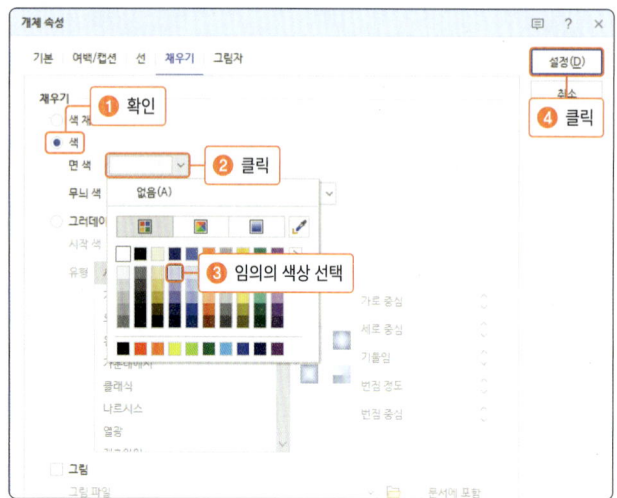 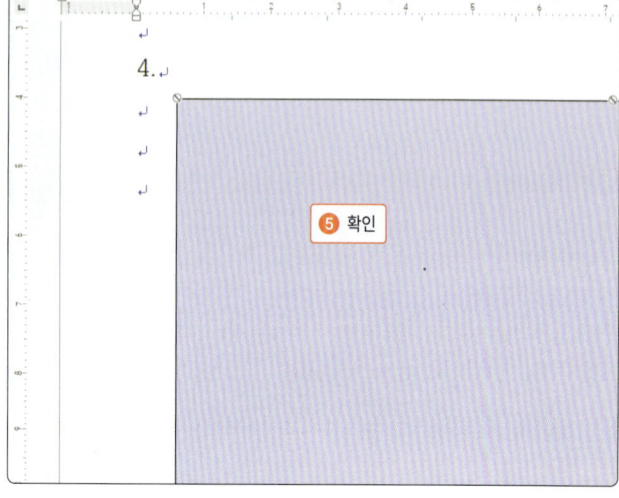

■ 앞쪽 도형 그리기

크기(115mm×50mm)

⑦ 앞쪽 도형을 그리기 위해 [입력] 탭에서 '직사각형(□)'을 선택합니다. 이어서, 마우스 포인터 모양이 ＋로 변경되면 다음과 같이 드래그하여 앞쪽 도형을 그립니다.

※ 크기가 지시되어 있는 도형이나 글상자를 그릴 때는 임의의 크기로 드래그한 후 값을 입력하여 변경합니다.

⑧ 입력된 도형 위에서 [마우스 오른쪽 단추]-'개체 속성'을 클릭합니다.

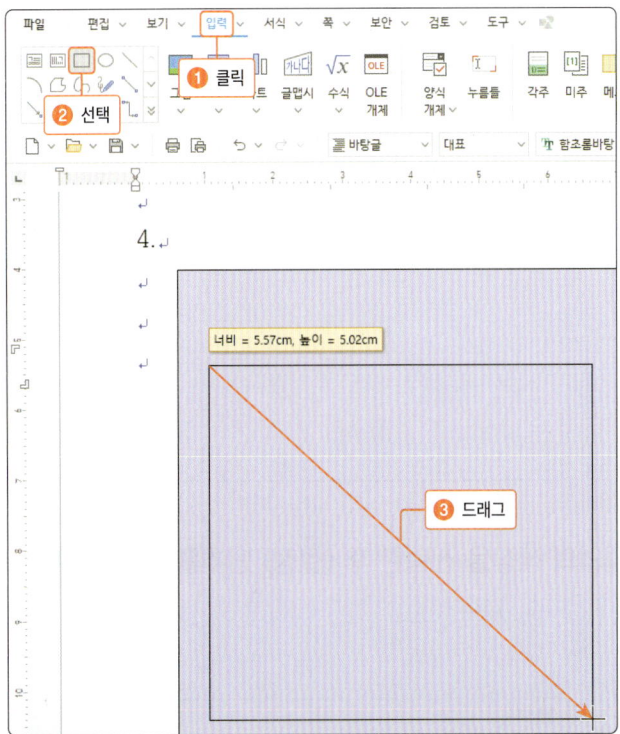
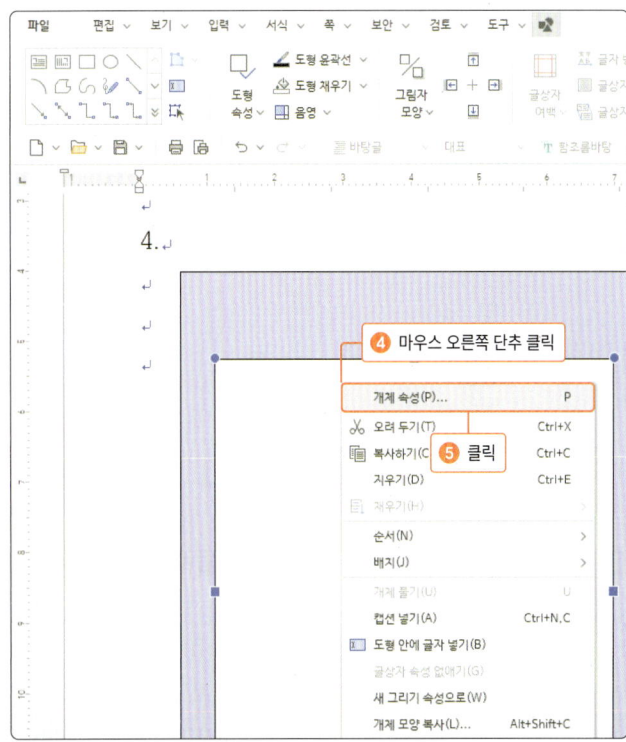

도형의 순서 변경하기

만약 도형이 뒤쪽 배경 도형에 가려 보이지 않을 경우 [마우스 오른쪽 단추]를 눌러 바로가기 메뉴에서 [순서]-'맨 앞으로', [배치]-'글 앞으로'를 지정합니다.

※ 도형(⬚) 탭에서 '맨 앞으로(⬚)' 또는 '맨 뒤로(⬚)'를 클릭하여 도형의 순서를 변경할 수도 있습니다.

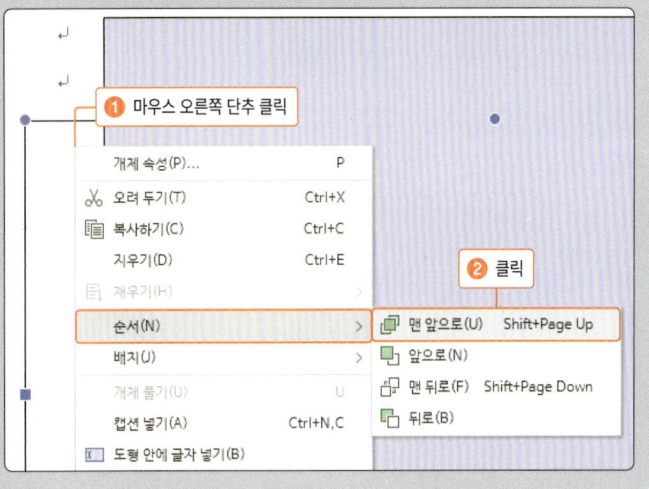

⑨ [개체 속성] 대화상자가 나오면 [기본] 탭에서 [크기]−'너비(115mm), 높이(50mm)'를 입력한 후 '크기 고정'을 클릭하여 체크(☑)합니다. 이어서, [선] 탭을 클릭합니다.

⑩ [선] 탭에서 [사각형 모서리 곡률]−'둥근 모양(▢)'을 선택한 후 [채우기] 탭을 클릭합니다.

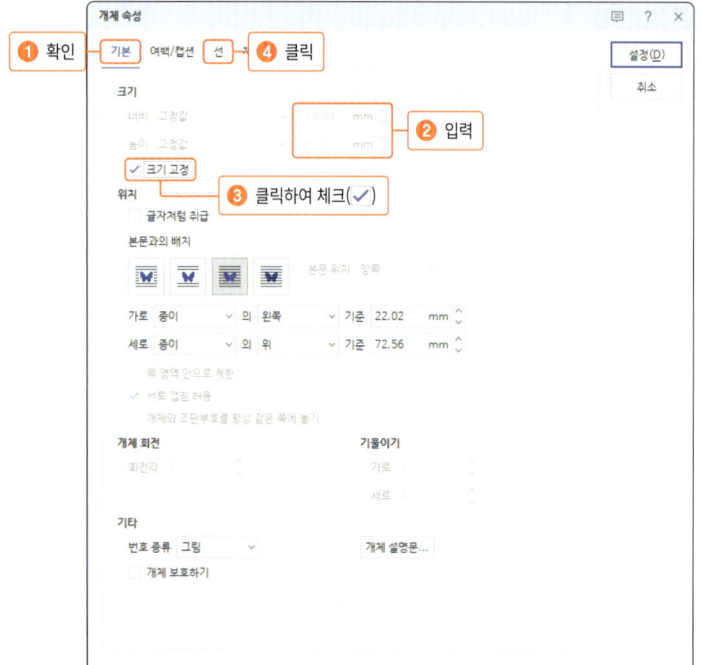
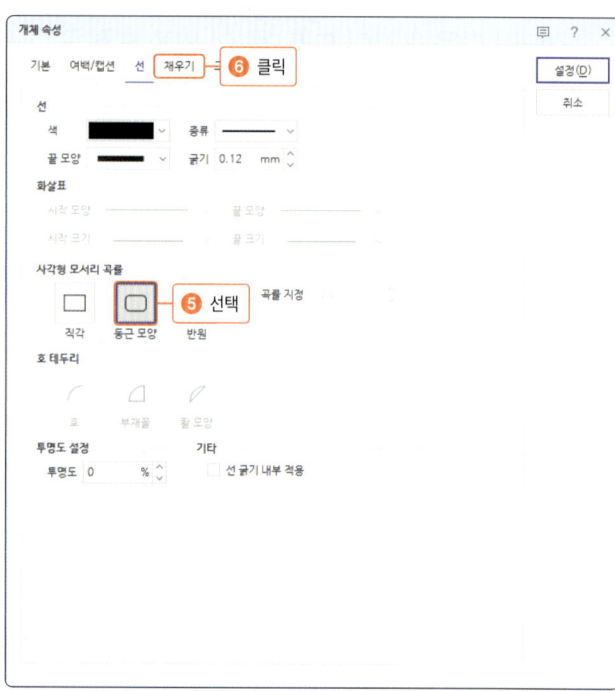

⑪ [채우기] 탭에서 [색]−'면 색'을 클릭합니다. 이어서, 임의의 색상을 선택한 후 〈설정〉 단추를 클릭합니다.

  ※ 도형을 만들 때 면 색에 대한 별도의 지시사항이 없으면 [없음]을 제외한 모든 색은 임의의 색(검정색, 하양 제외)으로 지정합니다.

⑫ 앞쪽 도형이 완성되면 《출력형태》를 참고하여 도형의 위치를 변경합니다.

※ 도형을 선택한 후 키보드의 방향키(↑, ↓, ←, ↓)를 눌러 도형의 위치를 세밀하게 조절할 수 있습니다.

⑬ 모든 작업이 완료되면 Esc 키를 눌러 선택 상태를 해제합니다.

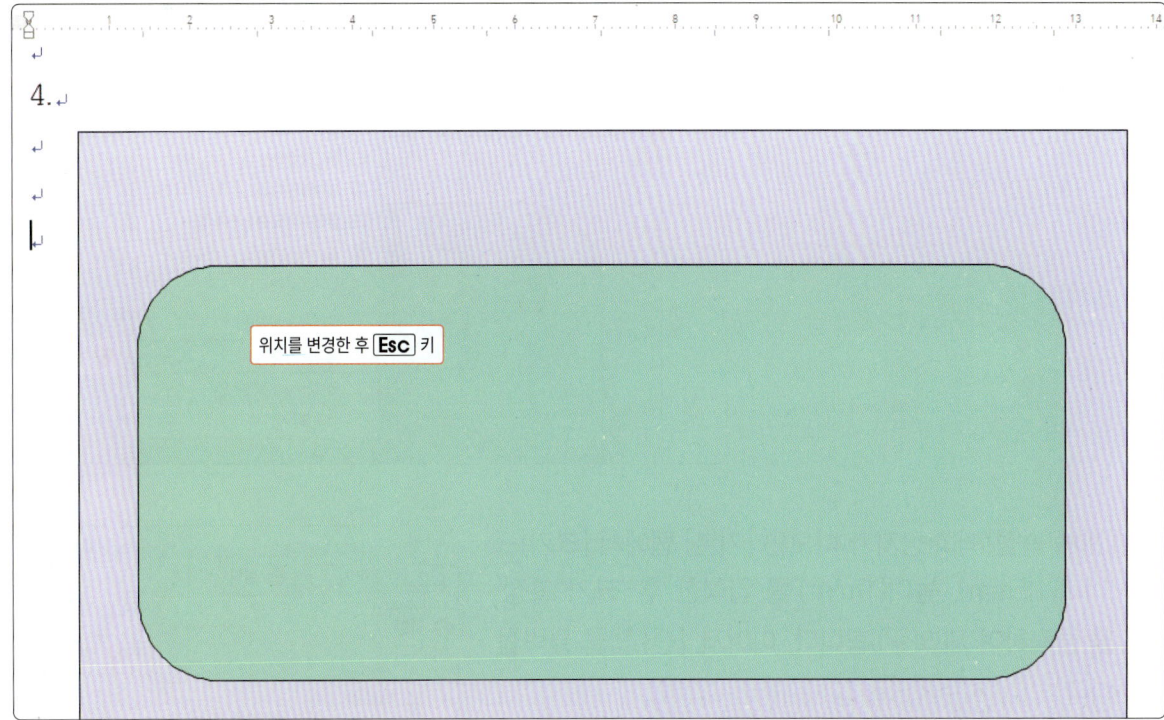

Skill 02 제목 글상자 그리기

글상자 : 크기(115mm×17mm), 면색(파랑), 글꼴(돋움, 22pt, 하양), 정렬(수평 · 수직-가운데)

❶ 글상자를 입력하기 위해 [입력] 탭에서 '가로 글상자(▤)'(또는 Ctrl+N, B)를 선택합니다.

❷ 마우스 포인터 모양이 ＋로 변경되면 《출력형태》를 참고하여 다음과 같이 드래그합니다.

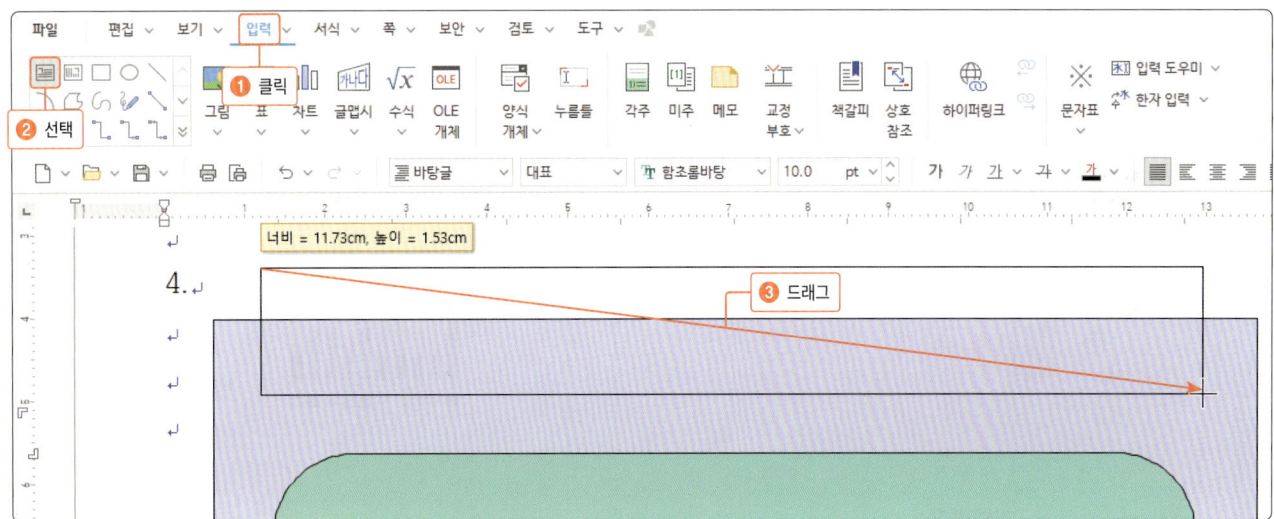

출제유형 06 **81** 기능평가 Ⅱ - 도형 그리기

❸ 입력된 글상자 위에서 [마우스 오른쪽 단추]–'개체 속성'을 클릭합니다.

※ 만약 글상자의 안쪽이 아닌 테두리에서 [마우스 오른쪽 단추]–'개체 속성'을 클릭하여 작업을 했다면 글상자 안에 내용을 바로 입력할 수 없습니다.

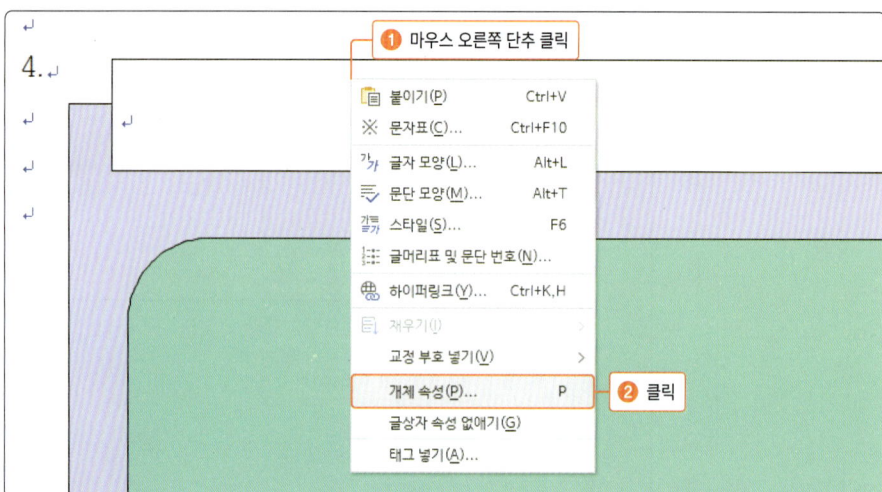

❹ [개체 속성] 대화상자가 나오면 [기본] 탭에서 [크기]–'너비(115mm), 높이(17mm)'를 입력한 후 '크기 고정'을 클릭하여 체크(☑)합니다. 이어서, [선] 탭을 클릭합니다.

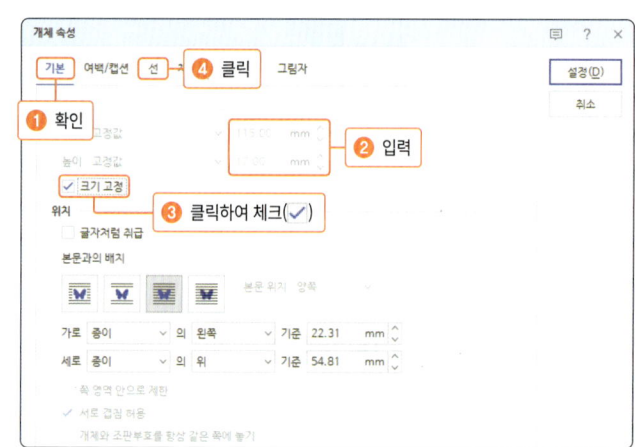

❺ [선] 탭에서 [사각형 모서리 곡률]–'반원(◯)'을 선택한 후 [채우기] 탭을 클릭합니다.

❻ [채우기] 탭에서 [색]–'면 색'을 클릭합니다. 이어서, '파랑'을 선택한 후 〈설정〉 단추를 클릭합니다.

※ 실제 시험에서 지시하는 색상은 하양을 제외하고 모두 [오피스] 색상 테마에서 지정합니다.

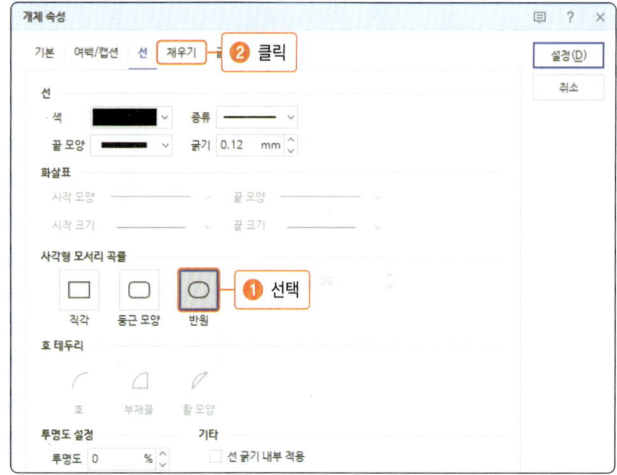
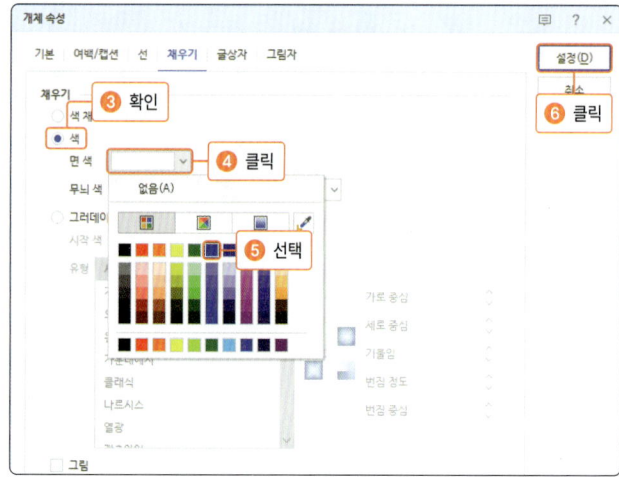

➐ 속성 지정이 완료되면 '건강하고 행복한 청소년활동'을 입력한 후 글꼴 서식을 변경하기 위해 글상자의 테두리를 클릭합니다.

※ 글상자 안쪽의 텍스트를 블록으로 지정하여 서식 작업을 해도 결과는 동일합니다.

※ 만약 글상자에 텍스트가 바로 입력되지 않을 경우(테두리 선택 후 [개체 속성] 작업을 한 경우)에는 Esc 키를 누른 후 글상자 안쪽을 클릭하여 내용을 입력합니다.

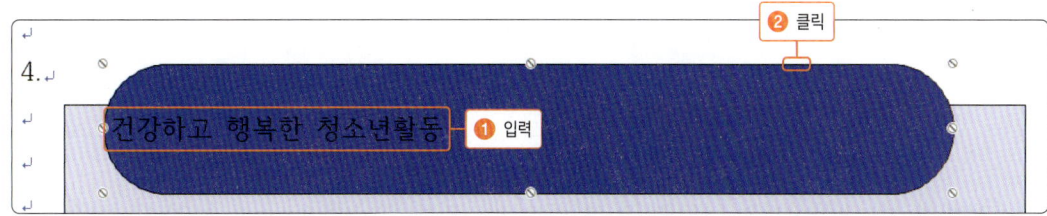

➑ [서식] 도구 상자에서 '글꼴(돋움), 글자 크기(22pt), 글자 색(하양), 가운데 정렬(▤)'을 지정합니다.

※ 문제지의 지시사항 중 하양은 [기본] 색상 테마의 '하양(255, 255, 255)'을 선택합니다.

➒ 모든 작업이 완료되면 《출력형태》를 참고하여 키보드 방향키(↑, ↓, ←, ↓)로 위치를 변경한 후 Esc 키를 누릅니다.

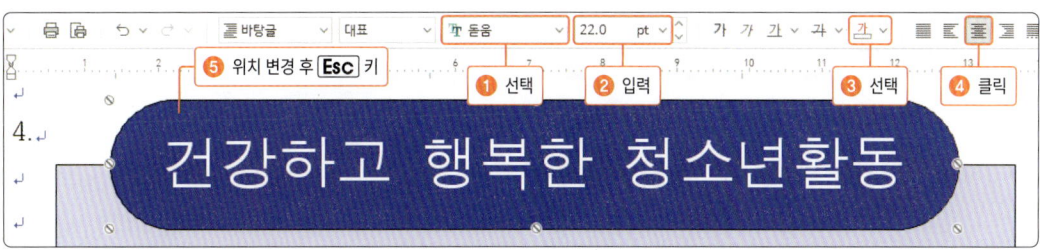

■ 뒤쪽 도형 그리기

직사각형 그리기 : 크기(10mm×17mm), 면색(하양을 제외한 임의의 색)

➊ 뒤쪽의 목차 도형을 그리기 위해 [입력] 탭에서 '직사각형(□)'을 선택합니다. 이어서, 마우스 포인터 모양이 +로 변경되면 다음과 같이 드래그하여 도형을 그립니다.

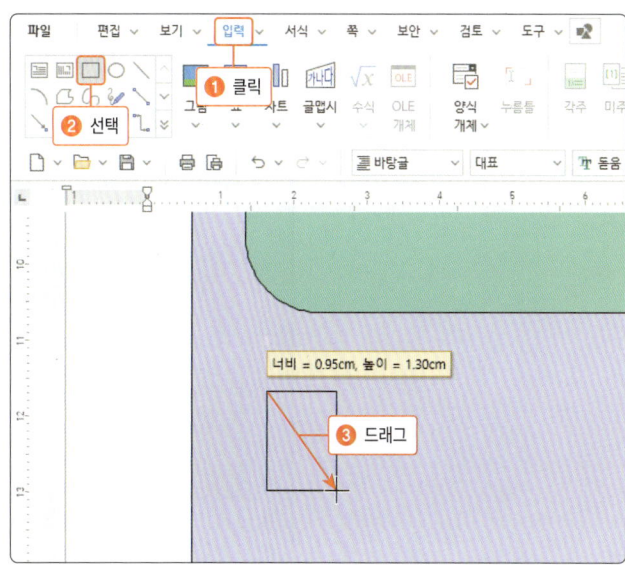

② 입력된 도형 위에서 [마우스 오른쪽 단추]-'개체 속성'을 클릭합니다.

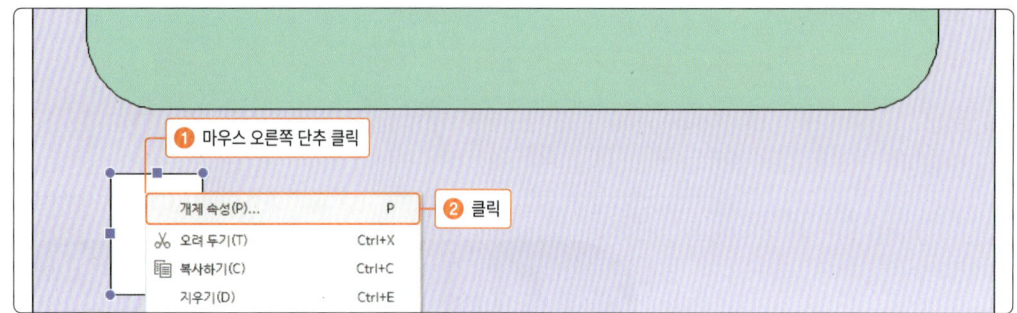

③ [개체 속성] 대화상자가 나오면 [기본] 탭에서 [크기]-'너비(10mm), 높이(17mm)'를 입력한 후 '크기 고정'을 클릭하여 체크(☑)합니다. 이어서, [채우기] 탭을 클릭합니다.

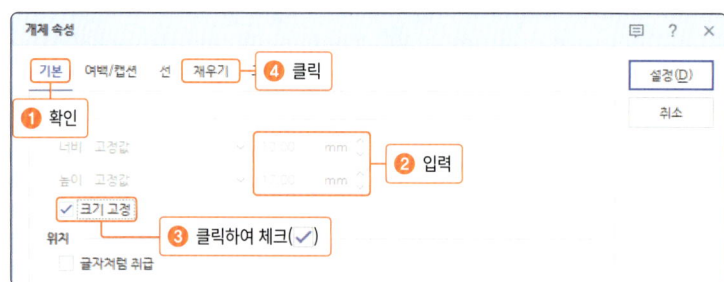

④ [채우기] 탭에서 [색]-'면 색'을 클릭합니다. 이어서, 임의의 색상을 선택한 후 〈설정〉 단추를 클릭합니다.

※ 도형을 만들 때 면 색에 대한 별도의 지시사항이 없으면 [없음]을 제외한 임의의 색(검정색, 하양 제외)으로 지정합니다.

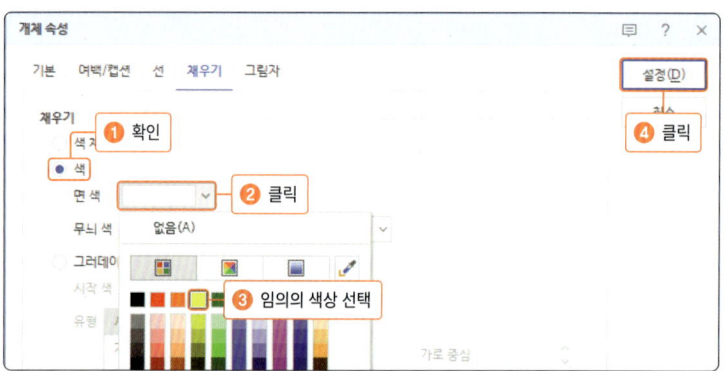

⑤ 뒤쪽 도형이 완성되면 《출력형태》를 참고하여 키보드 방향키(↑, ↓, ←, ↓)로 위치를 변경합니다.

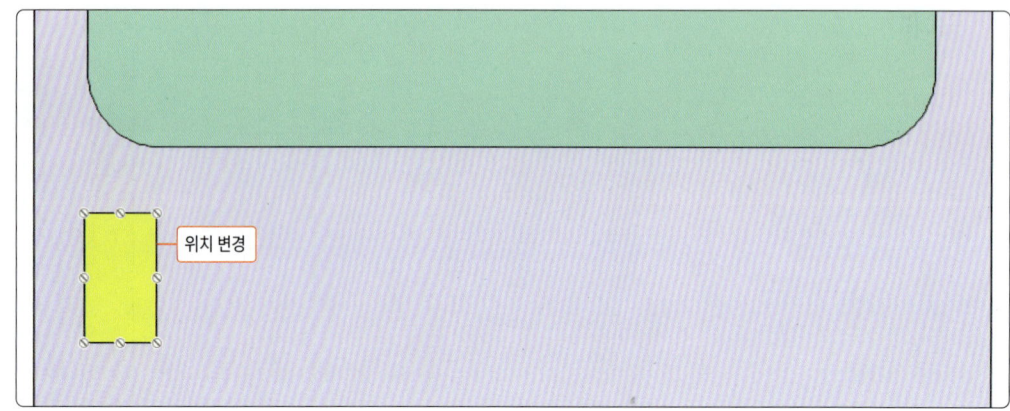

■ 앞쪽 도형 그리기

⑥ 뒤쪽의 목차 도형이 완성되면 똑같은 방법으로 [입력] 탭에서 '직사각형(□)'을 선택합니다. 이어서, 마우스 포인터 모양이 +로 변경되면 다음과 같이 드래그하여 도형을 그립니다.

⑦ 입력된 도형 위에서 [마우스 오른쪽 단추]-'개체 속성'을 클릭합니다.

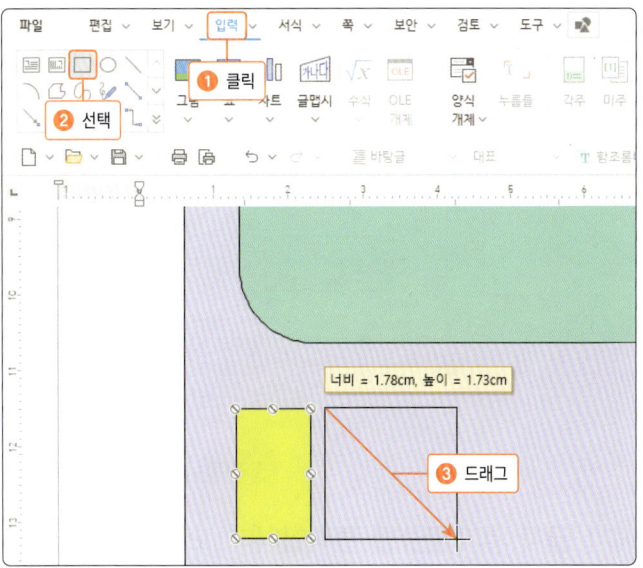 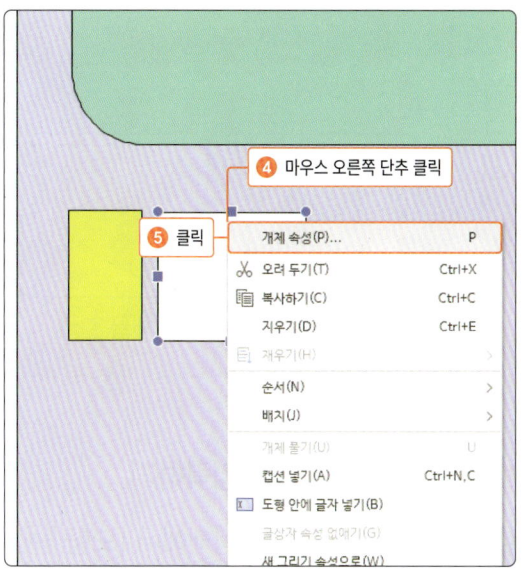

⑧ [개체 속성] 대화상자가 나오면 [기본] 탭에서 [크기]-'너비(13mm), 높이(13mm)'를 입력한 후 '크기 고정'을 클릭하여 체크(☑)합니다. 이어서, [채우기] 탭을 클릭합니다.

⑨ [채우기] 탭에서 [색]-'면 색'을 클릭하여 '하양'을 선택한 후 〈설정〉 단추를 클릭합니다.

※ 문제지의 지시사항 중 하양은 [기본] 색상 테마의 '하양(255, 255, 255)'을 선택합니다.

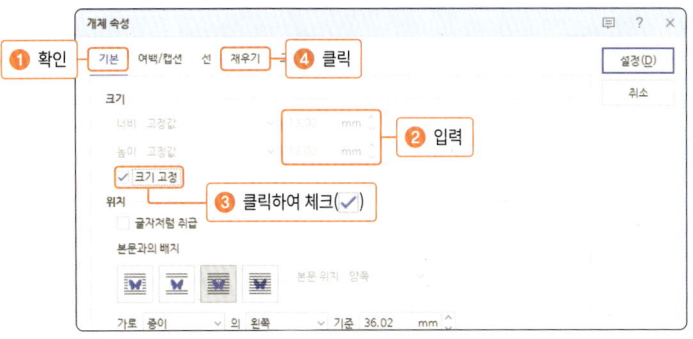 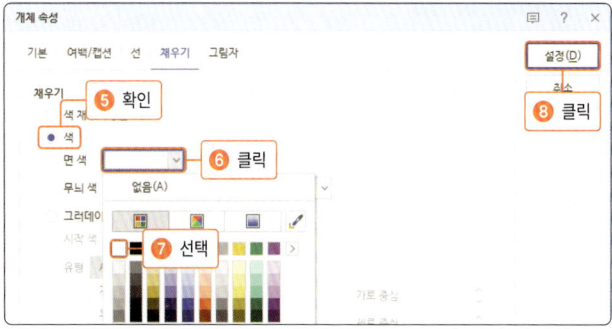

⑩ 앞쪽의 목차 도형이 완성되면 다음과 같이 드래그하여 두 개의 도형을 겹칩니다.

※ 도형을 겹칠 때 《출력형태》를 참고하여 키보드 방향키(↑, ↓, ←, ↓)로 위치를 세밀하게 조절합니다.

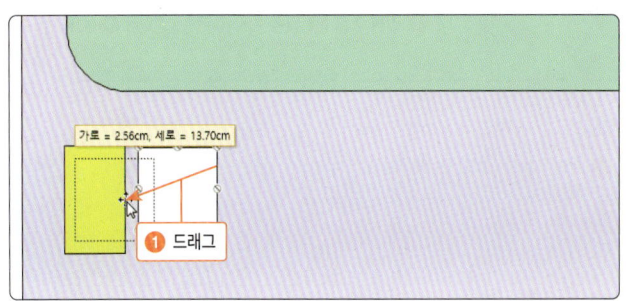 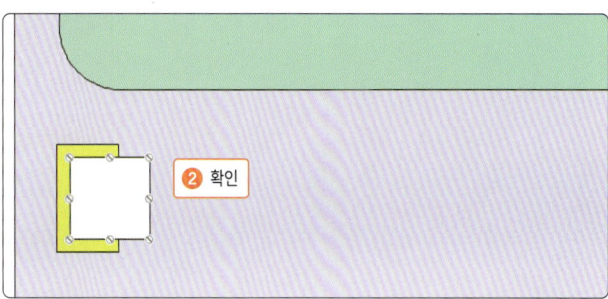

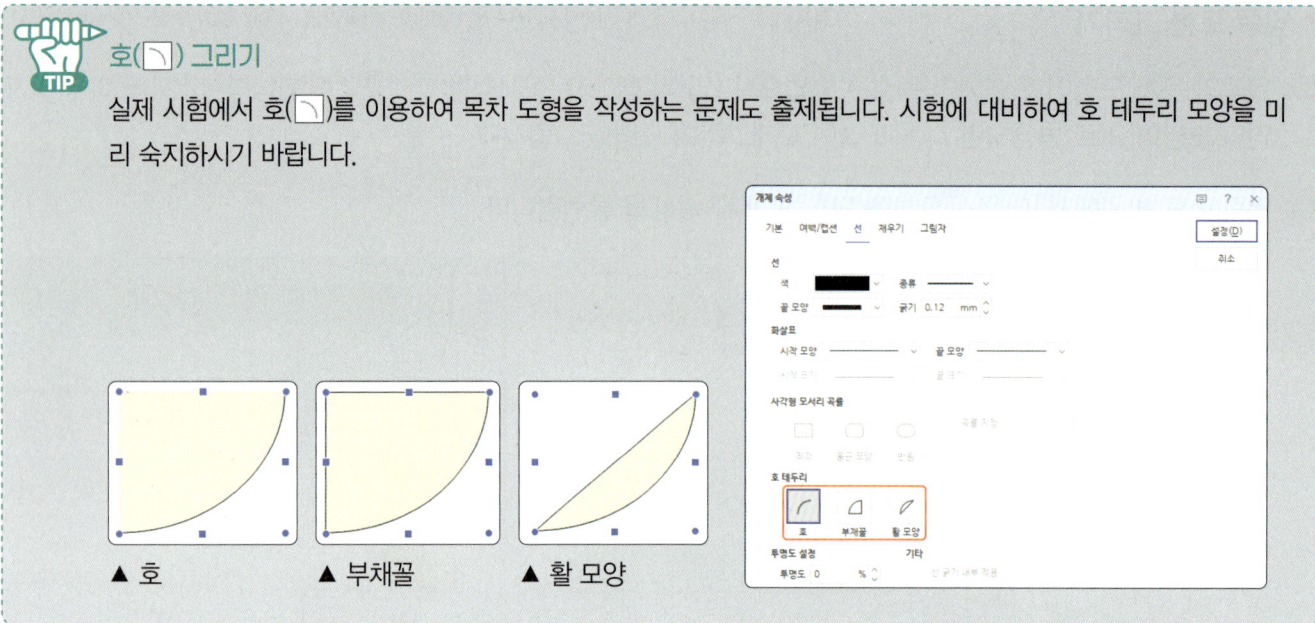

호( ) 그리기

실제 시험에서 호( )를 이용하여 목차 도형을 작성하는 문제도 출제됩니다. 시험에 대비하여 호 테두리 모양을 미리 숙지하시기 바랍니다.

▲ 호   ▲ 부채꼴   ▲ 활 모양

■ **앞쪽 도형에 텍스트 입력하기**

글꼴(돋움, 20pt), 정렬(수평 · 수직-가운데)

⑪ 앞쪽 도형이 선택된 상태에서 [도형( )] 탭에서 '글자 넣기( )'를 클릭합니다. 도형 안쪽에 커서가 활성화되면 '1'을 입력한 후 도형의 테두리를 클릭합니다.

※ 도형 위에서 [마우스 오른쪽 단추]-'도형 안에 글자 넣기'를 선택할 수도 있습니다.

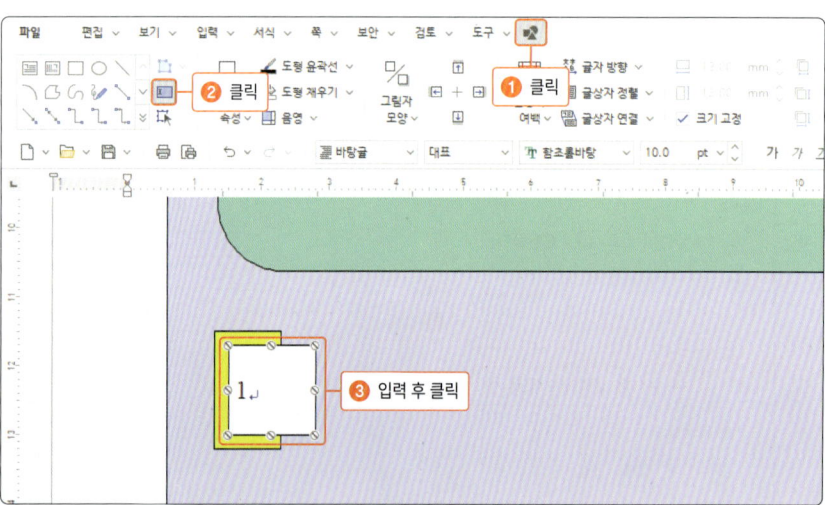

⑫ [서식] 도구 상자에서 '글꼴(돋움), 글자 크기(20pt), 글자 색(검정), 가운데 정렬( )'을 지정합니다.

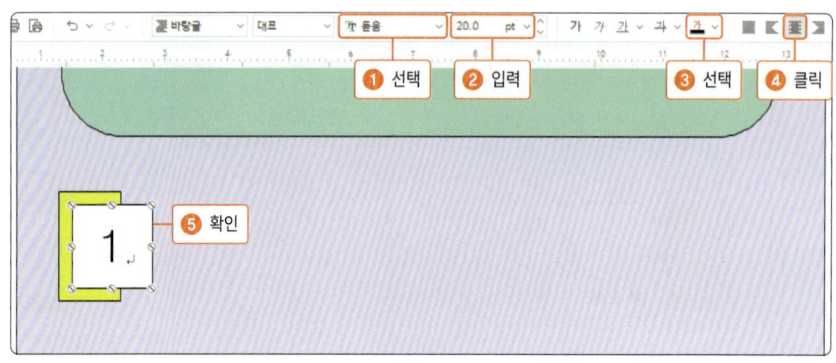

04 목차 글상자 만들어 복사하기

■ 목차 글상자 그리기

글상자 이용, 선 종류(점선 또는 파선), 면색(색 없음), 글꼴(궁서, 18pt), 정렬(수평·수직-가운데)

1 목차 글상자를 입력하기 위해 [입력] 탭에서 '가로 글상자(▣)'(또는 **Ctrl**+**N**, **B**)를 선택합니다.

2 마우스 포인터 모양이 **+** 로 변경되면 《출력형태》를 참고하여 다음과 같이 드래그합니다.

※ 목차 도형에 사용되는 글상자의 크기는 별도의 지시사항이 없으므로 《출력형태》를 참고하여 조절점으로 글상자의 크기를 조절합니다.

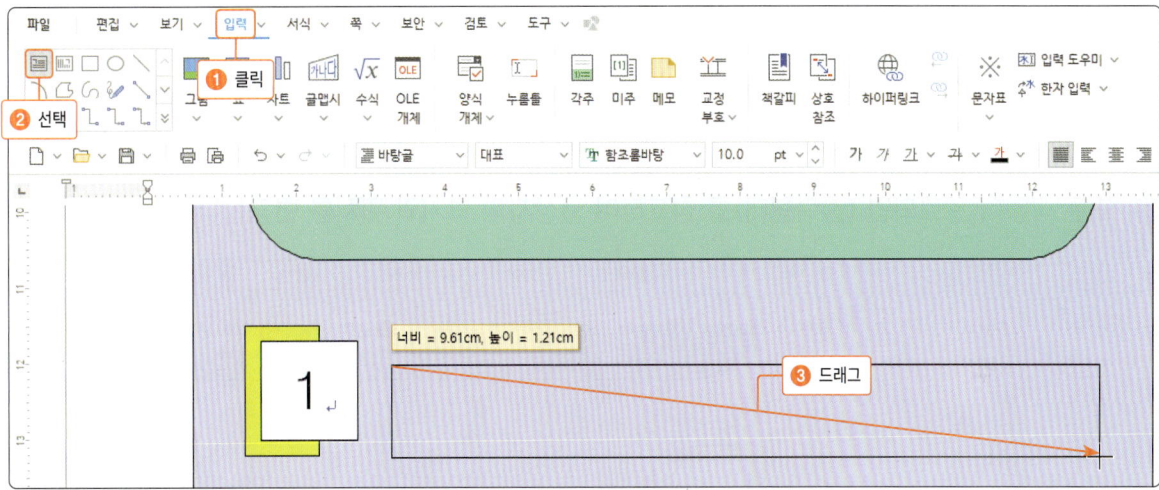

3 글상자 테두리 위에서 [마우스 오른쪽 단추]-'개체 속성'을 클릭합니다.

※ 글상자의 테두리를 더블 클릭하여 [개체 속성] 대화상자를 실행할 수도 있습니다.

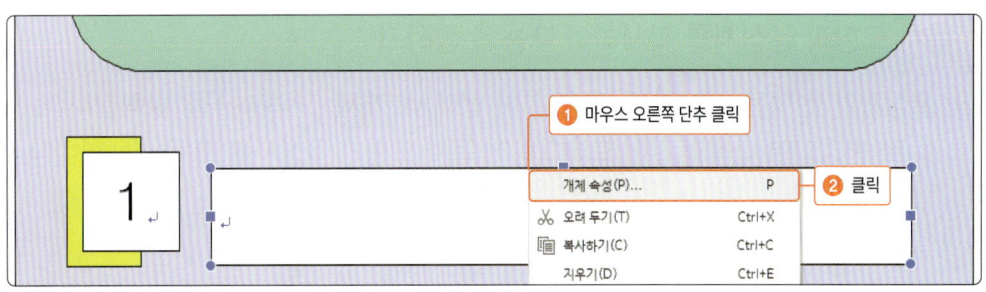

4 [개체 속성] 대화상자가 나오면 [선] 탭에서 [선 종류]-'파선(– – – –)' 또는 '점선(··········)'을 선택합니다. 이어서, [채우기] 탭을 클릭합니다.

※ 교재에서는 파선을 사용했지만 《출력형태》를 참고하여 '파선' 또는 '점선'을 선택합니다.

5 [채우기] 탭에서 [색]-'면 색'을 클릭하여 '없음'을 선택한 후 〈설정〉 단추를 클릭합니다.

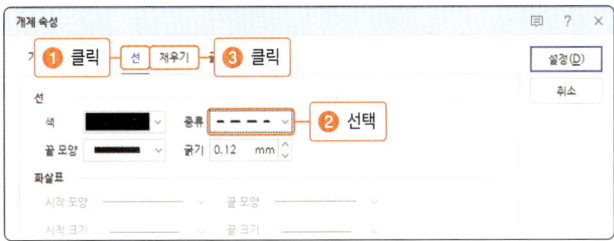
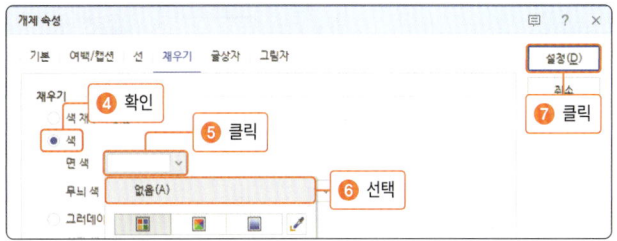

⑥ 속성 지정이 완료되면 Esc 키를 눌러 글상자 선택을 해제한 후 안쪽을 클릭합니다. 이어서, '깨끗한 미래를 위한 활동'을 입력한 후 글상자의 테두리를 클릭합니다.

  ※ 글상자 안쪽의 텍스트를 블록으로 지정하여 서식 작업을 해도 결과는 동일합니다.

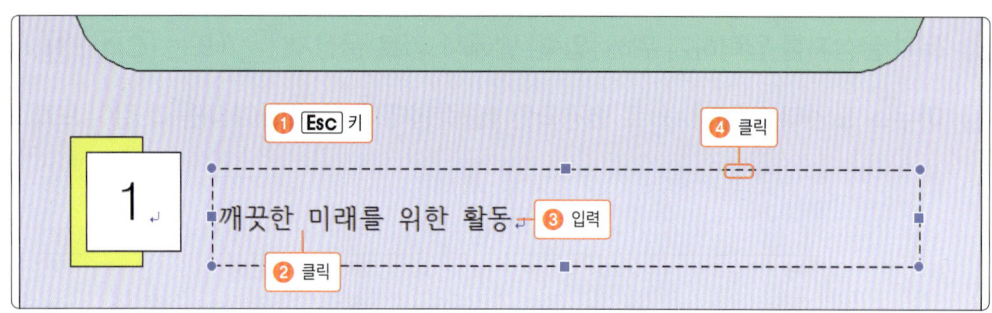

⑦ [서식] 도구 상자에서 '글꼴(궁서), 글자 크기(18pt), 글자 색(검정), 가운데 정렬(≣)'을 지정합니다.

⑧ 모든 작업이 완료되면 《출력형태》를 참고하여 글상자의 크기와 위치를 변경합니다.

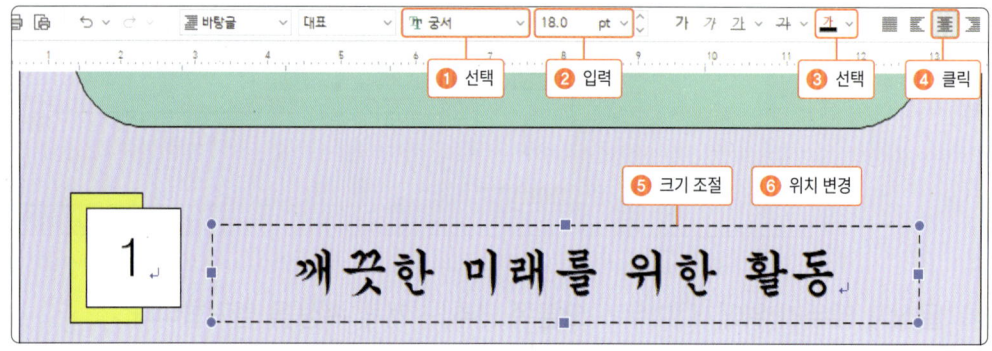

■ **목차 도형과 글상자를 복사하여 내용 수정하기**

⑨ 글상자가 선택된 상태에서 [도형(▧)] 탭에서 '개체 선택(▨)'을 클릭합니다. 이어서, 마우스 포인터 모양이 ▨로 변경되면 다음과 같이 드래그하여 목차 도형과 글상자를 모두 선택합니다.

  ※ [편집] 탭에서 '개체 선택(▨)'을 클릭하여 선택하거나, Shift 키를 누른 채 각각의 도형들을 선택할 수도 있습니다.

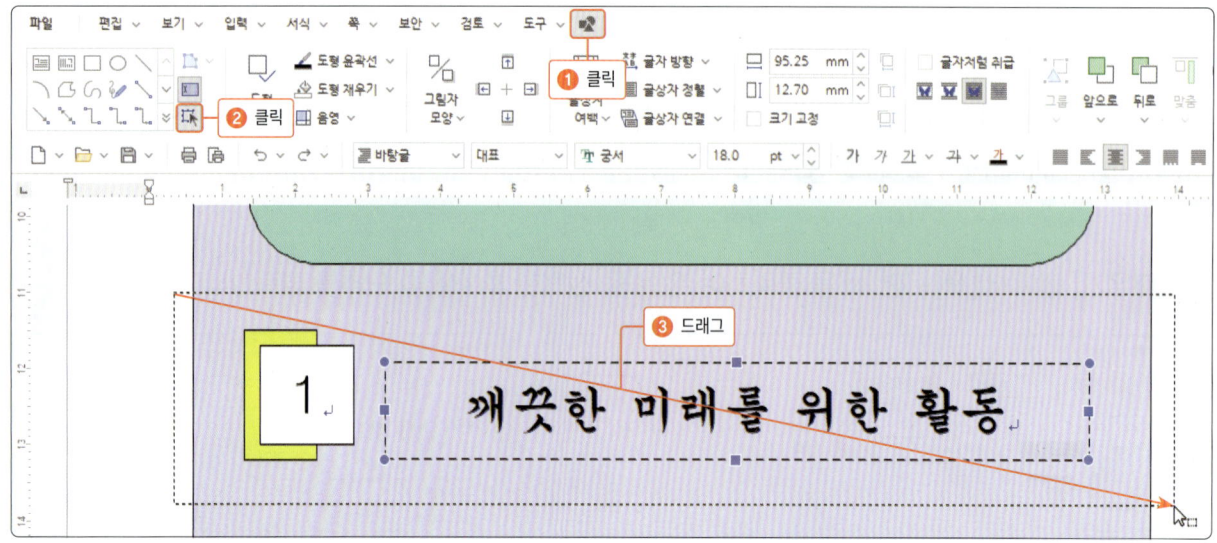

⑩ 다음과 같이 도형과 글상자들이 선택되면 [Ctrl]+[Shift] 키를 누른 채 아래로 드래그하여 복사합니다.

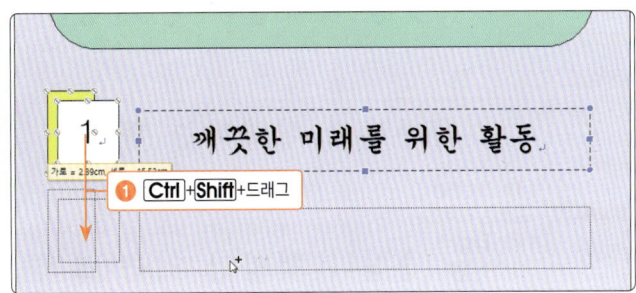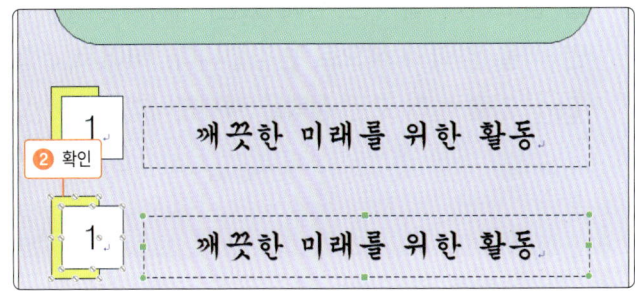

⑪ 똑같은 방법으로 [Ctrl]+[Shift] 키를 누른 채 아래로 드래그하여 복사합니다. 이어서, 다음과 같이 목차 도형과 글상자 안의 내용을 변경합니다.

　　※ 내용 수정 : 도형 및 글상자 안쪽의 내용을 블록으로 지정한 후 새로운 내용을 입력합니다.

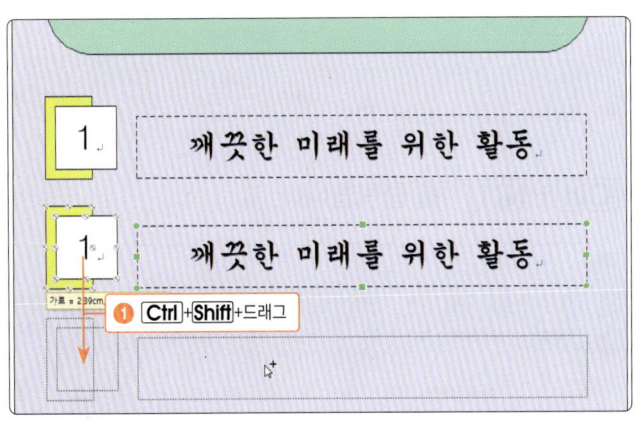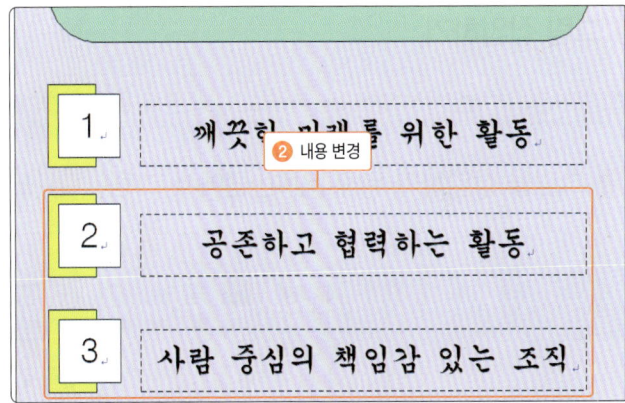

글상자 크기 조절

만약 글상자 안의 내용이 두 줄로 입력되는 경우에는 글상자의 대각선 조절점을 드래그하여 크기(너비 및 높이)를 조절합니다. 크기가 변경되면 나머지 글상자들도 변경된 글상자의 크기에 맞추어 조절합니다.

※ 목차 글상자 중에서 가장 긴 내용을 먼저 입력하여 복사한 후 내용을 수정하면 두 줄로 입력되는 것을 방지할 수 있습니다.

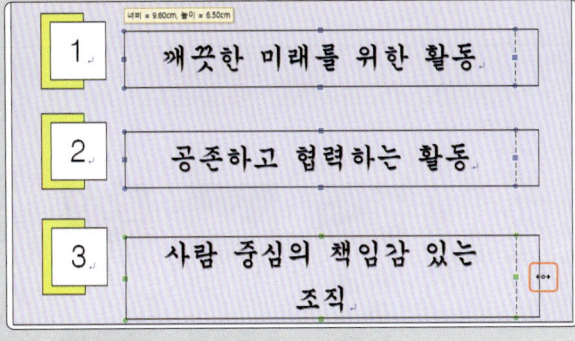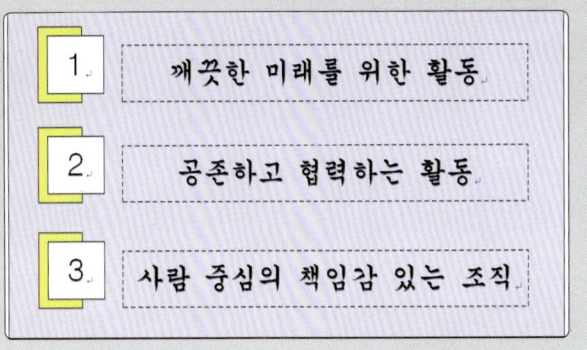

⑫ 글상자의 내용 수정이 완료되면 《출력형태》를 참고하여 복사된 뒤에 있는 직사각형의 면 색을 임의의 색으로 변경합니다. 이어서, Esc 키를 눌러 모든 선택을 해제합니다.

※ 도형의 색상 변경은 [개체 속성] 대화상자-[채우기] 또는 [도형] 탭에서 채우기를 이용하여 변경합니다.

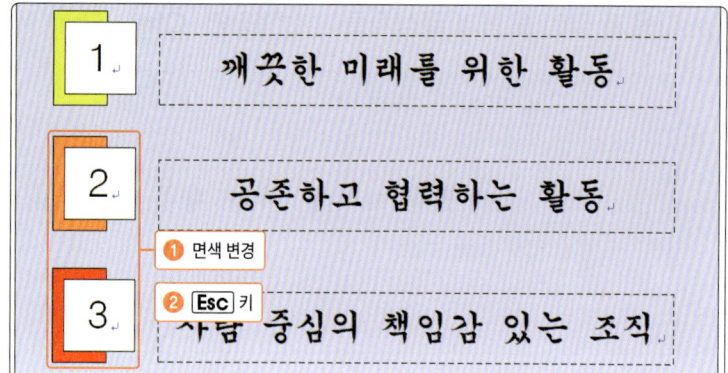

그림 및 글맵시 입력하기

■ 그림 삽입하기

그림위치(내 PC₩문서₩ITQ₩Picture₩로고3.jpg, 문서에 포함), 크기(40mm×30mm), 그림 효과(회색조)

❶ 그림을 삽입하기 위해 [입력] 탭에서 '그림(🖼)'(또는 Ctrl+N, I)를 클릭합니다.

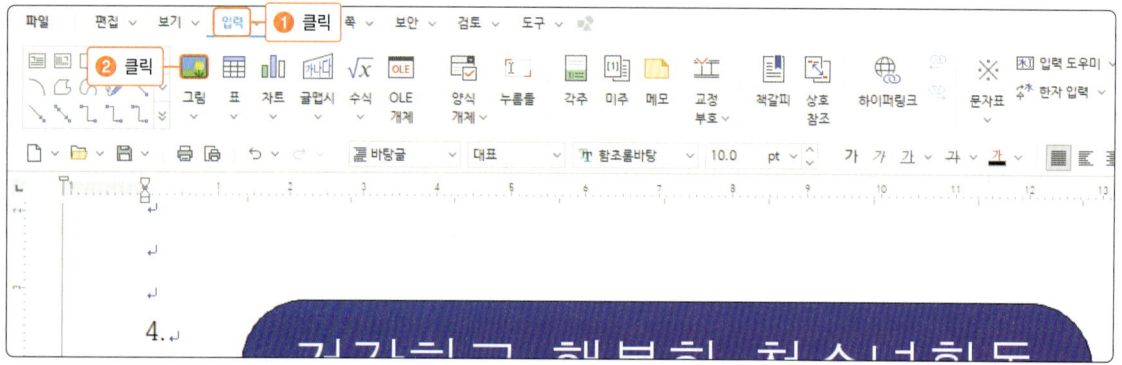

❷ [그림 넣기] 대화상자가 나오면 위치(내 PC\문서\ITQ\Picture)를 지정한 후 '로고3.jpg' 파일을 선택한 다음 〈열기〉 단추를 클릭합니다.

TIP **그림 넣기**

'문서에 포함'을 제외한 나머지 '글자처럼 취급'과 '마우스로 크기 지정'이 체크(☑)되어 있다면 체크를 해제합니다.

❸ 삽입된 그림 위에서 [마우스 오른쪽 단추]–'개체 속성'을 클릭합니다.

※ [그림(🖼)] 탭에서 '그림 속성(🖼)'을 클릭하거나, 그림을 더블 클릭하여 [개체 속성] 대화상자를 실행할 수도 있습니다.

❹ [개체 속성] 대화상자가 나오면 [기본] 탭에서 [크기]–'너비(40mm), 높이(30mm)'를 입력한 후 '크기 고정'을 클릭하여 체크(✔)합니다. 이어서, [본문과의 배치]–'글 앞으로(🖼)'를 선택한 후 [그림] 탭을 클릭합니다.

❺ [그림] 탭에서 [그림 효과]–'회색조(🖼)'를 선택한 후 〈설정〉 단추를 클릭합니다.

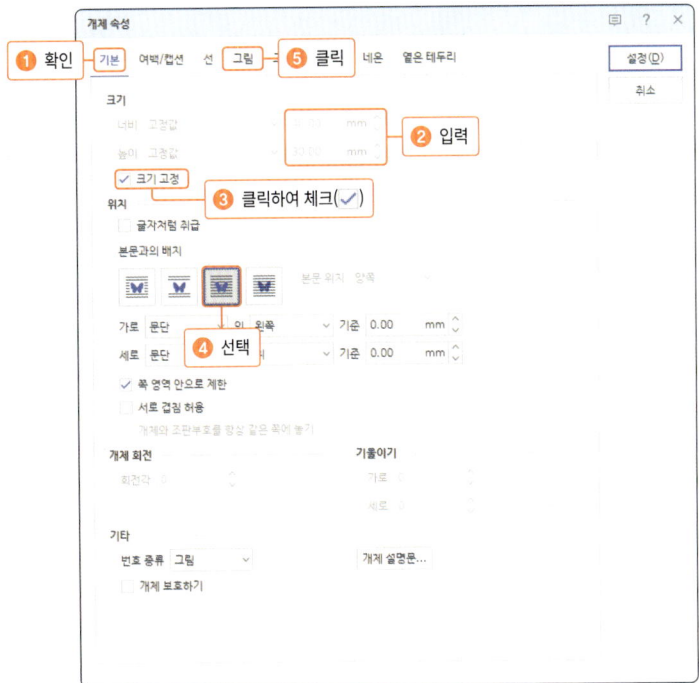
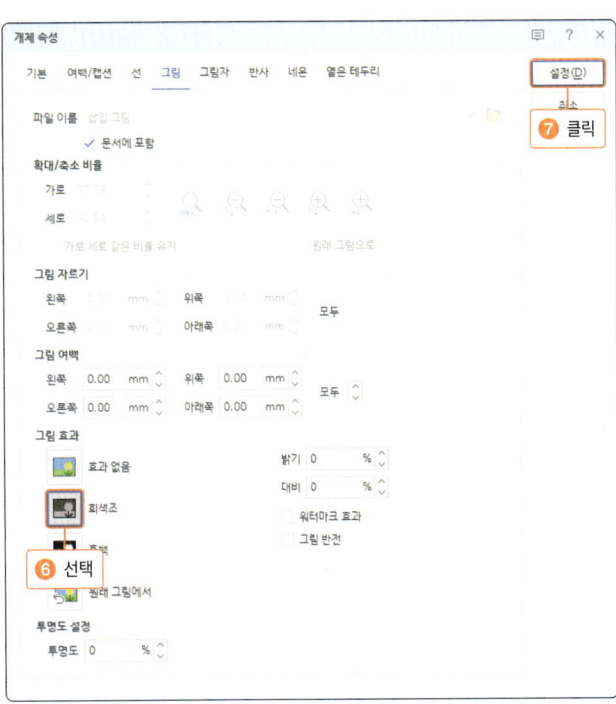

❻ 속성이 지정되면 《출력형태》를 참고하여 다음과 같이 그림의 위치를 변경한 후 Esc 키를 누릅니다.

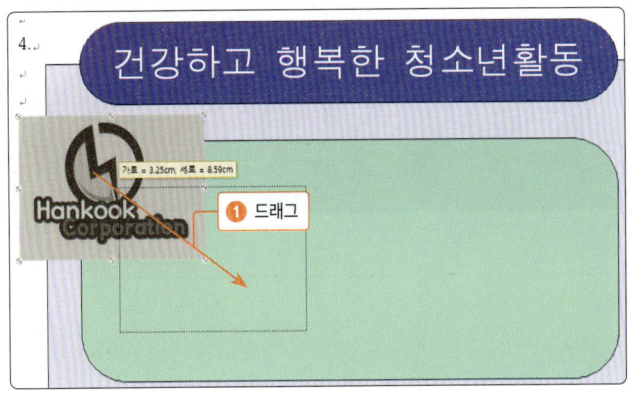

■ 글맵시 입력하기

글맵시 이용(육각형), 크기(50mm×35mm), 글꼴(굴림, 빨강)

❼ 글맵시를 입력하기 위해 [입력] 탭에서 '글맵시( )'를 클릭합니다.

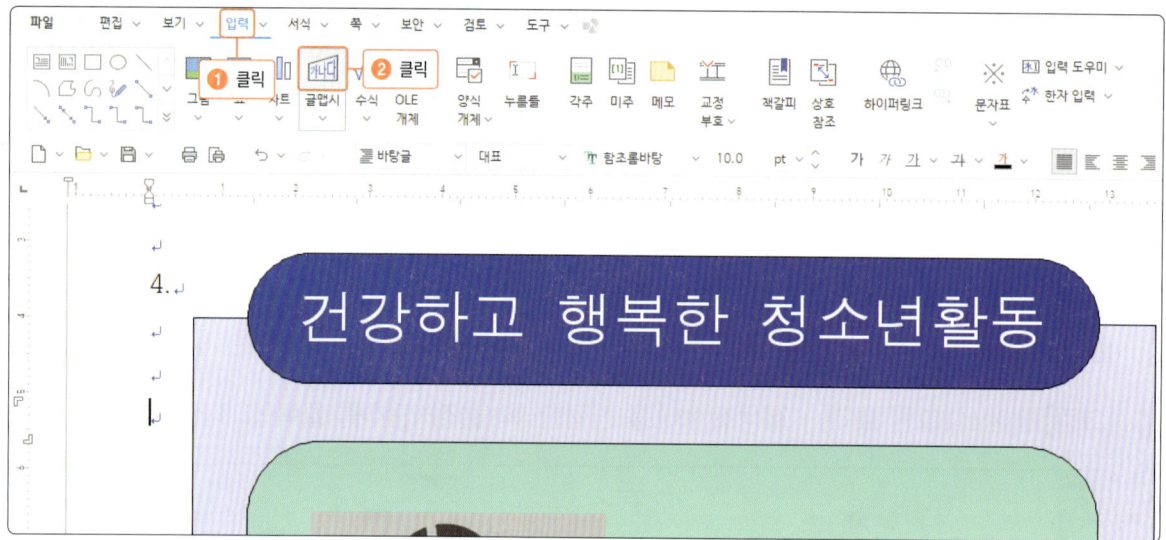

❽ [글맵시 만들기] 대화상자가 나오면 '내용(가치창출), 글꼴(굴림), 글맵시 모양(육각형( ))'을 지정한 후 〈설정〉 단추를 클릭합니다.

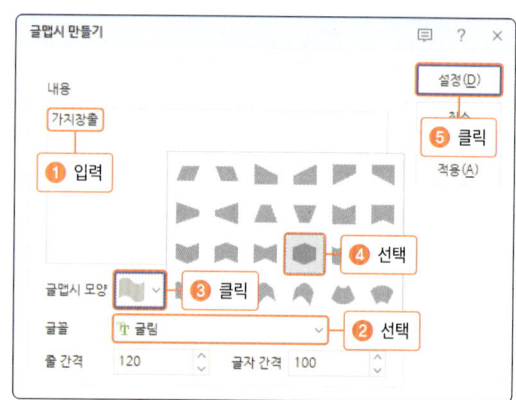

❾ 입력된 글맵시 위에서 [마우스 오른쪽 단추]-'개체 속성'을 클릭합니다.

　※ [글맵시( )] 탭에서 '글맵시 속성( )'을 클릭하거나, 입력된 글맵시를 더블 클릭하여 [개체 속성] 대화상자를 실행할 수도 있습니다.

⑩ [개체 속성] 대화상자가 나오면 [기본] 탭에서 [크기]-'너비(50mm), 높이(35mm)'를 입력한 후 '크기 고정'을 클릭하여 체크(☑)합니다. 이어서, [본문과의 배치]-'글 앞으로(▨)'를 선택한 후 [채우기] 탭을 클릭합니다.

⑪ [채우기] 탭에서 [색]-'면 색'을 클릭하여 '빨강'을 선택한 후 〈설정〉 단추를 클릭합니다.

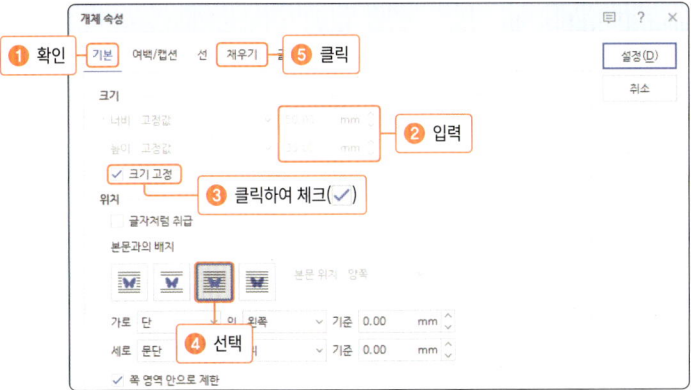
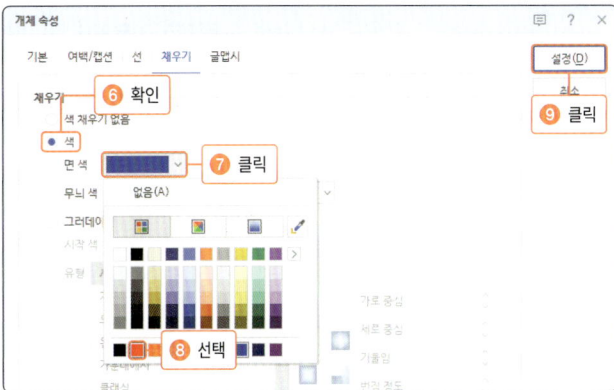

⑫ 속성이 지정되면 《출력형태》를 참고하여 다음과 같이 글맵시의 위치를 변경한 후 Esc 키를 누릅니다.

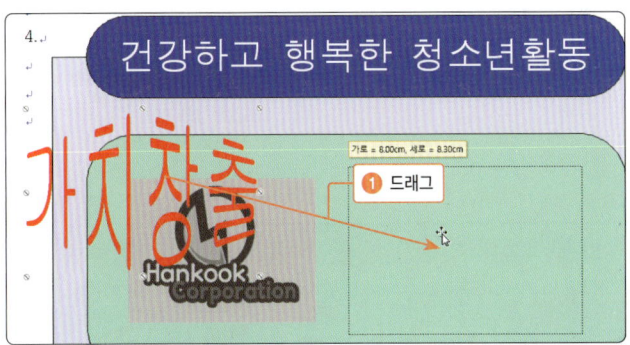

Skill 06 책갈피 삽입 및 하이퍼링크 지정하기

하이퍼링크 : 문서작성 능력평가의 "다양한 국가와 청소년 교류사업" 제목에 설정한 책갈피로 이동

① 3페이지의 첫 번째 문단을 클릭한 후 [문서작성 능력평가]의 '제목(다양한 국가와 청소년 교류사업)'을 입력합니다. 이어서, 제목의 맨 앞쪽을 클릭하여 커서를 이동한 후 [입력] 탭에서 '책갈피(▤)'(또는 Ctrl + K, B)를 클릭합니다.

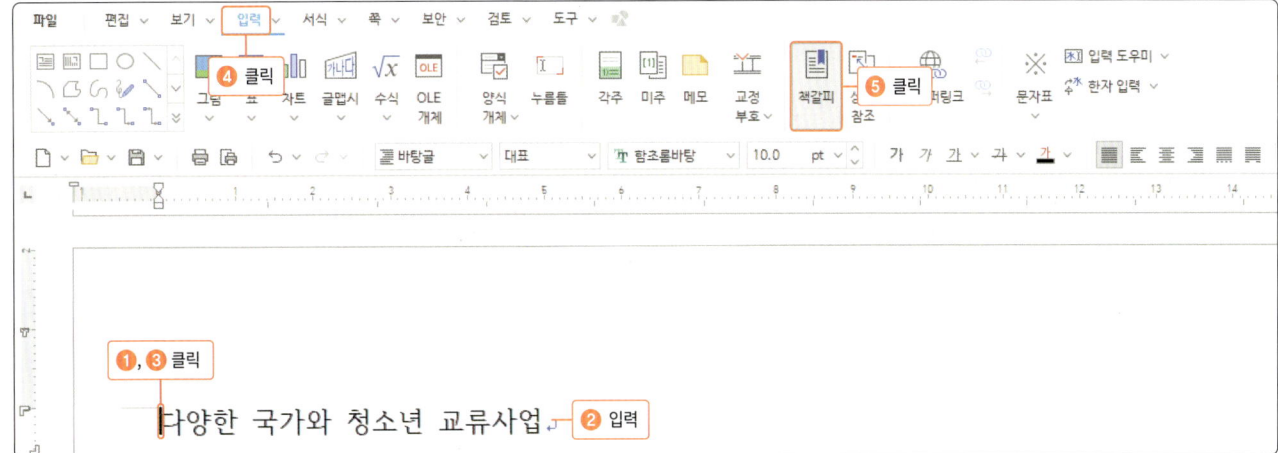

❷ [책갈피] 대화상자가 나오면 [책갈피 이름] 입력 칸에 '국제의식'을 입력한 후 〈넣기〉 단추를 클릭합니다.

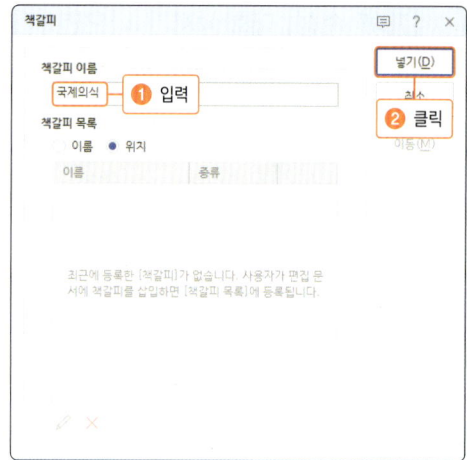

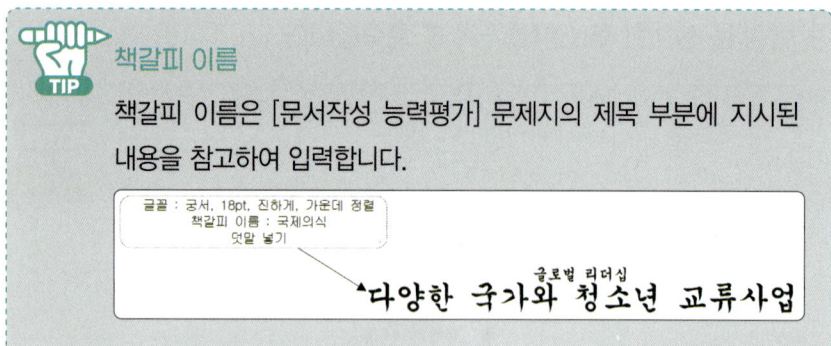

책갈피 이름

책갈피 이름은 [문서작성 능력평가] 문제지의 제목 부분에 지시된 내용을 참고하여 입력합니다.

> 글꼴 : 궁서, 18pt, 진하게, 가운데 정렬
> 책갈피 이름 : 국제의식
> 덧말 넣기
>
> 글로벌 리더십
> **다양한 국가와 청소년 교류사업**

❸ 하이퍼링크를 지정하기 위해 2페이지에 삽입한 그림을 클릭한 후 [입력] 탭에서 '하이퍼링크(⊕)'(또는 **Ctrl**+**K**, **H**)를 클릭합니다.

※ 그림 위에서 [마우스 오른쪽 단추]-'하이퍼링크'를 선택할 수도 있습니다.

❹ [하이퍼링크] 대화상자가 나오면 [연결 대상]-[호글 문서]-[현재 문서]-[책갈피]-'국제의식'을 선택한 후 〈넣기〉 단추를 클릭합니다.

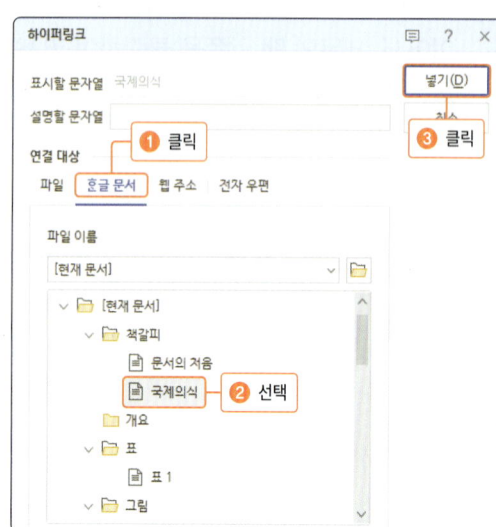

⑤ Esc 키를 눌러 선택을 해제한 후 Ctrl 키를 누른 상태에서 그림을 클릭을 하면 3페이지의 첫 번째 문단(제목)으로 이동하는 것을 확인합니다.

⑥ 이어서, 3페이지에 입력한 '다양한 국가와 청소년 교류사업' 뒤를 클릭한 후 Enter 키를 두 번 누릅니다.

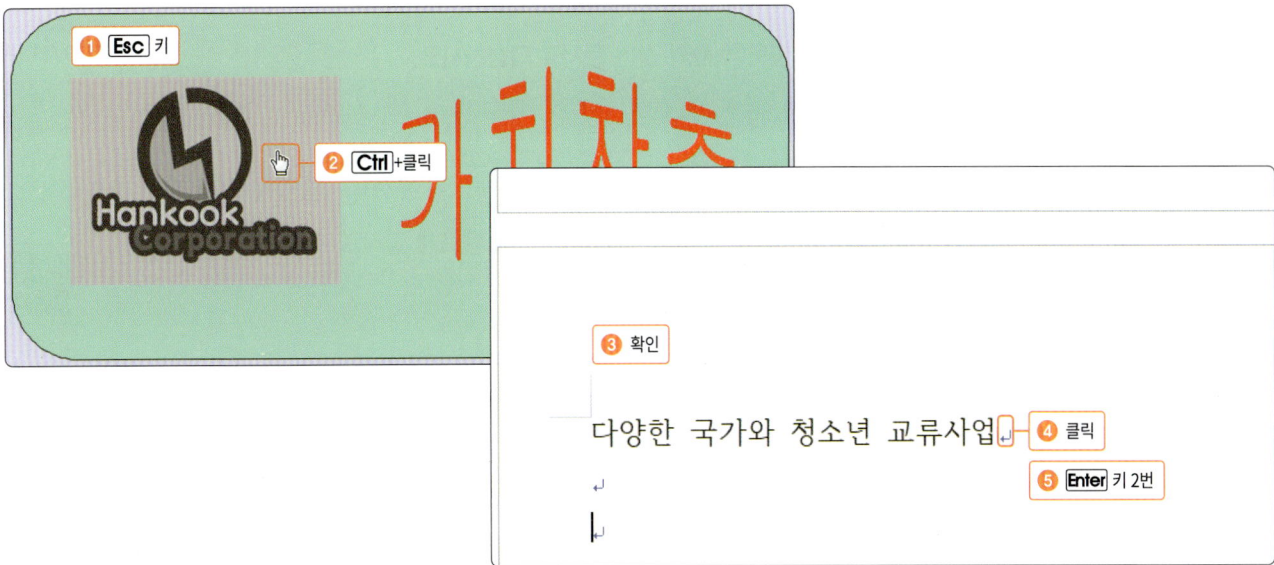

 하이퍼링크 해제하기

그림을 선택한 후 그림 위에서 [마우스 오른쪽 단추]–'하이퍼 링크 고치기'를 클릭합니다. [하이퍼링크 고치기] 대화상자가 나오면 '링크 지우기'를 클릭하여 하이퍼링크를 해제할 수 있습니다.

※ 하이퍼링크가 지정된 개체는 Shift 키를 누른 채 클릭하여 선택할 수 있습니다.

⑦ 모든 작업이 완료되면 [파일]–[저장하기](Alt+S) 또는 [서식] 도구 상자에서 '저장하기(💾)'를 클릭하여 파일을 저장합니다.

※ 실제 시험을 볼 때 작업 도중에 수시로(10분에 한 번 정도) 저장을 하는 것이 좋습니다.

도형 그리기

완전정복- 01 다음의 《조건》에 따라 《출력형태》와 같이 문서를 작성하시오.

작성 시간 / 권장 시간
분 / 10분

· 소스 : 정복06_문제01.hwpx · 정답 : 정복06_정답01.hwpx

《조건》 (1) 그리기 도구를 이용하여 작성하고, 모든 도형(글맵시, 지정된 그림 포함)을 《출력형태》와 같이 작성하시오.

(2) 도형의 면색은 지시사항이 없으면 색 없음을 제외하고 서로 다르게 임의로 지정하시오.

《출력형태》

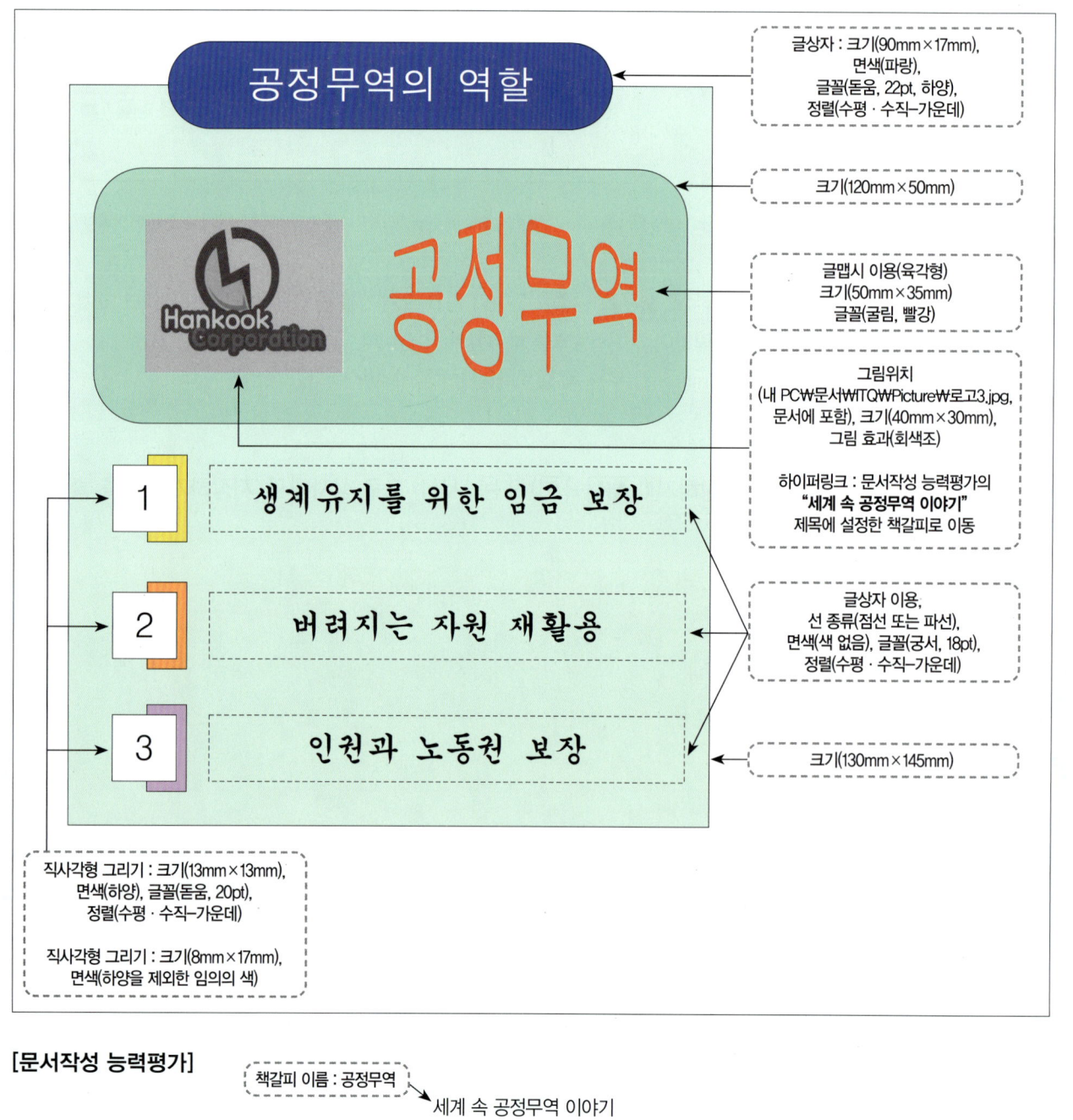

공정무역의 역할

글상자 : 크기(90mm×17mm),
면색(파랑),
글꼴(돋움, 22pt, 하양),
정렬(수평 · 수직-가운데)

크기(120mm×50mm)

글맵시 이용(육각형)
크기(50mm×35mm)
글꼴(굴림, 빨강)

공정무역

그림위치
(내 PC₩문서₩ITQ₩Picture₩로고3.jpg,
문서에 포함), 크기(40mm×30mm),
그림 효과(회색조)

하이퍼링크 : 문서작성 능력평가의
"세계 속 공정무역 이야기"
제목에 설정한 책갈피로 이동

1 생계유지를 위한 임금 보장

2 버려지는 자원 재활용

글상자 이용,
선 종류(점선 또는 파선),
면색(색 없음), 글꼴(궁서, 18pt),
정렬(수평 · 수직-가운데)

3 인권과 노동권 보장

크기(130mm×145mm)

직사각형 그리기 : 크기(13mm×13mm),
면색(하양), 글꼴(돋움, 20pt),
정렬(수평 · 수직-가운데)

직사각형 그리기 : 크기(8mm×17mm),
면색(하양을 제외한 임의의 색)

[문서작성 능력평가]

책갈피 이름 : 공정무역

세계 속 공정무역 이야기

다음의 《조건》에 따라 《출력형태》와 같이 문서를 작성하시오.

· 소스 : 정복06_문제02.hwpx   · 정답 : 정복06_정답02.hwpx

《조건》 (1) 그리기 도구를 이용하여 작성하고, 모든 도형(글맵시, 지정된 그림 포함)을 《출력형태》와 같이 작성하시오.

　　　 (2) 도형의 면색은 지시사항이 없으면 색 없음을 제외하고 서로 다르게 임의로 지정하시오.

《출력형태》

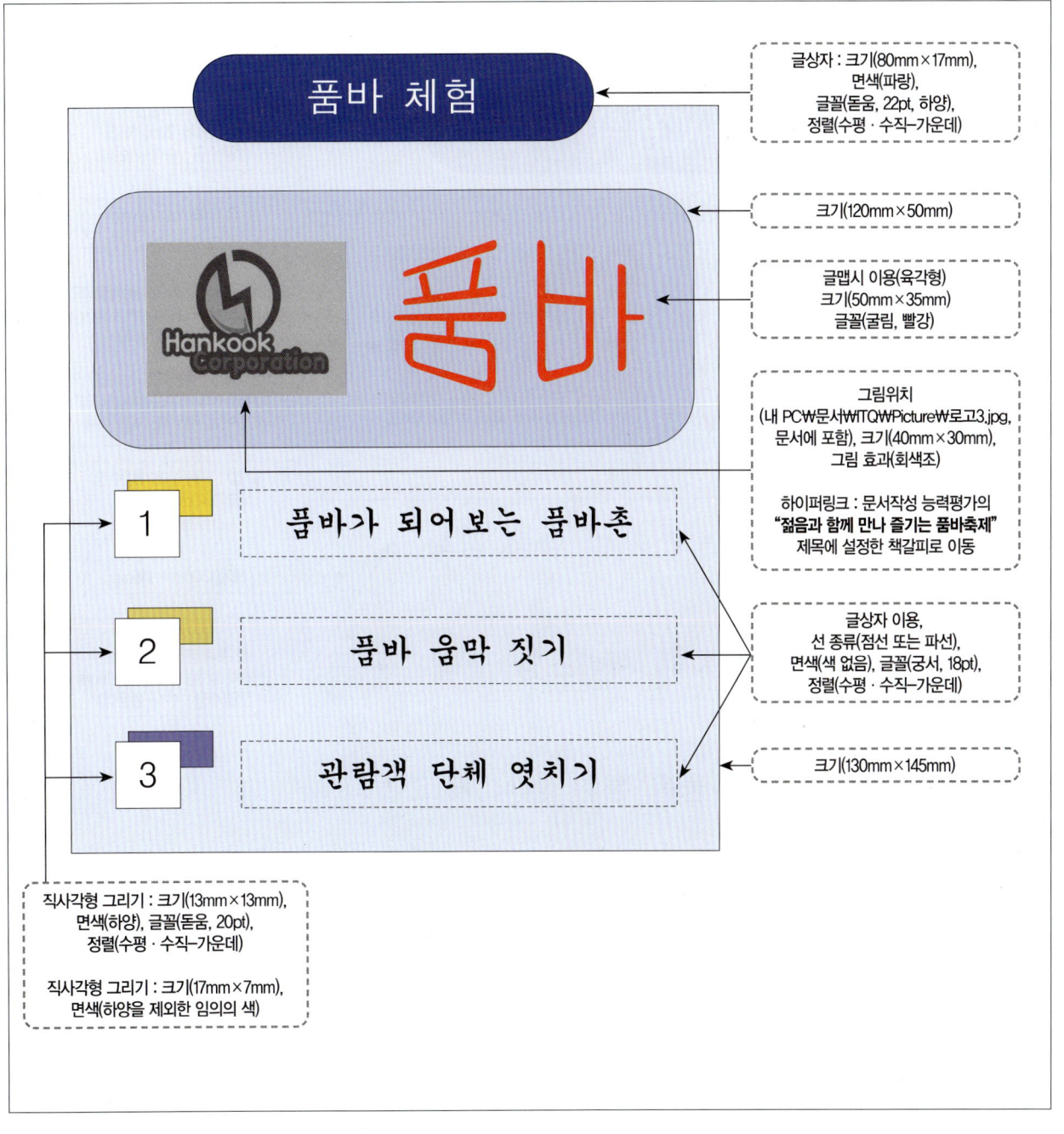

글상자 : 크기(80mm×17mm),
면색(파랑),
글꼴(돋움, 22pt, 하양),
정렬(수평 · 수직-가운데)

크기(120mm×50mm)

글맵시 이용(육각형)
크기(50mm×35mm)
글꼴(굴림, 빨강)

그림위치
(내 PC₩문서₩ITQ₩Picture₩로고3.jpg,
문서에 포함), 크기(40mm×30mm),
그림 효과(회색조)

하이퍼링크 : 문서작성 능력평가의
"젊음과 함께 만나 즐기는 품바축제"
제목에 설정한 책갈피로 이동

글상자 이용,
선 종류(점선 또는 파선),
면색(색 없음), 글꼴(궁서, 18pt),
정렬(수평 · 수직-가운데)

크기(130mm×145mm)

직사각형 그리기 : 크기(13mm×13mm),
면색(하양), 글꼴(돋움, 20pt),
정렬(수평 · 수직-가운데)

직사각형 그리기 : 크기(17mm×7mm),
면색(하양을 제외한 임의의 색)

[문서작성 능력평가]

책갈피 이름 : 품바

젊음과 함께 만나 즐기는 품바축제

《조건》 (1) 그리기 도구를 이용하여 작성하고, 모든 도형(글맵시, 지정된 그림 포함)을 《출력형태》와 같이 작성하시오.

(2) 도형의 면색은 지시사항이 없으면 색 없음을 제외하고 서로 다르게 임의로 지정하시오.

《출력형태》

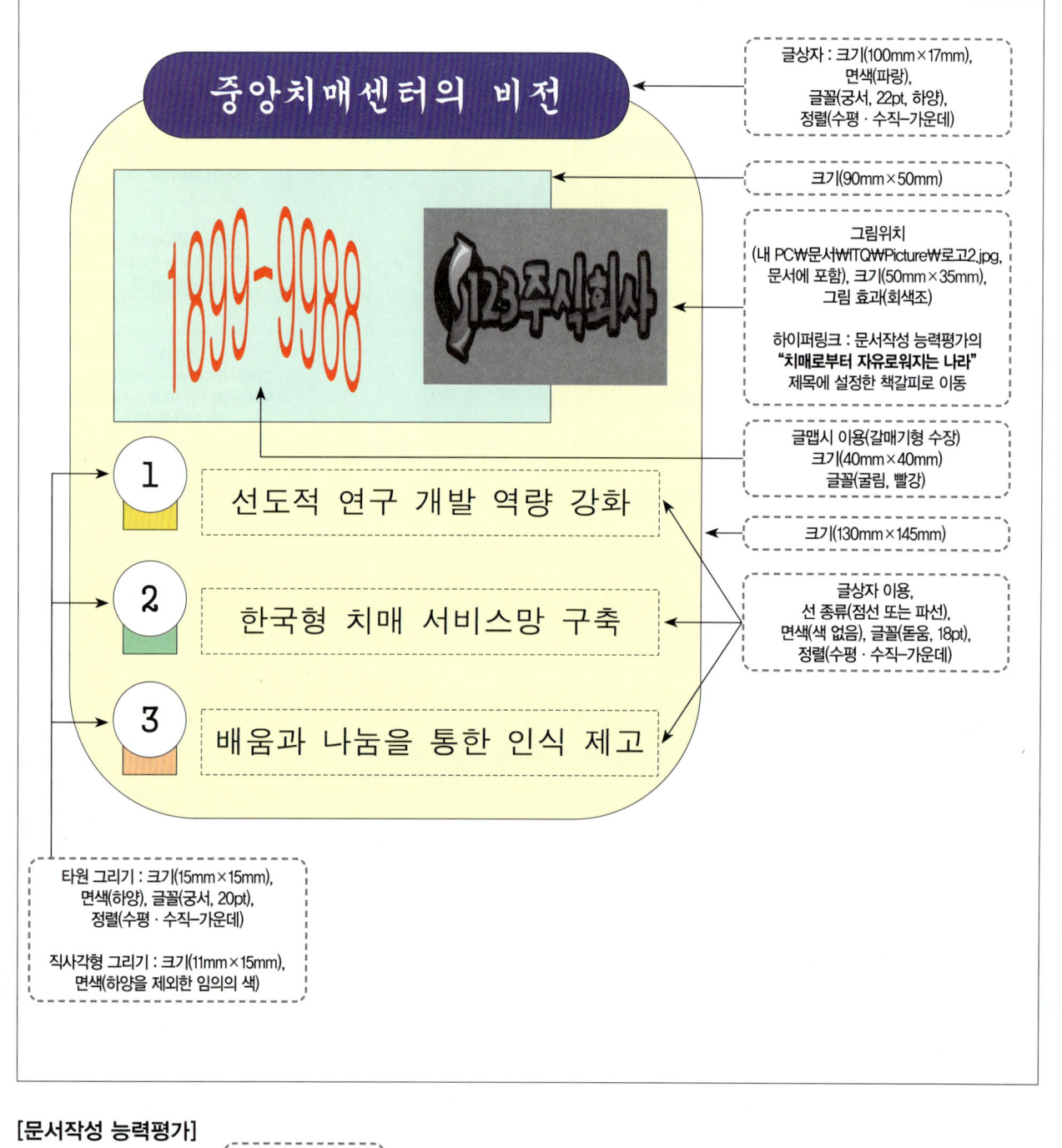

글상자 : 크기(100mm×17mm),
면색(파랑),
글꼴(궁서, 22pt, 하양),
정렬(수평 · 수직-가운데)

크기(90mm×50mm)

그림위치
(내 PC₩문서₩ITQ₩Picture₩로고2.jpg,
문서에 포함), 크기(50mm×35mm),
그림 효과(회색조)

하이퍼링크 : 문서작성 능력평가의
"치매로부터 자유로워지는 나라"
제목에 설정한 책갈피로 이동

글맵시 이용(갈매기형 수장)
크기(40mm×40mm)
글꼴(굴림, 빨강)

크기(130mm×145mm)

글상자 이용,
선 종류(점선 또는 파선),
면색(색 없음), 글꼴(돋움, 18pt),
정렬(수평 · 수직-가운데)

타원 그리기 : 크기(15mm×15mm),
면색(하양), 글꼴(궁서, 20pt),
정렬(수평 · 수직-가운데)

직사각형 그리기 : 크기(11mm×15mm),
면색(하양을 제외한 임의의 색)

[문서작성 능력평가]

책갈피 이름 : 치매센터

치매로부터 자유로워지는 나라

다음의 《조건》에 따라 《출력형태》와 같이 문서를 작성하시오.

작성 시간 / 권장 시간

분 / 10분

· 소스 : 정복06_문제04.hwpx   · 정답 : 정복06_정답04.hwpx

《조건》 (1) 그리기 도구를 이용하여 작성하고, 모든 도형(글맵시, 지정된 그림 포함)을 《출력형태》와 같이 작성하시오.

(2) 도형의 면색은 지시사항이 없으면 색 없음을 제외하고 서로 다르게 임의로 지정하시오.

《출력형태》

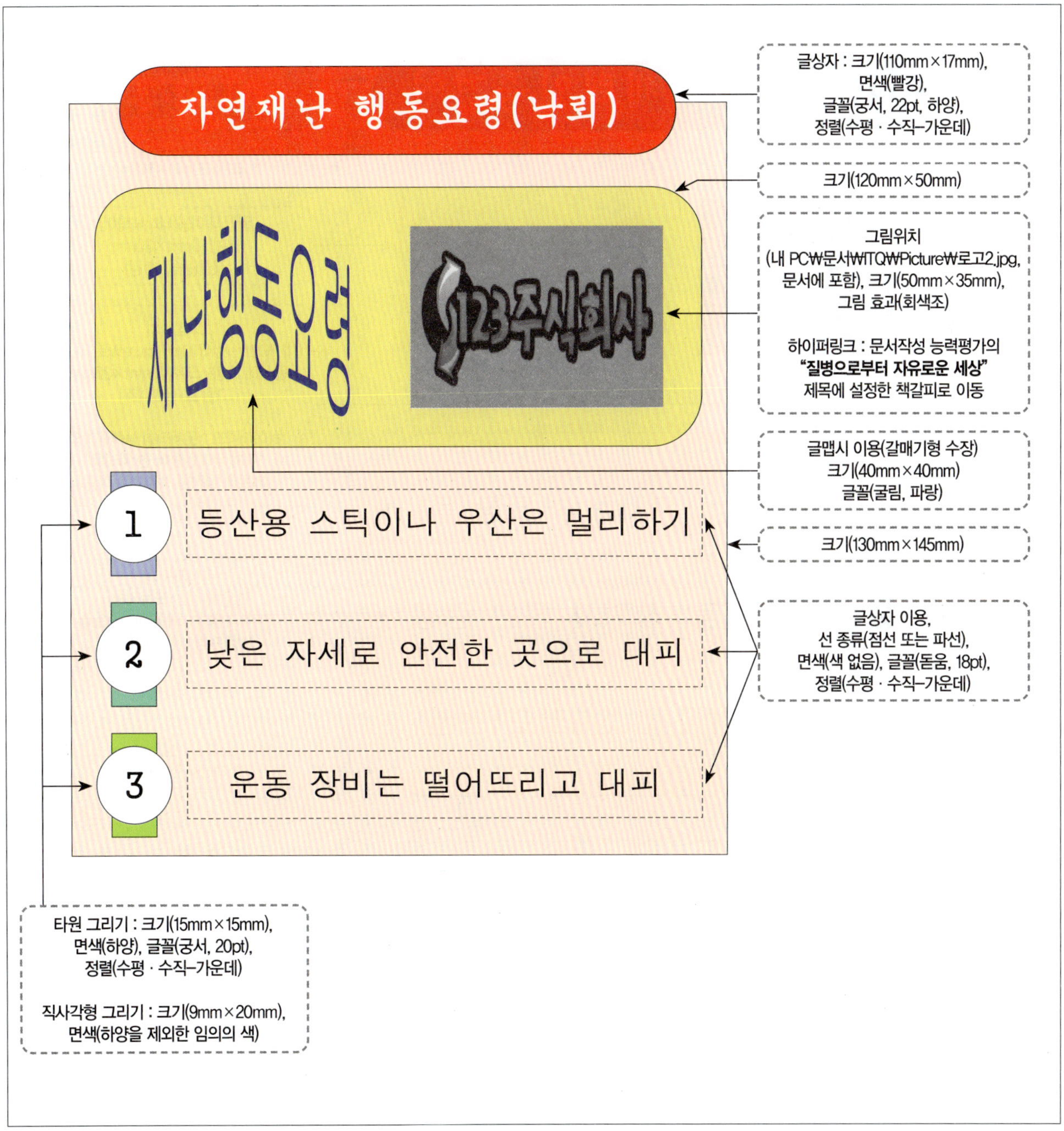

자연재난 행동요령(낙뢰)

재난행동요령

123주식회사

1 등산용 스틱이나 우산은 멀리하기

2 낮은 자세로 안전한 곳으로 대피

3 운동 장비는 떨어뜨리고 대피

글상자 : 크기(110mm×17mm),
면색(빨강),
글꼴(궁서, 22pt, 하양),
정렬(수평 · 수직-가운데)

크기(120mm×50mm)

그림위치
(내 PC₩문서₩ITQ₩Picture₩로고2.jpg,
문서에 포함), 크기(50mm×35mm),
그림 효과(회색조)

하이퍼링크 : 문서작성 능력평가의
"질병으로부터 자유로운 세상"
제목에 설정한 책갈피로 이동

글맵시 이용(갈매기형 수장)
크기(40mm×40mm)
글꼴(굴림, 파랑)

크기(130mm×145mm)

글상자 이용,
선 종류(점선 또는 파선),
면색(색 없음), 글꼴(돋움, 18pt),
정렬(수평 · 수직-가운데)

타원 그리기 : 크기(15mm×15mm),
면색(하양), 글꼴(궁서, 20pt),
정렬(수평 · 수직-가운데)

직사각형 그리기 : 크기(9mm×20mm),
면색(하양을 제외한 임의의 색)

[문서작성 능력평가]

책갈피 이름 : 안전

질병으로부터 자유로운 세상

《조건》 (1) 그리기 도구를 이용하여 작성하고, 모든 도형(글맵시, 지정된 그림 포함)을 《출력형태》와 같이 작성하시오.

(2) 도형의 면색은 지시사항이 없으면 색 없음을 제외하고 서로 다르게 임의로 지정하시오.

《출력형태》

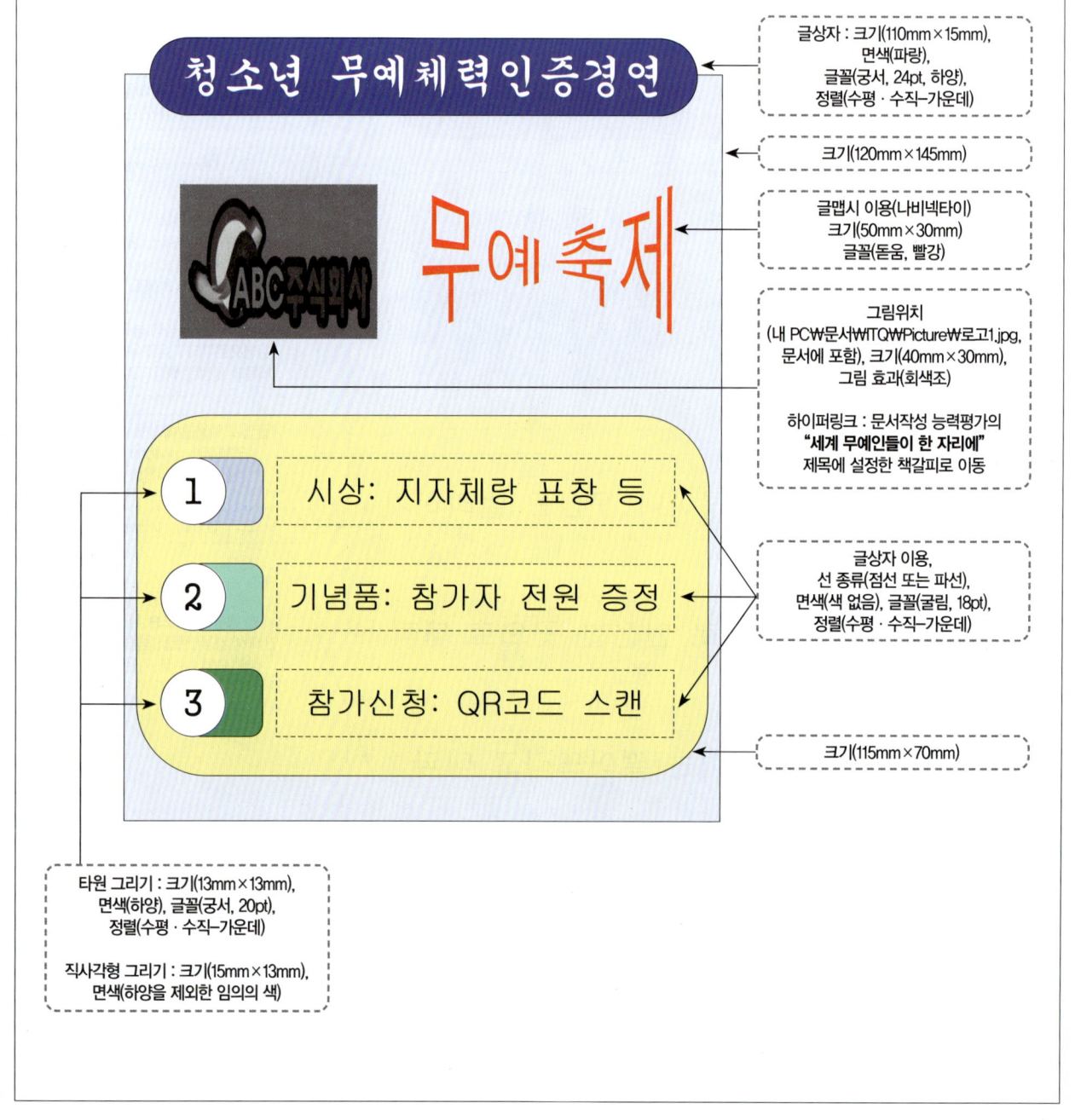

[문서작성 능력평가]

책갈피 이름 : 무예

세계 무예인들이 한 자리에

《조건》　(1) 그리기 도구를 이용하여 작성하고, 모든 도형(글맵시, 지정된 그림 포함)을 《출력형태》와 같이 작성하시오.

　　　　(2) 도형의 면색은 지시사항이 없으면 색 없음을 제외하고 서로 다르게 임의로 지정하시오.

《출력형태》

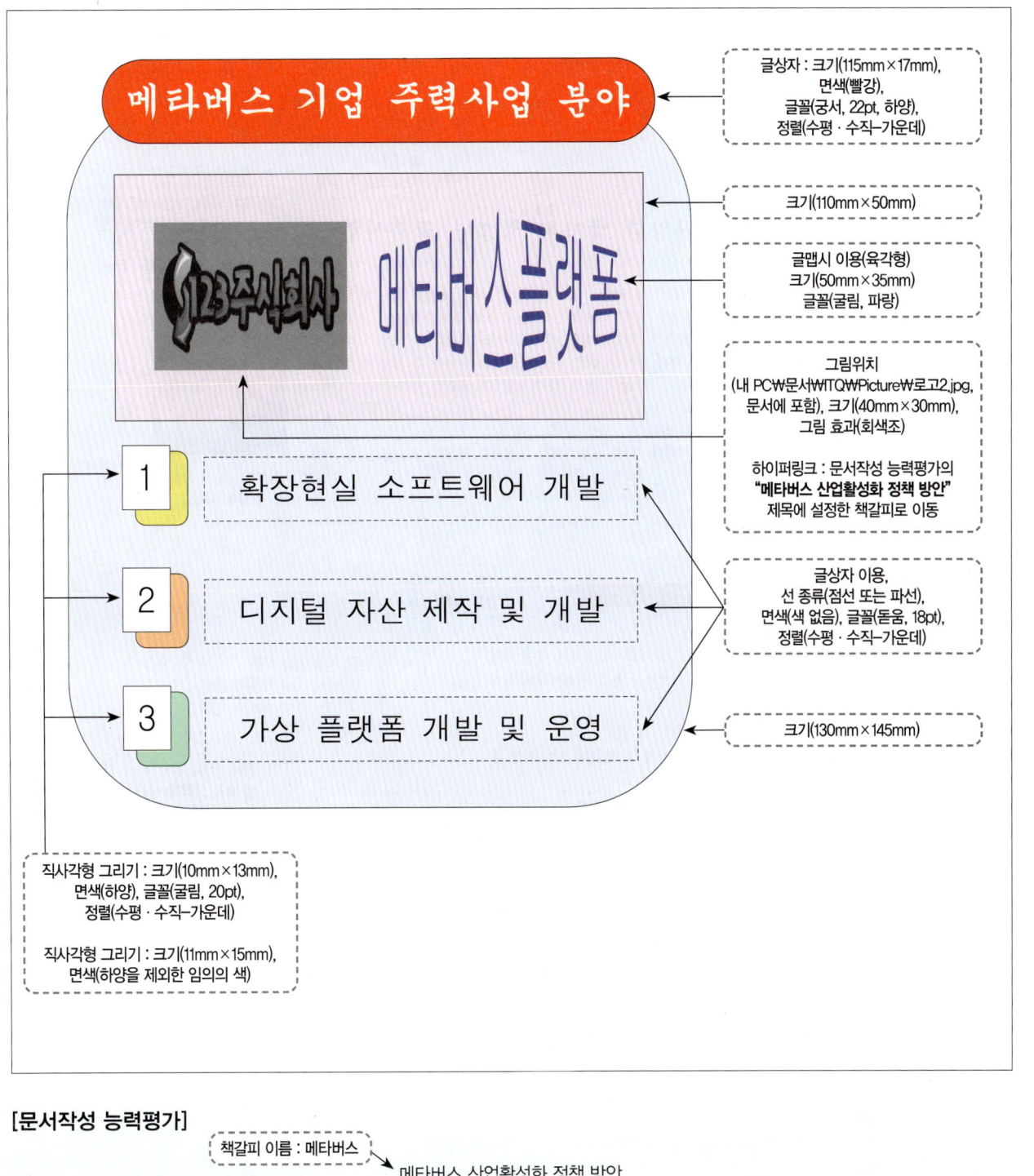

[문서작성 능력평가]

책갈피 이름 : 메타버스

메타버스 산업활성화 정책 방안

문서작성 능력평가

- ☑ 내용 입력 후 편집하기-1 [제목 및 머리말]
- ☑ 문단 첫 글자 장식, 한자 및 각주 입력하기
- ☑ 그림 삽입하기
- ☑ 내용 입력 후 편집하기-2 [문자표 및 문단 번호]
- ☑ 표 제목 및 표 편집하기
- ☑ 기관명 편집 및 쪽 번호 입력하기

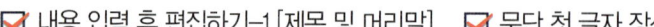

🔍 문제 미리보기

- 소스 : 유형07_문제.hwpx
- 정답 : 유형07_정답.hwpx

〈문서작성 능력평가〉 (200점)

글꼴 : 궁서, 18pt, 진하게, 가운데 정렬
책갈피 이름 : 국제의식
덧말 넣기

머리말 기능
굴림, 10pt, 오른쪽 정렬

청소년 국제교류

그림위치(내 PC₩문서₩ITQ₩Picture₩
그림4.jpg, 문서에 포함)
자르기 기능 이용, 크기(35mm×45mm),
바깥 여백 왼쪽 : 2mm

문단 첫 글자 장식 기능
글꼴 : 돋움, 면색 : 노랑

글로벌 리더십
다양한 국가와 청소년 교류사업

우리 사회가 점점 세계화 되어감에 따라 서로 다른 문화(文化) 배경을 지닌 사람들에 대하여 서로의 문화를 존중하고 공감할 줄 아는 능력이 점차 중요한 사회적 역량으로 대두되고 있다. 특히 청소년(靑少年)들은 우리 사회의 미래를 이끌어 나갈 것이므로 우리의 청소년들이 국제교류 활동을 통하여 국제 감각을 갖춘 글로벌 인재로 성장할 수 있는 환경을 조성하는 일은 더더욱 중요한 과제이다. 청소년의 국제 감각 함양 및 글로벌 역량 강화에 대한 중요성은 일찍이 인식되었다.

각주

외교부의 국제교류사업은 매우 방대하며 특정 나이, 대상은 없다. 주로 한국국제협력단㉠을 중심으로 이루어지고 있으며 지역이나 주제, 프로그램의 유형별로 기획이 되는데, 그중 청소년과 직접적으로 관련 있는 사업으로는 글로벌 인재 양성 사업이라고 볼 수 있다. 그간 활발히 추진되어 온 청소년 국제교류사업이 최근 들어 나타난 코로나 사태로 인하여 기존의 청소년 국제교류 활동을 위축시키는 결과를 낳았고, 기존의 방식과 같은 교류국 방문 형태의 교류가 사실상 어렵게 됨에 따라, 이에 대한 대응의 차원에서도 새로운 국제교류 운영방안이 필요한 실정이다.

♣ <mark>청소년 교류센터의 역할</mark>

글꼴 : 굴림, 18pt, 하양
음영색 : 빨강

A. 사업추진 방향
ⓐ 청소년의 국제이해 증진 및 세계시민으로서 역량 강화
ⓑ 국내외 청소년의 교류 다양화를 통한 상호이해와 신뢰 증진 등
B. 주요 기능
ⓐ 국제활동 중장기 계획 수립 및 연구
ⓑ 국내외 청소년 교류활동 운영 및 협력에 관한 사항 등

문단 번호 기능 사용
1수준 : 20pt, 오른쪽 정렬,
2수준 : 30pt, 오른쪽 정렬,
줄 간격 : 180%

♣ *청소년 국제교류사업 개요*

글꼴 : 굴림, 18pt, 기울임, 강조점

표 전체 글꼴 : 돋움, 10pt, 가운데 정렬
셀 배경(그러데이션) : 유형(가로),
시작색(하양), 끝색(노랑)

사업명	대상	규모	근거
국가 간 청소년교류	만 16세 - 만 24세	초청 150명, 파견 150명	청소년활동 진흥법 제54조 (국제 청소년교류 활동의 지원)
국제회의 및 행사 파견		33명 내외	
해외지원 봉사단	만 15세 - 만 20세	약 140명	
국제 청소년 포럼	만 18세 - 만 24세	10여 개국 200명	
국제 청소년 캠페스트	초중고 청소년 및 지도자	20여 개국 5,000명	

글꼴 : 궁서, 24pt, 진하게
장평 105%, 오른쪽 정렬

청소년 교류센터

각주 구분선 : 5cm

㉠ KOICA : 대한민국의 국제개발 사업을 주관하는 외교부 산하 위탁집행형 준정부기관

쪽 번호 매기기
5로 시작
⑤

시험 분석

▶ **출제 경향 : 출제 문제를 분석**

☑ 각주 모양은 Ⓐ, ⓐ, ㉮, ① 등 다양한 모양이 출제됩니다.

☑ 문자표 모양은 ※, ★, ■, ◆, ♠, ♣ 등 다양한 모양으로 출제되지만 대부분의 모양은 [문자표 입력] 대화상자의 [훈글(HNC) 문자표]-[전각 기호(일반)]에서 찾을 수 있습니다.

☑ 표의 그러데이션 유형은 '가로', '세로', '가운데에서'가 자주 출제되지만 여러 그러데이션 유형을 연습하여 실제 시험에 대비합니다.

▶ **주의 사항 : 실수가 많은 내용**

☑ 표의 크기와 너비는 별도의 지시사항이 없으므로 《출력형태》를 참고하여 크기를 조절합니다.

☑ 책갈피와 하이퍼링크의 지시사항은 다른 위치에 있기 때문에 누락하는 경우가 발생하므로 누락하지 않도록 주의합니다.

☑ 쪽 나누기로 페이지를 나눌 경우 문제의 쪽 번호를 매기면 1페이지 부터 쪽 번호가 시작하기 때문에 3페이지에는 3이 더해져서 쪽 번호가 매겨지니 구역으로 나누기를 합니다.

☑ 각 줄의 오른쪽 글자가 다를 경우 오탈자가 있을 수 있으니 《출력형태》를 참고하여 작성합니다.

▶ **주요 단축키 : 문서 작성시 시간 단축에 도움**

☑ 머리말/꼬리말 : Ctrl+N, H   그림 : Ctrl+N, I   각주 : Ctrl+N, N   문자표 : Ctrl+F10

Skill 01 # 내용 입력 후 편집하기-1 [제목 및 머리말]

■ 내용 입력 및 제목 편집하기

글꼴 : 궁서, 18pt, 진하게, 가운데 정렬, 책갈피 이름 : 국제의식, 덧말 넣기

❶ 한글 2022 프로그램을 실행한 후 [파일]-[불러오기]를 선택합니다. [불러오기] 대화상자가 나오면 '유형07_문제.hwpx' 파일을 불러옵니다.

❷ 3페이지의 세 번째 문단을 클릭한 후 문제지를 보면서 다음과 같이 내용을 입력합니다.

다양한 국가와 청소년 교류사업

❶ 클릭

우리 사회가 점점 세계화 되어감에 따라 서로 다른 문화 배경을 지닌 사람들에 대하여 서로의 문화를 존중하고 공감할 줄 아는 능력이 점차 중요한 사회적 역량으로 대두되고 있다. 특히 청소년들은 우리 사회의 미래를 이끌어 나갈 것이므로 우리의 청소년들이 국제교류 활동을 통하여 국제 감각을 갖춘 글로벌 인재로 성장할 수 있는 환경을 조성하는 일은 더더욱 중요한 과제이다. 청소년의 국제 감각 함양 및 글로벌 역량 강화에 대한 중요성은 일찍이 인식되었다. **❷ Enter 키**

외교부의 국제교류사업은 매우 방대하며 특정 나이, 대상은 없다. 주로 한국국제협력단을 중심으로 이루어지고 있으며 지역이나 주제, 프로그램의 유형별로 기획이 되는데, 그중 청소년과 직접적으로 관련 있는 사업으로는 글로벌 인재 양성 사업이라고 볼 수 있다. 그간 활발히 추진되어 온 청소년 국제교류사업이 최근 들어 나타난 코로나 사태로 인하여 기존의 청소년 국제교류 활동을 위축시키는 결과를 낳았고, 기존의 방식과 같은 교류국 방문 형태의 교류가 사실상 어렵게 됨에 따라, 이에 대한 대응의 차원에서도 새로운 국제교류 운영방안이 필요한 실정이다.

❸ Space Bar 키 2번

---

❸ 3페이지의 제목인 '다양한 국가와 청소년 교류사업'을 드래그하여 블록으로 지정한 후 [서식] 도구 상자에서 '글꼴(궁서), 글자 크기(18pt), 진하게(가), 가운데 정렬(풀)'을 지정합니다.

❹ [입력] 탭의 '목록 단추(∨)'를 클릭한 후 '덧말 넣기'를 클릭합니다.

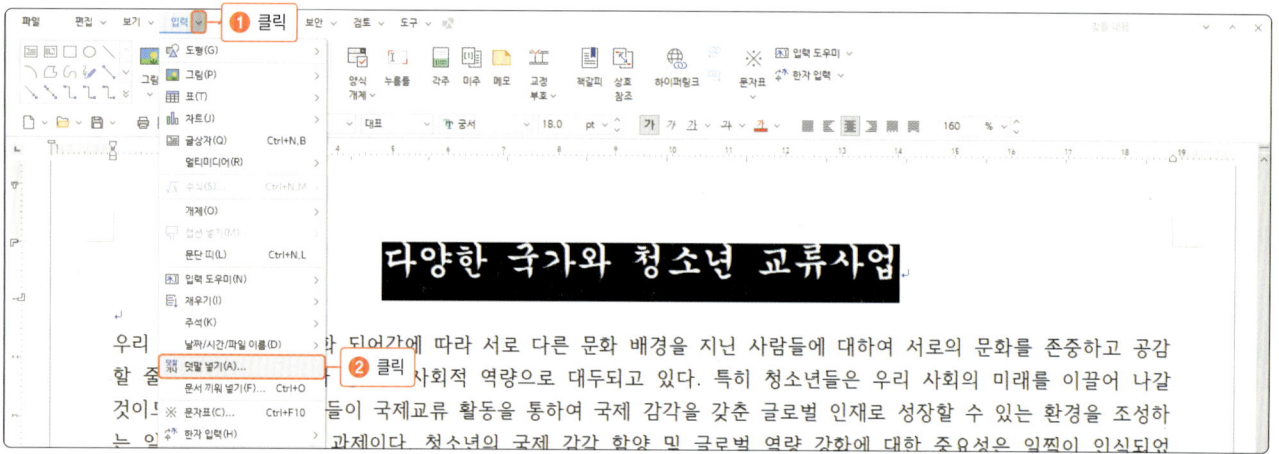

❺ [덧말 넣기] 대화상자가 나오면 [덧말] 입력 칸에 '글로벌 리더십'을 입력한 후 [덧말 위치]-'위'를 클릭한 다음 〈넣기〉 단추를 클릭합니다.

※ 덧말 위치는 《출력형태》를 참고하여 지정합니다.

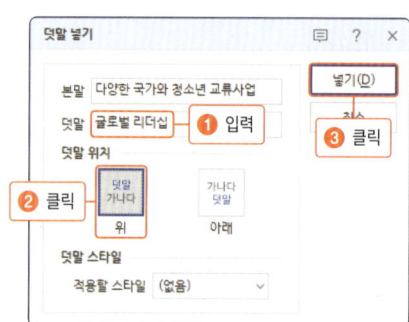

■ 머리말 입력 및 편집하기

머리말 기능 : 굴림, 10pt, 오른쪽 정렬

⑥ 머리말을 추가하기 위해 [쪽] 탭에서 [머리말(▤)]-[위쪽]-'모양 없음'(또는 Ctrl+N, H)을 선택합니다.

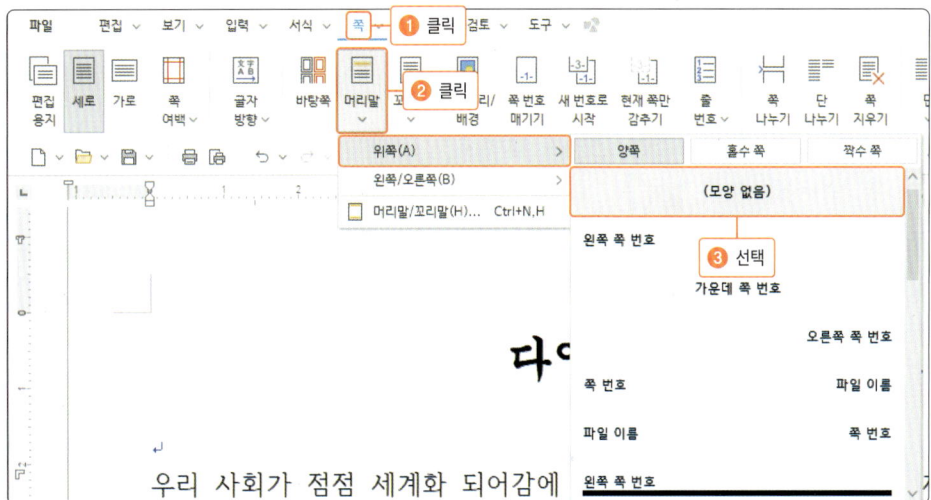

⑦ 머리말 입력 화면을 클릭하여 '청소년 국제교류'를 입력한 후 해당 내용을 블록으로 지정합니다. 이어서, [서식] 도구 상자에서 '글꼴(굴림), 글자 크기(10pt), 오른쪽 정렬(▤)'을 지정합니다.

⑧ 머리말 입력 작업이 끝나면 [머리말/꼬리말] 탭에서 '닫기(⊗)'(또는 Shift+Esc)를 클릭합니다.

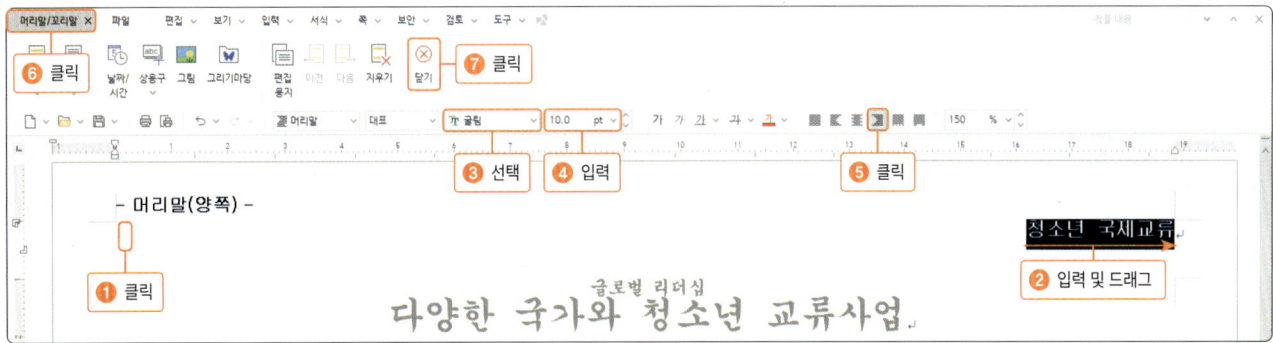

⑨ 입력된 머리말을 확인합니다.

※ 입력된 머리말 또는 덧말을 더블 클릭하여 해당 내용을 수정할 수 있습니다.

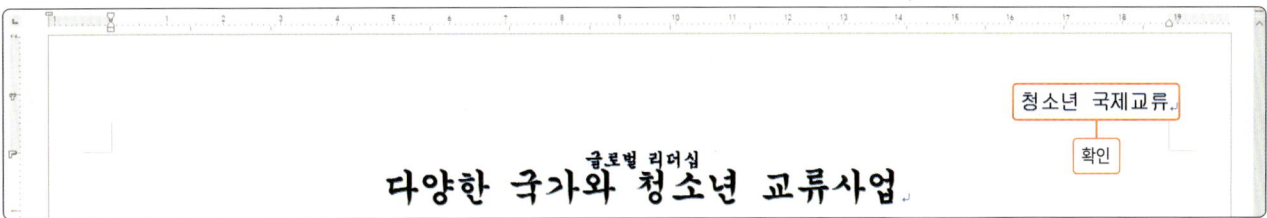

머리말이 보이지 않을 경우

입력한 머리말이 보이지 않을 경우에는 [보기] 탭에서 '쪽 윤곽(▢)'(또는 Ctrl+G, L)을 클릭하여 활성화합니다.

■ 문단 첫 글자 장식하기

문단 첫 글자 장식 기능 – 글꼴 : 돋움, 면색 : 노랑

❶ 문단 첫 글자 장식을 지정하기 위해 첫 번째 문단 내용 '우리' 앞을 클릭한 후 [서식] 탭에서 '문단 첫 글자 장식(〖가〗)'을 클릭합니다.

※ [서식] 탭의 '목록 단추(▾)'를 클릭한 후 '문단 첫 글자 장식'을 클릭할 수도 있습니다.

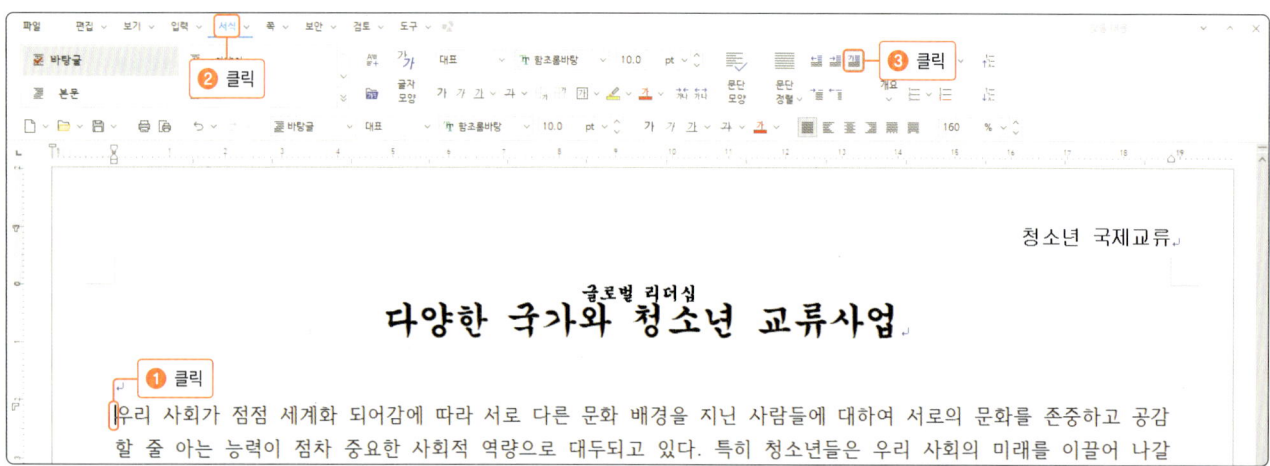

❷ [문단 첫 글자 장식] 대화상자가 나오면 [모양]–'2줄(〖가〗)', [글꼴/테두리]–'글꼴(돋움), 면 색(노랑)'을 선택한 후 〈설정〉 단추를 클릭합니다.

※ 면 색(노랑)은 [오피스] 색상 테마에서 지정합니다.

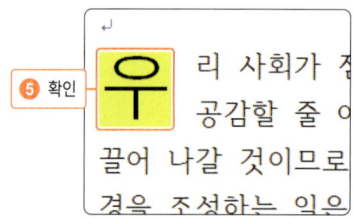

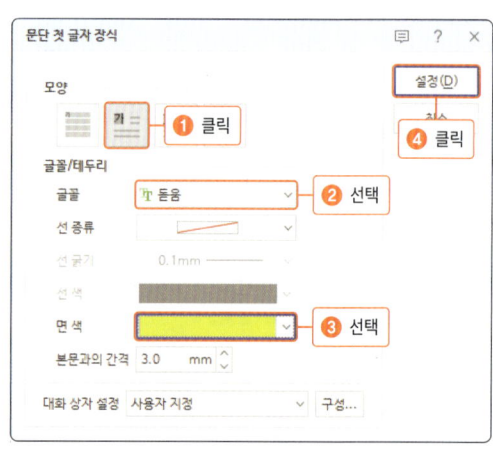

■ 한자 입력하기

❸ 문제지에서 한자로 변환할 단어(문화)를 드래그하여 블록으로 지정합니다. 이어서, [입력] 탭에서 '한자 입력(〖漢〗)'(또는 F9)을 클릭합니다.

※ 한자로 변환할 단어(문화)를 블록 지정이 아닌 단어의 뒤쪽(화)을 클릭한 후 F9 또는 한자 키를 눌러도 결과는 동일합니다.

④ [한자로 바꾸기] 대화상자가 나오면 한자 목록에서 문제지와 일치하는 한자를 찾아서 클릭합니다. 이어서, [입력 형식]-'한글(漢子)'를 선택한 후 〈바꾸기〉 단추를 클릭합니다.

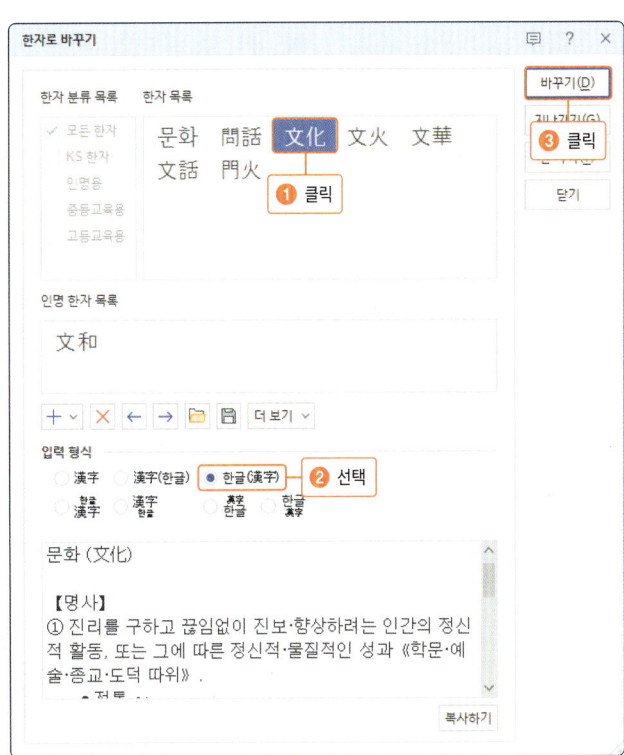

입력 형식

- 漢子 : 한글 대신 한자를 입력합니다.
- 한글(漢子) : 한글 오른쪽에 한자를 입력합니다.
- 漢子(한글) : 한글 대신 한자를 입력하고 한글을 한자 오른쪽에 입력합니다.
- 한글 (漢字 위) : 한글 위쪽에 한자를 입력합니다.
- 한글 (漢字 아래) : 한글 아래쪽에 한자를 입력합니다.
- 漢子 (한글 위) : 한자를 대신 입력하고, 한글을 위쪽에 입력합니다.
- 漢子 (한글 아래) : 한자를 대신 입력하고, 한글을 아래쪽에 입력합니다.

⑤ 한자가 변환되면 똑같은 방법으로 문제지를 확인하여 다른 단어(청소년)도 한자로 변환합니다.

우 리 사회가 점점 세계화 되어감에 따라 서로 다른 문화(文化) 배경을 지닌 사람들에 대하여 서로의 문화를 존중하고 공감할 줄 아는 능력이 점차 중요한 사회적 역량으로 대두되고 있다. 특히 청소년(靑少年)들은 우리 사회의 미래를 이끌어 나갈 것이므로 우리의 청소년들이 국제교류 활동을 통하여 국제 감각을 갖춘 글로벌 인재로 성장할 수 있는 환경을 조성하는 일은 더더욱 중요한 과제이다. 청소년의 국제 감각 함양 및 글로벌 역량 강화에 대한 중요성은 일찍이 인식되었다.

외교부의 국제교류사업은 매우 방대하며 특정 나이, 대상은 없다. 주로 한국국제협력단을 중심으로 이루어지고 있으며 지역이나 주제, 프로그램의 유형별로 기획이 되는데, 그중 청소년과 직접적으로 관련 있는 사업으로는 글로벌 인재 양성 사업이라고 볼 수 있다. 그간 활발히 추진되어 온 청소년 국제교류사업이 최근 들어 나타난 코로나 사태로 인하여 기존의 청소년 국제교류 활동을 위축시키는 결과를 낳았고, 기존의 방식과 같은 교류국 방문 형태의 교류가 사실상 어렵게 됨에 따라, 이에 대한 대응의 차원에서도 새로운 국제교류 운영방안이 필요한 실정이다.

한자로 바꾸기

- 실제 시험에서 출제되는 한자 단어의 개수는 대부분 2~3개이므로 문제지에 나오는 한자 단어의 개수를 세어 빠뜨린 부분이 없는지 확인합니다.
- 한자 변환 작업 시 두 개 이상의 단어를 하나로 합치는 문제가 나올 수도 있습니다. 2개의 단어로 구분된 한자를 문제지에 맞게 이어 붙이고 괄호를 지워서 답안을 작성합니다.
  예) 단일체제 → 단일(單一) 체제(體制) → 단일체제(單一體制)

■ 각주 입력하기

⑥ 문제지 왼쪽 아래의 각주 내용을 확인하고 각주를 입력할 단어 '한국국제협력단' 뒤를 클릭한 후 [입력] 탭에서 '각주(▦)'(또는 Ctrl + N, N)를 클릭합니다..

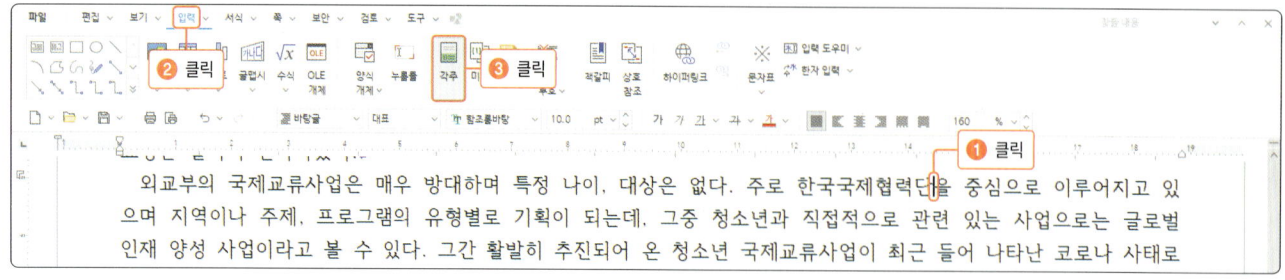

⑦ 각주 입력 화면이 나오면 [주석] 탭에서 '각주/미주 모양(☑)'을 클릭합니다.

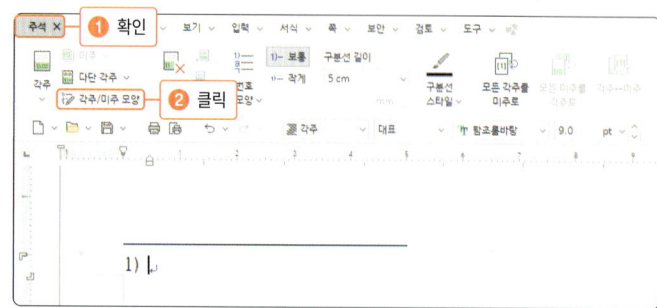

⑧ [주석 모양] 대화상자가 나오면 [번호 서식]-[번호 모양]-'㉠, ㉡, ㉢'을 선택합니다. 이어서, '구분선 길이(5cm)'를 확인한 후 〈설정〉 단추를 클릭합니다.

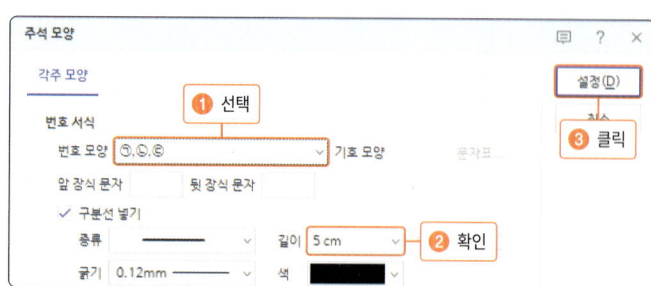

⑨ 각주 번호 모양이 변경되면 문제지를 보면서 다음과 같이 각주 내용을 입력합니다. 이어서, [주석] 탭에서 '닫기(⊗)'(또는 Shift + Esc)를 클릭합니다.

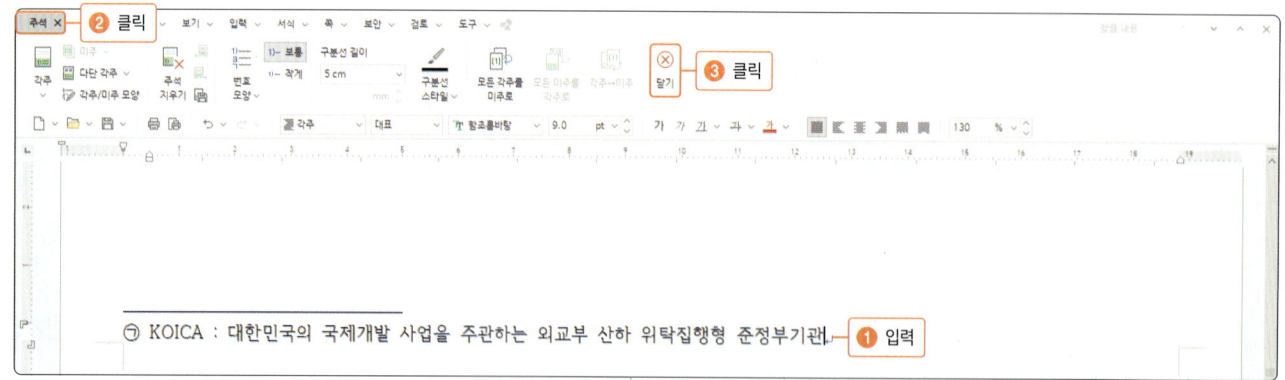

> **TIP 각주**
>
> 각주란 본문 내용에서 특정 단어의 뜻을 보충 설명하기 위해 문서 아래쪽에 해당 내용을 추가하는 기능으로 ITQ 한 글 시험에서는 한 개의 단어에 각주를 지정하는 문제가 출제되고 있습니다.

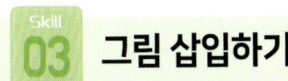

03 그림 삽입하기

그림위치(내 PC₩문서₩ITQ₩Picture₩그림4.jpg, 문서에 포함), 자르기 기능 이용, 크기(35mm×45mm), 바깥 여백 왼쪽 : 2mm

❶ 그림을 삽입하기 위해 [입력] 탭에서 '그림( )'
(또는 Ctrl + N , I)을 클릭합니다.

❷ [그림 넣기] 대화상자가 나오면 위치(내 PC\문
서\ITQ\Picture)를 지정한 후 '그림4.jpg' 파일을
선택하고 〈열기〉 단추를 클릭합니다.

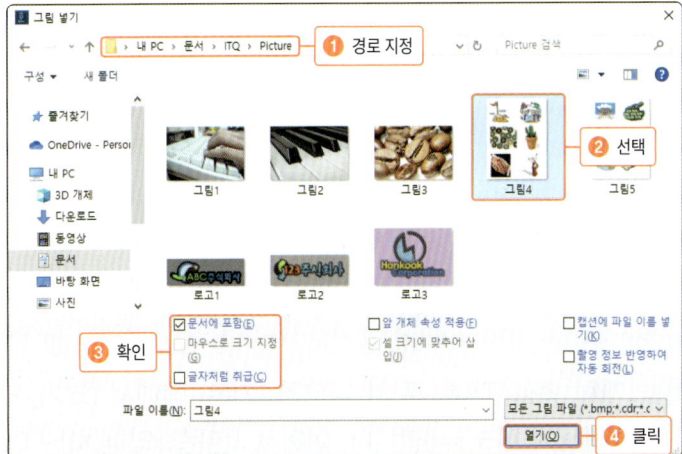

> **TIP 그림 넣기**
> '문서에 포함'을 제외한 나머지 '글자처럼 취급'과 '마우스로 크기 지정'이 체크(☑)되어 있다면 체크를 해제합니다.

❸ 삽입된 그림을 클릭한 후 Shift 키를 누른 채 조절점(■)을 드래그하여 《출력형태》처럼 그림을 자릅니다.

※ [그림( )] 탭에서 '자르기( )'를 클릭하여 작업할 수도 있습니다.

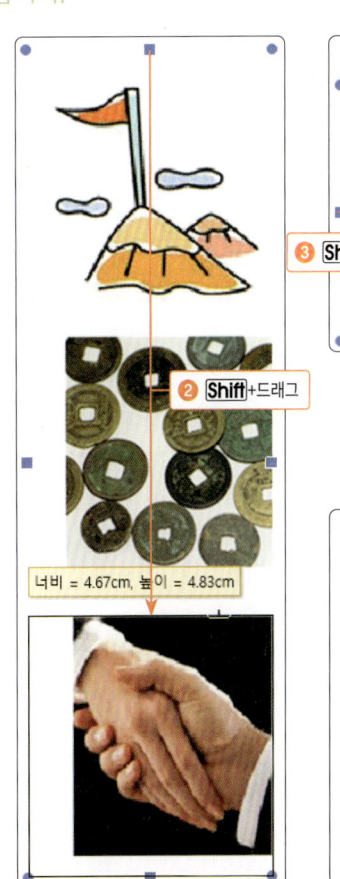

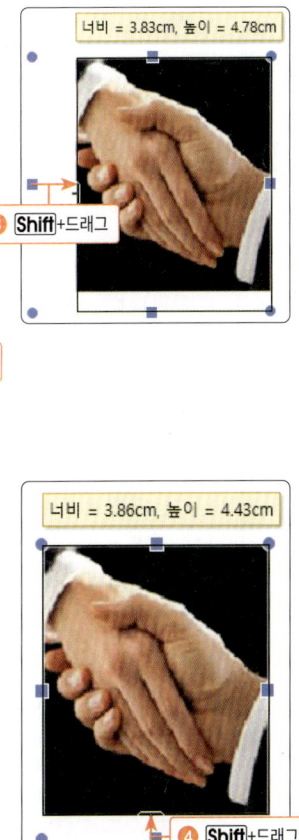

④ 그림의 속성을 지정하기 위해 그림 위에서 [마우스 오른쪽 단추]-'개체 속성'을 클릭합니다.

※ 삽입된 그림을 더블 클릭하여 [개체 속성] 대화상자를 실행할 수도 있습니다.

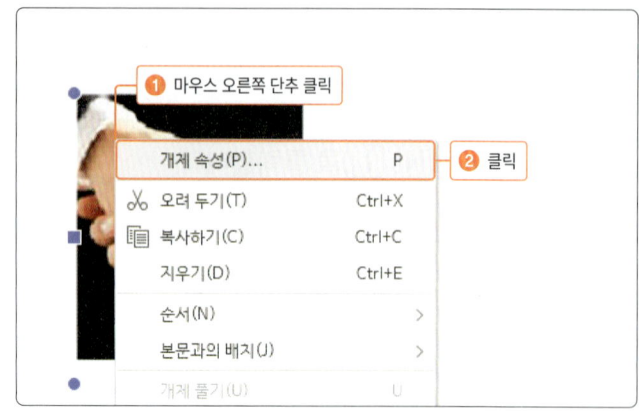

⑤ [개체 속성] 대화상자가 나오면 [기본] 탭에서 [크기]-'너비(35mm), 높이(45mm)'를 입력한 후 '크기 고정'을 클릭하여 체크(☑)합니다. 이어서, [본문과의 배치]-'어울림(☑)'을 선택한 후 [여백/캡션] 탭을 클릭합니다.

⑥ [여백/캡션] 탭에서 [바깥 여백]-'왼쪽(2mm)'을 입력한 후 〈설정〉 단추를 클릭합니다.

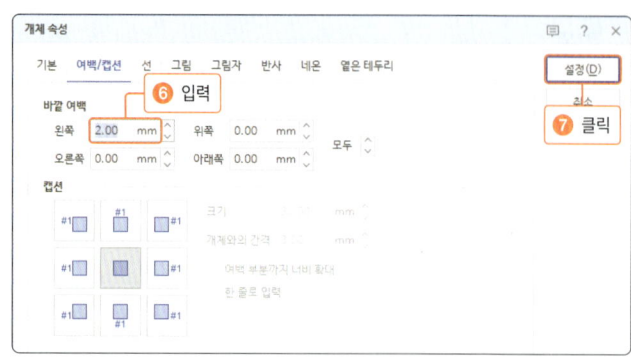

⑦ 속성 지정이 완료되면 《출력형태》를 참고하여 다음과 같이 그림의 위치를 변경한 후 문장 오른쪽 끝의 글자들이 《출력형태》와 같은지 확인합니다.

※ 만약 오른쪽 끝 부분의 글자가 《출력형태》와 다를 경우에는 '글자 누락, 오타, 띄어쓰기' 등을 다시 한 번 확인하시기 바랍니다.

> ① 위치 변경
>
> **우**리 사회가 점점 세계화 되어감에 따라 서로 다른 문화(文化) 배경을 지닌 사람들에 대하여 서로의 문화를 존중하고 공감할 줄 아는 능력이 점차 중요한 사회적 역량으로 대두되고 있다. 특히 청소년(靑少年)들은 우리 사회의 미래를 이끌어 나갈 것이므로 우리의 청소년들이 국제교류 활동을 통하여 국제 감각을 갖춘 글로벌 인재로 성장할 수 있는 환경을 조성하는 일은 더더욱 중요한 과제이다. 청소년의 국제 감각 함양 및 글로벌 역량 강화에 대한 중요성은 일찍이 인식되었다.
>
> ② 확인
>
> 외교부의 국제교류사업은 매우 방대하며 특정 나이, 대상은 없다. 주로 한국국제협력단①을 중심으로 이루어지고 있으며 지역이나 주제, 프로그램의 유형별로 기획이 되는데, 그중 청소년과 직접적으로 관련 있는 사업으로는 글로벌 인재 양성 사업이라고 볼 수 있다. 그간 활발히 추진되어 온 청소년 국제교류사업이 최근 들어 나타난 코로나 사태로 인하여 기존의 청소년 국제교류 활동을 위축시키는 결과를 낳았고, 기존의 방식과 같은 교류국 방문 형태의 교류가 사실상 어렵게 됨에 따라, 이에 대한 대응의 차원에서도 새로운 국제교류 운영방안이 필요한 실정이다.

■ 내용 입력 및 문자표 입력하기

① 입력한 내용의 마지막 문단 '필요한 실정이다.' 뒤를 클릭한 후 **Enter** 키를 두 번 누릅니다. 이어서, 문제지를 보면서 나머지 내용을 입력합니다.

② 표 입력은 [입력] 탭에서 '표(⊞)'를 클릭한 후 《출력형태》를 참고하여 '표(줄 수(6), 칸 수(4))'를 삽입하고 내용을 입력합니다.

> ※ 표를 작성할 때 '글자처럼 취급'을 지정한 후 표를 만듭니다.
> ※ 셀 합치기 : 셀을 블록으로 지정한 후 [표] 탭에서 '셀 합치기(⊞)'(또는 **M**)를 클릭합니다.

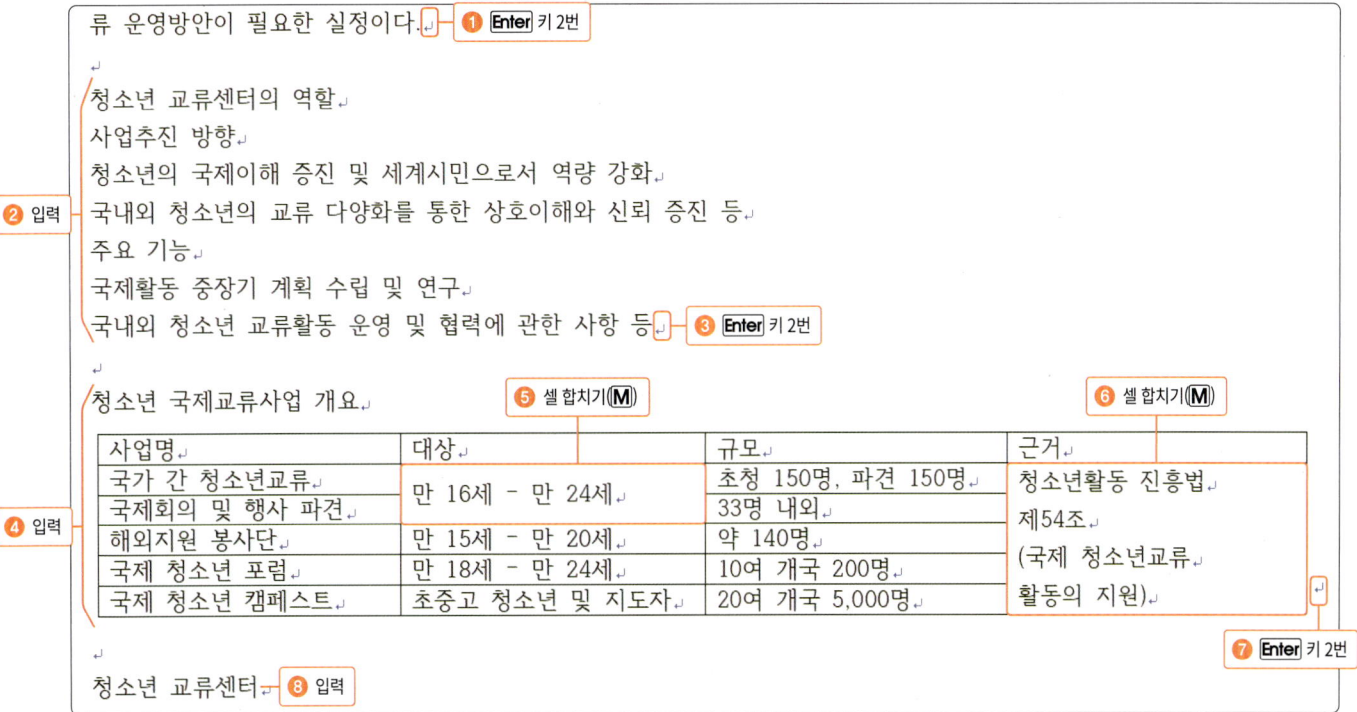

③ 문자표(♣)를 입력하기 위해 '청소년' 글자 앞쪽을 클릭합니다. 이어서, [입력] 탭에서 문자표(※)의 '목록 단추(문자표∨)'를 클릭한 후 '문자표(**Ctrl**+**F10**)'를 선택합니다.

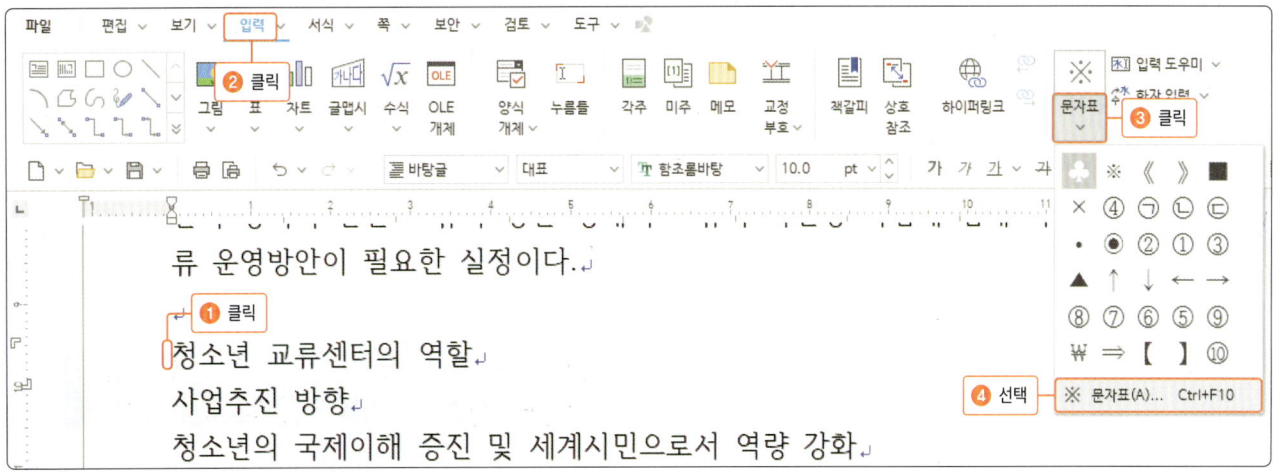

④ [문자표] 대화상자가 나오면 [훈글(HNC) 문자표]–[문자 영역]–[전각 기호(일반)]에서 '♣' 모양을 선택한 후 〈넣기〉 단추를 클릭합니다.

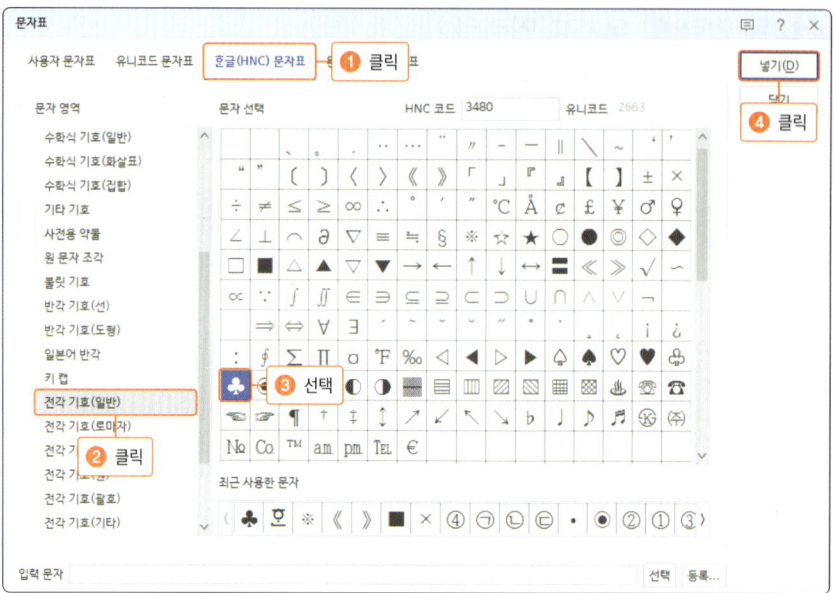

⑤ 문자표가 입력되면 Space 키를 눌러 한 칸 띄웁니다. 이어서, 똑같은 방법으로 표 제목 앞에 문자표(♣)를 입력합니다.

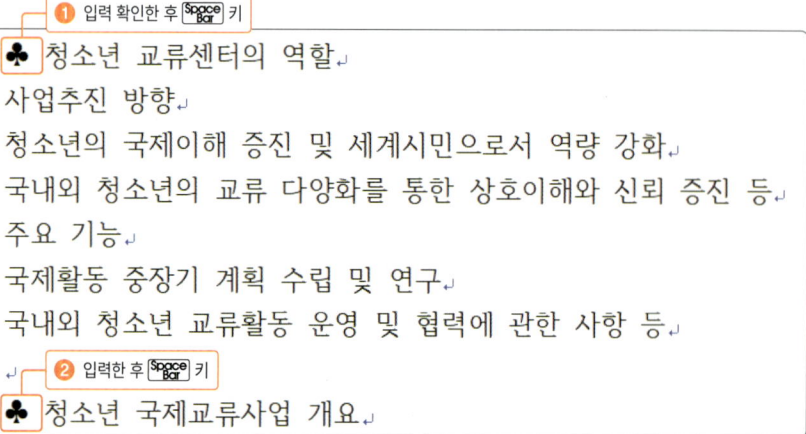

 삽입/수정 전환(Insert)

만약 문자표 입력 후 Space 키를 눌렀을 때 뒤쪽의 글자가 삭제(수정 상태)되면 Ctrl + Z 키를 눌러 이전 상태로 되돌립니다. 이어서, Insert 키를 눌러 '삽입' 상태로 전환한 후 다음 작업을 진행합니다.

■ 소제목 편집하기

글꼴 : 굴림, 18pt, 하양, 음영색 : 빨강

⑥ '♣ 청소년 교류센터의 역할'을 드래그하여 블록으로 지정한 후 [서식] 도구 상자에서 '글꼴(굴림), 글자 크기(18pt)'를 지정합니다.

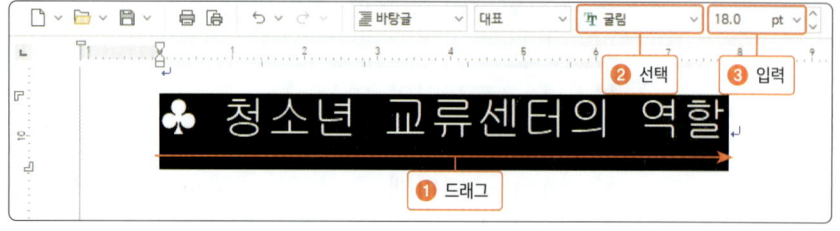

⑦ Esc 키를 눌러 블록 지정을 해제한 후 '청소년 교류센터의 역할'만 드래그하여 블록으로 지정합니다. 이어서, [마우스 오른쪽 단추]-'글자 모양'을 클릭합니다.

  ※ [서식] 탭의 목록 단추( )를 클릭한 후 '글자 모양'을 선택하거나, Alt + L 키를 눌러 글자 모양을 지정할 수도 있습니다.

⑧ [글자 모양] 대화상자가 나오면 [기본] 탭에서 [속성]-'글자 색(하양), 음영 색(빨강)'을 지정한 후 〈설정〉 단추를 클릭합니다. 이어서, Esc 키를 눌러 《출력형태》와 같은지 확인합니다.

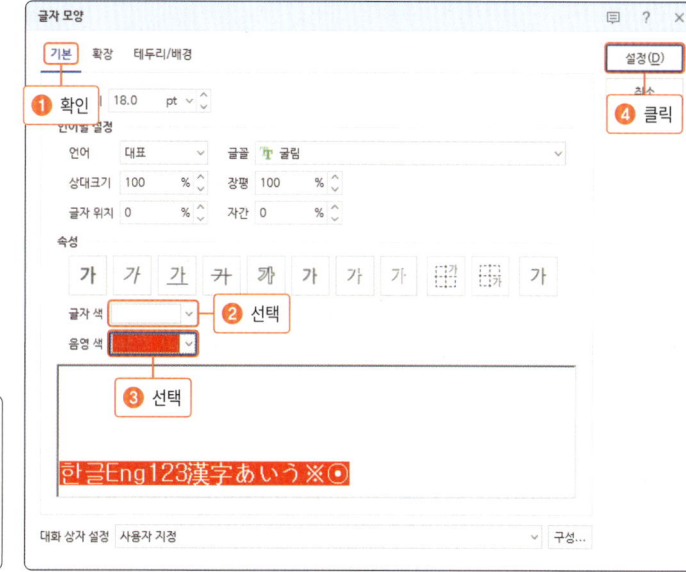

■ 문단 번호 지정하기

문단 번호 기능 사용
1수준 : 20pt, 오른쪽 정렬, 2수준 : 30pt, 오른쪽 정렬, 줄 간격 : 180%

⑨ 문단 번호를 지정할 내용을 그림과 같이 드래그하여 블록으로 지정합니다. 이어서, [마우스 오른쪽 단추]-'글머리표 및 문단 번호'을 클릭합니다.

  ※ [서식] 탭의 '목록 단추( )'를 클릭한 후 '글머리표 및 문단 번호'를 선택하거나, Ctrl + K , N 키를 눌러 문단 번호를 지정할 수도 있습니다.

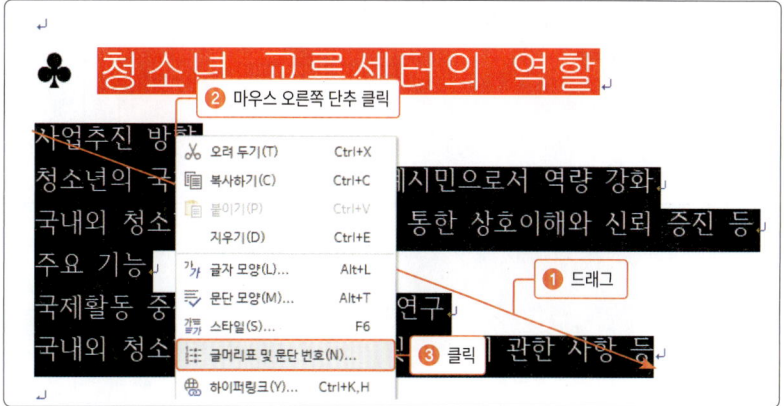

⑩ [글머리표 및 문단 번호] 대화상자가 나오면 [문단 번호] 탭에서 《출력형태》를 참고하여 문단 번호 모양을 선택한 후 〈사용자 정의〉 단추를 클릭합니다.

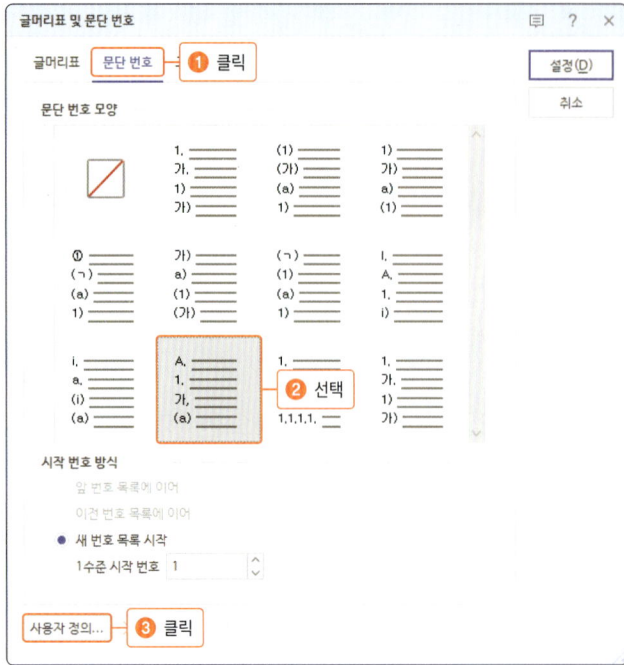

⑪ [문단 번호 사용자 정의 모양] 대화상자가 나오면 '1 수준'을 확인합니다. 이어서, [번호 위치]−[너비 조정]−'20pt', [정렬]−'오른쪽'으로 지정합니다.

※ 미리 보기 화면을 참고하여 《출력형태》와 같은지 확인합니다.

⑫ '1 수준' 작업이 끝나면 '2 수준'을 클릭합니다. 이어서, [번호 위치]−[너비 조정]−'30pt', [정렬]−'오른쪽'으로 지정한 후 〈설정〉 단추를 클릭합니다.

 − 번호 서식 : 번호 뒤에 아무 것도 없기 때문에 '.'을 삭제합니다.
 − 번호 모양 : '번호 모양'을 클릭하여 'ⓐ,ⓑ,ⓒ'를 선택합니다.

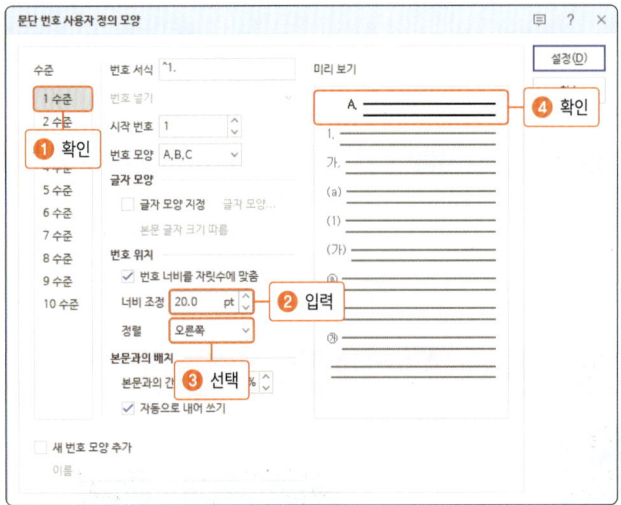

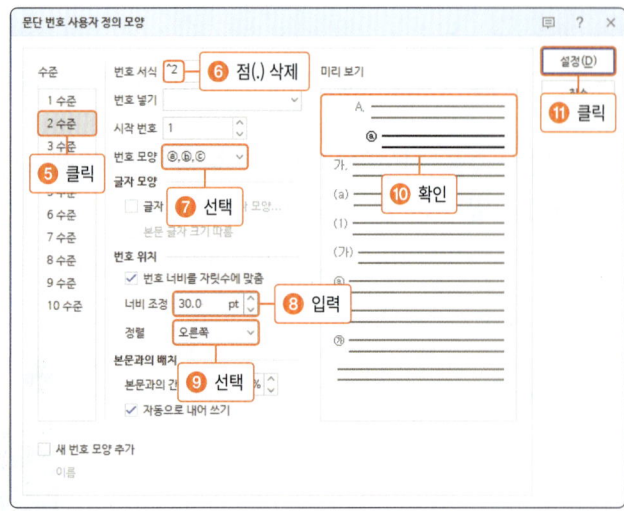

⑬ [글머리표 및 문단 번호] 대화상자가 다시 나오면 적용된 문단 번호 모양을 확인한 후 〈설정〉 단추를 클릭합니다. 이어서, **Esc** 키를 눌러 블록 지정을 해제합니다.

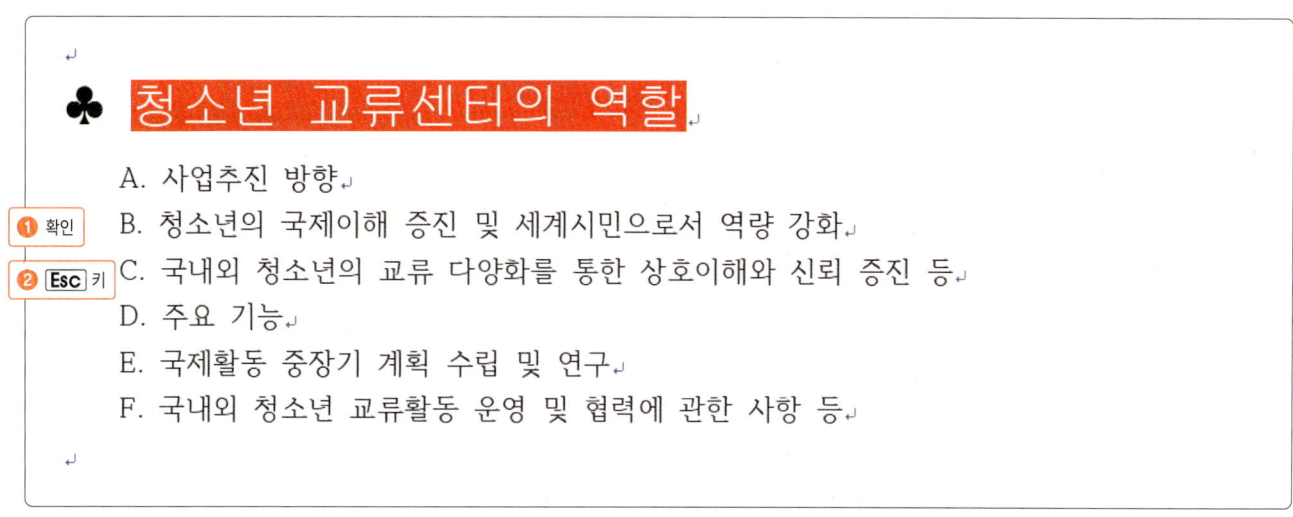

⑭ 문단 번호가 지정되면 한 수준을 감소하기 위해 다음과 같이 드래그하여 블록으로 지정한 후 [서식] 탭에서 '한 수준 감소(📥)'를 클릭합니다.

※ [서식] 탭의 '목록 단추(☑)'를 클릭한 후 '한 수준 감소'를 선택하거나, **Ctrl**+숫자 키패드 **+** 키를 눌러 문단 번호 수준을 낮출 수도 있습니다.

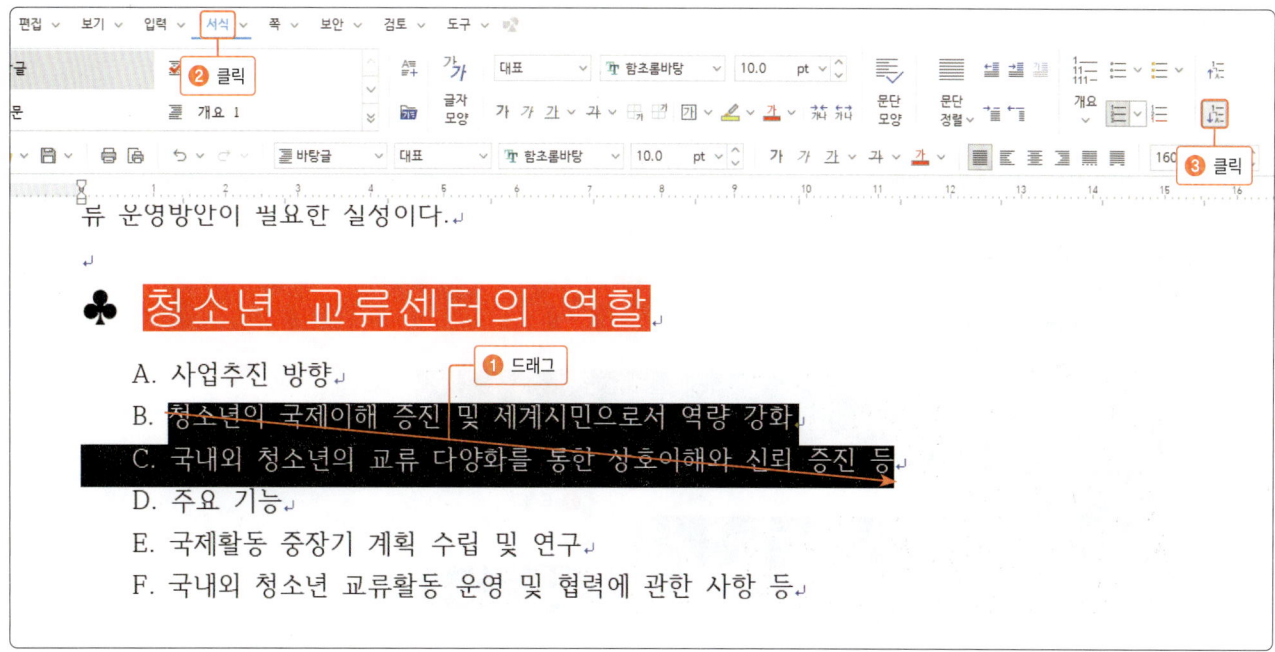

⑮ 이어서, 똑같은 방법으로 그림과 같이 문단 번호 수준을 한 수준 감소시킵니다.

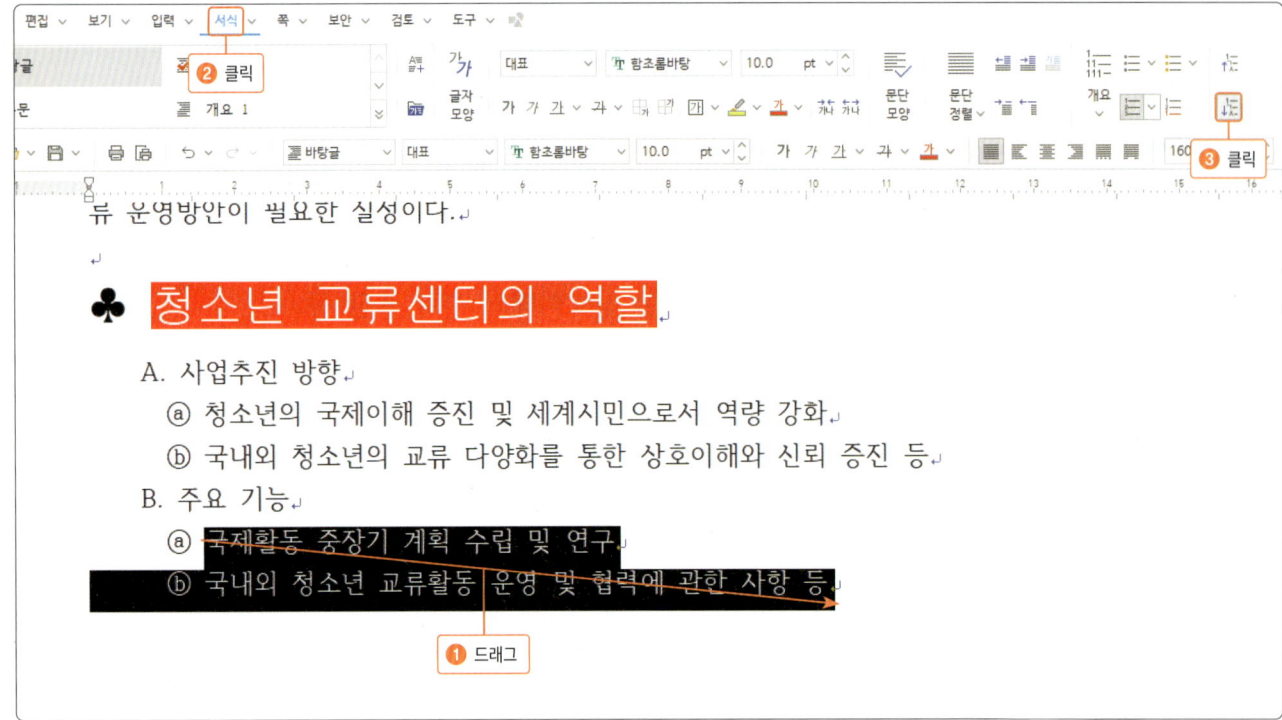

⑯ 줄 간격을 지정하기 위해 다음과 같이 드래그하여 블록으로 지정한 후 [서식] 도구 상자에서 '줄 간격(180%)'을 입력합니다. 이어서, Esc 키를 눌러 블록 지정을 해제합니다.

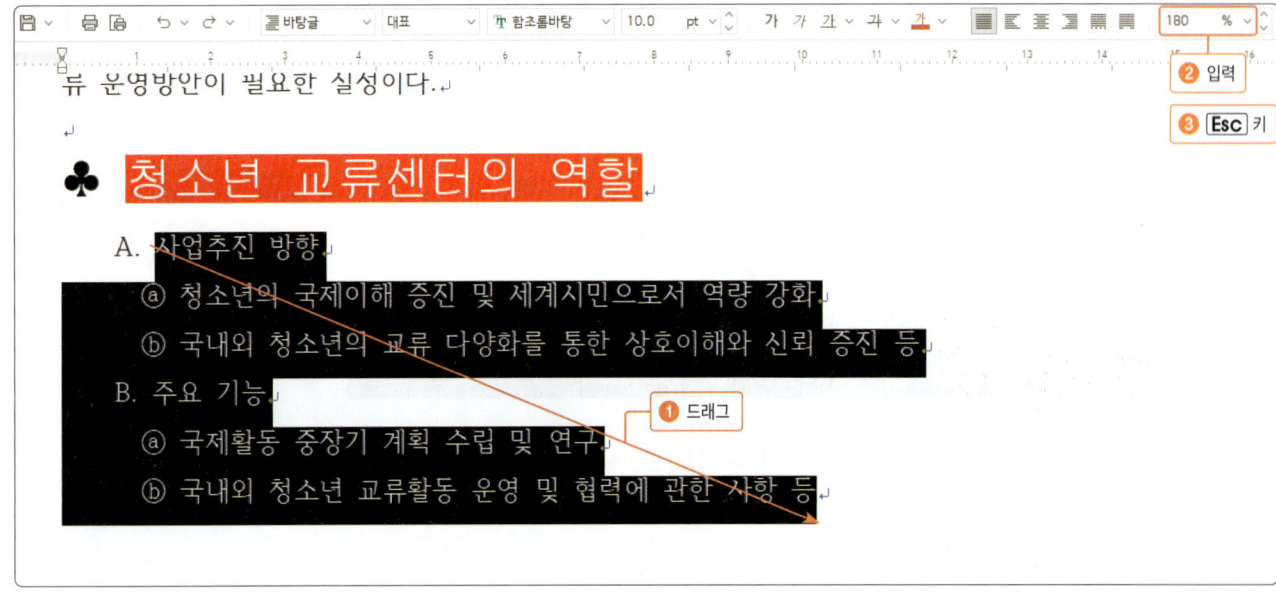

 **문단 번호 모양 직접 만들기**

《출력형태》에서 제시한 번호 모양이 없는 경우에는 〈사용자 정의〉 단추를 클릭하여 직접 문단 번호 모양을 만들 수 있습니다.

◆ 주요 서비스 및 하위 내역

    A. 국가 R&D 성과평가정보 공개
        ⓐ 평가 계획 및 지침 등 평가업무 관련 자료 확인
        ⓑ 평가 업무 담당자의 평가관련 자료 제출 지원
    B. R&D 데이터 개방
        ⓐ 과학기술데이터의 종합현황 제공
        ⓑ 데이터를 공동 활용하는 문화 확산의 장을 제공

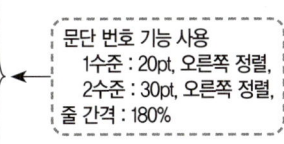

> 문단 번호 기능 사용
> 1수준 : 20pt, 오른쪽 정렬,
> 2수준 : 30pt, 오른쪽 정렬,
> 줄 간격 : 180%

❶ 문단 번호 기능을 지정할 전체 내용을 블록으로 지정한 후 [마우스 오른쪽 단추]-'글머리표 및 문단 번호'을 클릭합니다.

❷ [글머리표 및 문단 번호] 대화상자가 나오면 《출력형태》와 1수준이 같은 모양을 선택한 후 〈사용자 정의〉 단추를 클릭합니다.

    ※ 임의의 문단 번호 모양을 선택할 때 1수준과 같은 모양 번호를 우선으로 선택합니다. 만약, 1수준과 같은 모양이 없을 경우에는 임의의 모양을 선택합니다.

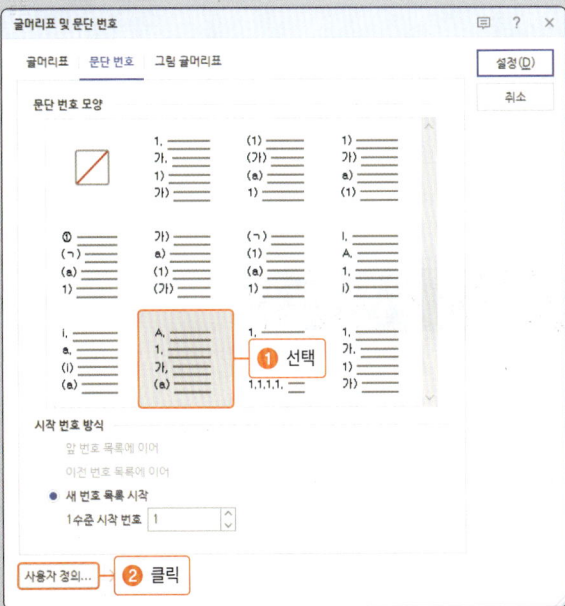

❸ [문단 번호 사용자 정의 모양] 대화상자가 나오면 《출력형태》를 참고하여 1 수준의 번호 서식과 번호 모양을 확인한 후 너비 조정(20pt) 및 정렬(오른쪽 정렬)을 지정합니다.

    (※ 1수준의 번호 서식과 번호 모양이 동일하기 때문에 너비 조정과 정렬만 지정합니다.)
    – 번호 서식(^1.) : 만약 1 수준 번호 서식이 'A.'가 아닌 'A)'라면 '.'을 삭제한 후 ')'를 입력합니다. → 예 : ^A)
    – 번호 모양(A, B, C) : 만약 1 수준 번호 모양이 'A'가 아닌 'Ⓐ'라면 '번호 모양'을 클릭하여 'ⓐ,ⓑ,ⓒ'를 선택합니다.

❹ 2 수준을 클릭하여 번호 서식과 번호 모양을 변경한 후 너비 조정(30pt) 및 정렬(오른쪽 정렬)을 지정합니다.

    – 번호 서식 : 번호 뒤에 아무 것도 없기 때문에 '.'을 삭제합니다.
    – 번호 모양 : '번호 모양'을 클릭하여 'ⓐ,ⓑ,ⓒ'를 선택합니다.

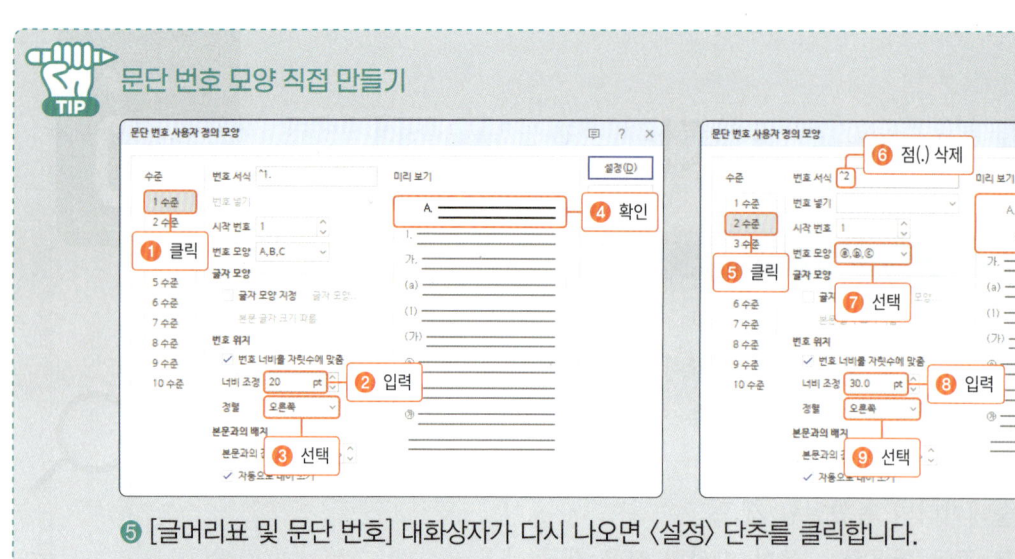

⑤ [글머리표 및 문단 번호] 대화상자가 다시 나오면 〈설정〉 단추를 클릭합니다.

⑥ 2 수준으로 변경할 내용을 블록으로 설정한 후 [서식] 탭에서 '한 수준 감소(📑)'(또는 Ctrl+숫자 키패드 ＋ 키)를 클릭합니다.

Skill 05 표 제목 및 표 편집하기

■ 표 제목 편집하기

글꼴 : 굴림, 18pt, 기울임, 강조점

① '♣ 청소년 국제교류사업 개요'를 드래그하여 블록으로 지정한 후 [서식] 도구 상자에서 '글꼴(굴림), 글자 크기(18pt)'를 지정합니다. 이어서, Esc 키를 눌러 블록 지정을 해제합니다.

② '청소년 국제교류사업 개요'만 드래그하여 블록으로 지정한 후 [서식] 도구 상자에서 '기울임(가)'을 클릭합니다. 이어서, Esc 키를 눌러 블록 지정을 해제합니다.

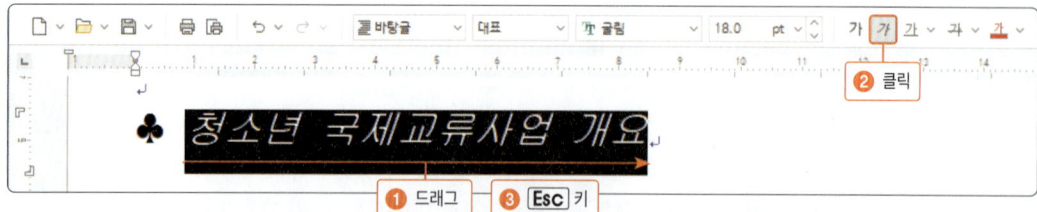

③ '청소년'을 드래그하여 블록으로 지정한 후 [마우스 오른쪽 단추]-'글자 모양'을 클릭합니다.

※ [서식] 탭의 '목록 단추(⌄)'를 클릭한 후 '글자 모양'을 클릭하거나, Alt+L 키를 눌러 글자 모양을 지정할 수도 있습니다.

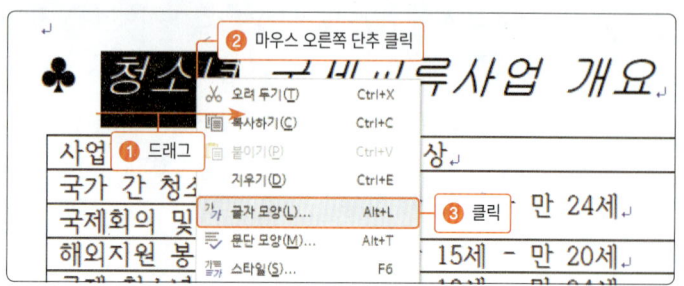

④ [글자 모양] 대화상자가 나오면 [확장] 탭에서 [기타]-'강조점(⬦)'을 선택한 후 〈설정〉 단추를 클릭합니다. 이 어서, 똑같은 방법으로 '개요' 단어에도 강조점을 지정합니다.

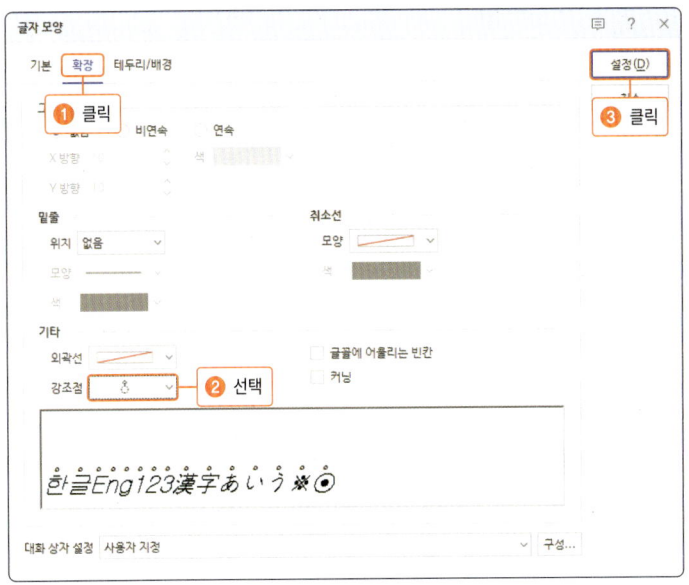

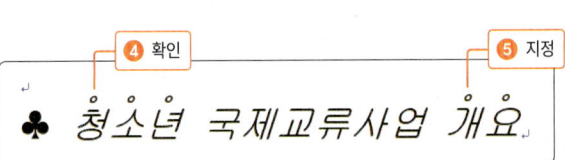

■ 표 편집하기

표 전체 글꼴 : 돋움, 10pt, 가운데 정렬

⑤ 표 전체를 드래그하여 블록으로 지정한 후 [서식] 도구 상자에서 '글꼴(돋움), 글자 크기(10pt), 가운데 정렬(≡)' 을 지정합니다.

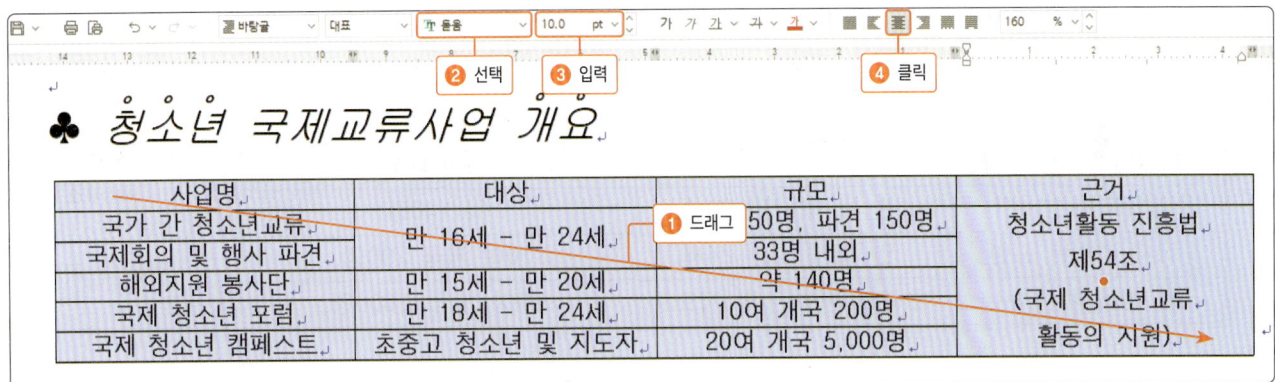

⑥ 첫 번째 열을 드래그하여 블록으로 지정한 후 Alt 키를 누른 채 ← 키를 눌러 칸의 너비를 조절합니다.

※ '사업명'과 '대상' 열 사이의 경계선을 마우스로 드래그하여 칸의 너비를 조절할 수도 있습니다.

사업명	대상
국가 간 청소년교류	만 16세 - 만 24세
국제회의 및 행사 파견	
해외지원 봉사단	만 15세 - 만 20세
국제 청소년 포럼	만 18세 - 만 24세
국제 청소년 캠페스트	초중고 청소년 및 지도자

▶

사업명	대상
국가 간 청소년교류	만 16세 - 만 24세
국제회의 및 행사 파견	
해외지원 봉사단	만 15세 - 만 20세
국제 청소년 포럼	만 18세 - 만 24세
국제 청소년 캠페스트	초중고 청소년 및 지도자

❼ 두 번째 열을 드래그하여 블록으로 지정한 후 [Alt] 키를 누른 채 [←] 키를 눌러 칸의 너비를 조절합니다.

※ [Alt] 키를 이용하여 칸의 너비를 조절할 때는 열 전체가 아닌 해당 열의 특정 셀만 블록으로 지정해도 결과는 동일합니다.

사업명	대상
국가 간 청소년교류	만 16세 – 만 24세
국제회의 및 행사 파견	
해외지원 봉사단	만 15세 – 만 20세
국제 청소년 포럼	만 18세 – 만 24세
국제 청소년 캠페스트	초중고 청소년 및 지도자

❽ 똑같은 방법으로 나머지 칸의 너비를 조절합니다. 단, '세 번째 열(규모)'은 [Alt] 키를 누른 채 [→] 키를 눌러 칸의 너비를 조절합니다.

사업명	대상	규모	근거
국가 간 청소년교류	만 16세 – 만 24세	초청 150명, 파견 150명	청소년활동 진흥법
국제회의 및 행사 파견		33명 내외	제54조
해외지원 봉사단	만 15세 – 만 20세	약 140명	(국제 청소년교류
국제 청소년 포럼	만 18세 – 만 24세	10여 개국 200명	활동의 지원)
국제 청소년 캠페스트	초중고 청소년 및 지도자	20여 개국 5,000명	

❾ 행의 높이를 변경하기 위해 아래 그림처럼 블록을 지정한 후 [Ctrl] 키를 누른 채 [↓] 키를 두 번 누릅니다.

사업명	대상	규모	근거
국가 간 청소년교류	만 16세 – 만 24세	초청 150명, 파견 150명	청소년활동 진흥법
국제회의 및 행사 파견		33명 내외	제54조
해외지원 봉사단	만 15세 – 만 20세	약 140명	(국제 청소년교류
국제 청소년 포럼	만 18세 – 만 24세	10여 개국 200명	활동의 지원)
국제 청소년 캠페스트	초중고 청소년 및 지도자	20여 개국 5,000명	

▼

사업명	대상	규모	근거
국가 간 청소년교류	만 16세 – 만 24세	초청 150명, 파견 150명	청소년활동 진흥법
국제회의 및 행사 파견		33명 내외	제54조
해외지원 봉사단	만 15세 – 만 20세	약 140명	(국제 청소년교류
국제 청소년 포럼	만 18세 – 만 24세	10여 개국 200명	활동의 지원)
국제 청소년 캠페스트	초중고 청소년 및 지도자	20여 개국 5,000명	

❿ 변경된 표의 너비 및 높이를 확인합니다.

사업명	대상	규모	근거
국가 간 청소년교류	만 16세 – 만 24세	초청 150명, 파견 150명	청소년활동 진흥법
국제회의 및 행사 파견		33명 내외	제54조
해외지원 봉사단	만 15세 – 만 20세	약 140명	(국제 청소년교류
국제 청소년 포럼	만 18세 – 만 24세	10여 개국 200명	활동의 지원)
국제 청소년 캠페스트	초중고 청소년 및 지도자	20여 개국 5,000명	

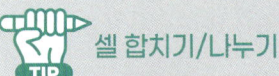

셀 합치기/나누기

❶ 셀 합치기

두 개 이상의 셀을 블록으로 지정한 상태에서 [표 레이아웃(⊞) 탭에서 '셀 합치기(⊞)'를 클릭하거나, Ⓜ 키를 눌러 하나의 셀로 합칠 수 있습니다.

※ '문서작성 능력평가' 부분에서 표를 만들 때 셀 합치기 기능이 자주 사용되기 때문에 반드시 숙지해야 합니다.

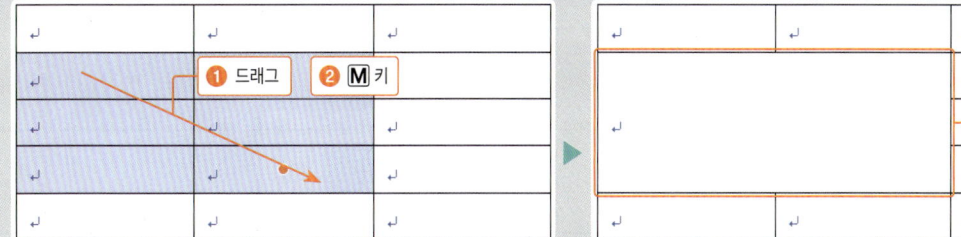

❷ 셀 나누기

한 개 이상의 셀을 블록으로 지정한 상태에서 [표 레이아웃(⊞) 탭에서 '셀 나누기(⊞)'를 클릭하거나, Ⓢ 키를 누릅니다. [셀 나누기] 대화상자가 나오면 줄 개수와 칸 개수를 입력하여 셀을 나눌 수 있습니다.

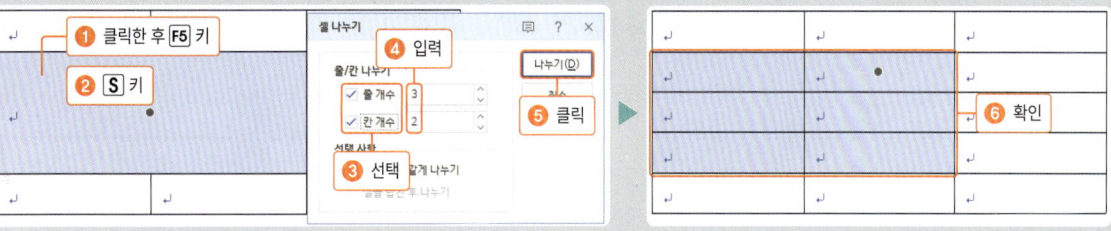

블록 지정

❶ F5 키 한 번 : 현재 커서 위치에 블록을 지정합니다. 방향 키를 이용하여 블록으로 지정된 셀을 변경할 수 있습니다.

❷ F5 키 두 번 : 현재 커서 위치를 블록으로 지정한 후 방향 키를 이용해 다른 연결된 셀들을 블록으로 지정할 수 있습니다.

❸ F5 키 세 번 : 전체 셀을 블록으로 지정합니다. 방향 키를 이용하여 블록으로 지정된 셀의 범위를 줄일 수 있습니다.

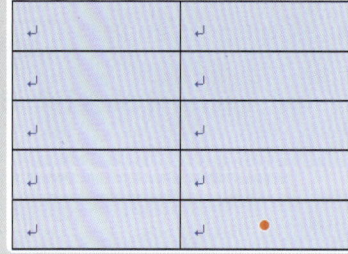

▲ F5 키 한 번   ▲ F5 키 두 번   ▲ F5 키 세 번

표의 높이 및 너비 조절

※ '문서작성 능력평가' 부분에서 표를 만들 때 표의 높이 및 너비를 조절하는 기능이 자주 사용되기 때문에 반드시 숙지해야 합니다.

❶ 키보드를 이용한 조절 방법
  – Ctrl +방향키 : 너비를 조절할 부분을 블록(F5)으로 지정한 후 Ctrl 키를 누른 채 방향키(↑, ↓, ←, →)를 누르면 표 전체 크기를 기준으로 칸의 높이 및 너비를 조절할 수 있습니다.

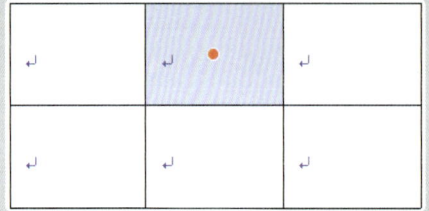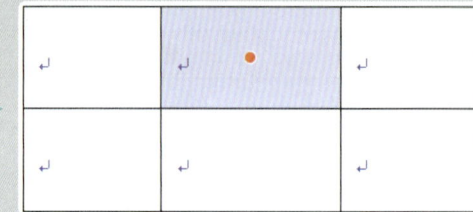

▲ Ctrl + → 키를 눌러 칸의 너비를 조절

  – Alt +방향키 : 너비를 조절할 부분을 블록(F5)으로 지정한 후 Alt 키를 누른 채 방향키(↑, ↓, ←, →)를 누르면 해당 행의 높이 또는 열의 너비를 조절할 수 있습니다.
  – Shift +방향키 : 너비를 조절할 부분을 블록(F5)으로 지정한 후 Shift 키를 누른 채 방향키(↑, ↓, ←, →)를 누르면 해당 셀 높이 및 너비를 조절할 수 있습니다.

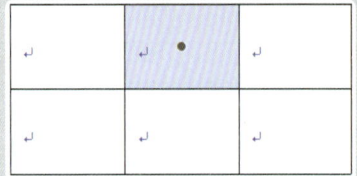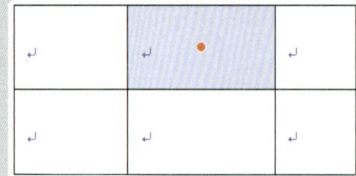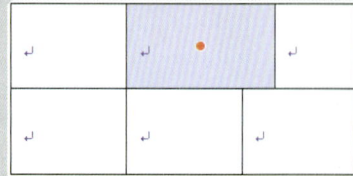

　　　　　　　　　　　　　　▲ Alt + → 키를 눌러 열의 너비를 조절　　▲ Shift + → 키를 눌러 열의 너비를 조절

❷ 마우스를 이용한 조절 방법
  – 조절점 드래그 : 표의 테두리를 클릭하여 조절점이 나오면 해당 조절점을 드래그하여 표의 전체 크기를 조절할 수 있습니다.

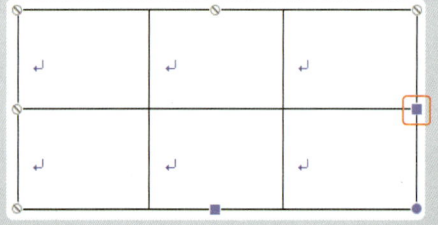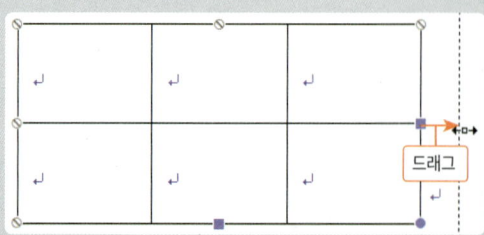

▲ 오른쪽 조절점을 마우스로 드래그하여 표의 전체 크기를 조절

  – 칸 너비 : 특정 칸의 테두리에 마우스 포인터를 위치시킨 후 좌→우로 드래그하여 너비를 조절할 수 있습니다.

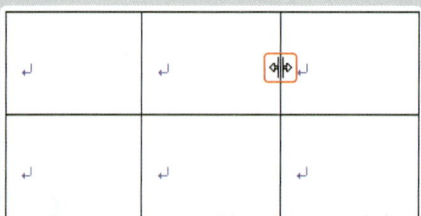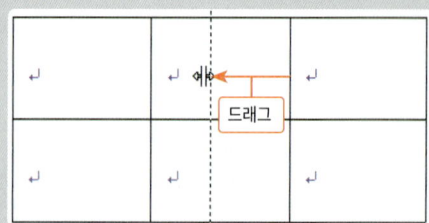

▲ 표 안쪽 테두리를 왼쪽으로 드래그하여 특정 열의 너비를 조절

■ 셀 테두리 및 배경색 지정

셀 배경(그러데이션) : 유형(가로), 시작색(하양), 끝색(노랑)

⑪ 셀 테두리 및 배경색을 지정하기 위해 첫 번째 행을 드래그하여 블록으로 지정한 후 [마우스 오른쪽 단추]-[셀 테두리/배경]-'각 셀마다 적용'(또는 L)을 클릭합니다.

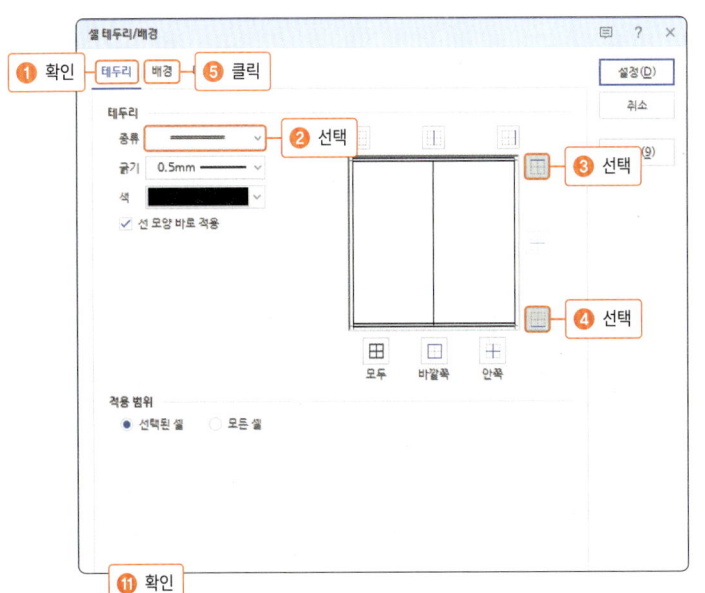

⑫ [셀 테두리/배경] 대화상자가 나오면 [테두리] 탭에서 [종류]-'이중 실선(⬛⬛⬛)', '위쪽 테두리(⬛)', 아래쪽 테두리(⬛)'를 선택한 후 [배경] 탭을 클릭합니다.

※ 표의 셀 테두리 지정은 《출력형태》를 참고하여 작업합니다.

⑬ [배경] 탭에서 그러데이션을 클릭합니다. 이어서, '시작 색(하양), 끝 색(노랑)', [유형]-'가로'를 선택한 후 〈설정〉 단추를 클릭합니다.

※ Esc 키를 눌러 블록 지정을 해제한 후 그러데이션을 확인합니다.

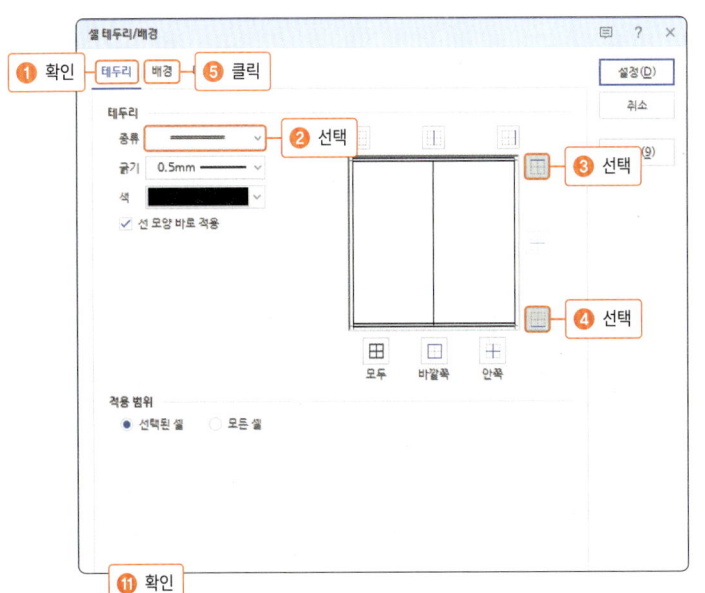
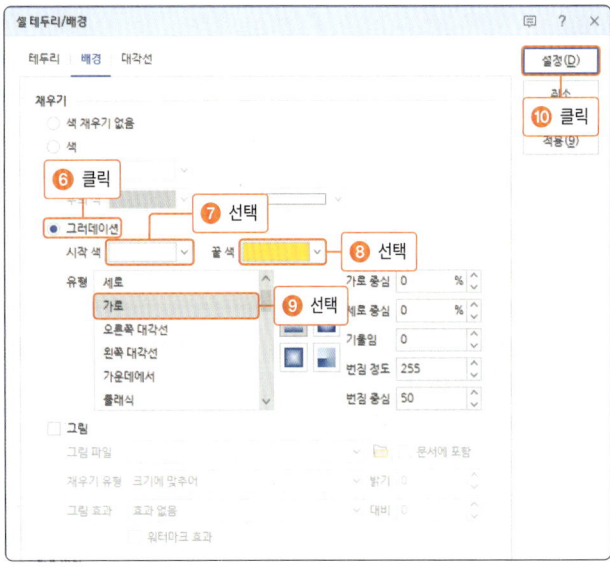

사업명	대상	규모	근거
국가 간 청소년교류	만 16세 - 만 24세	초청 150명, 파견 150명	청소년활동 진흥법 제54조 (국제 청소년교류 활동의 지원)
국제회의 및 행사 파견		33명 내외	
해외지원 봉사단	만 15세 - 만 20세	약 140명	
국제 청소년 포럼	만 18세 - 만 24세	10여 개국 200명	
국제 청소년 캠페스트	초중고 청소년 및 지도자	20여 개국 5,000명	

⑭ 배경색이 지정되면 표 전체를 드래그하여 블록으로 지정한 후 [마우스 오른쪽 단추]-[셀 테두리/배경]-'각 셀마다 적용'(또는 ㄴ)을 클릭합니다.

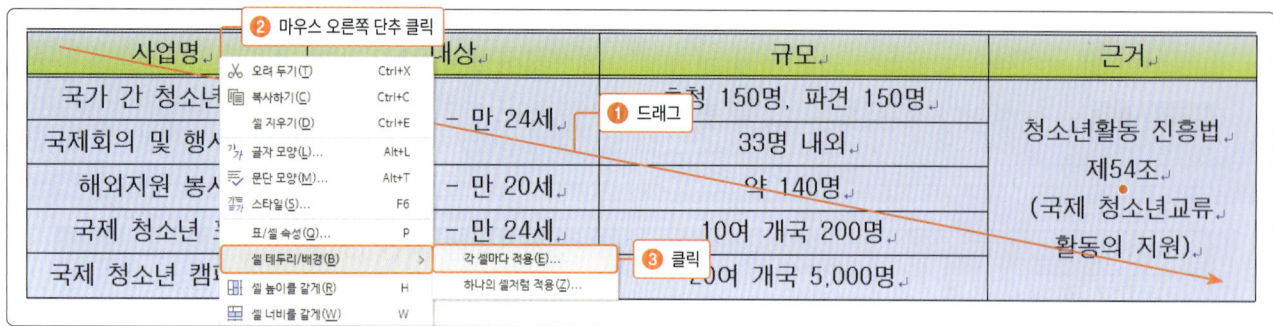

⑮ [셀 테두리/배경] 대화상자가 나오면 [테두리] 탭에서 [종류]-'이중 실선(▭▭▭▭)', '아래쪽 테두리(▭)'를 선택한 후 〈설정〉 단추를 클릭합니다.

※ Esc 키를 눌러 블록 지정을 해제한 후 테두리를 확인합니다.

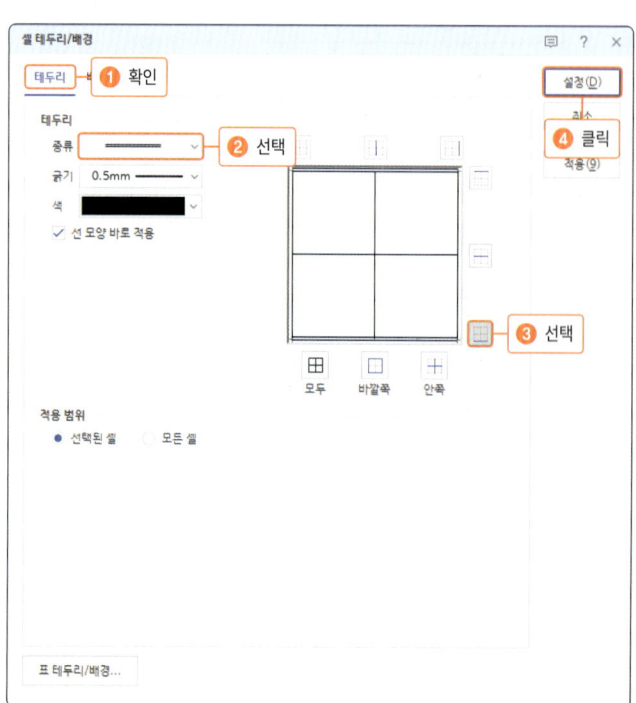

사업명	대상	규모	근거
국가 간 청소년교류	만 16세 - 만 24세	초청 150명, 파견 150명	청소년활동 진흥법 제54조 (국제 청소년교류 활동의 지원)
국제회의 및 행사 파견		33명 내외	
해외지원 봉사단	만 15세 - 만 20세	⑤ Esc 키 약 140명	
국제 청소년 포럼	만 18세 - 만 24세	⑥ 확인 10여 개국 200명	
국제 청소년 캠페스트	초중고 청소년 및 지도자	20여 개국 5,000명	

⑯ 다시 표 전체를 드래그하여 블록으로 지정한 후 [마우스 오른쪽 단추]-[셀 테두리/배경]-'각 셀마다 적용'(또는 ㄴ)을 클릭합니다.

⑰ [셀 테두리/배경] 대화상자가 나오면 [테두리] 탭에서 [종류]-'없음', '왼쪽 테두리(▯)', 오른쪽 테두리(▯)'를 선택한 후 〈설정〉 단추를 클릭합니다.

※ Esc 키를 눌러 블록 지정을 해제한 후 테두리를 확인합니다.

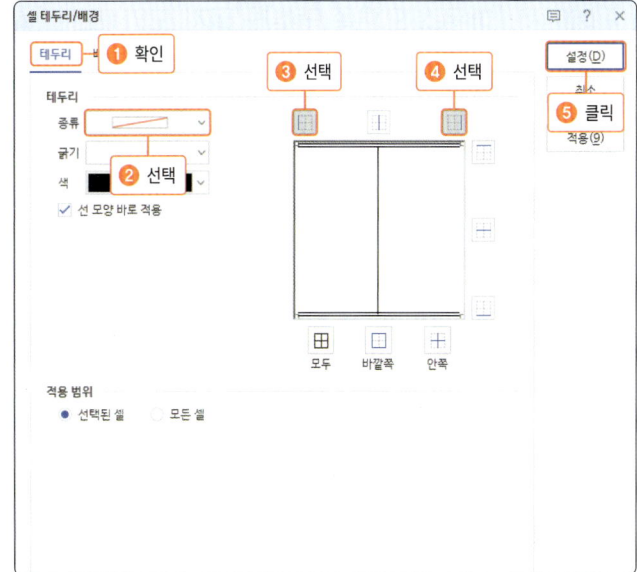

⑱ 모든 작업이 끝나면 《출력형태》와 같은지 확인합니다.

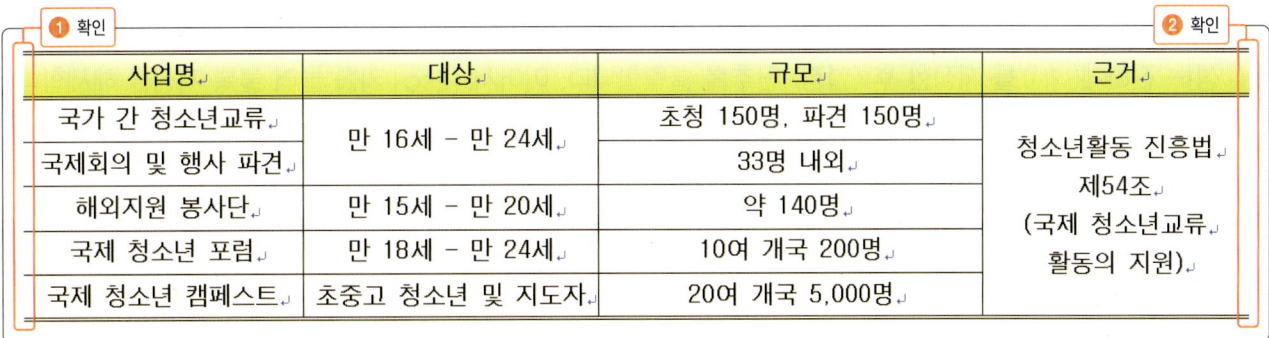

사업명	대상	규모	근거
국가 간 청소년교류	만 16세 – 만 24세	초청 150명, 파견 150명	청소년활동 진흥법 제54조 (국제 청소년교류 활동의 지원)
국제회의 및 행사 파견		33명 내외	
해외지원 봉사단	만 15세 – 만 20세	약 140명	
국제 청소년 포럼	만 18세 – 만 24세	10여 개국 200명	
국제 청소년 캠페스트	초중고 청소년 및 지도자	20여 개국 5,000명	

Skill 06 기관명 편집 및 쪽 번호 입력하기

■ 기관명 편집하기

글꼴 : 궁서, 24pt, 진하게, 장평 105%, 오른쪽 정렬

① 기관명인 '청소년 교류센터'를 드래그하여 블록으로 지정한 후 [서식] 도구 상자에서 '오른쪽 정렬(▤)'을 클릭합니다.

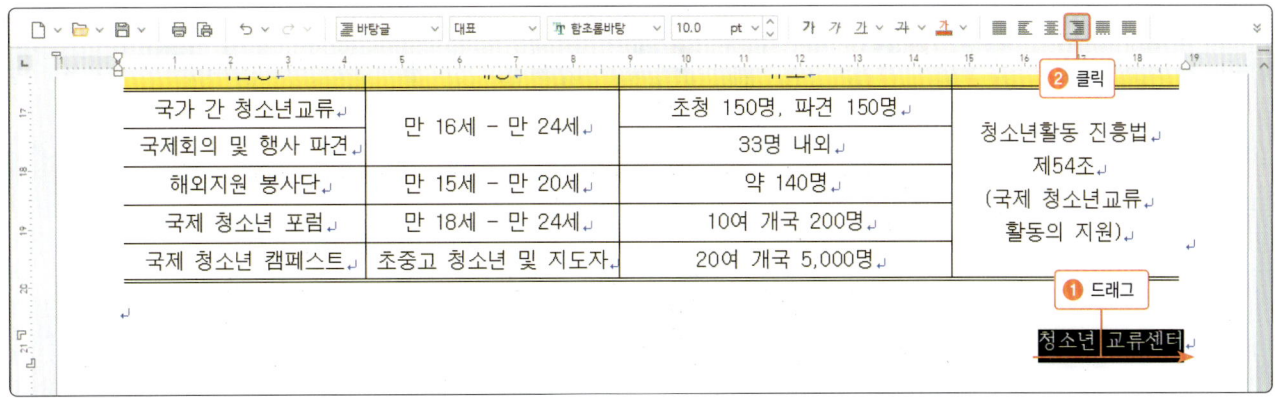

❷ 이어서, [마우스 오른쪽 단추]-'글자 모양'(또는 **Alt** + **L**)을 클릭합니다.

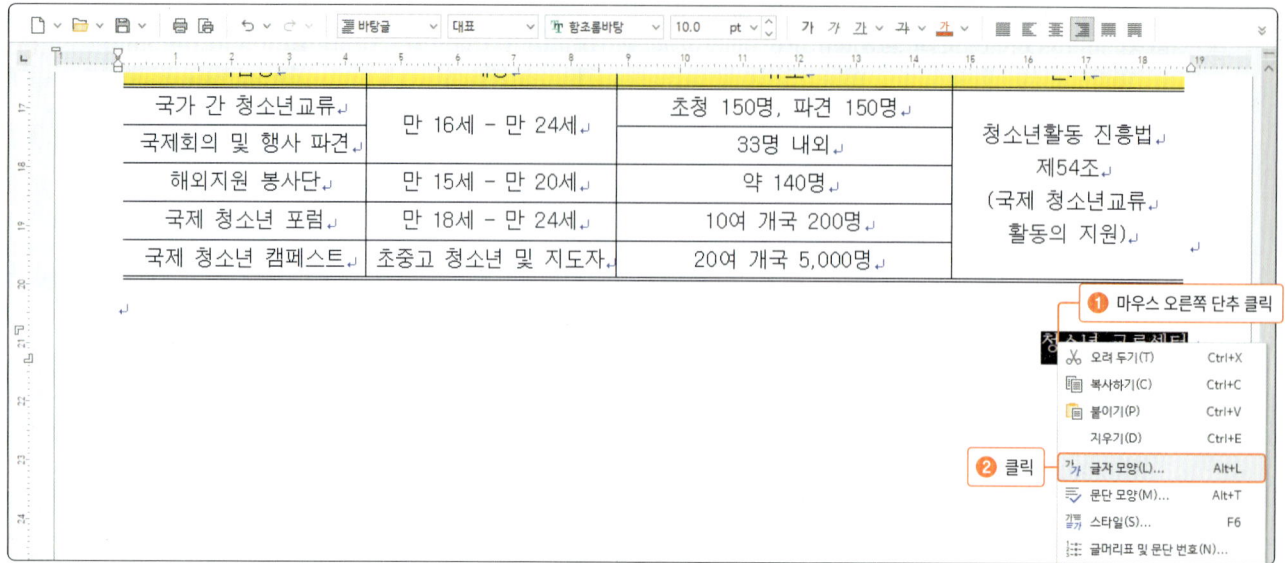

❸ [글자 모양] 대화상자가 나오면 [기본] 탭에서 '기준 크기(24pt)', [언어별 설정]-'글꼴(궁서), 장평(105%)', [속성]-'진하게(가)'를 지정한 후 〈설정〉 단추를 클릭합니다. 이어서, **Esc** 키를 눌러 블록 지정을 해제합니다.

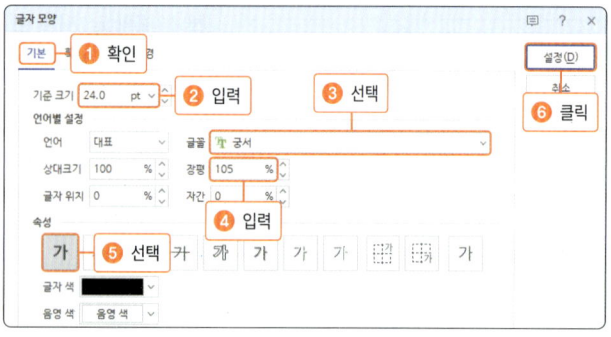

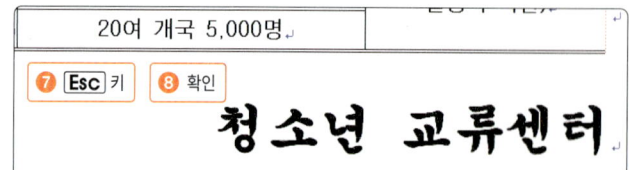

■ **쪽 번호 입력하기**

쪽 번호 매기기 : 5로 시작

❹ 쪽 번호를 입력하기 위해 [쪽] 탭에서 '쪽 번호 매기기( )'(또는 **Ctrl** + **N**, **P**)를 클릭합니다.

※ 쪽 번호 삽입은 반드시 3페이지가 선택된 상태에서 작업합니다.

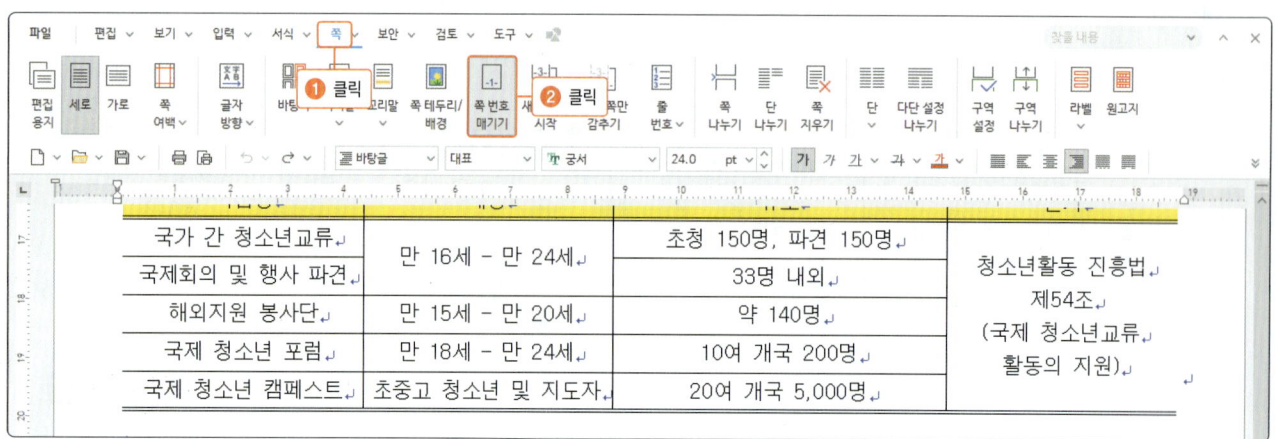

❺ [쪽 번호 매기기] 대화상자가 나오면 [번호 위치]-'오른쪽 아래', [번호 모양]-'①,②,③', [시작 번호]-'5'로 지정합니다. 이어서, 줄표 넣기의 체크(☑)를 해제한 후 〈넣기〉 단추를 클릭합니다.

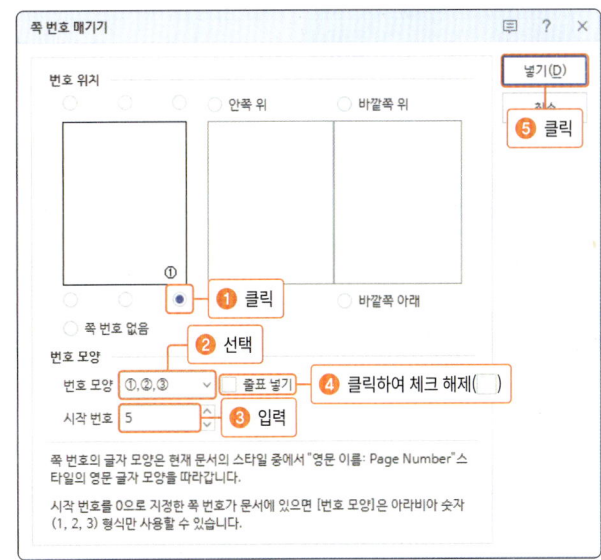

❻ 삽입된 쪽 번호가 《출력형태》와 같은지 확인합니다.

※ 답안을 작성하기 전에 '구역 나누기'로 페이지를 구분하였기 때문에 3페이지에만 쪽 번호가 입력됩니다.

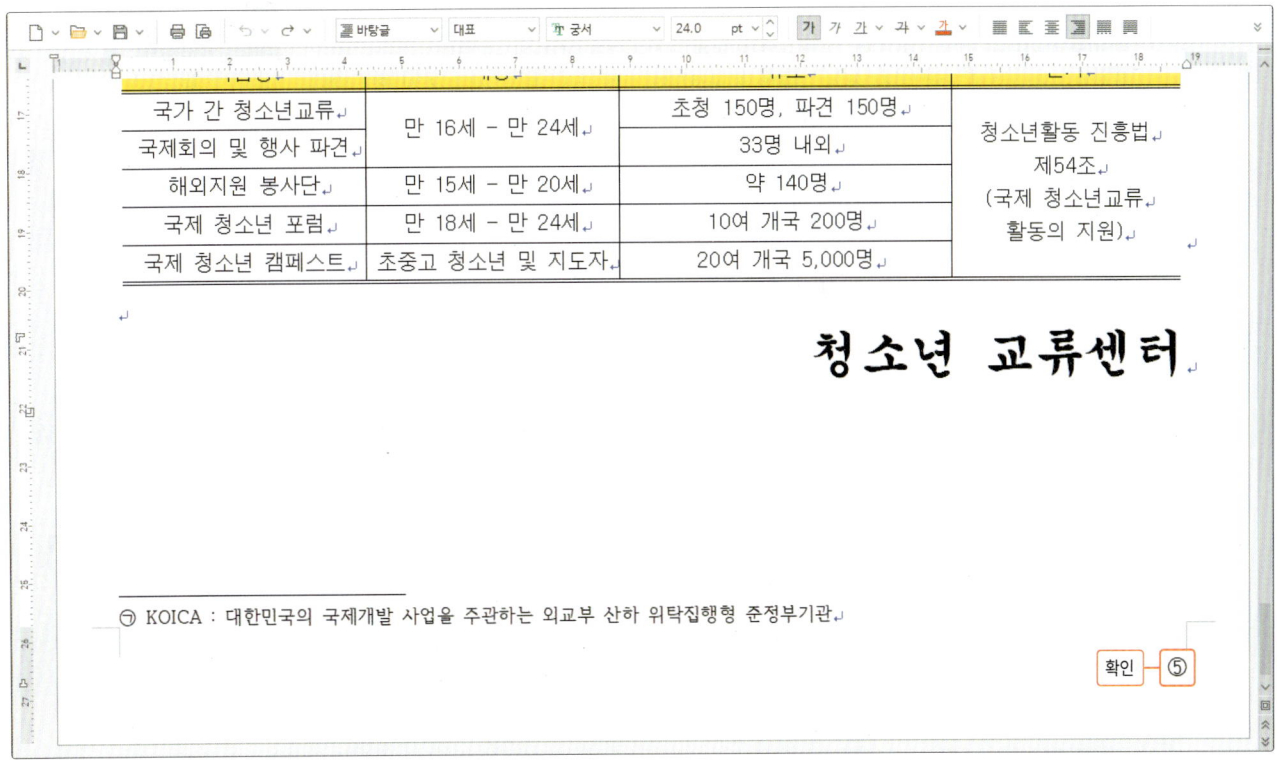

국가 간 청소년교류↵	만 16세 - 만 24세↵	초청 150명, 파견 150명↵	청소년활동 진흥법↵ 제54조↵ (국제 청소년교류↵ 활동의 지원)↵
국제회의 및 행사 파견↵		33명 내외↵	
해외지원 봉사단↵	만 15세 - 만 20세↵	약 140명↵	
국제 청소년 포럼↵	만 18세 - 만 24세↵	10여 개국 200명↵	
국제 청소년 캠페스트↵	초중고 청소년 및 지도자↵	20여 개국 5,000명↵	

청소년 교류센터

㉠ KOICA : 대한민국의 국제개발 사업을 주관하는 외교부 산하 위탁집행형 준정부기관.↵

확인 ─ ⑤

❼ 모든 작업이 완료되면 [파일]-[저장하기](Alt + S) 또는 [서식] 도구 상자에서 '저장하기(💾)'를 클릭하여 파일을 저장합니다.

※ 실제 시험을 볼 때 작업 도중에 수시로(10분에 한 번 정도) 저장을 하는 것이 좋습니다.

글꼴 : 궁서, 18pt, 진하게, 가운데 정렬
책갈피 이름 : 공정무역
덧말 넣기

머리말 기능
굴림, 10pt, 오른쪽 정렬 → 지속가능한 발전

더 공정하게
세계 속 공정무역 이야기

문단 첫 글자 장식 기능
글꼴 : 돋움, 면색 : 노랑

그림위치(내 PC₩문서₩ITQ₩Picture₩
그림4.jpg, 문서에 포함)
자르기 기능 이용, 크기(35mm×40mm),
바깥 여백 왼쪽 : 2mm

각주

공정무역은 공정한 가격을 지불하도록 촉진하기 위한 윤리적 소비 운동의 일환으로 추진되고 있는 국제적 사회운동이다. 매해 5월 세계 공정무역의 날은 WFTO㉮에서 추진하는 사업으로 공정무역을 널리 알리고 활발한 참여를 촉구하기 위해 전 세계에서 다양한 캠페인을 벌이는 날이다. 1994년 유럽 15개국 3,000여 상점 협회로 설립(設立)한 유럽세계상점 네트워크에서 1995년에 공정무역 상품 판촉행사가 열린 것을 계기로 1999년 일본에서도 공정무역 행사가 개최되었다. 2001년 국제공정무역연합 회의에서 세계적인 운동으로 발전시키기로 합의(合意)하면서 매년 5월 둘째 주 토요일을 세계 공정무역의 날로 지정하였다.

세계 공정무역의 날에는 전 세계 곳곳에서 공정무역 아침 식사 모임, 제품 시식 및 품평회, 세미나, 강의, 커피나 차를 마시며 대화하기, 음악회, 패션쇼, 마라톤, 축구 경기, 가장행렬 등을 통해 더 많은 생산자와 소비자들에게 무역 정의와 지속 가능한 지구환경 보호를 위한 공정무역에 관한 생각을 서로 나눈다. 영국 등 유럽에서는 공정무역 재료로 만든 아침 식사 모임을 갖고 이를 인터넷으로 생중계하며 미국에서는 공정무역 활동에 공헌한 사업체 및 비영리 단체를 선정하여 '최고 공정무역상'을 시상한다.

◆ <mark>공정무역 핵심원칙</mark>

글꼴 : 굴림, 18pt, 하양
음영색 : 빨강

가) 취약한 생산자들을 위한 시장 접근성
　　a) 기존 시장에서 배제된 생산자들과 거래
　　b) 무역사슬을 짧게 하여 생산자들의 최대 이익
나) 지속가능하고 공정한 무역관계
　　a) 생산자와 소비자의 파트너십을 통한 비용 책임
　　b) 장기적인 무역 관계를 통해 정보 공유 및 계획

문단 번호 기능 사용
1수준 : 20pt, 오른쪽정렬,
2수준 : 30pt, 오른쪽정렬
줄 간격 : 180%

◆ *공정무역 제품 소개* ← 글꼴 : 굴림, 18pt, 기울임, 강조점

표 전체 글꼴 : 돋움, 10pt, 가운데 정렬
셀 배경(그러데이션) : 유형(가로),
시작색(하양), 끝색(노랑)

품목	제품 이름	원산지	제품에 관한 이야기
볼가 바구니	라운드 바구니 체크믹스	가나	가나의 북동부에 위치한 볼가라고 불리는 볼가탄가 지역의 이름을 딴 바구니
	라운드 바구니 블루마린		
행복한 장난감	노랑 스쿨버스	스리랑카	수공예로 만든 천연 목재 제품
	행복한 우리 집		무독성 페인트 사용, 물기와 직사광선 주의
패션 소품	꽃장식 장갑	페루	생산자 : 타이페 가족과 공동 그룹, 뜨개질 제품

글꼴 : 궁서, 24pt, 진하게
장평 : 105%, 오른쪽 정렬

한국공정무역협의회

각주 구분선 : 5cm

㉮ 1989년에 발족한 세계 공정무역기구로 73개국에 450여 개 조직을 대표함

쪽 번호 매기기
8로 시작 → ⑧

완전정복-02 다음의 지시사항 및 세부조건을 참고하여 출력형태에 알맞게 작성하시오.

• 소스 : 정복07_문제02.hwpx • 정답 : 정복07_정답02.hwpx

작성 시간 / 권장 시간
분 / 20분

글꼴 : 궁서, 18pt, 진하게, 가운데 정렬
책갈피 이름 : 품바
덧말 넣기

머리말 기능
굴림, 10pt, 오른쪽 정렬 → 풍자와 해학

젊음과 함께 만나(사랑과 나눔) 즐기는 품바축제

문단 첫 글자 장식 기능
글꼴 : 돋움, 면색 : 노랑

그림위치(내 PC₩문서₩ITQ₩Picture₩그림4.jpg, 문서에 포함)
자르기 기능 이용, 크기(35mm×40mm), 바깥 여백 왼쪽 : 2mm

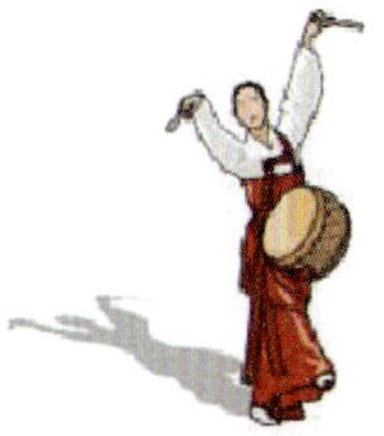

품바축제의 근간은 거지 성자로 불리는 최귀동 할아버지의 숭고한 삶에서 비롯되었다. 일제 강점기 때 심한 고문으로 장애를 얻은 그는 자신도 오갈 데 없는 처지임에도 불구하고 금왕읍 무극리 일대를 돌며 동냥으로 얻어 온 음식을 거동조차 힘든 다른 걸인들에게 나누어 주었다고 한다.

각주

품바라는 낱말이 처음 등장한 역사적 문헌(文獻)은 신재효㉮의 한국 판소리 전집에 수록된 변강쇠가인데, 여기에서는 타령의 장단을 맞추는 소리라 하여 입장고로 기술되어 있다. 품바에 대한 설은 이외에도 다양한 형태로 전해지고 있다. 각설이 타령의 후렴구에 사용되는 일종의 장단 구실을 하는 의성어로 풀이되기도 하였으나 현재는 걸인들의 대명사로 일반화되었다. 품바를 현대적으로 해석하자면 '사랑을 베푼 자만이 희망을 가질 수 있다'라는 의미를 함축하고 있다. 이러한 뜻에 걸맞게 2000년부터 음성예총에서는 새 천년을 맞아 최귀동 할아버지의 숭고한 뜻을 본받고자 품바축제를 개최하게 되었다. 물질만능주의와 이기주의로 풍요 속 빈곤(貧困)을 겪고 있는 현대인들의 삶에 해학과 풍자를 통한 따뜻한 사랑의 나눔 정신을 심어 주고자 품바축제가 탄생하게 된 것이다.

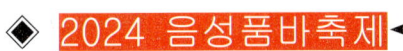

◈ 2024 음성품바축제

글꼴 : 굴림, 18pt, 하양
음영색 : 빨강

가) 기간 및 장소
  1. 기간 : 2024. 5. 22(수) - 5. 26(일) 5일간
  2. 장소 : 음성 설성공원 및 꽃동네 일원
나) 공연 프로그램
  1. 품바 플래시몹, 전국 품바 길놀이 퍼레이드
  2. 관광객과 함께하는 품바라이브 공연, 품바 뮤지컬

문단 번호 기능 사용
1수준 : 20pt, 오른쪽정렬,
2수준 : 30pt, 오른쪽정렬
줄 간격 : 180%

◈ *품바공연단 및 공연 일정*

글꼴 : 굴림, 18pt, 기울임, 강조점

표 전체 글꼴 : 돋움, 10pt, 가운데 정렬
셀 배경(그러데이션) : 유형(가로), 시작색(하양), 끝색(노랑)

공연단명	단원	참여공연 축제명	장소
깐돌이공연단	깐돌이, 칠봉이, 꽃나비	토속음식축제	강원도
금빛예술단	순심이, 하늘이, 허야	정선 아리랑 축제	
꾼품바공연단	청이, 금왕수, 방글이	무안 해넘이맞이공연	전라남도
뉴스토리공연단	나출세, 팔순이, 월매, 이기둥	장성 황룡강노란꽃잔치	
산적품바	산적, 최민, 고구마, 혜미	양산 삼랑 및 문화축전	경상남도

글꼴 : 궁서, 24pt, 진하게
장평 : 105%, 오른쪽 정렬

품바축제위원회

각주 구분선 : 5cm

㉮ 조선 고종 때의 판소리 작가로 광대 소리를 통일하여 판소리 사설을 정리한 인물

쪽 번호 매기기
4로 시작 → iv

완전정복- 03 다음의 지시사항 및 세부조건을 참고하여 출력형태에 알맞게 작성하시오.

• 소스 : 정복07_문제03.hwpx • 정답 : 정복07_정답03.hwpx

작성 시간 / 권장 시간
분 / 20분

글꼴 : 돋움, 18pt, 진하게, 가운데 정렬
책갈피 이름 : 치매센터
덧말 넣기

머리말 기능
궁서, 10pt, 오른쪽 정렬 → 치매 전문 상담

365일 상담서비스

치매로부터 자유로워지는 나라

그림위치(내 PC₩문서₩ITQ₩Picture₩그림5.jpg, 문서에 포함)
자르기 기능 이용, 크기(40mm×40mm), 바깥 여백 왼쪽 : 2mm

문단 첫 글자 장식 기능
글꼴 : 굴림, 면색 : 노랑

급속한 고령화로 치매 규모는 더 커져 2024년에는 100만 명을 넘어설 것으로 추정된다. 1인 가구는 확대되고 노인은 더욱 가난해졌다. 돌봄의 위기에 치매는 더욱 혹독한 재난이 된다. 치매(癡呆)는 개인, 가족, 지역 공동체를 넘어 국가가 풀어야 하는 현대사회의 가장 치명적 문제의 하나이다. 치매는 정상적으로 생활해오던 사람에게 후천적인 다양한 원인으로 기억력을 비롯한 여러 가지 인지기능으 장애가 나타나 일상생활을 혼자 하기 어려울 정도로 심한 영향을 주는 상태를 말한다. 어떤 하나의 질병명이 아니라 특정한 조건에서 여러 증상이 함께 나타나는 증상들의 묶음이다. 이러한 치매 상태를 유발할 수 있는 질환 중 가장 대표적인 것이 알츠하이머㉠병과 혈관성 치매이며 그 외 루이체 치매, 전두측두엽 치매 등이 있다. (각주)

정부는 최근 전국에 걸쳐 256개 치매안심센터를 열고 예방부터 돌봄까지 환자 중심의 치매 관리 시스템을 구축하였다. 동시에 누구도 경험하지 못한 치매 환경의 변화(變化)에 대응하기 위해서 더 유연하면서도 일사불란하게 움직이는 국가 체계, 전국 치매 기관 간의 유기적 연계와 협력 체계도 강화되어야 한다.

◈ 노인복지시설 종류

글꼴 : 굴림, 18pt, 하양
음영색 : 파랑

1. 여가 및 재가 노인 시설
   ① 여가시설 : 노인복지회관, 경로당, 노인 교실
   ② 재가시설 : 방문 요양, 방문 목욕, 방문 간호, 주야간 보호 등
2. 노인 주거 및 의료 시설
   ① 주거시설 : 양로시설, 노인 공동생활 가정, 노인복지주택
   ② 의료시설 : 노인요양시설, 노인 요양 공동생활 가정

문단 번호 기능 사용
1수준 : 20pt, 오른쪽정렬,
2수준 : 30pt, 오른쪽정렬
줄 간격 : 180%

표 전체 글꼴 : 돋움, 10pt, 가운데 정렬
셀 배경(그러데이션) : 유형(가로), 시작색(노랑), 끝색(하양)

◈ 노인의 사회 활동 기반 조성

글꼴 : 굴림, 18pt, 밑줄, 강조점

구분	유형	주요 내용	예산지원	활동 성격
공공성	공익활동 / 재능 나눔	자기만족과 성취감 / 지역 재능봉사	지자체 / 민간	봉사
사회 서비스형		지역사회 돌봄, 안전 관련 서비스 일자리	지자체	근로
민간형	고령자 친화 기업	고령자를 고용하는 기업 설립 지원	민간	
	시니어 인턴십	기업에 인건비를 지원 / 계속 고용을 유도		

글꼴 : 돋움, 24pt, 진하게
장평 : 95%, 오른쪽 정렬

중앙치매센터

각주 구분선 : 5cm

㉠ 치매를 일으키는 가장 흔한 퇴행성 뇌질환으로 매우 서서히 발병하여 점진적으로 진행

쪽 번호 매기기
4로 시작 → D

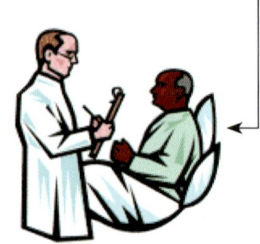

완전정복- 04 다음의 지시사항 및 세부조건을 참고하여 출력형태에 알맞게 작성하시오.

• 소스 : 정복07_문제04.hwpx • 정답 : 정복07_정답04.hwpx

작성 시간 / 권장 시간
분 / 20분

글꼴 : 돋움, 18pt, 진하게, 가운데 정렬
책갈피 이름 : 안전
덧말 넣기

머리말 기능
궁서, 10pt, 오른쪽 정렬 → 질병보건연구

그림위치(내 PC₩문서₩ITQ₩Picture₩그림5.jpg, 문서에 포함)
자르기 기능 이용, 크기(40mm×40mm), 바깥 여백 왼쪽 : 2mm

문단 첫 글자 장식 기능
글꼴 : 굴림, 면색 : 노랑

인류와 미래를 위한
질병으로부터 자유로운 세상

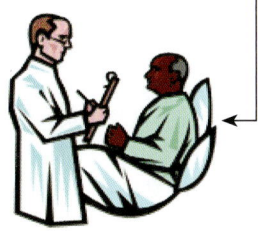

국립보건연구원은 질병을 예방하고 극복하는데 필요한 지식과 기술을 창출하고 보건 정책에 필요한 과학적 근거를 제공(提供)하며 보건의료 연구자에게 과제와 연구자원을 지원하여 보건의료 연구를 활성화 시키고 궁극적으로는 국민 건강을 보호하고 증진하는데 기여하는 국가 연구기관이다. 국립보건연구원은 1945년 9월에 설립된 조선방역연구소를 모태로 시작하여, 1963년 12월에 국립방역연구소, 국립화학연구소, 국립생약시험소를 통합하여 국립보건원으로 발족하였다. 이후 세계적으로 유행한 사스 등에 효과적으로 대응하기 위해 2004년 1월 질병관리본부로 확대 개편되면서 본 연구원은 국가질병연구기관으로서의 중추적 역할을 강화하고 있다.

감염병 연구개발을 통해 감염병 발생 시 신속한 대응(對應)을 위한 수단과 과학적 근거를 마련하기 위하여 주요 감염병 극복을 위한 진단체, 치료제, 백신 개발 연구를 추진하고 있다. 인구 고령화에 따라 만성질환 유병률과 함께 사회, 경제적 부담이 증가 하고 있으며 주요 만성질환㉠에 대응하기 위한 조사연구와 진단, 치료, 예방을 위한 기술개발 연구를 수행하고 있다.

각주

◈ 감염병 예방을 위한 행동요령

글꼴 : 굴림, 18pt, 하양
음영색 : 파랑

A. 생활안전 행동요령
   1. 비누 또는 세정제 등을 사용하여 흐르는 물에 30초 이상 손을 씻는다.
   2. 기침, 재채기를 할 때는 휴지나 옷소매로 입과 코를 가린다.
B. 증상이 나타날 때 행동요령
   1. 설사, 발열 및 호흡기 증상 시 문의 후 의료기관을 방문한다.
   2. 해외 여행객은 귀국 시 발열, 호흡기 증상이 있으면 신고해야 한다.

문단 번호 기능 사용
1수준 : 20pt, 오른쪽정렬,
2수준 : 30pt, 오른쪽정렬
줄 간격 : 180%

표 전체 글꼴 : 돋움, 10pt, 가운데 정렬
셀 배경(그러데이션) : 유형(가로), 시작색(노랑), 끝색(하양)

◈ 연구기술 역량 확보

글꼴 : 굴림, 18pt, 밑줄, 강조점

구분	기반	추진내용	비고
추진전략	미션기반	질병관리 과학적 근거기반 마련	미해결 감염병 연구개발 지속 추진 확보
	수요기반	공익가치 지향 기초기반 연구	진단, 치료, 백신 등 현장 대응형 연구
	미래대비	미래 질병위험 대응 기술개발	신종 변종 및 원인불명 감염병 대응기술 확보
기대효과	국가 보건의료 정책 방향 설정 및 협력체계 구축		보건의료 R&D 연구 활성화 기반 마련

글꼴 : 돋움, 24pt, 진하게
장평 : 105%, 오른쪽 정렬

국립보건연구원

각주 구분선 : 5cm

㉠ 보통 6개월 혹은 1년 이상 계속되는 질환을 말하며, 급성질환과 구분함

쪽 번호 매기기
5로 시작 → ⑤

다음의 지시사항 및 세부조건을 참고하여 출력형태에 알맞게 작성하시오.

• 소스 : 정복07_문제05.hwpx • 정답 : 정복07_정답05.hwpx

작성 시간 / 권장 시간
분 / 20분

글꼴 : 돋움, 18pt, 진하게, 가운데 정렬
책갈피 이름 : 무예
덧말 넣기

머리말 기능
돋움, 10pt, 오른쪽 정렬 → 무예 문화 확산

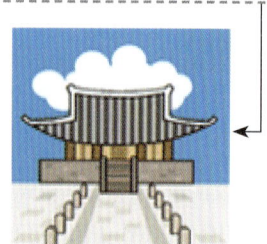

문단 첫 글자 장식 기능
글꼴 : 궁서, 면색 : 노랑

그림위치(내 PC₩문서₩ITQ₩Picture₩그림5.jpg, 문서에 포함)
자르기 기능 이용, 크기(40mm×40mm),
바깥 여백 왼쪽 : 2mm

각주

무예의 고장, 충주
세계 무예인들이 한 자리에

충주에서 '2023 국제연무ⓐ대회'가 열린다. 충주세계무술축제를 이어가는 국제연무대회는 지난 2022년부터는 조선 무과시험 및 전통놀이를 기반으로 개발된 '청소년 무예체력인증 경연' 종목이 추가 도입됨에 따라, 2세대 국제연무대회로 거듭났다. 대회 첫날에는 전 세계 무예인들이 한 자리에 모여 무예(武藝) 기량을 뽐내는 세계무예퍼포먼스 국가대표 대항전이 열린다. 부흐(몽골), 주르카네(이란), 펜칵실랏(인도네시아), 치다오바(조지아), 보카토(캄보디아) 등 6개국 무예 퍼포먼스팀과 가나, 베트남, 싱가포르, 우즈베키스탄, 인도, 카자흐스탄, 필리핀 무예 대표팀 등이 참가한다. 2019년과 2022년 문화체육관광부 장관상을 수상한 대한민국 태권도 팀도 참가해 15개국 전통무예 팀들의 화려한 연무(演武) 경연을 관람할 수 있다.

대회 둘째 날과 셋째 날에는 '청소년 무예체력인증경연'이 진행된다. 무예를 재해석하여 무예를 통해 체력을 측정하는 방식이다. 개인전은 조선 무과시험을 응용하여 개발된 손쓰기, 발쓰기, 무기쓰기, 힘쓰고 달리기 4종목이다. 특히 '힘쓰고 달리기' 종목은 조선 시대 호랑이 잡는 무사인 '착호갑사'에서 착안해 개발된 종목이다.

♥ 2023 국제연무대회 개요

글꼴 : 굴림, 18pt, 하양
음영색 : 빨강

1. 기간 및 장소
   가. 기간 : 2023. 8. 16(수) - 8. 20(일)
   나. 장소 : 충주시 (구)실내체육관
2. 대회 운영
   가. 주최/주관 : 유네스코 국제무예센터, 세계무술연맹
   나. 후원 : 문화체육관광부, 국민체육진흥공단, 충주시 등

문단 번호 기능 사용
1수준 : 20pt, 오른쪽정렬,
2수준 : 30pt, 오른쪽정렬
줄 간격 : 180%

♥ 청소년 무예체력인증경연

글꼴 : 굴림, 18pt, 밑줄, 강조점

표 전체 글꼴 : 돋움, 10pt, 가운데 정렬
셀 배경(그러데이션) : 유형(세로),
시작색(하양), 끝색(노랑)

종목		내용	각 종목 시상
개인전	손쓰기, 발쓰기, 무기쓰기	제한 시간 안에 미션 완수, 기록 측정	장원(1등)
	힘쓰고 달리기	무거운 호랑이 인형 메고 달리기	아원(2등)
단체전	놋다리 쏘기	우리 전통놀이 놋다리와 활쏘기를 기반으로 개발	탐화(3등)
		8명 놋다리 만들어 이동하기, 다트 명중시키기	참가상

글꼴 : 궁서, 24pt, 진하게
장평 : 95%, 오른쪽 정렬

세계무술연맹사무국

각주 구분선 : 5cm

ⓐ 무예를 단련한다는 뜻으로 수원 연무동과 논산 훈련소 연무대도 여기서 따온 이름

쪽 번호 매기기
6으로 시작 → vi

다음의 지시사항 및 세부조건을 참고하여 출력형태에 알맞게 작성하시오.

• 소스 : 정복07_문제06.hwpx • 정답 : 정복07_정답06.hwpx

작성 시간 / 권장 시간

분 / 20분

글꼴 : 굴림, 18pt, 진하게, 가운데 정렬
책갈피 이름 : 메타버스
덧말 넣기

머리말 기능
돋움, 10pt, 오른쪽 정렬 → 메타버스 산업육성

서울연구원
메타버스 산업활성화 정책 방안

문단 첫 글자 장식 기능
글꼴 : 굴림, 면색 : 노랑

그림위치(내 PC₩문서₩ITQ₩Picture₩그림4.jpg, 문서에 포함)
자르기 기능 이용, 크기(40mm×40mm),
바깥 여백 왼쪽 : 2mm

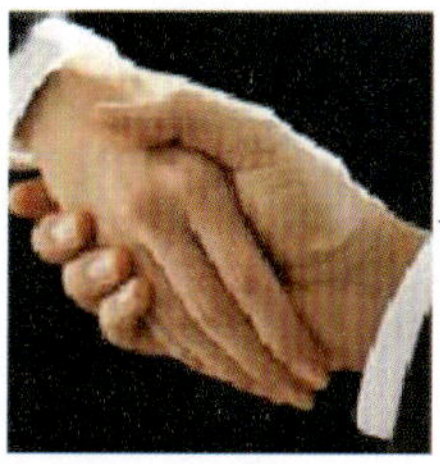

메타버스 산업활성화를 견인(牽引)하는 정책 거버넌스 확립을 위해 다원화된 주체가 참여하고 다양한 부문의 기업이 연계(連繫)하는 메타버스와 같은 산업에서는 산업발전을 선도하는 거버넌스가 긴요하다. 다양한 가치와 이해관계를 지닌 다수의 주체가 메타버스 세계에 참여해 콘텐츠 및 서비스 생산과 활용, 소비와 거래에 관여한다. 민관협력체계를 구축하여 메타버스 산업 활성화에 기여하고자 정부 주도의 메타버스 관련 거버넌스 기구로 '메타버스 얼라이언스'㉠가 설치되어 운영 중이다. (각주)

메타버스 얼라이언스는 운영위원회와 분과 및 프로젝트 그룹 운영 등을 통해 기업의 의견수렴과 신규과제 발굴, 협력활동을 지원하는 등의 역할을 수행한다. 메타버스 산업의 중심성 및 선도성을 지닌 서울시도 산업발전을 견인할 수 있는 자체적인 정책 거버넌스 확립이 필요하다. 다양한 정책 방안을 추진하기 위해서는 메타버스 산업육성 및 활성화를 뒷받침하는 조례의 마련, 메타버스 이용 활성화를 위한 제도적 환경의 재정비이다. 메타버스 이용을 제약할 수 있는 불합리한 요소를 최소화하고 이용을 촉진할 수 있는 적극적 환경을 조성하기 위한 관련 조례 제정, 법률 및 제도 정비, 공용플랫폼의 건전한 이용 환경 조성이 있다.

◈ 서울시 메타버스 산업 전략적 방안

글꼴 : 굴림, 18pt, 하양
음영색 : 파랑

가. 산업생태계 육성 및 기업 경쟁력 강화
  ㉠ 생태계에 속한 부문이나 업종의 균형적 성장
  ㉡ 기업들의 경쟁력 강화 지원
나. 메타버스 우수 인적자원 개발 지원
  ㉠ 메타버스 크리에이터 양성과정 설치 운영
  ㉡ 교육 훈련 과정을 이수한 인적자원 DB 구축

문단 번호 기능 사용
1수준 : 20pt, 오른쪽정렬,
2수준 : 30pt, 오른쪽정렬
줄 간격 : 180%

◈ *조사분석에 활용한 자료원*

글꼴 : 굴림, 18pt, 기울임, 강조점

표 전체 글꼴 : 굴림, 10pt, 가운데 정렬
셀 배경(그러데이션) : 유형(가운데에서), 시작색(하양), 끝색(노랑)

자료원	보유기관	자료원의 설명	기업 수
메타버스	얼라이언스	2021년 5월에 출범, 프로젝트 단위로 기업과 유관기관 참여 중	654개
	산업협회	가상현실산업협회와 모바일산업협회 공동 출범으로 회원사 모집	약 80개
	허브 입주기업	콘텐츠, 플랫폼, 디바이스 솔루션 기업 인큐베이팅 공간 입주	46개
스타트업	혁신의 숲	'메타버스/AR/VR' 관련 사업 등록된 스타트업 데이터베이스 활용	148개
서울경제진흥원		유관기관 협력을 통해 서울XR실증센터 운영	39개

글꼴 : 궁서, 24pt, 진하게
장평 : 105%, 오른쪽 정렬

경제연구실

각주 구분선 : 5cm

㉠ 정부 주도 민관협력체계 구축, 메타버스 산업 활성화 기여하고자 출범한 기구

쪽 번호 매기기
6으로 시작 → ⑥

MEMO

PART 03
출제예상 모의고사

	작성 시간 / 시험 시간	채점 결과
	분 / 60분	점 / 500점

• **작성 시간** : 수험자가 문제를 해결하는데 걸린 시간을 기록

과목	코드	문제유형	시험시간	수험번호	성명
아래한글	1111	A	60분		

한컴 오피스

· 수험자 유의사항 ·

● 수험자는 문제지를 받는 즉시 문제지와 **수험표상의 시험과목(프로그램)이 동일한지 반드시 확인**하여야 합니다.
● 파일명은 본인의 "수험번호-성명"으로 입력하여 답안폴더(내 PC₩문서₩ITQ)에 하나의 파일로 저장해야하며, 답안파일을 전송하지 않아 미제출로 처리될 경우 실격 처리합니다(예:12345678-홍길동.hwpx).
● 답안 작성을 마치면 파일을 저장하고, '답안 전송' 버튼을 선택하여 감독위원 PC로 답안을 전송하십시오. 수험생 정보와 저장한 파일명이 다를 경우 전송되지 않으므로 주의하시기 바랍니다.
● 답안 작성 중에도 **주기적으로 저장하고, '답안 전송'**하여야 문제 발생을 줄일 수 있습니다. 작업한 내용을 저장하지 않고 전송할 경우 이전에 저장된 내용이 전송되오니 이점 유의하시기 바랍니다.
● 답안문서는 지정된 경로 외의 다른 보조기억장치에 저장하는 경우, 지정된 시험 시간 외에 작성된 파일을 활용할 경우, 기타 통신수단(이메일, 메신저, 네트워크 등)을 이용하여 타인에게 전달 또는 외부 반출하는 경우는 부정 처리합니다.
● 시험 중 부주의 또는 고의로 시스템을 파손한 경우는 수험자가 변상해야 하며, 〈수험자 유의사항〉에 기재된 방법대로 이행하지 않아 생기는 불이익은 수험생 당사자의 책임임을 알려 드립니다.
● 문제의 조건은 한컴오피스 2022 / 2020 버전으로 설정되어 있으니 유의하시기 바랍니다.
● 시험을 완료한 수험자는 답안파일이 전송되었는지 확인한 후 감독위원의 지시에 따라 문제지를 제출하고 퇴실합니다.

· 답안 작성요령 ·

● 온라인 답안 작성 절차
　　수험자 등록 ⇒ 시험 시작 ⇒ 답안파일 저장 ⇒ 답안 전송 ⇒ 시험 종료
● 공통 부문
　• 글꼴에 대한 기본설정은 함초롬바탕, 10포인트, 검정, 줄간격 160%, 양쪽정렬로 합니다.
　• 색상은 조건의 색을 적용하고 색의 구분이 안 될 경우에는 RGB 값을 적용하십시오.
　　(빨강 255, 0, 0 / 파랑 0, 0, 255 / 노랑 255, 255, 0).
　• 각 문항에 주어진 ≪조건≫에 따라 작성하고 언급하지 않은 조건은 ≪출력형태≫와 같이 작성합니다.
　• 용지여백은 왼쪽 · 오른쪽 11mm, 위쪽 · 아래쪽 · 머리말 · 꼬리말 10mm, 제본 0mm로 합니다.
　• 그림 삽입 문제의 경우 「내 PC₩문서₩ITQ₩Picture」 폴더에서 지정된 파일을 선택하여 삽입하십시오.
　• 삽입한 그림은 반드시 문서에 포함하여 저장해야 합니다(미포함 시 감점 처리).
　• 각 항목은 지정된 페이지에 출력형태와 같이 정확히 작성하시기 바라며, 그렇지 않을 경우에 해당 항목은 0점 처리됩니다.
　※ 페이지구분 : 1페이지 – 기능평가 I (문제번호 표시 : 1. 2.),
　　　　　　　　 2페이지 – 기능평가 II (문제번호 표시 : 3. 4.),
　　　　　　　　 3페이지 – 문서작성 능력평가
● 기능평가
　• 문제와 ≪조건≫은 입력하지 않으며 문제번호와 답(≪출력형태≫)만 작성합니다.
　• 4번 문제는 묶기를 했을 경우 0점 처리됩니다.
● 문서작성 능력평가
　• A4 용지(210mm×297mm) 1매 크기, 세로 서식 문서로 작성합니다.
　• ⌐ ‾ ‾ ‾ ¬ 표시는 문서작성에 대한 지시사항이므로 작성하지 않습니다.

kpc 한국생산성본부

1. 다음의 ≪조건≫에 따라 스타일 기능을 적용하여 ≪출력형태≫와 같이 작성하시오. (50점)

≪조건≫ (1) 스타일 이름 – intelligence
(2) 문단 모양 – 왼쪽 여백 : 15pt, 문단 아래 간격 : 10pt
(3) 글자 모양 – 글꼴 : 한글(돋움)/영문(굴림), 크기 : 10pt, 장평 : 95%, 자간 : 5%

≪출력형태≫

Current artificial intelligence is considered as life and culture, beyond the industry. Discussing life in the future will be impossible without mentioning artificial intelligence.

현재의 인공지능은 산업을 넘어 삶과 문화로 여겨지고 있다. 미래의 삶에 대한 논의는 인공지능에 대한 언급 없이는 불가능할 것이다.

2. 다음의 ≪조건≫에 따라 ≪출력형태≫와 같이 표와 차트를 작성하시오. (100점)

≪표 조건≫ (1) 표 전체(표, 캡션) – 굴림, 10pt
(2) 정렬 – 문자 : 가운데 정렬, 숫자 : 오른쪽 정렬
(3) 셀 배경(면색) : 노랑
(4) 한글의 계산 기능을 이용하여 빈칸에 합계를 구하고, 캡션 기능 사용할 것
(5) 선 모양은 ≪출력형태≫와 동일하게 처리할 것

≪출력형태≫

SW 신기술 인공지능 분야 활용 현황(단위 : %)

산업분류	서비스 개선	프로세스 관리	업무 효율화	고객 관리	합계
정보통신업	54.2	50.2	45.8	21.5	
금융 및 보험업	57.5	68.3	49.5	26.0	
광업 및 제조업	50.6	49.3	46.8	49.7	
건설업	79.9	94.1	20.1	4.8	

≪차트 조건≫ (1) 차트 데이터는 표 내용에서 분야별 정보통신업, 금융 및 보험업, 광업 및 제조업의 값만 이용할 것
(2) 종류 – ⟨묶은 세로 막대형⟩으로 작업할 것
(3) 제목 – 글꼴 : 돋움, 진하게, 12pt,
속성 : 채우기(밝은 색 : 하양), 테두리, 그림자(바깥쪽 : 대각선 오른쪽 아래)
(4) 제목 이외의 전체 글꼴 – 돋움, 보통, 10pt
(5) 축제목과 범례는 ≪출력형태≫와 동일하게 처리할 것

≪출력형태≫

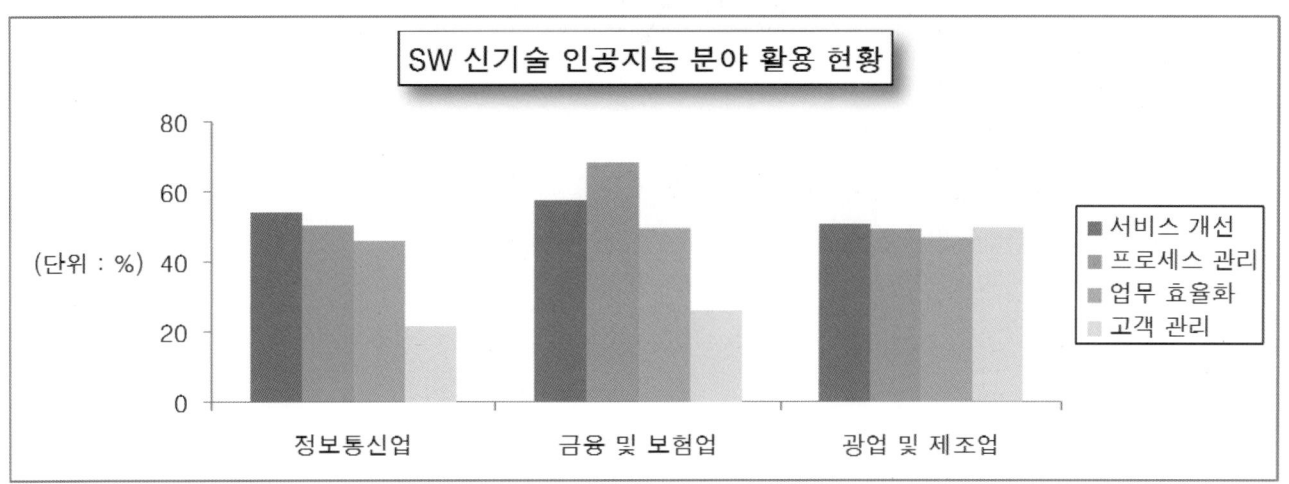

3. 다음 (1), (2)의 수식을 수식 편집기로 각각 입력하시오. (40점)

≪출력형태≫

(1) $\vec{F} = -\dfrac{4\pi^2 m}{T^2} + \dfrac{m}{T^3}$

(2) $\overline{AB} = \sqrt{(x_2 - x_1)^2 + (y_2 - y_1)^2}$

4. 다음의 ≪조건≫에 따라 ≪출력형태≫와 같이 문서를 작성하시오. (110점)

≪조건≫

(1) 그리기 도구를 이용하여 작성하고, 모든 도형(글맵시, 지정된 그림 포함)을 ≪출력형태≫와 같이 작성하시오.

(2) 도형의 면색은 지시사항이 없으면 색 없음을 제외하고 서로 다르게 임의로 지정하시오.

≪출력형태≫

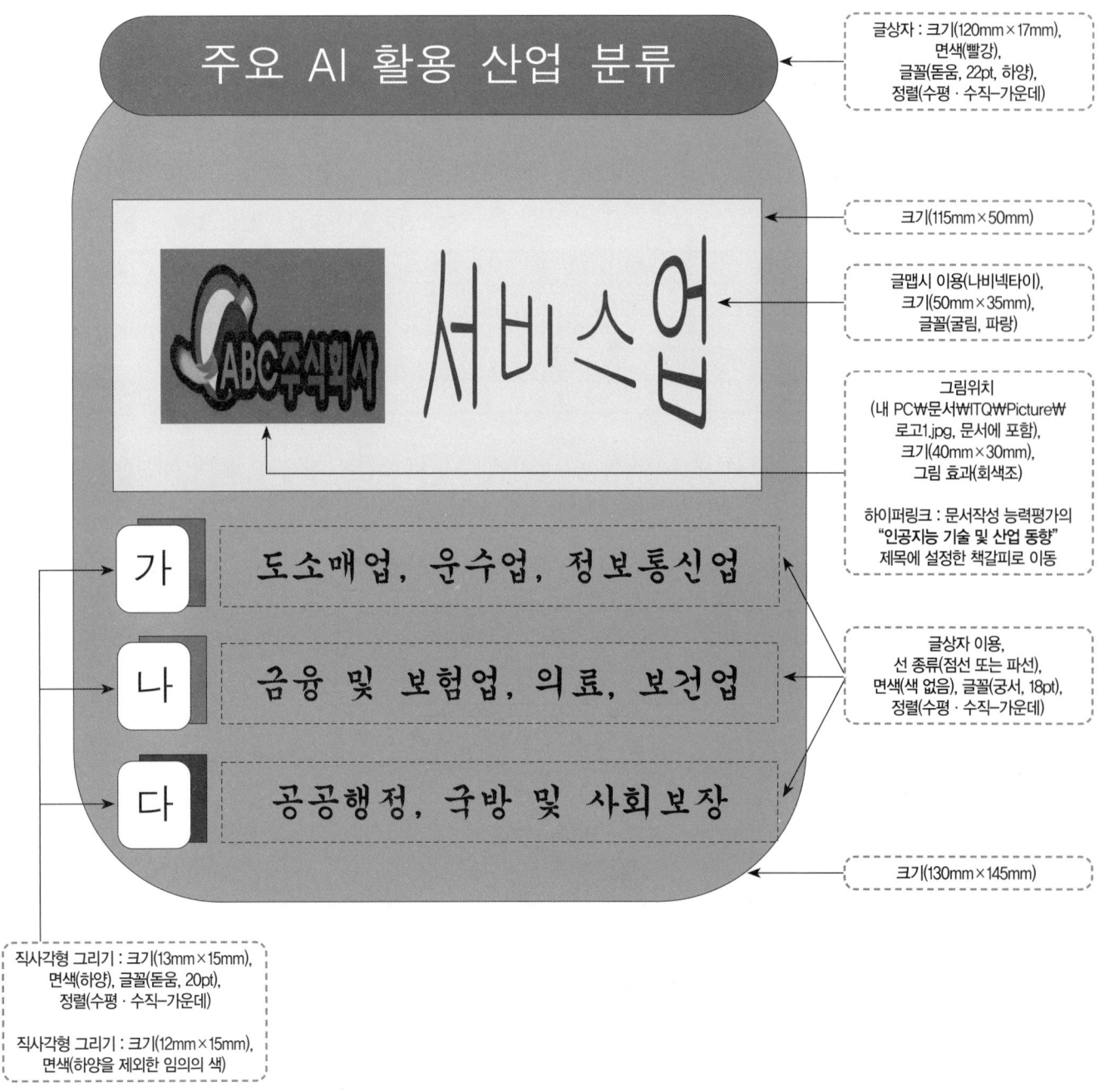

글꼴 : 굴림, 18pt, 진하게, 가운데 정렬
책갈피 이름 : 인간중심
덧말 넣기

머리말 기능
돋움, 10pt, 오른쪽 정렬 → 인공지능 서비스

초거대 인공지능
인공지능 기술 및 산업 동향

문단 첫 글자 장식 기능
글꼴 : 궁서, 면색 : 노랑

그림위치(내 PC₩문서₩ITQ₩Picture₩그림4.jpg, 문서에 포함)
자르기 기능 이용, 크기(40mm×35mm), 바깥 여백 왼쪽 : 2mm

미국의 오픈AI는 GPT-3으로 불리는 초거대 인공지능을 공개하며 많은 관심을 받았다. 특정 상황이 아닌 범용적으로 사용이 가능한 인공 일반지능을 목표로 국내외 기업들의 초거대 인공지능(人工知能) 개발 경쟁이 지속되고 있다.

네이버의 경우 자체 개발한 초대규모 인공지능 하이퍼클로바의 성능을 향상시키고 있으며, 음성검색, 번역뿐만 아니라 서비스 범위를 확대해 가고 있다. LG AI 연구원은 엑사원을 통해 6,000억 개 이상의 말뭉치, 텍스트와 결합된 고해상도 이미지 2억 5,000만 장 이상을 학습하여 제조, 연구, 교육, 통신, 금융 등 전 산업 분야에서 최고 전문가의 지능 확보를 목표로 하고 있다. 카카오브레인은 2021년 11월 GPT-3 모델의 한국어 초거대 인공지능 언어모델 KoGPT를 공개했다. 긴 문장 요약, 문장 추론을 통한 결론 예측, 질문 문맥(文脈) 이해 등 모든 종류의 언어 과제 수행이 가능하며, 오픈소스Ⓐ로 개방함으로써 접근성을 높이고자 하였다. KT도 초거대 인공지능 컴퓨팅 인프라를 클라우드 기반으로 구성하고 주요 인공지능 모델을 원클릭으로 손쉽게 구성하고 활용이 가능하도록 서비스하고 있다.

각주

◆ **해외 주요국의 분야별 AI 적용 사례**

글꼴 : 돋움, 18pt, 하양
음영색 : 파랑

가. 미국

　ⓐ 우즈홀 해양학 연구소 : 자율주행 로봇을 통한 심층 해양 탐사

　ⓑ 국립암연구소 : 암 영상 검사를 위한 AI 연구

나. 독일

　ⓐ 막스 플랑크 지능시스템 연구소 : AI 기반 로봇 터치 감지 개선

　ⓑ 드레스덴 대학 연구팀 : 질병 조기 발견 및 치료를 위한 이식형 AI 시스템

문단 번호 기능 사용
1수준 : 20pt, 오른쪽 정렬,
2수준 : 30pt, 오른쪽 정렬
줄 간격 : 180%

표 전체 글꼴 : 굴림, 10pt, 가운데 정렬
셀 배경(그러데이션) : 유형(가로),
　　　　시작색(하양), 끝색(노랑)

◆ <u>OECD의 주요 **A**I 적용 산업 및 영역</u>

글꼴 : 돋움, 18pt, 밑줄, 강조점

구분	산업분류	주요 AI 적용 영역	핵심 내용
1	정보통신업	광고, AR, VR, 네트워크 보안, 소프트웨어 생산	OECD(2022) 정책 관점에서 AI 시스템 평가를 위한 도구 개발
2	건설업	3D 빌딩 정보 모델링, 건물 시뮬레이터	
3	제조업	제품 조립, 공급망 관리 및 계획	
4	교육	AI를 활용한 개인 학습, 챗봇, 시험 또는 채점 구성	
5	숙박 및 음식점업	AI 기반 챗봇, 고객 피드백 데이터 분석	

글꼴 : 궁서, 24pt, 진하게
장평 : 105%, 오른쪽 정렬 → **한국지능정보사회진흥원**

각주 구분선 : 5cm

Ⓐ 소스 프로그램이 공개되어 자유롭게 수정하고 재배포할 수 있는 프로그램

쪽 번호 매기기
5로 시작 → ⑤

제 02 회 정보기술자격(ITQ) 출제예상 모의고사

작성 시간 / 시험 시간	채점 결과
분 / 60분	점 / 500점

과목	코드	문제유형	시험시간	수험번호	성명
아래한글	1111	B	60분		

한컴 오피스

· 수험자 유의사항 ·

● 수험자는 문제지를 받는 즉시 문제지와 **수험표상의 시험과목(프로그램)이 동일한지 반드시 확인**하여야 합니다.
● 파일명은 본인의 "수험번호−성명"으로 입력하여 답안폴더(내 PC₩문서₩ITQ)에 하나의 파일로 저장해야하며, 답안파일을 전송하지 않아 미제출로 처리될 경우 실격 처리합니다(예:12345678−홍길동.hwpx).
● 답안 작성을 마치면 파일을 저장하고, '답안 전송' 버튼을 선택하여 감독위원 PC로 답안을 전송하십시오. 수험생 정보와 저장한 파일명이 다를 경우 전송되지 않으므로 주의하시기 바랍니다.
● 답안 작성 중에도 **주기적으로 저장하고, '답안 전송'**하여야 문제 발생을 줄일 수 있습니다. 작업한 내용을 저장하지 않고 전송할 경우 이전에 저장된 내용이 전송되오니 이점 유의하시기 바랍니다.
● 답안문서는 지정된 경로 외의 다른 보조기억장치에 저장하는 경우, 지정된 시험 시간 외에 작성된 파일을 활용할 경우, 기타 통신수단(이메일, 메신저, 네트워크 등)을 이용하여 타인에게 전달 또는 외부 반출하는 경우는 부정 처리합니다.
● 시험 중 부주의 또는 고의로 시스템을 파손한 경우는 수험자가 변상해야 하며, 〈수험자 유의사항〉에 기재된 방법대로 이행하지 않아 생기는 불이익은 수험생 당사자의 책임임을 알려 드립니다.
● 문제의 조건은 한컴오피스 2022 / 2020 버전으로 설정되어 있으니 유의하시기 바랍니다.
● 시험을 완료한 수험자는 답안파일이 전송되었는지 확인한 후 감독위원의 지시에 따라 문제지를 제출하고 퇴실합니다.

· 답안 작성요령 ·

● 온라인 답안 작성 절차
　수험자 등록 ⇒ 시험 시작 ⇒ 답안파일 저장 ⇒ 답안 전송 ⇒ 시험 종료
● 공통 부문
　• 글꼴에 대한 기본설정은 함초롬바탕, 10포인트, 검정, 줄간격 160%, 양쪽정렬로 합니다.
　• 색상은 조건의 색을 적용하고 색의 구분이 안 될 경우에는 RGB 값을 적용하십시오.
　　(빨강 255, 0, 0 / 파랑 0, 0, 255 / 노랑 255, 255, 0).
　• 각 문항에 주어진 ≪조건≫에 따라 작성하고 언급하지 않은 조건은 ≪출력형태≫와 같이 작성합니다.
　• 용지여백은 왼쪽 · 오른쪽 11㎜, 위쪽 · 아래쪽 · 머리말 · 꼬리말 10㎜, 제본 0㎜로 합니다.
　• 그림 삽입 문제의 경우「내 PC₩문서₩ITQ₩Picture」폴더에서 지정된 파일을 선택하여 삽입하십시오.
　• 삽입한 그림은 반드시 문서에 포함하여 저장해야 합니다(미포함 시 감점 처리).
　• 각 항목은 지정된 페이지에 출력형태와 같이 정확히 작성하시기 바라며, 그렇지 않을 경우에 해당 항목은 0점 처리됩니다.
　　※ 페이지구분 : 1페이지 − 기능평가 I (문제번호 표시 : 1. 2.),
　　　　　　　　　　2페이지 − 기능평가 II (문제번호 표시 : 3. 4.),
　　　　　　　　　　3페이지 − 문서작성 능력평가
● 기능평가
　• 문제와 ≪조건≫은 입력하지 않으며 문제번호와 답(≪출력형태≫)만 작성합니다.
　• 4번 문제는 묶기를 했을 경우 0점 처리됩니다.
● 문서작성 능력평가
　• A4 용지(210㎜×297㎜) 1매 크기, 세로 서식 문서로 작성합니다.
　• ⸬⸬⸬⸬⸬⸬⸬ 표시는 문서작성에 대한 지시사항이므로 작성하지 않습니다.

kpc 한국생산성본부

1. 다음의 ≪조건≫에 따라 스타일 기능을 적용하여 ≪출력형태≫와 같이 작성하시오. (50점)

≪조건≫ (1) 스타일 이름 – platform
(2) 문단 모양 – 왼쪽 여백 : 15pt, 문단 아래 간격 : 10pt
(3) 글자 모양 – 글꼴 : 한글(굴림)/영문(돋움), 크기 : 10pt, 장평 : 95%, 자간 : 5%

≪출력형태≫

Online PACK is the business Online platform for the makers, suppliers and specialists in packaging, cosmetic, pharmaceutical, bio industries from all over the world.

온라인 국제포장기자재전-국제제약 화장품위크는 전 세계의 포장, 화장품, 제약, 바이오산업의 제조업체, 공급 업체와 전문가를 위한 비즈니스 온라인 플랫폼이다.

2. 다음의 ≪조건≫에 따라 ≪출력형태≫와 같이 표와 차트를 작성하시오. (100점)

≪표 조건≫ (1) 표 전체(표, 캡션) – 돋움, 10pt
(2) 정렬 – 문자 : 가운데 정렬, 숫자 : 오른쪽 정렬
(3) 셀 배경(면색) : 노랑
(4) 한글의 계산 기능을 이용하여 빈칸에 합계를 구하고, 캡션 기능 사용할 것
(5) 선 모양은 ≪출력형태≫와 동일하게 처리할 것

≪출력형태≫

국제물류산업대전 관람객 현황(단위 : 천 명)

구분	10회	11회	12회	13회	합계
1일차	7.4	8.1	7.9	8.5	
2일차	12.2	13.7	12.8	13.1	
3일차	10.1	10.5	11.2	11.9	
4일차	4.8	5.2	5.7	6.2	

≪차트 조건≫ (1) 차트 데이터는 표 내용에서 횟수별 1일차, 2일차, 3일차의 값만 이용할 것
(2) 종류 – 〈묶은 세로 막대형〉으로 작업할 것
(3) 제목 – 글꼴 : 굴림, 진하게, 12pt,
속성 : 채우기(밝은 색 : 하양), 테두리, 그림자(바깥쪽 : 대각선 오른쪽 아래)
(4) 제목 이외의 전체 글꼴 – 굴림, 보통, 10pt
(5) 축제목과 범례는 ≪출력형태≫와 동일하게 처리할 것

≪출력형태≫

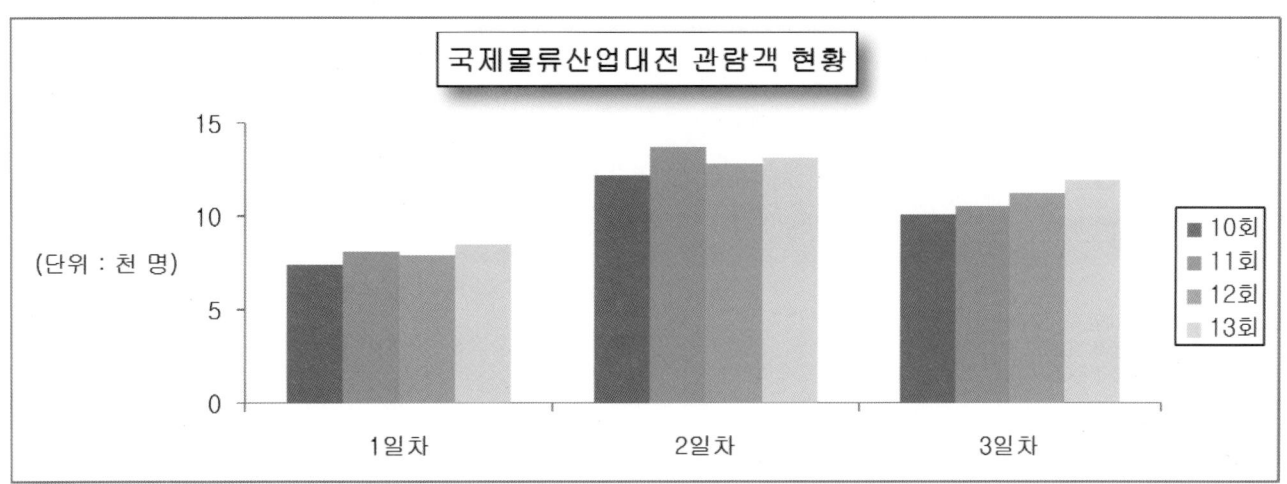

3. 다음 (1), (2)의 수식을 수식 편집기로 각각 입력하시오. (40점)

≪출력형태≫

(1) $Q = \lim_{\Delta t \to 0} \dfrac{\Delta s}{\Delta t} = \dfrac{d^2 s}{dt^2} + 1$ (2) $\displaystyle\int_a^b x f(x) dx = \dfrac{1}{b-a} \int_a^b x dx = \dfrac{a+b}{2}$

4. 다음의 ≪조건≫에 따라 ≪출력형태≫와 같이 문서를 작성하시오. (110점)

≪조건≫

(1) 그리기 도구를 이용하여 작성하고, 모든 도형(글맵시, 지정된 그림 포함)을 ≪출력형태≫와 같이 작성하시오.

(2) 도형의 면색은 지시사항이 없으면 색 없음을 제외하고 서로 다르게 임의로 지정하시오.

≪출력형태≫

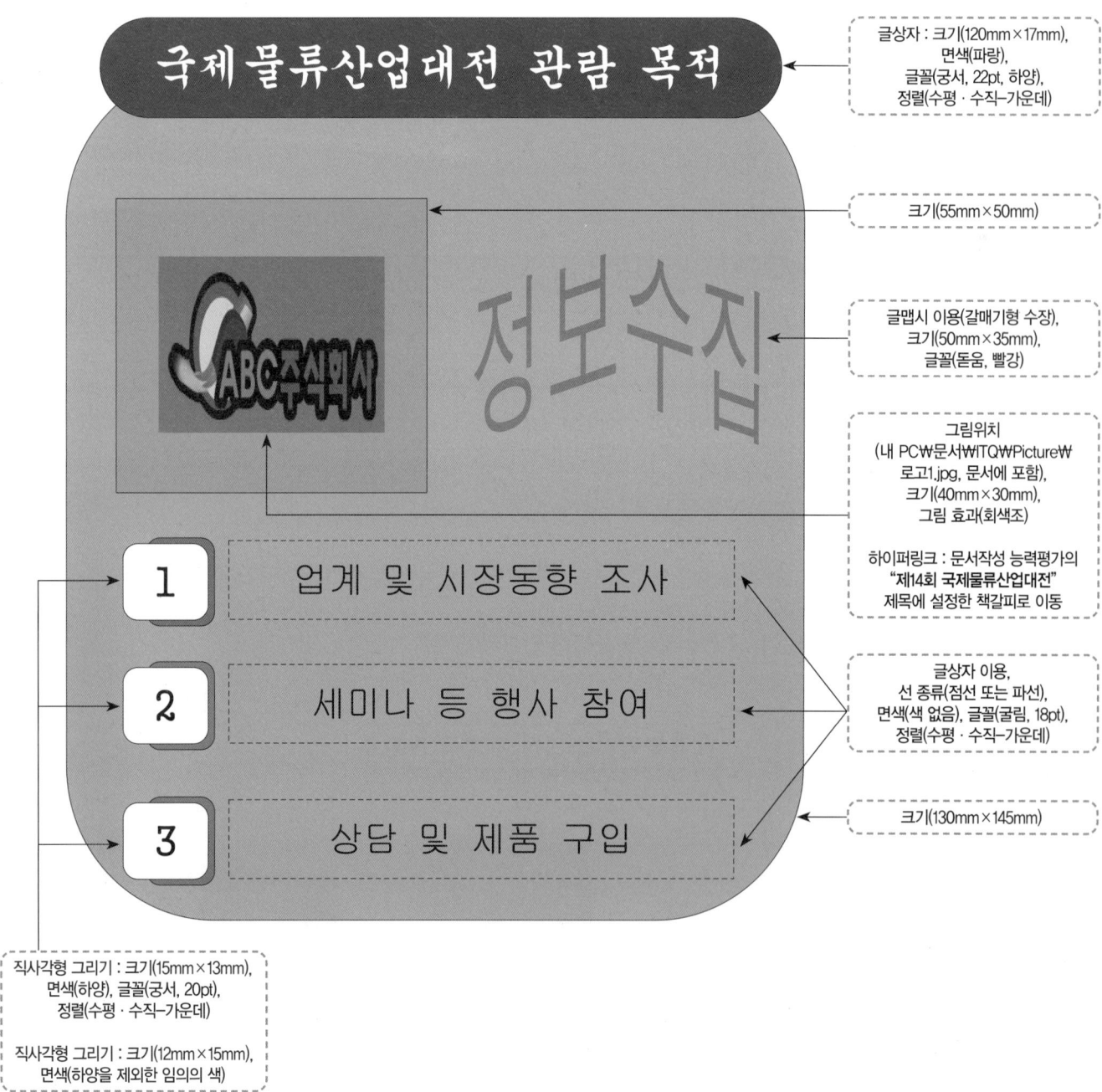

글상자 : 크기(120mm×17mm), 면색(파랑), 글꼴(궁서, 22pt, 하양), 정렬(수평 · 수직-가운데)

크기(55mm×50mm)

글맵시 이용(갈매기형 수장), 크기(50mm×35mm), 글꼴(돋움, 빨강)

그림위치 (내 PC₩문서₩ITQ₩Picture₩ 로고1.jpg, 문서에 포함), 크기(40mm×30mm), 그림 효과(회색조)

하이퍼링크 : 문서작성 능력평가의 "제14회 국제물류산업대전" 제목에 설정한 책갈피로 이동

글상자 이용, 선 종류(점선 또는 파선), 면색(색 없음), 글꼴(굴림, 18pt), 정렬(수평 · 수직-가운데)

크기(130mm×145mm)

직사각형 그리기 : 크기(15mm×13mm), 면색(하양), 글꼴(궁서, 20pt), 정렬(수평 · 수직-가운데)

직사각형 그리기 : 크기(12mm×15mm), 면색(하양을 제외한 임의의 색)

글꼴 : 돋움, 18pt, 진하게, 가운데 정렬
책갈피 이름 : 물류
덧말 넣기

물류산업의 변화와 혁신
제14회 국제물류산업대전

문단 첫 글자 장식 기능
글꼴 : 궁서, 면색 : 노랑

그림위치(내 PC₩문서₩ITQ₩Picture₩그림4.jpg, 문서에 포함)
자르기 기능 이용, 크기(40mm×40mm), 바깥 여백 왼쪽 : 2mm

국제물류산업대전은 한국통합물류협회가 주최하고 국토교통부가 후원하는 운송, 서비스, 보관, 물류설비 분야를 아우르는 국내 최대 규모의 물류 전시회이다. 국제물류산업대전에서는 물류 IT, 물류 자동화 시스템, 유통 솔루션 및 기기, 콜드체인 솔루션 등 산업의 디지털 전환(轉換)을 이끌어가고 있는 국내외 기업들이 참가하여 제품 및 솔루션을 전시하고 물류산업의 트렌드를 한눈에 살펴볼 수 있는 자리이다. 각주

이번 전시회에서는 물류 서비스 및 물류 스타트업㉠ 전용관을 통해 분야별 물류 전문가와의 만남의 장을 마련하고 글로벌 경쟁력을 갖춘 국내 화주(貨主) 및 물류기업의 해외 진출 지원을 위한 해외 투자 환경 정보 제공과 글로벌 네트워크 확보 기회를 제공한다. 별도로 마련된 국토교통 연구개발 홍보관과 스타트업관에서는 국가 물류 연구개발 사업에 관한 내용을 확인하고 물류 분야 창업 기업들을 만나볼 수 있으며, 전시회 방문 기업을 대상으로 스마트물류센터 인증제도 관련 설명회와 상담도 진행한다. 스마트물류센터 인증제도는 인공지능 기반 화물 처리와 물류센터 자동화 등 스마트 물류 기술을 활용하는 물류 시설에 투자비의 일부를 지원하는 제도이다.

♣ 제14회 국제물류산업대전 개요

글꼴 : 궁서, 18pt, 하양
음영색 : 빨강

가. 기간 및 장소

① 기간 : 2024. 4. 23 - 26, 4일간

② 장소 : 킨텍스 제2전시장

나. 주최 및 후원

① 주최 : 한국통합물류협회, 산업전문전시회

② 후원 : 국토교통부, 경기도

문단 번호 기능 사용
1수준 : 20pt, 오른쪽 정렬,
2수준 : 30pt, 오른쪽 정렬
줄 간격 : 180%

표 전체 글꼴 : 돋움, 10pt, 가운데 정렬
셀 배경(그러데이션) : 유형(가로),
시작색(하양), 끝색(노랑)

♣ 물류 분야 및 콜드체인 분야 세미나

글꼴 : 궁서, 18pt, 밑줄, 강조점

분야	일자	발표 주제	장소
물류 분야	2024. 4. 23	물류 분야 글로벌 환경 세미나	제2전시장 205호
	2024. 4. 24	물류산업 변화, 물류 기술 혁신과 안전	제2전시장 212호
		다채널 물류센터의 도전과 미래지향적 자동화 솔루션	제2전시장 210호
	2024. 4. 25	모빌리티 혁신	제2전시장 212호
콜드체인 분야	2024. 4. 26	콜드체인 고도화를 위한 신기술 세미나	

글꼴 : 돋움, 24pt, 진하게
장평 : 105%, 오른쪽 정렬 → # 국제물류산업대전사무국

각주 구분선 : 5cm

㉠ 혁신적인 기술 또는 아이디어를 가진 신생 창업 기업들을 의미

쪽 번호 매기기
6으로 시작 → VI

정보기술자격(ITQ) 출제예상 모의고사

	작성 시간 / 시험 시간	채점 결과
	분 / 60분	점 / 500점

과목	코드	문제유형	시험시간	수험번호	성명
아래한글	1111	C	60분		

한컴 오피스

· 수험자 유의사항 ·

● 수험자는 문제지를 받는 즉시 문제지와 **수험표상의 시험과목(프로그램)이 동일한지 반드시 확인**하여야 합니다.

● 파일명은 본인의 "수험번호-성명"으로 입력하여 답안폴더(내 PC₩문서₩ITQ)에 하나의 파일로 저장해야하며, 답안파일을 전송하지 않아 미제출로 처리될 경우 실격 처리합니다(예:12345678-홍길동.hwpx).

● 답안 작성을 마치면 파일을 저장하고, '답안 전송' 버튼을 선택하여 감독위원 PC로 답안을 전송하십시오. 수험생 정보와 저장한 파일명이 다를 경우 전송되지 않으므로 주의하시기 바랍니다.

● 답안 작성 중에도 **주기적으로 저장하고, '답안 전송'**하여야 문제 발생을 줄일 수 있습니다. 작업한 내용을 저장하지 않고 전송할 경우 이전에 저장된 내용이 전송되오니 이점 유의하시기 바랍니다.

● 답안문서는 지정된 경로 외의 다른 보조기억장치에 저장하는 경우, 지정된 시험 시간 외에 작성된 파일을 활용할 경우, 기타 통신수단(이메일, 메신저, 네트워크 등)을 이용하여 타인에게 전달 또는 외부 반출하는 경우는 부정 처리합니다.

● 시험 중 부주의 또는 고의로 시스템을 파손한 경우는 수험자가 변상해야 하며, 〈수험자 유의사항〉에 기재된 방법대로 이행하지 않아 생기는 불이익은 수험생 당사자의 책임임을 알려 드립니다.

● 문제의 조건은 한컴오피스 2022 / 2020 버전으로 설정되어 있으니 유의하시기 바랍니다.

● 시험을 완료한 수험자는 답안파일이 전송되었는지 확인한 후 감독위원의 지시에 따라 문제지를 제출하고 퇴실합니다.

· 답안 작성요령 ·

● 온라인 답안 작성 절차
수험자 등록 ⇒ 시험 시작 ⇒ 답안파일 저장 ⇒ 답안 전송 ⇒ 시험 종료

● 공통 부문
  · 글꼴에 대한 기본설정은 함초롬바탕, 10포인트, 검정, 줄간격 160%, 양쪽정렬로 합니다.
  · 색상은 조건의 색을 적용하고 색의 구분이 안 될 경우에는 RGB 값을 적용하십시오.
    (빨강 255, 0, 0 / 파랑 0, 0, 255 / 노랑 255, 255, 0).
  · 각 문항에 주어진 ≪조건≫에 따라 작성하고 언급하지 않은 조건은 ≪출력형태≫와 같이 작성합니다.
  · 용지여백은 왼쪽 · 오른쪽 11㎜, 위쪽 · 아래쪽 · 머리말 · 꼬리말 10㎜, 제본 0㎜로 합니다.
  · 그림 삽입 문제의 경우 「내 PC₩문서₩ITQ₩Picture」 폴더에서 지정된 파일을 선택하여 삽입하십시오.
  · 삽입한 그림은 반드시 문서에 포함하여 저장해야 합니다(미포함 시 감점 처리).
  · 각 항목은 지정된 페이지에 출력형태와 같이 정확히 작성하시기 바라며, 그렇지 않을 경우에 해당 항목은 0점 처리됩니다.
    ※ 페이지구분 : 1페이지 - 기능평가 I (문제번호 표시 : 1. 2.),
                    2페이지 - 기능평가 II (문제번호 표시 : 3. 4.),
                    3페이지 - 문서작성 능력평가

● 기능평가
  · 문제와 ≪조건≫은 입력하지 않으며 문제번호와 답(≪출력형태≫)만 작성합니다.
  · 4번 문제는 묶기를 했을 경우 0점 처리됩니다.

● 문서작성 능력평가
  · A4 용지(210㎜×297㎜) 1매 크기, 세로 서식 문서로 작성합니다.
  · ⌜ ⌝ 표시는 문서작성에 대한 지시사항이므로 작성하지 않습니다.

kpc 한국생산성본부

1. 다음의 ≪조건≫에 따라 스타일 기능을 적용하여 ≪출력형태≫와 같이 작성하시오. (50점)

≪조건≫ (1) 스타일 이름 – exhibition
(2) 문단 모양 – 왼쪽 여백 : 15pt, 문단 아래 간격 : 10pt
(3) 글자 모양 – 글꼴 : 한글(돋움)/영문(굴림), 크기 : 10pt, 장평 : 95%, 자간 : 5%

≪출력형태≫

Home table deco fair is an exhibition that the greatest number of industry professionals in the field of home living get together providing a wide range of business opportunities with a nationwide networking.

홈테이블데코페어는 리빙 분야의 관계자들이 가장 많이 모이는 전시회이자 전국적인 네트워킹을 갖춘 리빙 전시회로서 광범위한 비즈니스 기회를 제공한다.

2. 다음의 ≪조건≫에 따라 ≪출력형태≫와 같이 표와 차트를 작성하시오. (100점)

≪표 조건≫ (1) 표 전체(표, 캡션) – 굴림, 10pt
(2) 정렬 – 문자 : 가운데 정렬, 숫자 : 오른쪽 정렬
(3) 셀 배경(면색) : 노랑
(4) 한글의 계산 기능을 이용하여 빈칸에 평균(소수점 두 자리)을 구하고, 캡션 기능 사용할 것
(5) 선 모양은 ≪출력형태≫와 동일하게 처리할 것

≪출력형태≫

지역별 홈테이블데코페어 방문 목적(단위 : %)

방문 목적	부산	수원	대구	서울	평균
시장 및 제품조사	49.2	41.5	39.6	57.8	
인테리어 산업조사	27.2	27.4	29.9	23.4	
제품거래	16.8	19.8	14.2	19.2	
신규거래처 발굴	15.3	13.8	11.6	12.7	

≪차트 조건≫ (1) 차트 데이터는 표 내용에서 지역별 시장 및 제품조사, 인테리어 산업조사, 제품거래의 값만 이용할 것
(2) 종류 – 〈묶은 세로 막대형〉으로 작업할 것
(3) 제목 – 글꼴 : 돋움, 진하게, 12pt,
속성 : 채우기(밝은 색 : 하양), 테두리, 그림자(바깥쪽 : 대각선 오른쪽 아래)
(4) 제목 이외의 전체 글꼴 – 돋움, 보통, 10pt
(5) 축제목과 범례는 ≪출력형태≫와 동일하게 처리할 것

≪출력형태≫

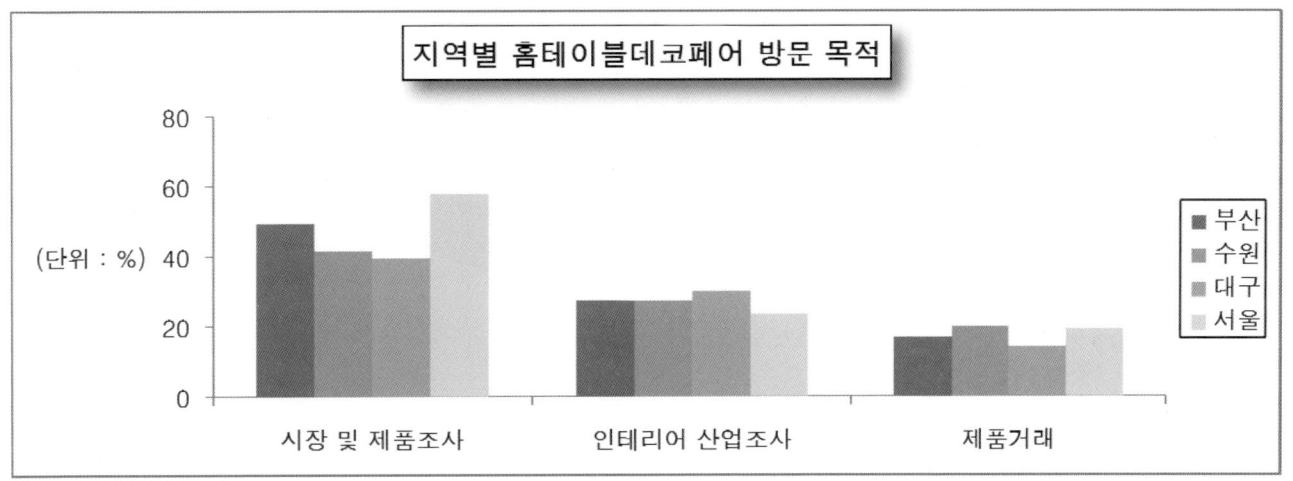

3. 다음 (1), (2)의 수식을 수식 편집기로 각각 입력하시오. (40점)

≪출력형태≫

(1) $\dfrac{V_2}{V_1} = \dfrac{0.90 \times 10^3}{1.0 \times 10^3} = 0.80$

(2) $\sqrt{a+b+2\sqrt{ab}} = \sqrt{a} + \sqrt{b}\,(a > 0, b > 0)$

4. 다음의 ≪조건≫에 따라 ≪출력형태≫와 같이 문서를 작성하시오. (110점)

≪조건≫

(1) 그리기 도구를 이용하여 작성하고, 모든 도형(글맵시, 지정된 그림 포함)을 ≪출력형태≫와 같이 작성하시오.

(2) 도형의 면색은 지시사항이 없으면 색 없음을 제외하고 서로 다르게 임의로 지정하시오.

≪출력형태≫

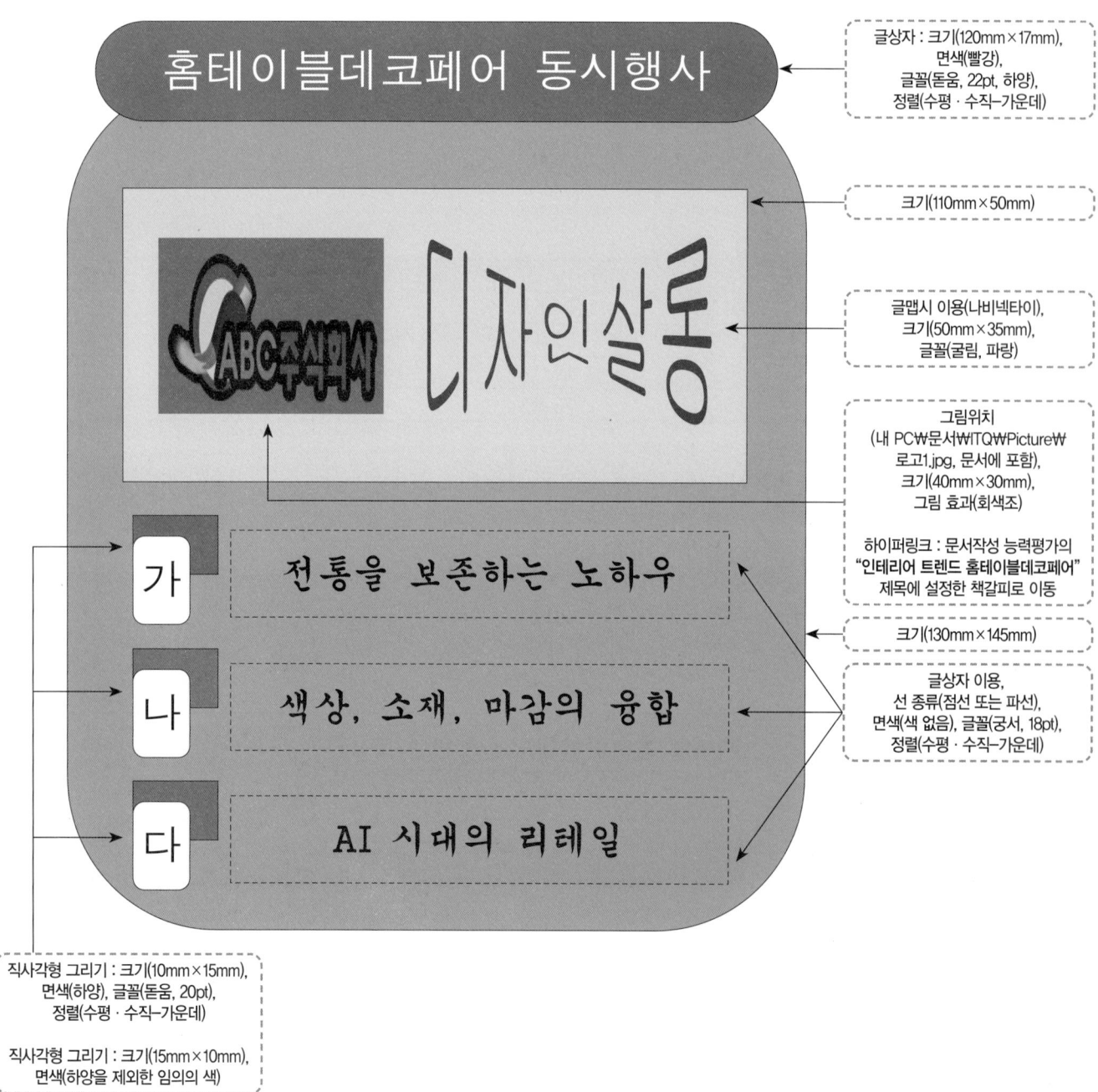

글꼴 : 굴림, 18pt, 진하게, 가운데 정렬
책갈피 이름 : 홈데코
덧말 넣기

머리말 기능
돋움, 10pt, 오른쪽 정렬 → 리빙 문화

홈스타일링 플랫폼
인테리어 트렌드 홈테이블데코페어

문단 첫 글자 장식 기능
글꼴 : 궁서, 면색 : 노랑

각주

그림위치(내 PC₩문서₩ITQ₩Picture₩그림4.jpg, 문서에 포함)
자르기 기능 이용, 크기(40mm×35mm), 바깥 여백 왼쪽 : 2mm

홈테이블데코페어는 인테리어 트렌드④와 감각적인 리빙 브랜드를 한 곳에서 소개하는 프리미엄 홈스타일링 전시회이다. 2019년에는 서울, 부산, 대구, 제주 4개의 도시에서 약 20만 명의 참관객들이 홈테이블데코페어를 방문하는 성과를 이루며 리빙 업계의 발전을 이끌어가는 비즈니스 전시회로 자리매김하고 있다. 2020년에는 수원 홈테이블데코페어를 새롭게 론칭하여 더욱 더 다양한 관람객이 방문할 기회를 제공한다. 관람객과 바이어 그리고 참가업체 모두를 만족시키는 홈테이블데코페어에서는 다양한 분야의 바이어들과 참관객들에게 브랜드를 알리고 전국적인 범위의 네트워크를 구축하는 장이 마련된다.

리빙 인테리어 시장에서도 독창적이며 트렌디한 작품을 찾는 소비자들은 예술(藝術), 디자인, 리빙, 공예의 경계를 무너뜨리기를 원한다. 이런 변화의 중심에 있는 공예는 테이블에서 공간(空間) 전체로 이동하여 공간에 예술성을 불어넣고자 한다. 홈테이블데코페어는 이러한 키친, 다이닝, 수면 공간의 변화를 주도하고 제안하고 있다. 또한 이번 페어에서는 기후 이상 변화와 감염병의 확산으로 친환경을 넘어 지구환경의 지속가능성을 추구하는 기획관도 운영된다.

♥ 2024 서울 홈테이블데코페어

글꼴 : 돋움, 18pt, 하양
음영색 : 파랑

가) 장소 및 일정
  a) 장소 : 서울 코엑스 A, B홀
  b) 일정 : 2024. 2. 8(목)-11(일)
나) 관람시간 및 동시개최
  a) 관람시간 : 목/금(10:00-18:00), 토/일(10:00-19:00)
  b) 동시개최 : 경기도자페어, 디자인 살롱

문단 번호 기능 사용
1수준 : 20pt, 오른쪽 정렬,
2수준 : 30pt, 오른쪽 정렬
줄 간격 : 180%

표 전체 글꼴 : 굴림, 10pt, 가운데 정렬
셀 배경(그러데이션) : 유형(가로),
시작색(노랑), 끝색(하양)

♥ 주요 컨퍼런스 프로그램 안내

글꼴 : 돋움, 18pt, 밑줄, 강조점

구분	주제	시간	강연자	내용
1일차	글로벌 디자인 트렌드	11:00 - 11:50	사빈 마르셀리스	소재 탐구와 산업 연계를 통한 새로운 비전
		12:00 - 12:50	폴 코넷	건축과 디자인의 현재
		17:00 - 17:50	톰 딕슨	글로벌 브랜드의 구축 과정
2일차	라이프스타일, 인테리어 트렌드	10:30 - 11:30	이현주	2023/2024 트렌드 스트림
		15:00 - 15:50	이정민	2024 리테일 트렌드

글꼴 : 궁서, 24pt, 진하게
장평 : 105%, 오른쪽 정렬 → **홈테이블데코페어사무국**

각주 구분선 : 5cm

④ 사상이나 행동 또는 어떤 현상에서 나타나는 일정한 방향

쪽 번호 매기기
5로 시작 → 마

제 04 회 정보기술자격(ITQ) 출제예상 모의고사

	작성 시간 / 시험 시간	채점 결과
	분 / 60분	점 / 500점

과목	코드	문제유형	시험시간	수험번호	성명
아래한글	1111	A	60분		

한컴 오피스

· 수험자 유의사항 ·

● 수험자는 문제지를 받는 즉시 문제지와 **수험표상의 시험과목(프로그램)이 동일한지 반드시 확인**하여야 합니다.
● 파일명은 본인의 "수험번호-성명"으로 입력하여 답안폴더(내 PC₩문서₩ITQ)에 하나의 파일로 저장해야하며, 답안파일을 전송하지 않아 미제출로 처리될 경우 실격 처리합니다(예:12345678-홍길동.hwpx).
● 답안 작성을 마치면 파일을 저장하고, '답안 전송' 버튼을 선택하여 감독위원 PC로 답안을 전송하십시오. 수험생 정보와 저장한 파일명이 다를 경우 전송되지 않으므로 주의하시기 바랍니다.
● 답안 작성 중에도 **주기적으로 저장하고, '답안 전송'**하여야 문제 발생을 줄일 수 있습니다. 작업한 내용을 저장하지 않고 전송할 경우 이전에 저장된 내용이 전송되오니 이점 유의하시기 바랍니다.
● 답안문서는 지정된 경로 외의 다른 보조기억장치에 저장하는 경우, 지정된 시험 시간 외에 작성된 파일을 활용할 경우, 기타 통신수단(이메일, 메신저, 네트워크 등)을 이용하여 타인에게 전달 또는 외부 반출하는 경우는 부정 처리합니다.
● 시험 중 부주의 또는 고의로 시스템을 파손한 경우는 수험자가 변상해야 하며, 〈수험자 유의사항〉에 기재된 방법대로 이행하지 않아 생기는 불이익은 수험생 당사자의 책임임을 알려 드립니다.
● 문제의 조건은 한컴오피스 2022 / 2020 버전으로 설정되어 있으니 유의하시기 바랍니다.
● 시험을 완료한 수험자는 답안파일이 전송되었는지 확인한 후 감독위원의 지시에 따라 문제지를 제출하고 퇴실합니다.

· 답안 작성요령 ·

● 온라인 답안 작성 절차
  수험자 등록 ⇒ 시험 시작 ⇒ 답안파일 저장 ⇒ 답안 전송 ⇒ 시험 종료
● 공통 부문
  • 글꼴에 대한 기본설정은 함초롬바탕, 10포인트, 검정, 줄간격 160%, 양쪽정렬로 합니다.
  • 색상은 조건의 색을 적용하고 색의 구분이 안 될 경우에는 RGB 값을 적용하십시오.
    (빨강 255, 0, 0 / 파랑 0, 0, 255 / 노랑 255, 255, 0).
  • 각 문항에 주어진 《조건》에 따라 작성하고 언급하지 않은 조건은 《출력형태》와 같이 작성합니다.
  • 용지여백은 왼쪽 · 오른쪽 11mm, 위쪽 · 아래쪽 · 머리말 · 꼬리말 10mm, 제본 0mm로 합니다.
  • 그림 삽입 문제의 경우「내 PC₩문서₩ITQ₩Picture」폴더에서 지정된 파일을 선택하여 삽입하십시오.
  • 삽입한 그림은 반드시 문서에 포함하여 저장해야 합니다(미포함 시 감점 처리).
  • 각 항목은 지정된 페이지에 출력형태와 같이 정확히 작성하시기 바라며, 그렇지 않을 경우에 해당 항목은 0점 처리됩니다.
    ※ 페이지구분 : 1페이지 – 기능평가 I (문제번호 표시 : 1. 2.),
                  2페이지 – 기능평가 II (문제번호 표시 : 3. 4.),
                  3페이지 – 문서작성 능력평가
● 기능평가
  • 문제와 《조건》은 입력하지 않으며 문제번호와 답(《출력형태》)만 작성합니다.
  • 4번 문제는 묶기를 했을 경우 0점 처리됩니다.
● 문서작성 능력평가
  • A4 용지(210mm×297mm) 1매 크기, 세로 서식 문서로 작성합니다.
  • [   ] 표시는 문서작성에 대한 지시사항이므로 작성하지 않습니다.

kpc 한국생산성본부

1. 다음의 ≪조건≫에 따라 스타일 기능을 적용하여 ≪출력형태≫와 같이 작성하시오. (50점)

≪조건≫ (1) 스타일 이름 - expo
　　　　(2) 문단 모양 - 왼쪽 여백 : 15pt, 문단 아래 간격 : 10pt
　　　　(3) 글자 모양 - 글꼴 : 한글(굴림)/영문(돋움), 크기 : 10pt, 장평 : 95%, 자간 : 5%

≪출력형태≫

K-SAFETY EXPO 2024 is the largest market place of safety industry in Korea to introduce advanced technologies in safety industry of Korea to public.

대한민국 안전산업박람회는 우리나라의 선진안전산업을 선보이고 국내외 공공 바이어와 민간 바이어가 한자리에 모이는 국내 최대의 안전산업 마켓 플레이스이다.

2. 다음의 ≪조건≫에 따라 ≪출력형태≫와 같이 표와 차트를 작성하시오. (100점)

≪표 조건≫ (1) 표 전체(표, 캡션) - 돋움, 10pt
　　　　　(2) 정렬 - 문자 : 가운데 정렬, 숫자 : 오른쪽 정렬
　　　　　(3) 셀 배경(면색) : 노랑
　　　　　(4) 한글의 계산 기능을 이용하여 빈칸에 합계를 구하고, 캡션 기능 사용할 것
　　　　　(5) 선 모양은 ≪출력형태≫와 동일하게 처리할 것

≪출력형태≫

연도별 안전산업박람회 참관객(단위 : 천 명)

구분	2020년	2021년	2022년	2023년	합계
20대	5.6	7.5	8.4	15.4	
30대	7.3	13.6	12.2	14.8	
40대	14.5	12.8	14.6	16.4	
50대 이상	6.2	7.4	9.2	11.7	

≪차트 조건≫ (1) 차트 데이터는 표 내용에서 연도별 20대, 30대, 40대의 값만 이용할 것
　　　　　　(2) 종류 - 〈표식이 있는 꺾은선형〉으로 작업할 것
　　　　　　(3) 제목 - 글꼴 : 굴림, 진하게, 12pt,
　　　　　　　　　속성 : 채우기(밝은 색 : 하양), 테두리, 그림자(바깥쪽 : 대각선 오른쪽 아래)
　　　　　　(4) 제목 이외의 전체 글꼴 - 굴림, 보통, 10pt
　　　　　　(5) 축제목과 범례는 ≪출력형태≫와 동일하게 처리할 것

≪출력형태≫

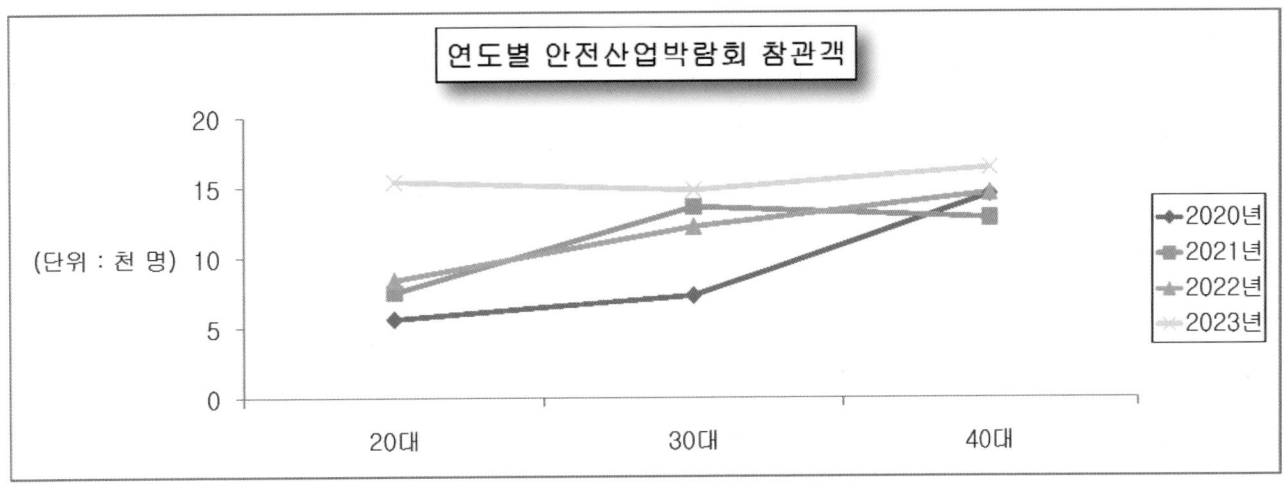

3. 다음 (1), (2)의 수식을 수식 편집기로 각각 입력하시오. (40점)

≪출력형태≫

(1) $\displaystyle\int_a^b A(x-a)(x-b)dx = -\frac{A}{6}(b-a)^3$

(2) $A^3 + \sqrt{\dfrac{gL}{2\pi}} = \dfrac{gT}{2\pi}$

4. 다음의 ≪조건≫에 따라 ≪출력형태≫와 같이 문서를 작성하시오. (110점)

≪조건≫

(1) 그리기 도구를 이용하여 작성하고, 모든 도형(글맵시, 지정된 그림 포함)을 ≪출력형태≫와 같이 작성하시오.

(2) 도형의 면색은 지시사항이 없으면 색 없음을 제외하고 서로 다르게 임의로 지정하시오.

≪출력형태≫

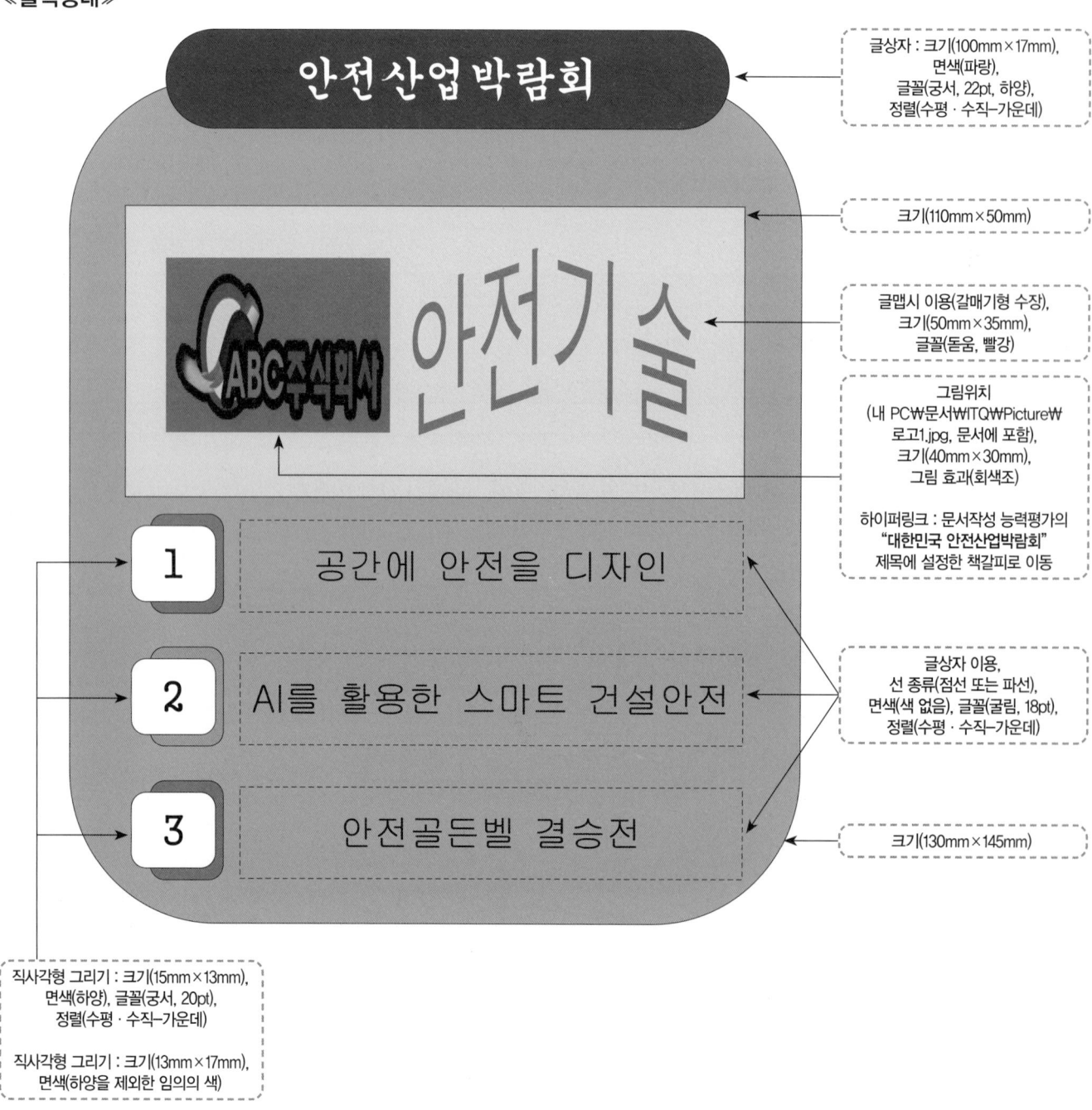

글상자 : 크기(100mm×17mm),
면색(파랑),
글꼴(궁서, 22pt, 하양),
정렬(수평·수직-가운데)

크기(110mm×50mm)

글맵시 이용(갈매기형 수장),
크기(50mm×35mm),
글꼴(돋움, 빨강)

그림위치
(내 PC₩문서₩ITQ₩Picture₩
로고1.jpg, 문서에 포함),
크기(40mm×30mm),
그림 효과(회색조)

하이퍼링크 : 문서작성 능력평가의
"대한민국 안전산업박람회"
제목에 설정한 책갈피로 이동

글상자 이용,
선 종류(점선 또는 파선),
면색(색 없음), 글꼴(굴림, 18pt),
정렬(수평·수직-가운데)

크기(130mm×145mm)

직사각형 그리기 : 크기(15mm×13mm),
면색(하양), 글꼴(궁서, 20pt),
정렬(수평·수직-가운데)

직사각형 그리기 : 크기(13mm×17mm),
면색(하양을 제외한 임의의 색)

안전문화 확산
대한민국 안전산업박람회

4 차 산업혁명이 세계적인 흐름으로 이어지면서 안전산업 분야에도 태풍, 지진 등의 자연재해 예측(豫測)부터 화재, 추락 등의 산업 안전사고 대비까지 이전에는 없었던 새로운 방향의 기술이 등장해 접목되고 있다. 4차 산업혁명 기술을 접목한 첨단 안전제품들을 한자리에서 볼 수 있는 대한민국 안전산업박람회는 안전관련 정부부처, 지자체, 공공기관이 참여하여 범정부적으로 추진되는 국내 최대 규모의 안전산업 종합박람회로 부처별 안전관련 사업 정책, R&D, 콘퍼런스 등을 연계하여 전시회를 개최한다.

첨단기술을 활용한 혁신(革新) 안전제품을 선보이며 사회 전반의 안전에 대한 경각심을 고취하고 안전관련 기업의 판로를 지원하는 대한민국 안전산업박람회는 로봇, 무인기, 생체인식, 인공지능, 사물인터넷 등의 다양한 신기술이 접목된 제품이 선보여지는 혁신성장관과 방재, 산업, 생활, 교통, 치안 등 분야별 안전제품을 볼 수 있는 안전제품관으로 나뉘어 진행된다. 또한 안전산업 관련 기관 및 기업들의 수출 상담회를 통해 양질의 해외 바이어를 만날 수 있는 비즈니스존과 VR㉮, AR 등을 활용한 지진체험, 항공기 안전체험 등을 할 수 있는 안전체험마을 등을 부대행사로 운영한다.

각주

♥ 대한민국 안전산업박람회 개요

가. 기간 및 장소
　① 기간 : 2024. 1. 8 - 1. 11, 4일간
　② 장소 : 킨텍스 제1전시장
나. 주최 및 프로그램
　① 주최 : 행정안전부, 산업통상자원부, 경기도
　② 프로그램 : 전시, 컨퍼런스, 안전체험마을 등

♥ 국민안전체험관 체험안내

안전체험	세부코너	체험인원	체험연령
산악안전	바위타기-흔들다리건너기-계곡횡단하기	20명	초등생 이상
호우안전	침수공간탈출-침수계단탈출-침수차량탈출-수난구조체험		
지진안전	지진VR-지진붕괴대피-72시간생존		
응급안전	영유아 심폐소생술 및 기도폐쇄처치, 생활응급처치	30명	미취학 아동
키즈안전	지진대피-가정 내 안전사고-화재 대피-119신고-차량안전		

안전산업박람회사무국

㉮ 현실이 아닌데도 실제처럼 생각하고 보이게 하는 가상현실

제 05 회 정보기술자격(ITQ) 출제예상 모의고사

		작성 시간 / 시험 시간	채점 결과
		분 / 60분	점 / 500점

과목	코드	문제유형	시험시간	수험번호	성명
아래한글	1111	B	60분		

한컴 오피스

· 수험자 유의사항 ·

● 수험자는 문제지를 받는 즉시 문제지와 **수험표상의 시험과목(프로그램)이 동일한지 반드시 확인**하여야 합니다.
● 파일명은 본인의 "수험번호-성명"으로 입력하여 답안폴더(내 PC\문서\ITQ)에 하나의 파일로 저장해야하며, 답안파일을 전송하지 않아 미제출로 처리될 경우 실격 처리합니다(예:12345678-홍길동.hwpx).
● 답안 작성을 마치면 파일을 저장하고, '답안 전송' 버튼을 선택하여 감독위원 PC로 답안을 전송하십시오. 수험생 정보와 저장한 파일명이 다를 경우 전송되지 않으므로 주의하시기 바랍니다.
● 답안 작성 중에도 **주기적으로 저장하고, '답안 전송'**하여야 문제 발생을 줄일 수 있습니다. 작업한 내용을 저장하지 않고 전송할 경우 이전에 저장된 내용이 전송되오니 이점 유의하시기 바랍니다.
● 답안문서는 지정된 경로 외의 다른 보조기억장치에 저장하는 경우, 지정된 시험 시간 외에 작성된 파일을 활용할 경우, 기타 통신수단(이메일, 메신저, 네트워크 등)을 이용하여 타인에게 전달 또는 외부 반출하는 경우는 부정 처리합니다.
● 시험 중 부주의 또는 고의로 시스템을 파손한 경우는 수험자가 변상해야 하며, 〈수험자 유의사항〉에 기재된 방법대로 이행하지 않아 생기는 불이익은 수험생 당사자의 책임임을 알려 드립니다.
● 문제의 조건은 한컴오피스 2022 / 2020 버전으로 설정되어 있으니 유의하시기 바랍니다.
● 시험을 완료한 수험자는 답안파일이 전송되었는지 확인한 후 감독위원의 지시에 따라 문제지를 제출하고 퇴실합니다.

· 답안 작성요령 ·

● 온라인 답안 작성 절차
  수험자 등록 ⇒ 시험 시작 ⇒ 답안파일 저장 ⇒ 답안 전송 ⇒ 시험 종료
● 공통 부문
  • 글꼴에 대한 기본설정은 함초롬바탕, 10포인트, 검정, 줄간격 160%, 양쪽정렬로 합니다.
  • 색상은 조건의 색을 적용하고 색의 구분이 안 될 경우에는 RGB 값을 적용하십시오.
    (빨강 255, 0, 0 / 파랑 0, 0, 255 / 노랑 255, 255, 0).
  • 각 문항에 주어진 ≪조건≫에 따라 작성하고 언급하지 않은 조건은 ≪출력형태≫와 같이 작성합니다.
  • 용지여백은 왼쪽 · 오른쪽 11mm, 위쪽 · 아래쪽 · 머리말 · 꼬리말 10mm, 제본 0mm로 합니다.
  • 그림 삽입 문제의 경우 「내 PC\문서\ITQ\Picture」 폴더에서 지정된 파일을 선택하여 삽입하십시오.
  • 삽입한 그림은 반드시 문서에 포함하여 저장해야 합니다(미포함 시 감점 처리).
  • 각 항목은 지정된 페이지에 출력형태와 같이 정확히 작성하시기 바라며, 그렇지 않을 경우에 해당 항목은 0점 처리됩니다.
    ※ 페이지구분 : 1페이지 - 기능평가 I (문제번호 표시 : 1. 2.),
                2페이지 - 기능평가 II (문제번호 표시 : 3. 4.),
                3페이지 - 문서작성 능력평가
● 기능평가
  • 문제와 ≪조건≫은 입력하지 않으며 문제번호와 답(≪출력형태≫)만 작성합니다.
  • 4번 문제는 묶기를 했을 경우 0점 처리됩니다.
● 문서작성 능력평가
  • A4 용지(210mm×297mm) 1매 크기, 세로 서식 문서로 작성합니다.
  • 표시는 문서작성에 대한 지시사항이므로 작성하지 않습니다.

kpc 한국생산성본부

1. 다음의 ≪조건≫에 따라 스타일 기능을 적용하여 ≪출력형태≫와 같이 작성하시오. (50점)

≪조건≫ (1) 스타일 이름 – education
(2) 문단 모양 – 첫 줄 들여쓰기 : 15pt, 문단 아래 간격 : 10pt
(3) 글자 모양 – 글꼴 : 한글(돋움)/영문(굴림), 크기 : 10pt, 장평 : 95%, 자간 : 5%

≪출력형태≫

Lifelong education is the "ongoing, voluntary, and self-motivated" pursuit of knowledge and this is being recognized by traditional schools.

평생교육은 개인 또는 직업적인 이유를 위해 "지속적, 자발적, 자기 동기부여"로 지식을 추구하는 것으로, 학교에서도 인정받고 있으며 국가는 평생교육을 진흥하고 있다.

2. 다음의 ≪조건≫에 따라 ≪출력형태≫와 같이 표와 차트를 작성하시오. (100점)

≪표 조건≫ (1) 표 전체(표, 캡션) – 굴림, 10pt
(2) 정렬 – 문자 : 가운데 정렬, 숫자 : 오른쪽 정렬
(3) 셀 배경(면색) : 노랑
(4) 한글의 계산 기능을 이용하여 빈칸에 평균(소수점 두 자리)을 구하고, 캡션 기능 사용할 것
(5) 선 모양은 ≪출력형태≫와 동일하게 처리할 것

≪출력형태≫

지역별 학급당 학생수(단위 : 명)

구분	유치원	초등학교	중학교	고등학교	평균
부산	17	21	24	20	
대구	19	21	23	22	
인천	17	21	25	22	
광주	17	20	23	23	

≪차트 조건≫ (1) 차트 데이터는 표 내용에서 구분별 부산, 대구, 인천의 값만 이용할 것
(2) 종류 – 〈묶은 가로 막대형〉으로 작업할 것
(3) 제목 – 글꼴 : 돋움, 진하게, 12pt,
속성 : 채우기(밝은 색 : 하양), 테두리, 그림자(바깥쪽 : 대각선 오른쪽 아래)
(4) 제목 이외의 전체 글꼴 – 돋움, 보통, 10pt
(5) 축제목과 범례는 ≪출력형태≫와 동일하게 처리할 것

≪출력형태≫

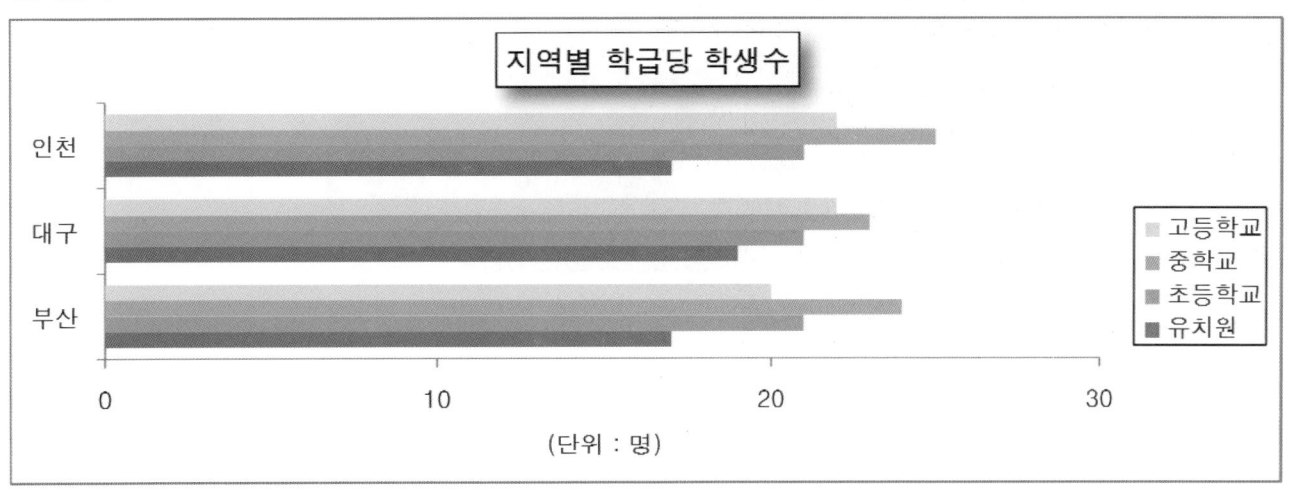

3. 다음 (1), (2)의 수식을 수식 편집기로 각각 입력하시오. (40점)

≪출력형태≫

(1) $\dfrac{h_1}{h_2} = \left(\sqrt{a}\right)^{M_2 - M_1} \fallingdotseq 2.5^{M_2 - M_1}$

(2) $h = \sqrt{k^2 - r^2}, M = \dfrac{1}{3}\pi r^2 h$

4. 다음의 ≪조건≫에 따라 ≪출력형태≫와 같이 문서를 작성하시오. (110점)

≪조건≫

(1) 그리기 도구를 이용하여 작성하고, 모든 도형(글맵시, 지정된 그림 포함)을 ≪출력형태≫와 같이 작성하시오.

(2) 도형의 면색은 지시사항이 없으면 색 없음을 제외하고 서로 다르게 임의로 지정하시오.

≪출력형태≫

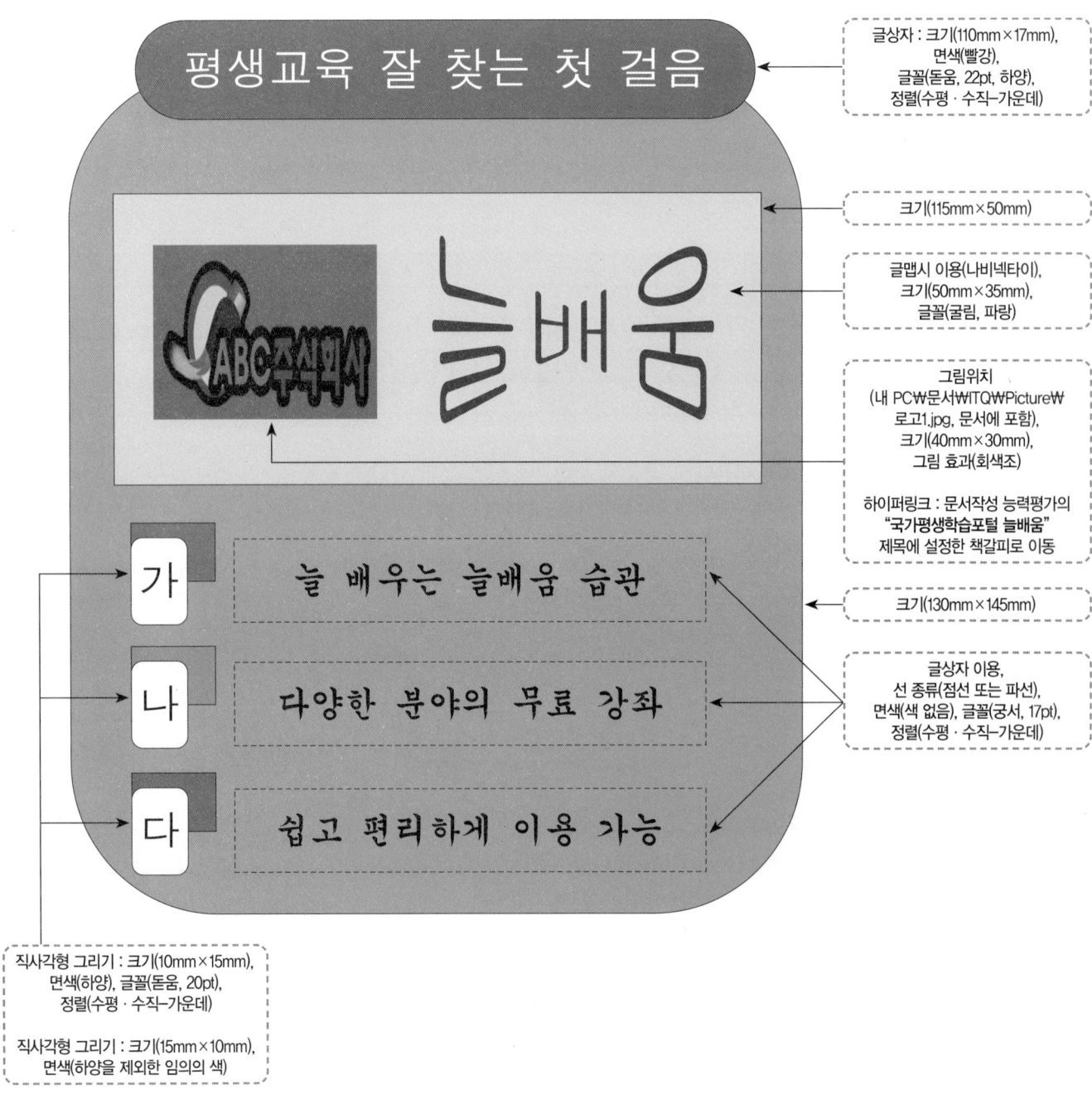

글상자 : 크기(110mm×17mm),
면색(빨강),
글꼴(돋움, 22pt, 하양),
정렬(수평 · 수직-가운데)

크기(115mm×50mm)

글맵시 이용(나비넥타이),
크기(50mm×35mm),
글꼴(굴림, 파랑)

그림위치
(내 PC₩문서₩ITQ₩Picture₩
로고1.jpg, 문서에 포함),
크기(40mm×30mm),
그림 효과(회색조)

하이퍼링크 : 문서작성 능력평가의
"국가평생학습포털 늘배움"
제목에 설정한 책갈피로 이동

크기(130mm×145mm)

글상자 이용,
선 종류(점선 또는 파선),
면색(색 없음), 글꼴(궁서, 17pt),
정렬(수평 · 수직-가운데)

직사각형 그리기 : 크기(10mm×15mm),
면색(하양), 글꼴(돋움, 20pt),
정렬(수평 · 수직-가운데)

직사각형 그리기 : 크기(15mm×10mm),
면색(하양을 제외한 임의의 색)

글꼴 : 굴림, 18pt, 진하게, 가운데 정렬
책갈피 이름 : 평생교육
덧말 넣기

머리말 기능
돋움, 10pt, 오른쪽 정렬 → 배움의 기회

배움으로 여는 미래
국가평생학습포털 늘배움

문단 첫 글자 장식 기능
글꼴 : 궁서, 면색 : 노랑

그림위치(내 PC\문서\ITQ\Picture\그림4.jpg, 문서에 포함)
자르기 기능 이용, 크기(40mm×35mm), 바깥 여백 왼쪽 : 2mm

미래 한국의 연령별 인구분포도는 절벽 형상이다. 절벽 형상의 인구분포는 이미 일부 군지역에서는 선명하게 드러난다. 지역적으로 학령인구 감소가 뚜렷했던 30여 년 전 대응책은 학교 통폐합이었다. 2018년 기준 면 소재 초등학교 수는 1,552개교로 면당 1.3개 초등학교가 있는 셈인데, 더 이상 학교를 줄일 수 없는 한계 상황에 직면(直面)하였다. 양질의 학습권 보장의 관점에서 필요한 학교 운영 체제의 변화 등 문제에 대한 관점과 접근 방식의 근본적인 검토가 필요하다. 인구감소로 거주지로서 의미를 상실하고 있는 지역은 농촌으로 분류되는 지역에 집중되어 있다는 점도 간과(看過)할 수 없다.

학생 수가 급감하는 시기에 지역을 기반으로 공공성을 강화한 유연하고 개방적인 평생학습체제를 수립하는 기회로 삼아야 할 것이다. 이제는 제4차 산업혁명, 초연결사회, 인구절벽의 시대 격변기를 맞아 교육 현실을 혁신적으로 바꿔나가는 시대적 과제를 해결해야 한다. 한국교육개발원Ⓐ은 교육에 대한 국가적 책임을 다하고, 공유성장을 통해 미래교육을 선도하는 교육 정책 연구의 핵심 기관이 되도록 차별적 연구 역량을 강화하도록 할 것이다.

각주

♣ 국가평생학습포털 개요

글꼴 : 돋움, 18pt, 하양
음영색 : 파랑

A. 추진배경

1. 시간적 지리적 제약으로 참여하는데 어려운 불편함 해소
2. 평생학습 정보의 개방, 공유, 평생학습 원스톱 서비스 지원

B. 중점과제

1. 포털, 모바일 등을 활용하여 평생학습 활성화 기반 마련
2. 평생학습 빅데이터 데이터베이스(DB) 구축

문단 번호 기능 사용
1수준 : 20pt, 오른쪽 정렬,
2수준 : 30pt, 오른쪽 정렬
줄 간격 : 180%

표 전체 글꼴 : 굴림, 10pt, 가운데 정렬
셀 배경(그러데이션) : 유형(가운데에서),
시작색(하양), 끝색(노랑)

♣ 방송통신학교 입학설명회 일정

글꼴 : 돋움, 18pt, 밑줄, 강조점

시간	2월 8일	2월 9일	2월 10일	장소
09:00-10:00	등록 및 일정 안내	평생교육론	방송통신 수업 연구	대강당
10:20-12:00	방송통신고 입학 안내	이러닝 교수학습 방법	협동 수업 워크숍	
12:00-13:00	중식			
13:00-16:00	방송통신대 입학 안내	방송통신 수업의 실제	내용 정리 및 폐회	종합강의동

글꼴 : 궁서, 24pt, 진하게
장평 : 105%, 오른쪽 정렬 → **한국교육개발원**

각주 구분선 : 5cm

Ⓐ 1972년 정부 출연금으로 설립한 교육 연구 기관으로 평생교육을 담당

쪽 번호 매기기
5로 시작 → E

제 06 회 정보기술자격(ITQ) 출제예상 모의고사

	작성 시간 / 시험 시간	채점 결과
	분 / 60분	점 / 500점

과목	코드	문제유형	시험시간	수험번호	성명
아래한글	1111	C	60분		

한컴 오피스

· 수험자 유의사항 ·

- 수험자는 문제지를 받는 즉시 문제지와 **수험표상의 시험과목(프로그램)이 동일한지 반드시 확인**하여야 합니다.
- 파일명은 본인의 "수험번호-성명"으로 입력하여 답안폴더(내 PC\문서\ITQ)에 하나의 파일로 저장해야하며, 답안파일을 전송하지 않아 미제출로 처리될 경우 실격 처리합니다(예:12345678-홍길동.hwpx).
- 답안 작성을 마치면 파일을 저장하고, '답안 전송' 버튼을 선택하여 감독위원 PC로 답안을 전송하십시오. 수험생 정보와 저장한 파일명이 다를 경우 전송되지 않으므로 주의하시기 바랍니다.
- 답안 작성 중에도 **주기적으로 저장하고, '답안 전송'**하여야 문제 발생을 줄일 수 있습니다. 작업한 내용을 저장하지 않고 전송할 경우 이전에 저장된 내용이 전송되오니 이점 유의하시기 바랍니다.
- 답안문서는 지정된 경로 외의 다른 보조기억장치에 저장하는 경우, 지정된 시험 시간 외에 작성된 파일을 활용할 경우, 기타 통신수단(이메일, 메신저, 네트워크 등)을 이용하여 타인에게 전달 또는 외부 반출하는 경우는 부정 처리합니다.
- 시험 중 부주의 또는 고의로 시스템을 파손한 경우는 수험자가 변상해야 하며, 〈수험자 유의사항〉에 기재된 방법대로 이행하지 않아 생기는 불이익은 수험생 당사자의 책임임을 알려 드립니다.
- 문제의 조건은 한컴오피스 2022 / 2020 버전으로 설정되어 있으니 유의하시기 바랍니다.
- 시험을 완료한 수험자는 답안파일이 전송되었는지 확인한 후 감독위원의 지시에 따라 문제지를 제출하고 퇴실합니다.

· 답안 작성요령 ·

- 온라인 답안 작성 절차
  수험자 등록 ⇒ 시험 시작 ⇒ 답안파일 저장 ⇒ 답안 전송 ⇒ 시험 종료
- 공통 부문
  - 글꼴에 대한 기본설정은 함초롬바탕, 10포인트, 검정, 줄간격 160%, 양쪽정렬로 합니다.
  - 색상은 조건의 색을 적용하고 색의 구분이 안 될 경우에는 RGB 값을 적용하십시오.
    (빨강 255, 0, 0 / 파랑 0, 0, 255 / 노랑 255, 255, 0).
  - 각 문항에 주어진 ≪조건≫에 따라 작성하고 언급하지 않은 조건은 ≪출력형태≫와 같이 작성합니다.
  - 용지여백은 왼쪽 · 오른쪽 11mm, 위쪽 · 아래쪽 · 머리말 · 꼬리말 10mm, 제본 0mm로 합니다.
  - 그림 삽입 문제의 경우 「내 PC\문서\ITQ\Picture」 폴더에서 지정된 파일을 선택하여 삽입하십시오.
  - 삽입한 그림은 반드시 문서에 포함하여 저장해야 합니다(미포함 시 감점 처리).
  - 각 항목은 지정된 페이지에 출력형태와 같이 정확히 작성하시기 바라며, 그렇지 않을 경우에 해당 항목은 0점 처리됩니다.
    ※ 페이지구분 : 1페이지 - 기능평가 I (문제번호 표시 : 1. 2.),
    　　　　　　　 2페이지 - 기능평가 II(문제번호 표시 : 3. 4.),
    　　　　　　　 3페이지 - 문서작성 능력평가
- 기능평가
  - 문제와 ≪조건≫은 입력하지 않으며 문제번호와 답(≪출력형태≫)만 작성합니다.
  - 4번 문제는 묶기를 했을 경우 0점 처리됩니다.
- 문서작성 능력평가
  - A4 용지(210mm×297mm) 1매 크기, 세로 서식 문서로 작성합니다.
  - ⌐‾‾‾‾‾¬ 표시는 문서작성에 대한 지시사항이므로 작성하지 않습니다.

kpc 한국생산성본부

1. 다음의 ≪조건≫에 따라 스타일 기능을 적용하여 ≪출력형태≫와 같이 작성하시오. (50점)

≪조건≫ (1) 스타일 이름 – tourism
　　　 (2) 문단 모양 – 왼쪽 여백 : 15pt, 문단 아래 간격 : 10pt
　　　 (3) 글자 모양 – 글꼴 : 한글(굴림)/영문(돋움), 크기 : 10pt, 장평 : 95%, 자간 : 5%

≪출력형태≫

Korea is a country visited by many travelers every year. With a long history of culture and tradition, this country has a lot to offer travelers.

관광자원은 자연과 인간의 상호작용의 결과로 개발을 통해서 관광대상이 된다. 개발 방법을 구체적으로 분류하면 교통수단의 건설, 숙박 시설의 건설, 제반 부대시설의 건설, 홍보 및 광고 등이 있다.

2. 다음의 ≪조건≫에 따라 ≪출력형태≫와 같이 표와 차트를 작성하시오. (100점)

≪표 조건≫ (1) 표 전체(표, 캡션) – 돋움, 10pt
　　　　 (2) 정렬 – 문자 : 가운데 정렬, 숫자 : 오른쪽 정렬
　　　　 (3) 셀 배경(면색) : 노랑
　　　　 (4) 한글의 계산 기능을 이용하여 빈칸에 합계를 구하고, 캡션 기능 사용할 것
　　　　 (5) 선 모양은 ≪출력형태≫와 동일하게 처리할 것

≪출력형태≫

외래 관광객 현황(단위 : 천 명)

구분	2018년	2019년	2020년	2021년	합계
프랑스	89.4	90.9	41.7	48.4	
그리스	30.1	31.3	7.4	14.7	
이탈리아	61.6	64.5	25.2	26.9	
스위스	11.7	11.8	3.7	4.4	

≪차트 조건≫ (1) 차트 데이터는 표 내용에서 연도별 프랑스, 그리스, 이탈리아의 값만 이용할 것
　　　　　 (2) 종류 – 〈묶은 세로 막대형〉으로 작업할 것
　　　　　 (3) 제목 – 글꼴 : 굴림, 진하게, 12pt,
　　　　　　　　　　속성 : 채우기(밝은 색 : 하양), 테두리, 그림자(바깥쪽 : 대각선 오른쪽 아래)
　　　　　 (4) 제목 이외의 전체 글꼴 – 굴림, 보통, 10pt
　　　　　 (5) 축제목과 범례는 ≪출력형태≫와 동일하게 처리할 것

≪출력형태≫

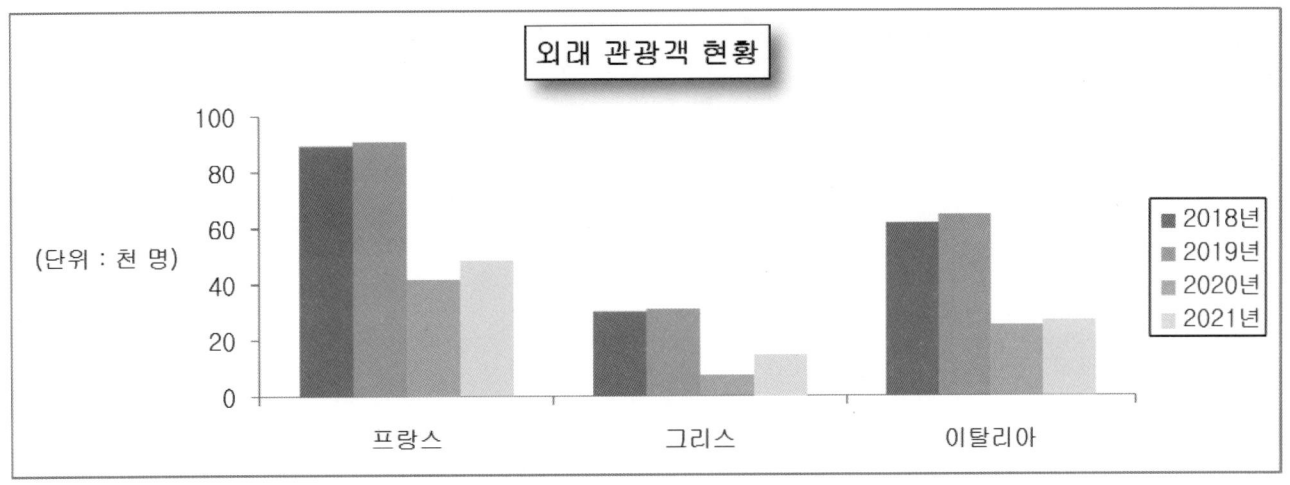

3. 다음 (1), (2)의 수식을 수식 편집기로 각각 입력하시오. (40점)

≪출력형태≫

(1) $h = \sqrt{k^2 - r^2}, M = \frac{1}{3}\pi r^2 h$

(2) $m = \frac{\Delta P}{K_a} = \frac{\Delta t_b}{K_b} = \frac{\Delta t_f}{K_f}$

4. 다음의 ≪조건≫에 따라 ≪출력형태≫와 같이 문서를 작성하시오. (110점)

≪조건≫

(1) 그리기 도구를 이용하여 작성하고, 모든 도형(글맵시, 지정된 그림 포함)을 ≪출력형태≫와 같이 작성하시오.

(2) 도형의 면색은 지시사항이 없으면 색 없음을 제외하고 서로 다르게 임의로 지정하시오.

≪출력형태≫

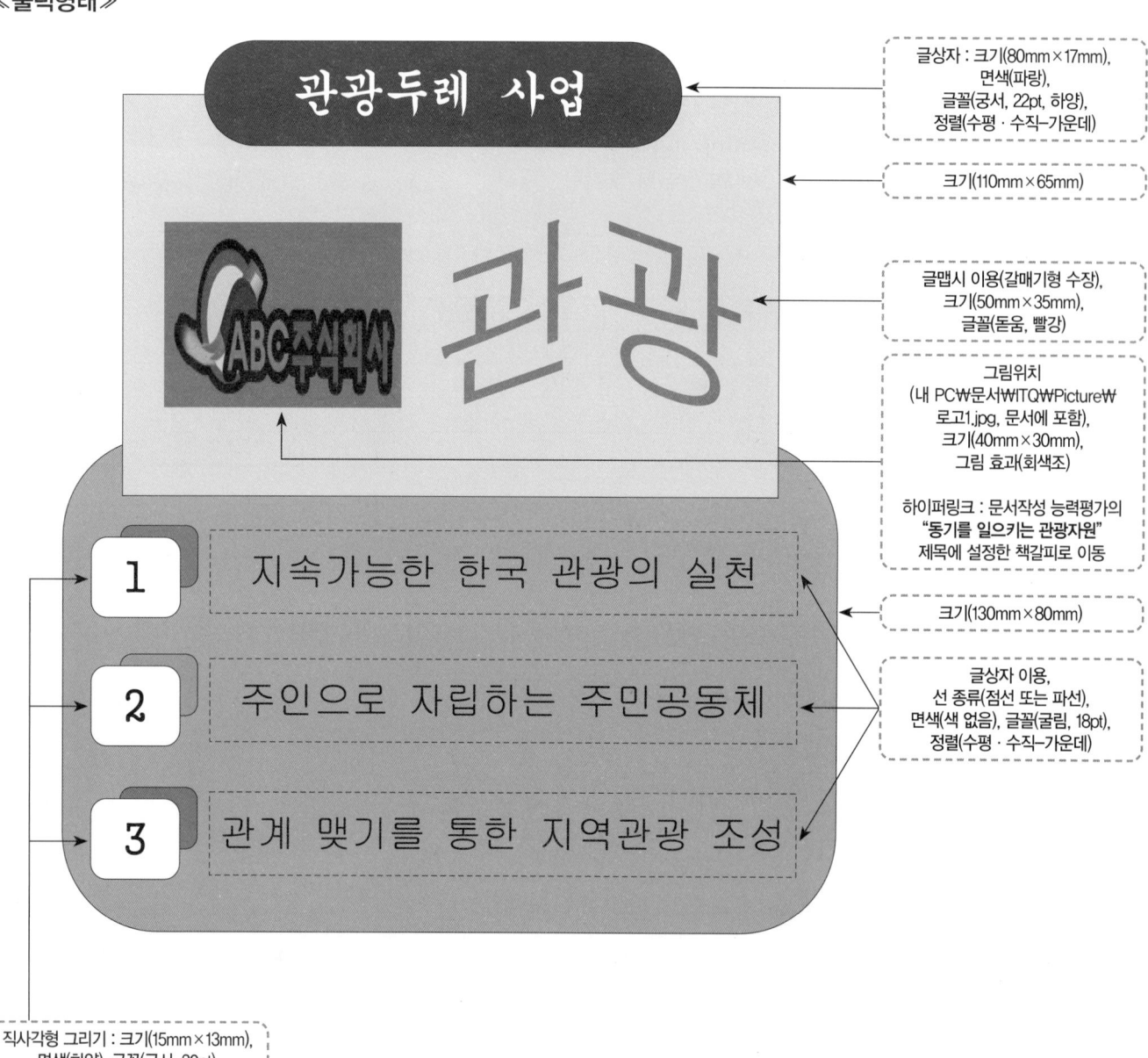

글꼴 : 돋움, 18pt, 진하게, 가운데 정렬
책갈피 이름 : 관광
덧말 넣기

머리말 기능
굴림, 10pt, 오른쪽 정렬 → 관광자원

관광자원의 개발
동기를 일으키는 관광자원

문단 첫 글자 장식 기능
글꼴 : 궁서, 면색 : 노랑

그림위치(내 PC₩문서₩ITQ₩Picture₩그림4.jpg, 문서에 포함)
자르기 기능 이용, 크기(40mm×40mm), 바깥 여백 왼쪽 : 2mm

관광자원은 본래 그 자체로서 관광가치를 지니고 있으나 개발(開發)이라는 인공적 수단을 거쳐 보다 유용한 관광대상이 된다. 선진국들은 이미 오래전부터 지역 축제 등을 통해 관광객을 유치하여 지역 소득에 기여함은 물론 고용 효과까지 창출하고 있다. 우리나라도 그동안의 경제 성장과 국민의 소득 증가에 따른 일반 대중의 관광수요를 충족시키는 한편 1980년대에 들어와서 국제 관광지로서의 위상 확립과 외래 관광객의 증가에 대비하여 관광자원 사업을 적극 추진해 왔다.

관광자원 개발 사업은 현재 외래 관광객의 수용 시설이 서울을 비롯한 대도시에 편중되면서 빚어지는 불균형을 시정하는 한편 관광시설을 전국적으로 균형 있게 분산(分散)시켜 관광대상지를 확장하고 관광객의 체재 기간을 연장시켜 소비를 높이는 데 그 목적을 두고 있다. 이에 따른 균형 있는 국토의 개발과 주민 소득의 증대, 고용의 확대, 자연 및 문화재의 보전이라는 파급 효과도 기대할 수 있다. 정부는 국제 수준의 관광시설 확보와 함께 수려한 자연과 반만년의 역사를 배경으로 한 고유문화㉮의 보호라는 양면성을 조화시키면서 국토 개발 계획, 문화재 보존 계획 등과 상충되지 않는 방향으로 본 사업을 추진하고 있다. 각주

★ 관광자원 분류의 필요성

글꼴 : 궁서, 18pt, 하양
음영색 : 빨강

가. 분류 작업의 필요성

① 각각의 연구들을 단순하게 취급할 수 있도록 도움 제공

② 분류에 따른 속성의 이해를 명확하게 함

나. 관광자원 분류의 목적

① 관광자원의 역할과 가치를 평가

② 관광자원의 합리적 이용, 관리, 보호를 위한 기초자료

문단 번호 기능 사용
1수준 : 20pt, 오른쪽 정렬,
2수준 : 30pt, 오른쪽 정렬
줄 간격 : 180%

★ 관광자원의 2분류 체계

글꼴 : 궁서, 18pt, 밑줄, 강조점

표 전체 글꼴 : 돋움, 10pt, 가운데 정렬
셀 배경(그러데이션) : 유형(가로),
시작색(하양), 끝색(노랑)

1분류	2분류	이용시기
문화	인물	출생지, 생가, 유배지, 기념비, 묘, 문학비, 영정, 문학/영화/드라마 배경지, 기타
	축조물	누(정), 서원, 향고, 사찰, 궁궐, 성곽, 탑, 불상, 고궁, 고가옥, 사당, 칠성각
자연 및 생태환경	동/식물	희귀종, 자생지, 조류서식지, 번식지, 철새도래지, 방품림, 기타
	자연경관	산, 강, 폭포, 고개, 동굴, 화석지, 갯벌, 분화구, 8경, 오름 등

글꼴 : 돋움, 24pt, 진하게
장평 : 105%, 오른쪽 정렬 → # 한국관광공사

각주 구분선 : 5cm

㉮ 어떠한 나라나 민족이 본래 가지고 있는 독특한 문화

쪽 번호 매기기
6으로 시작 → F

제07회 정보기술자격(ITQ) 출제예상 모의고사

작성 시간 / 시험 시간	채점 결과
분 / 60분	점 / 500점

과목	코드	문제유형	시험시간	수험번호	성명
아래한글	1111	A	60분		

한컴 오피스

· 수험자 유의사항 ·

● 수험자는 문제지를 받는 즉시 문제지와 **수험표상의 시험과목(프로그램)이 동일한지 반드시 확인**하여야 합니다.

● 파일명은 본인의 "수험번호-성명"으로 입력하여 답안폴더(내 PC₩문서₩ITQ)에 하나의 파일로 저장해야하며, 답안파일을 전송하지 않아 미제출로 처리될 경우 실격 처리합니다(예:12345678-홍길동.hwpx).

● 답안 작성을 마치면 파일을 저장하고, '답안 전송' 버튼을 선택하여 감독위원 PC로 답안을 전송하십시오. 수험생 정보와 저장한 파일명이 다를 경우 전송되지 않으므로 주의하시기 바랍니다.

● 답안 작성 중에도 **주기적으로 저장하고, '답안 전송'**하여야 문제 발생을 줄일 수 있습니다. 작업한 내용을 저장하지 않고 전송할 경우 이전에 저장된 내용이 전송되오니 이점 유의하시기 바랍니다.

● 답안문서는 지정된 경로 외의 다른 보조기억장치에 저장하는 경우, 지정된 시험 시간 외에 작성된 파일을 활용할 경우, 기타 통신수단(이메일, 메신저, 네트워크 등)을 이용하여 타인에게 전달 또는 외부 반출하는 경우는 부정 처리합니다.

● 시험 중 부주의 또는 고의로 시스템을 파손한 경우는 수험자가 변상해야 하며, 〈수험자 유의사항〉에 기재된 방법대로 이행하지 않아 생기는 불이익은 수험생 당사자의 책임임을 알려 드립니다.

● 문제의 조건은 한컴오피스 2022 / 2020 버전으로 설정되어 있으니 유의하시기 바랍니다.

● 시험을 완료한 수험자는 답안파일이 전송되었는지 확인한 후 감독위원의 지시에 따라 문제지를 제출하고 퇴실합니다.

· 답안 작성요령 ·

● 온라인 답안 작성 절차

  수험자 등록 ⇒ 시험 시작 ⇒ 답안파일 저장 ⇒ 답안 전송 ⇒ 시험 종료

● 공통 부문

  • 글꼴에 대한 기본설정은 함초롬바탕, 10포인트, 검정, 줄간격 160%, 양쪽정렬로 합니다.

  • 색상은 조건의 색을 적용하고 색의 구분이 안 될 경우에는 RGB 값을 적용하십시오. (빨강 255, 0, 0 / 파랑 0, 0, 255 / 노랑 255, 255, 0).

  • 각 문항에 주어진 ≪조건≫에 따라 작성하고 언급하지 않은 조건은 ≪출력형태≫와 같이 작성합니다.

  • 용지여백은 왼쪽 · 오른쪽 11mm, 위쪽 · 아래쪽 · 머리말 · 꼬리말 10mm, 제본 0mm로 합니다.

  • 그림 삽입 문제의 경우 「내 PC₩문서₩ITQ₩Picture」 폴더에서 지정된 파일을 선택하여 삽입하십시오.

  • 삽입한 그림은 반드시 문서에 포함하여 저장해야 합니다(미포함 시 감점 처리).

  • 각 항목은 지정된 페이지에 출력형태와 같이 정확히 작성하시기 바라며, 그렇지 않을 경우에 해당 항목은 0점 처리됩니다.

  ※ 페이지구분 : 1페이지 - 기능평가 I (문제번호 표시 : 1. 2.),
    2페이지 - 기능평가 II (문제번호 표시 : 3. 4.),
    3페이지 - 문서작성 능력평가

● 기능평가

  • 문제와 ≪조건≫은 입력하지 않으며 문제번호와 답(≪출력형태≫)만 작성합니다.

  • 4번 문제는 묶기를 했을 경우 0점 처리됩니다.

● 문서작성 능력평가

  • A4 용지(210mm×297mm) 1매 크기, 세로 서식 문서로 작성합니다.

  • ⌐ ¯ ¯ ¬ 표시는 문서작성에 대한 지시사항이므로 작성하지 않습니다.

kpc 한국생산성본부

1. 다음의 ≪조건≫에 따라 스타일 기능을 적용하여 ≪출력형태≫와 같이 작성하시오. (50점)

≪조건≫ (1) 스타일 이름 – ict
(2) 문단 모양 – 왼쪽 여백 : 10pt, 문단 아래 간격 : 10pt
(3) 글자 모양 – 글꼴 : 한글(궁서)/영문(돋움), 크기 : 10pt, 장평 : 95%, 자간 : –5%

≪출력형태≫

Companies are using ICT technology as a key tool for digital transformation, and the demand for SW manpower is rapidly increasing not only in ICT companies but also in general companies.

기업은 ICT 기술을 활용하는 수준을 넘어서 디지털 전환의 핵심 도구로 활용하고 있으며, 이에 따른 SW 인력의 수요는 ICT 기업뿐만 아니라 일반 기업에서도 급증하고 있다.

2. 다음의 ≪조건≫에 따라 ≪출력형태≫와 같이 표와 차트를 작성하시오. (100점)

≪표 조건≫ (1) 표 전체(표, 캡션) – 돋움, 10pt
(2) 정렬 – 문자 : 가운데 정렬, 숫자 : 오른쪽 정렬
(3) 셀 배경(면색) : 노랑
(4) 한글의 계산 기능을 이용하여 빈칸에 합계를 구하고, 캡션 기능 사용할 것
(5) 선 모양은 ≪출력형태≫와 동일하게 처리할 것

≪출력형태≫

2020-2024 디지털 신기술 인력 수요 전망(단위 : 천 명)

구분	인공지능	빅데이터	5G	IoT	클라우드
고급	18.1	16.3	19.9	10.3	1.9
중급	20.6	28.8	22.5	7.5	13.2
초급	6.3	11.7	3.7	2.2	2.2
합계					

≪차트 조건≫ (1) 차트 데이터는 표 내용에서 구분별 인공지능, 빅데이터, 5G, IoT의 값만 이용할 것
(2) 종류 – 〈묶은 세로 막대형〉으로 작업할 것
(3) 제목 – 글꼴 : 굴림, 진하게, 12pt,
속성 : 채우기(밝은 색 : 하양), 테두리, 그림자(바깥쪽 : 대각선 오른쪽 아래)
(4) 제목 이외의 전체 글꼴 – 굴림, 보통, 10pt
(5) 축제목과 범례는 ≪출력형태≫와 동일하게 처리할 것

≪출력형태≫

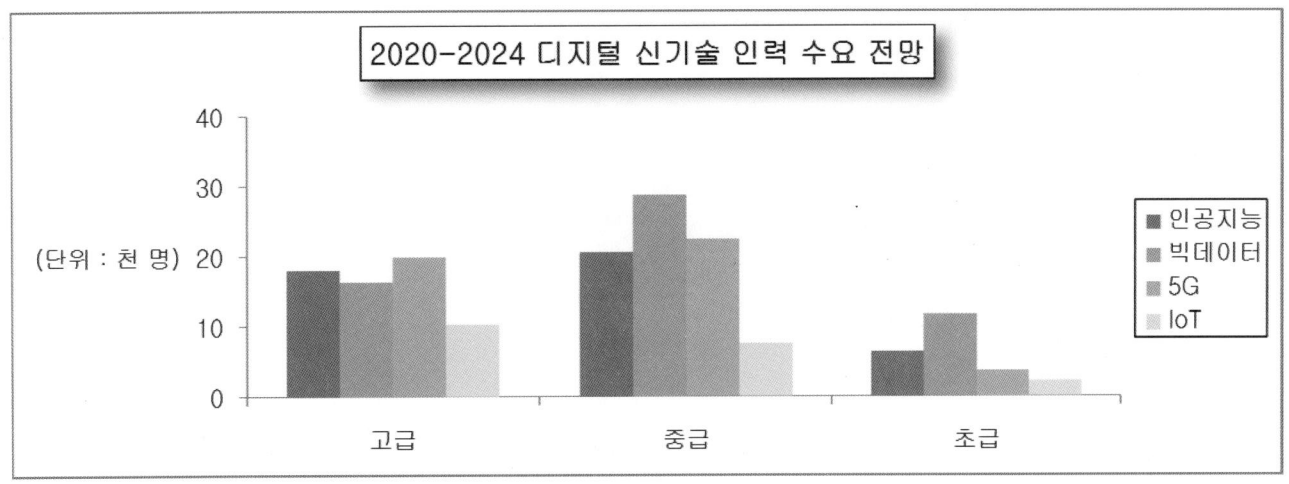

3. 다음 (1), (2)의 수식을 수식 편집기로 각각 입력하시오. (40점)

≪출력형태≫

(1) $Q = \lim\limits_{\Delta t \to 0} \dfrac{\Delta s}{\Delta t} = \dfrac{d^2 s}{dt^2} + 1$

(2) $\int_a^b xf(x)dx = \dfrac{1}{b-a} \int_a^b xdx = \dfrac{a+b}{2}$

4. 다음의 ≪조건≫에 따라 ≪출력형태≫와 같이 문서를 작성하시오. (110점)

≪조건≫

(1) 그리기 도구를 이용하여 작성하고, 모든 도형(글맵시, 지정된 그림 포함)을 ≪출력형태≫와 같이 작성하시오.

(2) 도형의 면색은 지시사항이 없으면 색 없음을 제외하고 서로 다르게 임의로 지정하시오.

≪출력형태≫

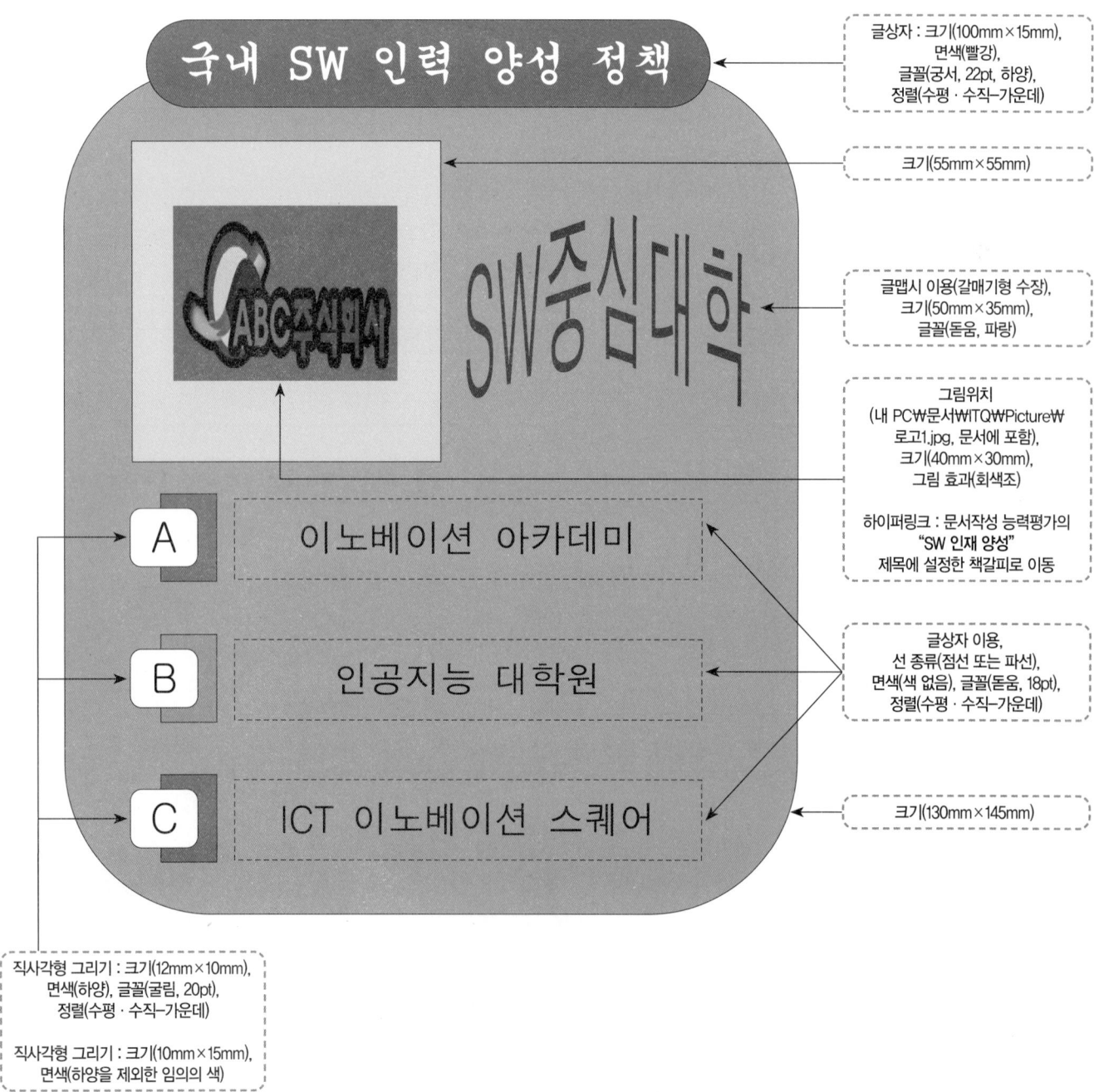

글꼴 : 돋움, 18pt, 진하게, 가운데 정렬
책갈피 이름 : 클라우드
덧말 넣기

머리말 기능
돋움, 10pt, 오른쪽 정렬 → 디지털 신기술

디지털 역량 강화
SW 인재 양성

문단 첫 글자 장식 기능
글꼴 : 궁서, 면색 : 노랑

그림위치(내 PC₩문서₩ITQ₩Picture₩그림4.jpg, 문서에 포함)
자르기 기능 이용, 크기(40mm×35mm), 바깥 여백 왼쪽 : 2mm

최근 디지털 대전환이 가속화되는 가운데 정부는 SW 인재 양성을 위해 국가 차원의 정책을 마련하고 있다. 2021년 3월에 발표된 빅3+인공지능 인재 양성 방안은 미래차, 바이오 헬스, 시스템 반도체 등 빅3와 인공지능 인재 양성을 위해 인재 양성 제도 개선을 주요 내용으로 담고 있다. 혁신공유대학 사업을 신설하여 정규 교육과정에서의 학과, 학교 간 진입 장벽을 낮추고 범부처 인재 양성을 통합 관리하는 사업 틀을 구축(構築)하여 인재 양성을 효과적으로 지원하고 있다. 또한 디지털 전환 가속화로 인해 늘고 있는 SW 인재 수요를 충족시키기 위한 단기 및 중장기 인재 양성 대책도 마련하였다.

각주

2021년 6월에 발표한 민관 협력 기반의 소프트웨어 인재 양성 대책에 따라 단기적으로는 기업 주도의 단기 훈련 과정을 확대하여 당장 필요한 인재 2만 1천 명을 2022년 상반기까지 양성하여 중소, 벤처기업@의 인재난 해소(解消)를 지원했다. 중장기적으로는 SW 전공자 양성을 위해 SW 중심 대학을 확대하고, 전문 인재 양성을 위한 기업과 대학 간 협력모델을 구축하여 4년간 6만 8천 명을 양성한다. 이를 통해 최근 폭증하고 있는 SW 인재 수급난을 해소하고 청년들에게 양질의 일자리 제공을 확대하고 있다.

■ 국내외 SW 인재 양성 정책

글꼴 : 굴림, 18pt, 하양
음영색 : 빨강

I. 국내 SW 인재 양성 정책

   a) 이노베이션 아카데미(비정규 교육과정) 개설 및 운영

   b) 이노베이션 스퀘어 전국 4개 권역에 확대 및 설치

II. 국외 SW 인재 양성 정책

   a) 미국 : 5개년 교육 전략 계획 수립

   b) 유럽 : 2030 디지털 나침반 발표

문단 번호 기능 사용
1수준 : 20pt, 오른쪽 정렬,
2수준 : 30pt, 오른쪽 정렬
줄 간격 : 180%

표 전체 글꼴 : 돋움, 10pt, 가운데 정렬
셀 배경(그러데이션) : 유형(가로),
시작색(하양), 끝색(노랑)

■ SW 중심대학 트랙별 지원 내용

글꼴 : 굴림, 18pt, 밑줄, 강조점

지원유형	일반 트랙	특화형 트랙
선정규모	7개교 내외	2개교 내외
지원금액	대학당 연 20억 원 내외(1년 차 9.5억)	대학당 연 10억 원 내외(1년 차 4.75억)
지원기간	최장 8년(4+2+2년)	최장 6년(4+2년)
	기존 대학 선정 시 6년(4+2년)	
신청요건	SW학과 100명 이상 정원 유지	재학생 1만 명 미만 중, 소규모 대학
	SW학과 대학원 과정 설치 및 운영	

글꼴 : 궁서, 24pt, 진하게
장평 105%, 오른쪽 정렬 → # 한국지능정보사회진흥원

각주 구분선 : 5cm

@ 고도의 전문 지식과 새로운 기술을 가지고 창조적, 모험적 경영을 전개하는 중소기업

제 08 회 정보기술자격(ITQ) 출제예상 모의고사

		작성 시간 / 시험 시간	채점 결과
		분 / 60분	점 / 500점

과목	코드	문제유형	시험시간	수험번호	성명
아래한글	1111	B	60분		

· 수험자 유의사항 ·

- 수험자는 문제지를 받는 즉시 문제지와 **수험표상의 시험과목(프로그램)이 동일한지 반드시 확인**하여야 합니다.
- 파일명은 본인의 "수험번호–성명"으로 입력하여 답안폴더(내 PC₩문서₩ITQ)에 하나의 파일로 저장해야하며, 답안파일을 전송하지 않아 미제출로 처리될 경우 실격 처리합니다(예:12345678–홍길동.hwpx).
- 답안 작성을 마치면 파일을 저장하고, '답안 전송' 버튼을 선택하여 감독위원 PC로 답안을 전송하십시오. 수험생 정보와 저장한 파일명이 다를 경우 전송되지 않으므로 주의하시기 바랍니다.
- 답안 작성 중에도 **주기적으로 저장하고, '답안 전송'**하여야 문제 발생을 줄일 수 있습니다. 작업한 내용을 저장하지 않고 전송할 경우 이전에 저장된 내용이 전송되오니 이점 유의하시기 바랍니다.
- 답안문서는 지정된 경로 외의 다른 보조기억장치에 저장하는 경우, 지정된 시험 시간 외에 작성된 파일을 활용할 경우, 기타 통신수단(이메일, 메신저, 네트워크 등)을 이용하여 타인에게 전달 또는 외부 반출하는 경우는 부정 처리합니다.
- 시험 중 부주의 또는 고의로 시스템을 파손한 경우는 수험자가 변상해야 하며, 〈수험자 유의사항〉에 기재된 방법대로 이행하지 않아 생기는 불이익은 수험생 당사자의 책임임을 알려 드립니다.
- 문제의 조건은 한컴오피스 2022 / 2020 버전으로 설정되어 있으니 유의하시기 바랍니다.
- 시험을 완료한 수험자는 답안파일이 전송되었는지 확인한 후 감독위원의 지시에 따라 문제지를 제출하고 퇴실합니다.

· 답안 작성요령 ·

- 온라인 답안 작성 절차
  수험자 등록 ⇒ 시험 시작 ⇒ 답안파일 저장 ⇒ 답안 전송 ⇒ 시험 종료
- 공통 부문
  - 글꼴에 대한 기본설정은 함초롬바탕, 10포인트, 검정, 줄간격 160%, 양쪽정렬로 합니다.
  - 색상은 조건의 색을 적용하고 색의 구분이 안 될 경우에는 RGB 값을 적용하십시오.
    (빨강 255, 0, 0 / 파랑 0, 0, 255 / 노랑 255, 255, 0).
  - 각 문항에 주어진 《조건》에 따라 작성하고 언급하지 않은 조건은 《출력형태》와 같이 작성합니다.
  - 용지여백은 왼쪽 · 오른쪽 11mm, 위쪽 · 아래쪽 · 머리말 · 꼬리말 10mm, 제본 0mm로 합니다.
  - 그림 삽입 문제의 경우 「내 PC₩문서₩ITQ₩Picture」 폴더에서 지정된 파일을 선택하여 삽입하십시오.
  - 삽입한 그림은 반드시 문서에 포함하여 저장해야 합니다(미포함 시 감점 처리).
  - 각 항목은 지정된 페이지에 출력형태와 같이 정확히 작성하시기 바라며, 그렇지 않을 경우에 해당 항목은 0점 처리됩니다.
    ※ 페이지구분 : 1페이지 – 기능평가 I (문제번호 표시 : 1. 2.),
    　　　　　　　 2페이지 – 기능평가 II(문제번호 표시 : 3. 4.),
    　　　　　　　 3페이지 – 문서작성 능력평가
- 기능평가
  - 문제와 《조건》은 입력하지 않으며 문제번호와 답(《출력형태》)만 작성합니다.
  - 4번 문제는 묶기를 했을 경우 0점 처리됩니다.
- 문서작성 능력평가
  - A4 용지(210mm×297mm) 1매 크기, 세로 서식 문서로 작성합니다.
  - 　　　　　 표시는 문서작성에 대한 지시사항이므로 작성하지 않습니다.

kpc 한국생산성본부

1. 다음의 ≪조건≫에 따라 스타일 기능을 적용하여 ≪출력형태≫와 같이 작성하시오. (50점)

≪조건≫ (1) 스타일 이름 – mascot

(2) 문단 모양 – 왼쪽 여백 : 15pt, 문단 아래 간격 : 10pt

(3) 글자 모양 – 글꼴 : 한글(돋움)/영문(궁서), 크기 : 10pt, 장평 : 95%, 자간 : −5%

≪출력형태≫

Ever since Shuss, a red, white and blue mascot on skis, appeared at the Olympic Winter Games Grenoble 1968, mascots have been fun and festive ambassadors of the Olympic Movement.

1968년 동계 올림픽 그르노블에서 스키를 탄 빨간색, 흰색, 파란색 마스코트 슈스가 등장한 이래로 마스코트는 재미있고 축제 같은 올림픽 운동의 홍보대사였다.

2. 다음의 ≪조건≫에 따라 ≪출력형태≫와 같이 표와 차트를 작성하시오. (100점)

≪표 조건≫ (1) 표 전체(표, 캡션) – 돋움, 10pt

(2) 정렬 – 문자 : 가운데 정렬, 숫자 : 오른쪽 정렬

(3) 셀 배경(면색) : 노랑

(4) 한글의 계산 기능을 이용하여 빈칸에 합계를 구하고, 캡션 기능 사용할 것

(5) 선 모양은 ≪출력형태≫와 동일하게 처리할 것

≪출력형태≫

한국 하계올림픽 특정 종목 역대 메달 현황(단위: 개)

종목	레슬링	양궁	유도	태권도	근대 5종
금메달	11	27	11	12	0
은메달	11	9	17	3	0
동메달	14	7	18	7	1
합계					

≪차트 조건≫ (1) 차트 데이터는 표 내용에서 메달별 레슬링, 양궁, 유도, 태권도의 값만 이용할 것

(2) 종류 – 〈묶은 세로 막대형〉으로 작업할 것

(3) 제목 – 글꼴 : 굴림, 진하게, 12pt,

속성 : 채우기(밝은 색 : 하양), 테두리, 그림자(바깥쪽 : 대각선 오른쪽 아래)

(4) 제목 이외의 전체 글꼴 – 굴림, 보통, 10pt

(5) 축제목과 범례는 ≪출력형태≫와 동일하게 처리할 것

≪출력형태≫

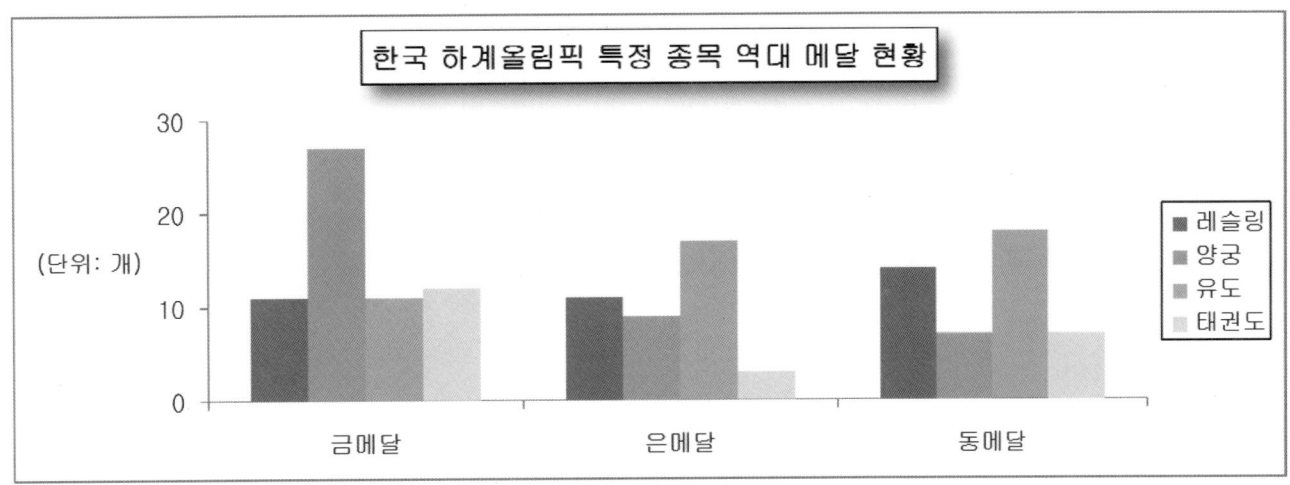

3. 다음 (1), (2)의 수식을 수식 편집기로 각각 입력하시오. (40점)

≪출력형태≫

(1) $\overline{AB} = \sqrt{(x_2 - x_1)^2 + (y_2 - y_1)^2}$

(2) $G = 2\int_{\frac{a}{2}}^{a} \frac{b\sqrt{a^2 - x^2}}{a} dx$

4. 다음의 ≪조건≫에 따라 ≪출력형태≫와 같이 문서를 작성하시오. (110점)

≪조건≫

(1) 그리기 도구를 이용하여 작성하고, 모든 도형(글맵시, 지정된 그림 포함)을 ≪출력형태≫와 같이 작성하시오.

(2) 도형의 면색은 지시사항이 없으면 색 없음을 제외하고 서로 다르게 임의로 지정하시오.

≪출력형태≫

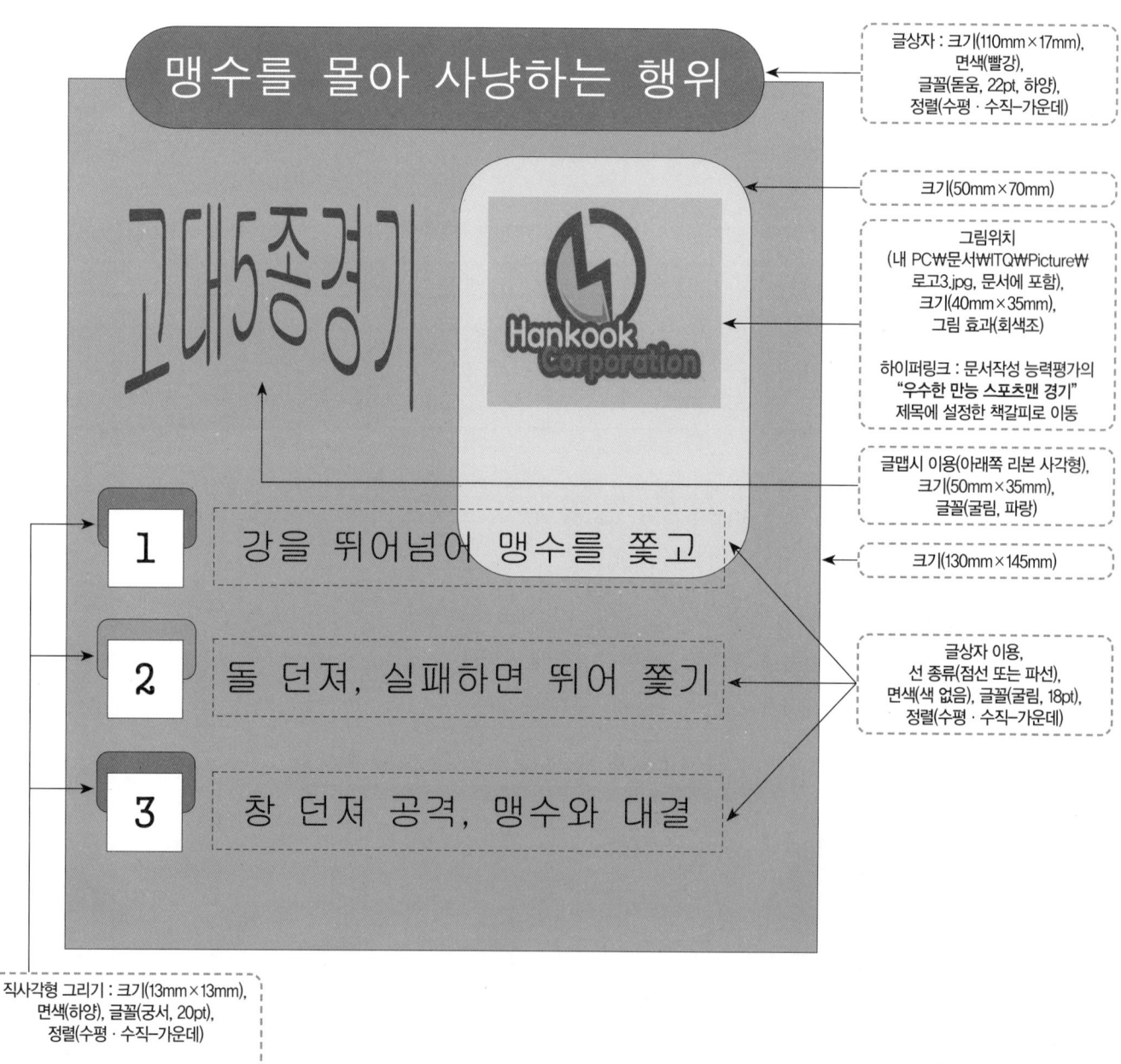

제 08 회 166 출제예상 모의고사

글꼴 : 굴림, 18pt, 진하게, 가운데 정렬
책갈피 이름 : 근대5종
덧말 넣기

머리말 기능
돋움, 10pt, 오른쪽 정렬 → 근대올림픽 소개

올림픽 정신
우수한 만능 스포츠맨 경기

문단 첫 글자 장식 기능
글꼴 : 궁서, 면색 : 노랑

그림위치(내 PC₩문서₩ITQ₩Picture₩그림4.jpg, 문서에 포함)
자르기 기능 이용, 크기(40mm×40mm), 바깥 여백 왼쪽 : 2mm

중세 철학자 아리스토텔레스는 '가장 완벽한 스포츠인은 5종 경기를 하는 사람이다. 체력과 스피드가 경기인의 신체 속에 가장 아름다운 조화를 이루게 하는 경기이기 때문이다.'라고 5종 경기를 찬미 한 바 있다. 한 선수가 체력, 체능, 체격조건과 기술요건이 서로 다른 5가지 경기종목을 섭렵한다는 것은 가장 뛰어난 신체 능력과 정신력을 발휘함으로써 가능하며, 그러한 선수만이 올림픽 선수의 칭호를 받을 만하다는 피에르 쿠베르탱 남작의 말은 바로 완전한 인간을 추구한다는 올림픽의 진정한 이념을 반영한 것이다.

현대사회는 모든 분야(分野)에서 급속도의 변화를 가져오고 있다. 현대사회는 인간이 각기 전문성을 갖도록 강요하고 있다. 따라서 인간은 생존(生存)을 위하여 그렇게 되지 않을 수 없는 상황에 처해 있으며 몸과 마음의 조화가 갖는 아름다움을 스스로 파기하고 있다. 정신적, 육체적으로 조화를 이룬 인간개발을 목표로 쿠베르탱 남작에 의해 개발되고 올림픽 스포츠로 발전해온 근대 5종경기㉑는 성장기의 청소년에게 정신과 육체의 균형을 갖춘 인격체로서 성장할 수 있도록 도와주고 그들의 미래가 여러 분야에서 조화를 이룰 수 있도록 창안되었다.

각주

◆ 근대5종 세부종목 안내

글꼴 : 돋움, 18pt, 하양
음영색 : 빨강

  i. 펜싱 및 수영 소개
    a. 펜싱: 참가선수 전원이 1분 단판으로 풀 리그를 펼침
    b. 수영: 200m 자유형이나 어떠한 영법을 사용해도 무방함
  ii. 승마 및 복합경기 소개
    a. 승마: 350-450m 코스에서 12개의 장애물을 넘는 경기
    b. 복합경기(육상+사격): 핸디캡 스타트 방식

문단 번호 기능 사용
  1수준 : 20pt, 오른쪽 정렬,
  2수준 : 30pt, 오른쪽 정렬
줄 간격 : 180%

표 전체 글꼴 : 궁서, 10pt, 가운데 정렬
셀 배경(그러데이션) : 유형(가로),
  시작색(노랑), 끝색(하양)

◆ *근대5종 경기 일정(2023년)*

글꼴 : 돋움, 18pt, 기울임, 강조점

국내 대회	대회 기간	장소	세계 대회	대회 기간	장소
선수권대회	06.21 - 06.27	강원(홍천)	U17	07.12 - 07.30	이집트
문체부대회	08.10 - 08.15	전남(해남)	U19		튀르키예
대한체육회장배	09.07 - 09.12	강원(인제)	세계선수권대회	08.21 - 08.28	영국
전국체육대회	10.13 - 10.19	전라남도	주니어대회	09.12 - 09.17	리투아니아

글꼴 : 굴림, 24pt, 진하게
장평 : 105%, 오른쪽 정렬 → **대한근대5종연맹**

각주 구분선 : 5cm

㉑ 한 경기자가 펜싱, 수영, 승마, 복합(사격, 육상) 등의 5종목을 각각 겨루는 경기

쪽 번호 매기기
5로 시작 → E

작성 시간 / 시험 시간	채점 결과
분 / 60분	점 / 500점

과목	코드	문제유형	시험시간	수험번호	성명
아래한글	1111	C	60분		

한컴 오피스

· 수험자 유의사항 ·

- 수험자는 문제지를 받는 즉시 문제지와 **수험표상의 시험과목(프로그램)이 동일한지 반드시 확인**하여야 합니다.
- 파일명은 본인의 "수험번호─성명"으로 입력하여 답안폴더(내 PC₩문서₩ITQ)에 하나의 파일로 저장해야하며, 답안파일을 전송하지 않아 미제출로 처리될 경우 실격 처리합니다(예:12345678─홍길동.hwpx).
- 답안 작성을 마치면 파일을 저장하고, '답안 전송' 버튼을 선택하여 감독위원 PC로 답안을 전송하십시오. 수험생 정보와 저장한 파일명이 다를 경우 전송되지 않으므로 주의하시기 바랍니다.
- 답안 작성 중에도 **주기적으로 저장하고, '답안 전송'**하여야 문제 발생을 줄일 수 있습니다. 작업한 내용을 저장하지 않고 전송할 경우 이전에 저장된 내용이 전송되오니 이점 유의하시기 바랍니다.
- 답안문서는 지정된 경로 외의 다른 보조기억장치에 저장하는 경우, 지정된 시험 시간 외에 작성된 파일을 활용할 경우, 기타 통신수단(이메일, 메신저, 네트워크 등)을 이용하여 타인에게 전달 또는 외부 반출하는 경우는 부정 처리합니다.
- 시험 중 부주의 또는 고의로 시스템을 파손한 경우는 수험자가 변상해야 하며, 〈수험자 유의사항〉에 기재된 방법대로 이행하지 않아 생기는 불이익은 수험생 당사자의 책임임을 알려 드립니다.
- 문제의 조건은 한컴오피스 2022 / 2020 버전으로 설정되어 있으니 유의하시기 바랍니다.
- 시험을 완료한 수험자는 답안파일이 전송되었는지 확인한 후 감독위원의 지시에 따라 문제지를 제출하고 퇴실합니다.

· 답안 작성요령 ·

- 온라인 답안 작성 절차
  수험자 등록 ⇒ 시험 시작 ⇒ 답안파일 저장 ⇒ 답안 전송 ⇒ 시험 종료
- 공통 부문
  - 글꼴에 대한 기본설정은 함초롬바탕, 10포인트, 검정, 줄간격 160%, 양쪽정렬로 합니다.
  - 색상은 조건의 색을 적용하고 색의 구분이 안 될 경우에는 RGB 값을 적용하십시오.
    (빨강 255, 0, 0 / 파랑 0, 0, 255 / 노랑 255, 255, 0).
  - 각 문항에 주어진 ≪조건≫에 따라 작성하고 언급하지 않은 조건은 ≪출력형태≫와 같이 작성합니다.
  - 용지여백은 왼쪽 · 오른쪽 11mm, 위쪽 · 아래쪽 · 머리말 · 꼬리말 10mm, 제본 0mm로 합니다.
  - 그림 삽입 문제의 경우 「내 PC₩문서₩ITQ₩Picture」폴더에서 지정된 파일을 선택하여 삽입하십시오.
  - 삽입한 그림은 반드시 문서에 포함하여 저장해야 합니다(미포함 시 감점 처리).
  - 각 항목은 지정된 페이지에 출력형태와 같이 정확히 작성하시기 바라며, 그렇지 않을 경우에 해당 항목은 0점 처리됩니다.
    ※ 페이지구분 : 1페이지 ─ 기능평가 I (문제번호 표시 : 1. 2.),
    　　　　　　　2페이지 ─ 기능평가 II (문제번호 표시 : 3. 4.),
    　　　　　　　3페이지 ─ 문서작성 능력평가
- 기능평가
  - 문제와 ≪조건≫은 입력하지 않으며 문제번호와 답(≪출력형태≫)만 작성합니다.
  - 4번 문제는 묶기를 했을 경우 0점 처리됩니다.
- 문서작성 능력평가
  - A4 용지(210mm×297mm) 1매 크기, 세로 서식 문서로 작성합니다.
  - ┄┄┄┄┄ 표시는 문서작성에 대한 지시사항이므로 작성하지 않습니다.

kpc 한국생산성본부

1. 다음의 ≪조건≫에 따라 스타일 기능을 적용하여 ≪출력형태≫와 같이 작성하시오. (50점)

≪조건≫ (1) 스타일 이름 – cio
　　　　(2) 문단 모양 – 왼쪽 여백 : 10pt, 문단 아래 간격 : 10pt
　　　　(3) 글자 모양 – 글꼴 : 한글(궁서)/영문(돋움), 크기 : 10pt, 장평 : 95%, 자간 : -5%

≪출력형태≫

As information technology and systems have become more important, the CIO has come to be viewed in many organizations as a key contributor.

최고정보관리책임자란 기업 활동에서 기업 전략으로서의 정보 시스템을 어떻게 활용할 것인가를 입안, 실행하는 정보 자원 관리의 책임을 지는 사람을 말한다.

2. 다음의 ≪조건≫에 따라 ≪출력형태≫와 같이 표와 차트를 작성하시오. (100점)

≪표 조건≫ (1) 표 전체(표, 캡션) – 돋움, 10pt
　　　　　(2) 정렬 – 문자 : 가운데 정렬, 숫자 : 오른쪽 정렬
　　　　　(3) 셀 배경(면색) : 노랑
　　　　　(4) 한글의 계산 기능을 이용하여 빈칸에 평균(소수점 두 자리)을 구하고, 캡션 기능 사용할 것
　　　　　(5) 선 모양은 ≪출력형태≫와 동일하게 처리할 것

≪출력형태≫

최고정보관리책임자 채용 현황(단위 : %)

구분	2014년	2015년	2016년	2017년	평균
정보기술	37.2	28.6	57.4	69.6	
정보통신	46.8	59.3	70.8	75.1	
금융기관	32.1	45.3	40.6	76.3	
제조업	22.6	35.3	46.2	49.7	

≪차트 조건≫ (1) 차트 데이터는 표 내용에서 연도별 정보기술, 정보통신, 금융기관의 값만 이용할 것
　　　　　　(2) 종류 – 〈표식이 있는 꺾은선형〉으로 작업할 것
　　　　　　(3) 제목 – 글꼴 : 굴림, 진하게, 12pt,
　　　　　　　　　속성 : 채우기(밝은 색 : 하양), 테두리, 그림자(바깥쪽 : 대각선 오른쪽 아래)
　　　　　　(4) 제목 이외의 전체 글꼴 – 굴림, 보통, 10pt
　　　　　　(5) 축제목과 범례는 ≪출력형태≫와 동일하게 처리할 것

≪출력형태≫

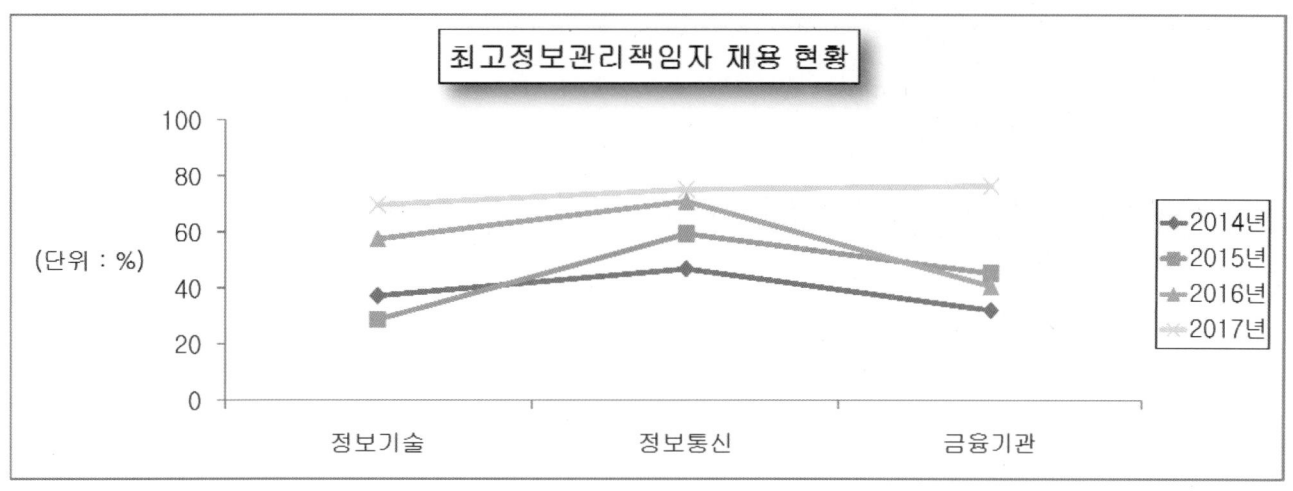

3. 다음 (1), (2)의 수식을 수식 편집기로 각각 입력하시오. (40점)

≪출력형태≫

(1) $G = 2 \int_{\frac{a}{2}}^{a} \frac{b\sqrt{a^2 - x^2}}{a} dx$

(2) $L = \frac{m + M}{m} V = \frac{m + M}{m} \sqrt{2gh}$

4. 다음의 ≪조건≫에 따라 ≪출력형태≫와 같이 문서를 작성하시오. (110점)

≪조건≫

(1) 그리기 도구를 이용하여 작성하고, 모든 도형(글맵시, 지정된 그림 포함)을 ≪출력형태≫와 같이 작성하시오.
(2) 도형의 면색은 지시사항이 없으면 색 없음을 제외하고 서로 다르게 임의로 지정하시오.

≪출력형태≫

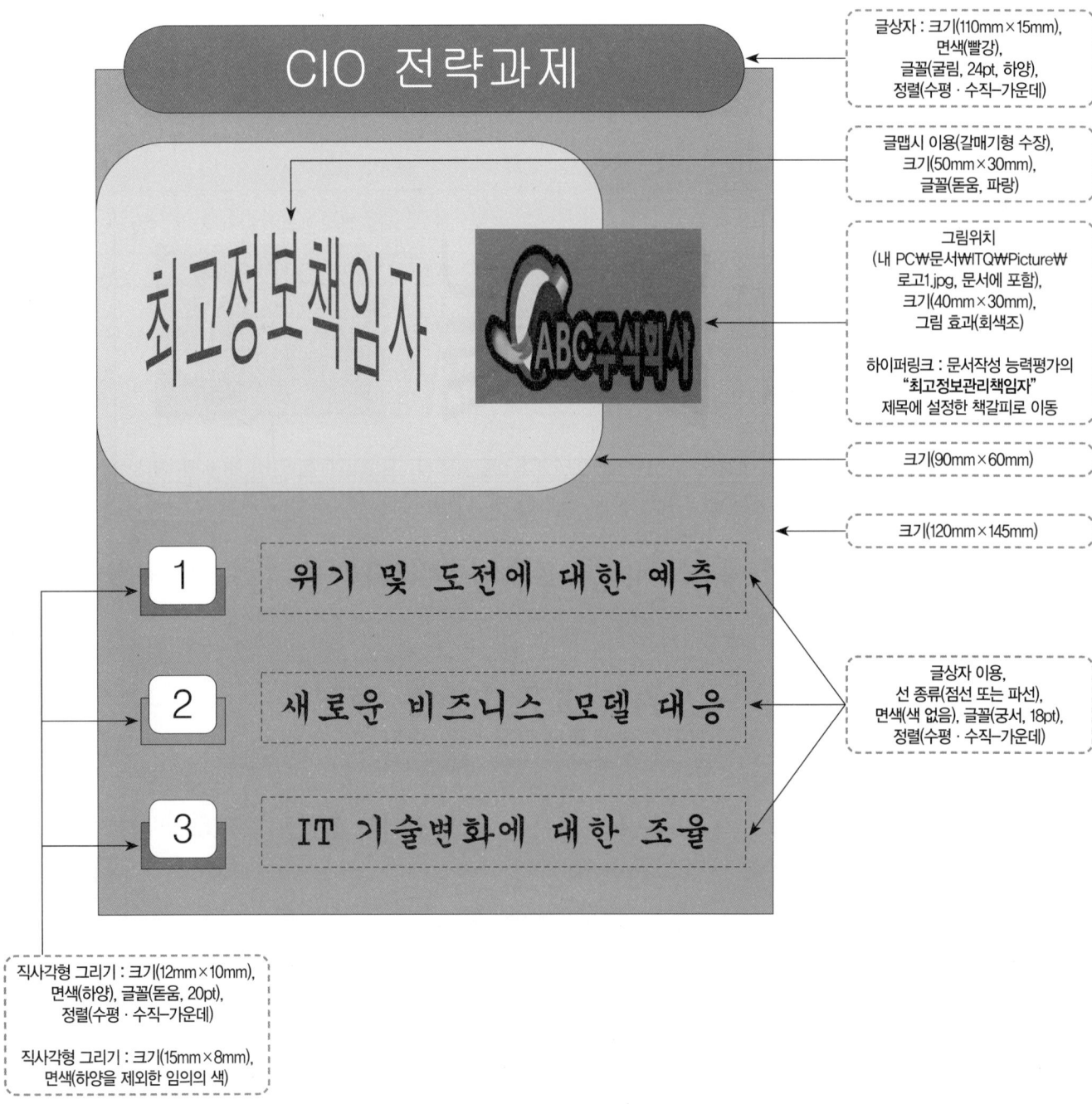

글상자 : 크기(110mm×15mm),
면색(빨강),
글꼴(굴림, 24pt, 하양),
정렬(수평·수직-가운데)

글맵시 이용(갈매기형 수장),
크기(50mm×30mm),
글꼴(돋움, 파랑)

그림위치
(내 PC₩문서₩ITQ₩Picture₩
로고1.jpg, 문서에 포함),
크기(40mm×30mm),
그림 효과(회색조)

하이퍼링크 : 문서작성 능력평가의
"**최고정보관리책임자**"
제목에 설정한 책갈피로 이동

크기(90mm×60mm)

크기(120mm×145mm)

글상자 이용,
선 종류(점선 또는 파선),
면색(색 없음), 글꼴(궁서, 18pt),
정렬(수평·수직-가운데)

직사각형 그리기 : 크기(12mm×10mm),
면색(하양), 글꼴(돋움, 20pt),
정렬(수평·수직-가운데)

직사각형 그리기 : 크기(15mm×8mm),
면색(하양을 제외한 임의의 색)

글꼴 : 돋움, 18pt, 진하게, 가운데 정렬
책갈피 이름 : 정보관리
덧말 넣기

머리말 기능
돋움, 10pt, 오른쪽 정렬 → CIO 아카데미

정보시스템 관리
최고정보관리책임자

문단 첫 글자 장식 기능
글꼴 : 궁서, 면색 : 노랑

그림위치(내 PC\문서\ITQ\Picture\그림4.jpg, 문서에 포함)
자르기 기능 이용, 크기(40mm×35mm), 바깥 여백 왼쪽 : 2mm

최근 경영환경의 급속한 변화는 최고정보관리책임자(CIO)로 하여금 정보 통신기술의 전략적 활용을 통한 기업의 경영혁신을 선도(先導)하고 새로운 비즈니스 가치를 창출해야 하는 다양한 역할을 요구하고 있다. CIO는 기업의 경영 목표를 이루기 위해 정보기술을 감독하고 정보전략을 세우는 것을 주 임무로 한다. 따라서 기업 경영에 대한 통찰력이 있어야 하며 정보기술을 기업 구석구석까지 전략적으로 사용할 수 있는 능력을 갖춰야 한다. e비즈니스@의 보급과 전산화의 영향으로 기업 내의 정보 및 정보시스템 관리 능력이 기업의 주요 경쟁력으로 꼽히면서 중요성이 강조되고 있는 직책(職責)이다. 각주

  CIO는 이렇게 한 기업의 정보기술과 컴퓨터 시스템 부문을 책임지는 사람에게 부여되는 명칭이다. 기업의 인터넷과 월드와이드웹 등을 장기 전략과 중기 비즈니스 계획에 통합하기 위한 사업을 지휘하는 경우도 많다. 따라서 최고정보관리책임자는 정보기술과 이의 활용에 관한 기술적 지식 및 경험도 필요하며, 사업 운영에 대한 지식과 전략적 안목이 있어야 한다.

★ CIO의 자질과 역할

글꼴 : 굴림, 18pt, 하양
음영색 : 빨강

  i. CIO의 자질
    a. 리더십, 의사소통능력, 전략/혁신감각, IT지식, 자원관리
    b. 업계에 대한 지식, 창의력, 긍정적 사고, 정치적 능력
  ii. CIO의 역할
    a. 경영전략에 부응하는 IT전략 수립 및 정보시스템 구축
    b. 기업이 필요로 하는 IT기반의 새로운 비즈니스 모델 창출

문단 번호 기능 사용
1수준 : 20pt, 오른쪽 정렬,
2수준 : 30pt, 오른쪽 정렬
줄 간격 : 180%

표 전체 글꼴 : 돋움, 10pt, 가운데 정렬
셀 배경(그러데이션) : 유형(세로),
시작색(하양), 끝색(노랑)

★ CIO 아카데미 커리큘럼

글꼴 : 굴림, 18pt, 밑줄, 강조점

일자	구분	주요 내용	장소
1월 16일	IT 기술 트렌드	4차 산업혁명시대, 디지털 신기술과 미래 전략	국제관
1월 23일		블록체인 기술과 산업별 적용 사례	전략실
1월 30일		빅데이터 활용 이슈와 성공 사례	기획실
2월 13일	정보관리 정보보호 소양 교육	국내 개인정보보호규정 대응 현황 및 국제적 전망	회의실

글꼴 : 궁서, 24pt, 진하게
장평 : 105%, 오른쪽 정렬 → **한국CIO포럼**

각주 구분선 : 5cm

@ 인터넷을 기업 경영에 도입하여 기존 기업의 경영 활동 영역을 가상공간으로 이전시킨 것

쪽 번호 매기기
4로 시작 → iv

제 10 회 정보기술자격(ITQ) 출제예상 모의고사

	작성 시간 / 시험 시간	채점 결과
	분 / 60분	점 / 500점

과목	코드	문제유형	시험시간	수험번호	성명
아래한글	1111	A	60분		

한컴 오피스

· 수험자 유의사항 ·

- 수험자는 문제지를 받는 즉시 문제지와 **수험표상의 시험과목(프로그램)이 동일한지 반드시 확인**하여야 합니다.
- 파일명은 본인의 "수험번호–성명"으로 입력하여 답안폴더(내 PC₩문서₩ITQ)에 하나의 파일로 저장해야하며, 답안파일을 전송하지 않아 미제출로 처리될 경우 실격 처리합니다(예:12345678–홍길동.hwpx).
- 답안 작성을 마치면 파일을 저장하고, '답안 전송' 버튼을 선택하여 감독위원 PC로 답안을 전송하십시오. 수험생 정보와 저장한 파일명이 다를 경우 전송되지 않으므로 주의하시기 바랍니다.
- 답안 작성 중에도 **주기적으로 저장하고, '답안 전송'**하여야 문제 발생을 줄일 수 있습니다. 작업한 내용을 저장하지 않고 전송할 경우 이전에 저장된 내용이 전송되오니 이점 유의하시기 바랍니다.
- 답안문서는 지정된 경로 외의 다른 보조기억장치에 저장하는 경우, 지정된 시험 시간 외에 작성된 파일을 활용할 경우, 기타 통신수단(이메일, 메신저, 네트워크 등)을 이용하여 타인에게 전달 또는 외부 반출하는 경우는 부정 처리합니다.
- 시험 중 부주의 또는 고의로 시스템을 파손한 경우는 수험자가 변상해야 하며, 〈수험자 유의사항〉에 기재된 방법대로 이행하지 않아 생기는 불이익은 수험생 당사자의 책임임을 알려 드립니다.
- 문제의 조건은 한컴오피스 2022 / 2020 버전으로 설정되어 있으니 유의하시기 바랍니다.
- 시험을 완료한 수험자는 답안파일이 전송되었는지 확인한 후 감독위원의 지시에 따라 문제지를 제출하고 퇴실합니다.

· 답안 작성요령 ·

- 온라인 답안 작성 절차
  수험자 등록 ⇒ 시험 시작 ⇒ 답안파일 저장 ⇒ 답안 전송 ⇒ 시험 종료
- 공통 부문
  - 글꼴에 대한 기본설정은 함초롬바탕, 10포인트, 검정, 줄간격 160%, 양쪽정렬로 합니다.
  - 색상은 조건의 색을 적용하고 색의 구분이 안 될 경우에는 RGB 값을 적용하십시오.
    (빨강 255, 0, 0 / 파랑 0, 0, 255 / 노랑 255, 255, 0).
  - 각 문항에 주어진 ≪조건≫에 따라 작성하고 언급하지 않은 조건은 ≪출력형태≫와 같이 작성합니다.
  - 용지여백은 왼쪽 · 오른쪽 11mm, 위쪽 · 아래쪽 · 머리말 · 꼬리말 10mm, 제본 0mm로 합니다.
  - 그림 삽입 문제의 경우 「내 PC₩문서₩ITQ₩Picture」 폴더에서 지정된 파일을 선택하여 삽입하십시오.
  - 삽입한 그림은 반드시 문서에 포함하여 저장해야 합니다(미포함 시 감점 처리).
  - 각 항목은 지정된 페이지에 출력형태와 같이 정확히 작성하시기 바라며, 그렇지 않을 경우에 해당 항목은 0점 처리됩니다.
    ※ 페이지구분 : 1페이지 – 기능평가 I (문제번호 표시 : 1. 2.),
    　　　　　　　2페이지 – 기능평가 II(문제번호 표시 : 3. 4.),
    　　　　　　　3페이지 – 문서작성 능력평가
- 기능평가
  - 문제와 ≪조건≫은 입력하지 않으며 문제번호와 답(≪출력형태≫)만 작성합니다.
  - 4번 문제는 묶기를 했을 경우 0점 처리됩니다.
- 문서작성 능력평가
  - A4 용지(210mm×297mm) 1매 크기, 세로 서식 문서로 작성합니다.
  - ┈┈┈┈┈┈ 표시는 문서작성에 대한 지시사항이므로 작성하지 않습니다.

kpc 한국생산성본부

1. 다음의 ≪조건≫에 따라 스타일 기능을 적용하여 ≪출력형태≫와 같이 작성하시오. (50점)

≪조건≫　(1) 스타일 이름 – dementia
　　　　(2) 문단 모양 – 첫 줄 들여쓰기 : 15pt, 문단 아래 간격 : 10pt
　　　　(3) 글자 모양 – 글꼴 : 한글(돋움)/영문(궁서), 크기 : 10pt, 장평 : 95%, 자간 : -5%

≪출력형태≫

　　They may lose their ability to solve problems or control their emotions. Their personalities may change. They may become agitated or see things that are not there.

　　치매 질환은 정상적인 지적 능력을 유지하던 사람이 다양한 원인으로 뇌기능의 기질성 손상으로 지적 능력이 감퇴하거나 소실하여 사회적 또는 직업적 기능장애를 가져오는 경우를 통칭한다.

2. 다음의 ≪조건≫에 따라 ≪출력형태≫와 같이 표와 차트를 작성하시오. (100점)

≪표 조건≫　(1) 표 전체(표, 캡션) – 돋움, 10pt
　　　　　(2) 정렬 – 문자 : 가운데 정렬, 숫자 : 오른쪽 정렬
　　　　　(3) 셀 배경(면색) : 노랑
　　　　　(4) 한글의 계산 기능을 이용하여 빈칸에 평균(소수점 두 자리)을 구하고, 캡션 기능 사용할 것
　　　　　(5) 선 모양은 ≪출력형태≫와 동일하게 처리할 것

≪출력형태≫

치매 환자수 및 유병률 추이(단위: 만 명, %)

구분	2020년	2030년	2040년	2050년	평균
남성	31	55	90	126	
여성	68	107	162	225	
고령자 합계	99	162	252	351	
치매 유병률	12.3	12.6	14.7	18.5	

≪차트 조건≫　(1) 차트 데이터는 표 내용에서 연도별 남성, 여성, 고령자 합계의 값만 이용할 것
　　　　　　(2) 종류 – 〈묶은 가로 막대형〉으로 작업할 것
　　　　　　(3) 제목 – 글꼴 : 굴림, 진하게, 12pt,
　　　　　　　　　속성 : 채우기(밝은 색 : 하양), 테두리, 그림자(바깥쪽 : 대각선 오른쪽 아래)
　　　　　　(4) 제목 이외의 전체 글꼴 – 굴림, 보통, 10pt
　　　　　　(5) 축제목과 범례는 ≪출력형태≫와 동일하게 처리할 것

≪출력형태≫

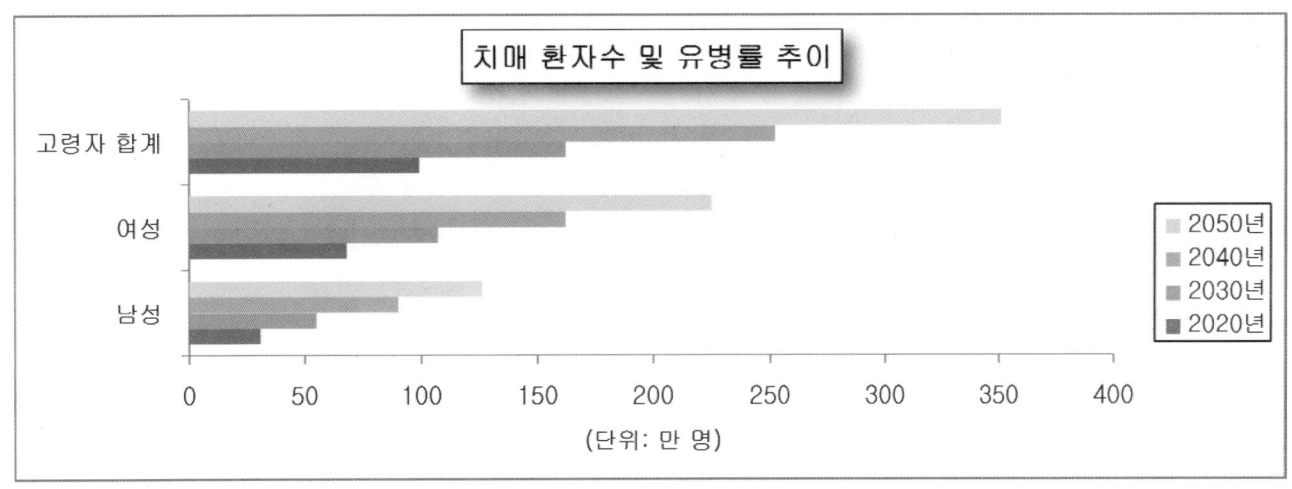

3. 다음 (1), (2)의 수식을 수식 편집기로 각각 입력하시오. (40점)

≪출력형태≫

(1) $h = \sqrt{k^2 - r^2}, M = \frac{1}{3}\pi r^2 h$

(2) $\sum_{k=1}^{n}(k^4 + 1) - \sum_{k=3}^{n}(k^4 + 1) = 19$

4. 다음의 ≪조건≫에 따라 ≪출력형태≫와 같이 문서를 작성하시오. (110점)

≪조건≫

(1) 그리기 도구를 이용하여 작성하고, 모든 도형(글맵시, 지정된 그림 포함)을 ≪출력형태≫와 같이 작성하시오.
(2) 도형의 면색은 지시사항이 없으면 색 없음을 제외하고 서로 다르게 임의로 지정하시오.

≪출력형태≫

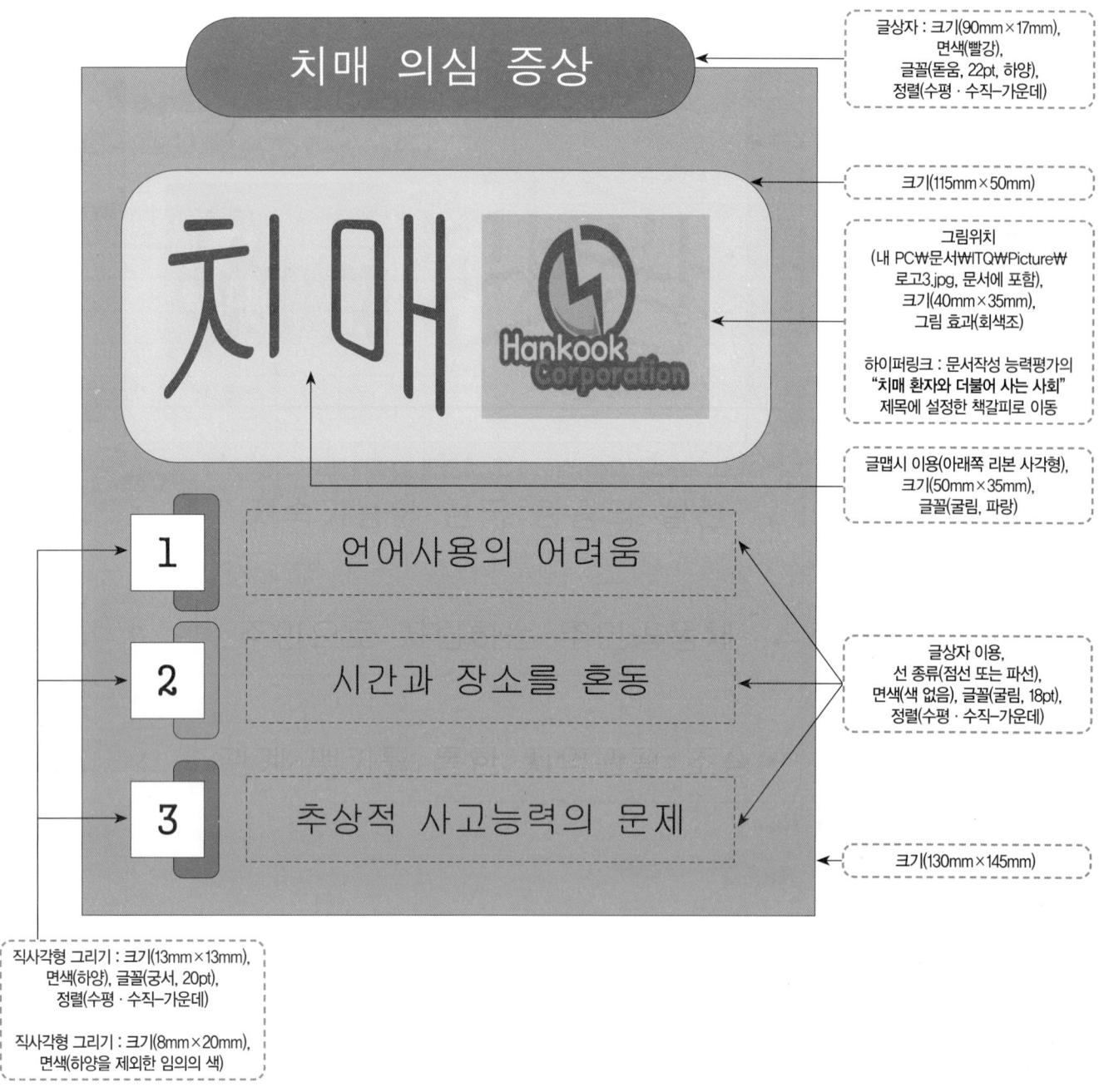

글꼴 : 굴림, 18pt, 진하게, 가운데 정렬
책갈피 이름 : 치매
덧말 넣기

머리말 기능
돋움, 10pt, 오른쪽 정렬 → 치매 예방

치매 안심 사회
치매 환자와 더불어 사는 사회

문단 첫 글자 장식 기능
글꼴 : 궁서, 면색 : 노랑

각주

그림위치(내 PC\문서\ITQ\Picture\그림4.jpg, 문서에 포함)
자르기 기능 이용, 크기(40mm×40mm), 바깥 여백 왼쪽 : 2mm

한국 65세 이상 노인 인구 중 치매㉠로 추정되는 환자는 66만명에 달하며 2024년에는 100만 명, 2041년에는 200만 명을 넘어설 것으로 예상(豫想)된다. 치매는 최근의 기억부터 잃기 시작해 나중에는 가족도 알아보지 못하고 대소변도 가리지 못해 혼자 일상 생활을 하기가 어려워진다. 흔히 건망증과 치매를 혼동하는데, 열쇠를 어디에 뒀는지 모르면 건망증이고 열쇠를 보고도 열쇠인 줄 모르면 치매이다. 뻔히 아는 것조차 잊어버리면 치매 증상이라는 것이다.

치매 예방에 가장 좋은 것은 시속 6킬로미터 이상 속도로 빠르게 걷는 것이다. 땀내가 살짝 나는 꾸준한 걷기가 뇌 혈류를 개선하고 기억 중추(中樞)인 해마를 활성화한다. 고혈압, 고혈당, 고지혈증을 모두 낮추니 일석삼조이다. 치매 예방을 위해 고스톱을 치라는 속설이 있는데 이는 엄밀히 말해 과학적 방법이 아니다. 반복적인 것보다 평소 뇌가 쓰이지 않던 새로운 것을 자주 해야 한다. 그런 의미에서 전문가들은 외국어 공부가 치매 예방에 가장 좋다고 말한다. 뇌의 가용 용량을 다양하게 늘려 놓으면 설사 치매로 일부 뇌세포가 손상되더라도 그것을 보충해 줄 뇌 기능의 여유분이 있기 때문에 치매 증상이 상당히 줄어든다고 한다.

글꼴 : 돋움, 18pt, 하양
음영색 : 빨강

★ 치매의 종류 및 증상

A. 루이소체 치매
   1. 루이체가 뇌 겉질에 축적되면 치매, 중뇌에 축적되면 파킨슨병
   2. 행동이 느려짐, 뻣뻣한 움직임, 손의 떨림, 종종걸음 등
B. 알코올성 치매
   1. 신경세포에 부정적인 영향을 주며 장기간 과음 시 치매로 진행
   2. 작화증, 눈 움직임의 문제, 비틀거리는 걸음걸이, 기억력 저하

문단 번호 기능 사용
1수준 : 20pt, 오른쪽 정렬,
2수준 : 30pt, 오른쪽 정렬
줄 간격 : 180%

표 전체 글꼴 : 궁서, 10pt, 가운데 정렬
셀 배경(그러데이션) : 유형(가운데에서),
시작색(하양), 끝색(노랑)

글꼴 : 돋움, 18pt, 기울임, 강조점

★ 영국의 치매 돌봄 서비스 제공 지표

평가영역	구분	지표명
종사자들의 적절한 교육훈련	구조	치매 관련 종사자를 위한 지역사회 치매 교육 프로그램 제공
	과정	전체 치매 관련 종사자들 중 최신 보수교육을 이수 받은 사람들의 비율
평가 및 개인별 맞춤형 케어 플랜 수립	구조	환자 개인별 맞춤형 서비스 제공을 위한 준비
	과정1	치매 환자 중 케어 플랜이 수립된 환자 비율
	과정2	치매 환자 중 보건 및 복지 서비스 코디네이터 할당된 환자 비율

글꼴 : 굴림, 24pt, 진하게
장평 : 105%, 오른쪽 정렬 → # 치매안심센터

각주 구분선 : 5cm

㉠ 2030년 치매인구는 전 세계적으로 6,600만 명으로 늘어날 것으로 예상

쪽 번호 매기기
4로 시작 → D

제 11 회 정보기술자격(ITQ) 출제예상 모의고사

		작성 시간 / 시험 시간	채점 결과
		분 / 60분	점 / 500점

과목	코드	문제유형	시험시간	수험번호	성명
아래한글	1111	B	60분		

한컴 오피스

· 수험자 유의사항 ·

● 수험자는 문제지를 받는 즉시 문제지와 **수험표상의 시험과목(프로그램)이 동일한지 반드시 확인**하여야 합니다.

● 파일명은 본인의 "수험번호–성명"으로 입력하여 답안폴더(내 PC₩문서₩ITQ)에 하나의 파일로 저장해야하며, 답안파일을 전송하지 않아 미제출로 처리될 경우 실격 처리합니다(예:12345678–홍길동.hwpx).

● 답안 작성을 마치면 파일을 저장하고, '답안 전송' 버튼을 선택하여 감독위원 PC로 답안을 전송하십시오. 수험생 정보와 저장한 파일명이 다를 경우 전송되지 않으므로 주의하시기 바랍니다.

● 답안 작성 중에도 **주기적으로 저장하고, '답안 전송'**하여야 문제 발생을 줄일 수 있습니다. 작업한 내용을 저장하지 않고 전송할 경우 이전에 저장된 내용이 전송되오니 이점 유의하시기 바랍니다.

● 답안문서는 지정된 경로 외의 다른 보조기억장치에 저장하는 경우, 지정된 시험 시간 외에 작성된 파일을 활용할 경우, 기타 통신수단(이메일, 메신저, 네트워크 등)을 이용하여 타인에게 전달 또는 외부 반출하는 경우는 부정 처리합니다.

● 시험 중 부주의 또는 고의로 시스템을 파손한 경우는 수험자가 변상해야 하며, 〈수험자 유의사항〉에 기재된 방법대로 이행하지 않아 생기는 불이익은 수험생 당사자의 책임임을 알려 드립니다.

● 문제의 조건은 한컴오피스 2022 / 2020 버전으로 설정되어 있으니 유의하시기 바랍니다.

● 시험을 완료한 수험자는 답안파일이 전송되었는지 확인한 후 감독위원의 지시에 따라 문제지를 제출하고 퇴실합니다.

· 답안 작성요령 ·

● 온라인 답안 작성 절차

수험자 등록 ⇒ 시험 시작 ⇒ 답안파일 저장 ⇒ 답안 전송 ⇒ 시험 종료

● 공통 부문

• 글꼴에 대한 기본설정은 함초롬바탕, 10포인트, 검정, 줄간격 160%, 양쪽정렬로 합니다.

• 색상은 조건의 색을 적용하고 색의 구분이 안 될 경우에는 RGB 값을 적용하십시오.
(빨강 255, 0, 0 / 파랑 0, 0, 255 / 노랑 255, 255, 0).

• 각 문항에 주어진 ≪조건≫에 따라 작성하고 언급하지 않은 조건은 ≪출력형태≫와 같이 작성합니다.

• 용지여백은 왼쪽 · 오른쪽 11mm, 위쪽 · 아래쪽 · 머리말 · 꼬리말 10mm, 제본 0mm로 합니다.

• 그림 삽입 문제의 경우 「내 PC₩문서₩ITQ₩Picture」 폴더에서 지정된 파일을 선택하여 삽입하십시오.

• 삽입한 그림은 반드시 문서에 포함하여 저장해야 합니다(미포함 시 감점 처리).

• 각 항목은 지정된 페이지에 출력형태와 같이 정확히 작성하시기 바라며, 그렇지 않을 경우에 해당 항목은 0점 처리됩니다.

※ 페이지구분 : 1페이지 – 기능평가 I (문제번호 표시 : 1. 2.),
2페이지 – 기능평가 II (문제번호 표시 : 3. 4.),
3페이지 – 문서작성 능력평가

● 기능평가

• 문제와 ≪조건≫은 입력하지 않으며 문제번호와 답(≪출력형태≫)만 작성합니다.

• 4번 문제는 묶기를 했을 경우 0점 처리됩니다.

● 문서작성 능력평가

• A4 용지(210mm×297mm) 1매 크기, 세로 서식 문서로 작성합니다.

• {⁓⁓⁓⁓⁓⁓} 표시는 문서작성에 대한 지시사항이므로 작성하지 않습니다.

kpc 한국생산성본부

1. 다음의 ≪조건≫에 따라 스타일 기능을 적용하여 ≪출력형태≫와 같이 작성하시오. (50점)

≪조건≫ (1) 스타일 이름 – martial
        (2) 문단 모양 – 왼쪽 여백 : 10pt, 문단 아래 간격 : 10pt
        (3) 글자 모양 – 글꼴 : 한글(궁서)/영문(돋움), 크기 : 10pt, 장평 : 95%, 자간 : –5%

≪출력형태≫

You can see diligent and happy lives of Chungju citizens large and small festivals. Beginning of Spa Festival and holding Chungju Martial Arts Festival and Ureuk Cultural Festival will on the top rung.

한반도의 중심이며 국가 지정 중요무형문화재 제76호인 택견의 본고장 충주에서 세계 무술과 문화의 만남이라는 주제로 다양한 체험과 함께 세계무술축제가 개최된다.

2. 다음의 ≪조건≫에 따라 ≪출력형태≫와 같이 표와 차트를 작성하시오. (100점)

≪표 조건≫ (1) 표 전체(표, 캡션) – 돋움, 10pt
         (2) 정렬 – 문자 : 가운데 정렬, 숫자 : 오른쪽 정렬
         (3) 셀 배경(면색) : 노랑
         (4) 한글의 계산 기능을 이용하여 빈칸에 평균(소수점 두 자리)을 구하고, 캡션 기능 사용할 것
         (5) 선 모양은 ≪출력형태≫와 동일하게 처리할 것

≪출력형태≫

연도별 무술 수련자 현황(단위 : 천 명)

구분	2019년	2020년	2021년	2022년	평균
택견	225	224	312	324	
해동검도	223	272	291	321	
특공무술	268	284	348	368	
공권유술	198	250	268	298	

≪차트 조건≫ (1) 차트 데이터는 표 내용에서 연도별 택견, 해동검도, 특공무술의 값만 이용할 것
          (2) 종류 – 〈묶은 세로 막대형〉으로 작업할 것
          (3) 제목 – 글꼴 : 굴림, 진하게, 12pt,
                     속성 : 채우기(밝은 색 : 하양), 테두리, 그림자(바깥쪽 : 대각선 오른쪽 아래)
          (4) 제목 이외의 전체 글꼴 – 굴림, 보통, 10pt
          (5) 축제목과 범례는 ≪출력형태≫와 동일하게 처리할 것

≪출력형태≫

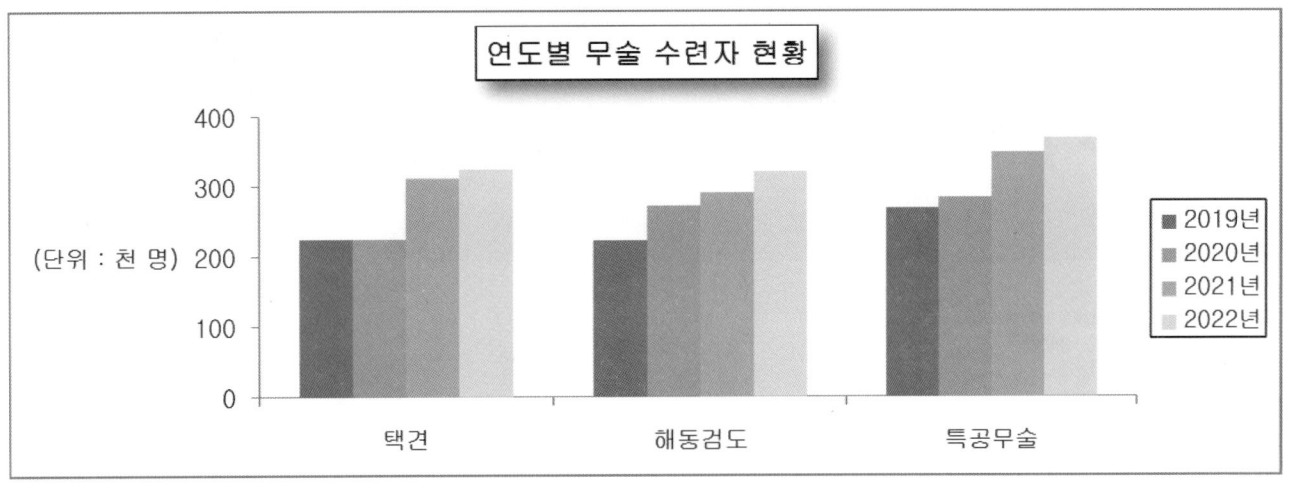

3. 다음 (1), (2)의 수식을 수식 편집기로 각각 입력하시오. (40점)

≪출력형태≫

(1) $\displaystyle\sum_{k=1}^{10}(k^3+6k^2+4k+3)=256$

(2) $\displaystyle\int_a^b xf(x)dx = \frac{1}{b-a}\int_a^b xdx = \frac{a+b}{2}$

4. 다음의 ≪조건≫에 따라 ≪출력형태≫와 같이 문서를 작성하시오. (110점)

≪조건≫

(1) 그리기 도구를 이용하여 작성하고, 모든 도형(글맵시, 지정된 그림 포함)을 ≪출력형태≫와 같이 작성하시오.
(2) 도형의 면색은 지시사항이 없으면 색 없음을 제외하고 서로 다르게 임의로 지정하시오.

≪출력형태≫

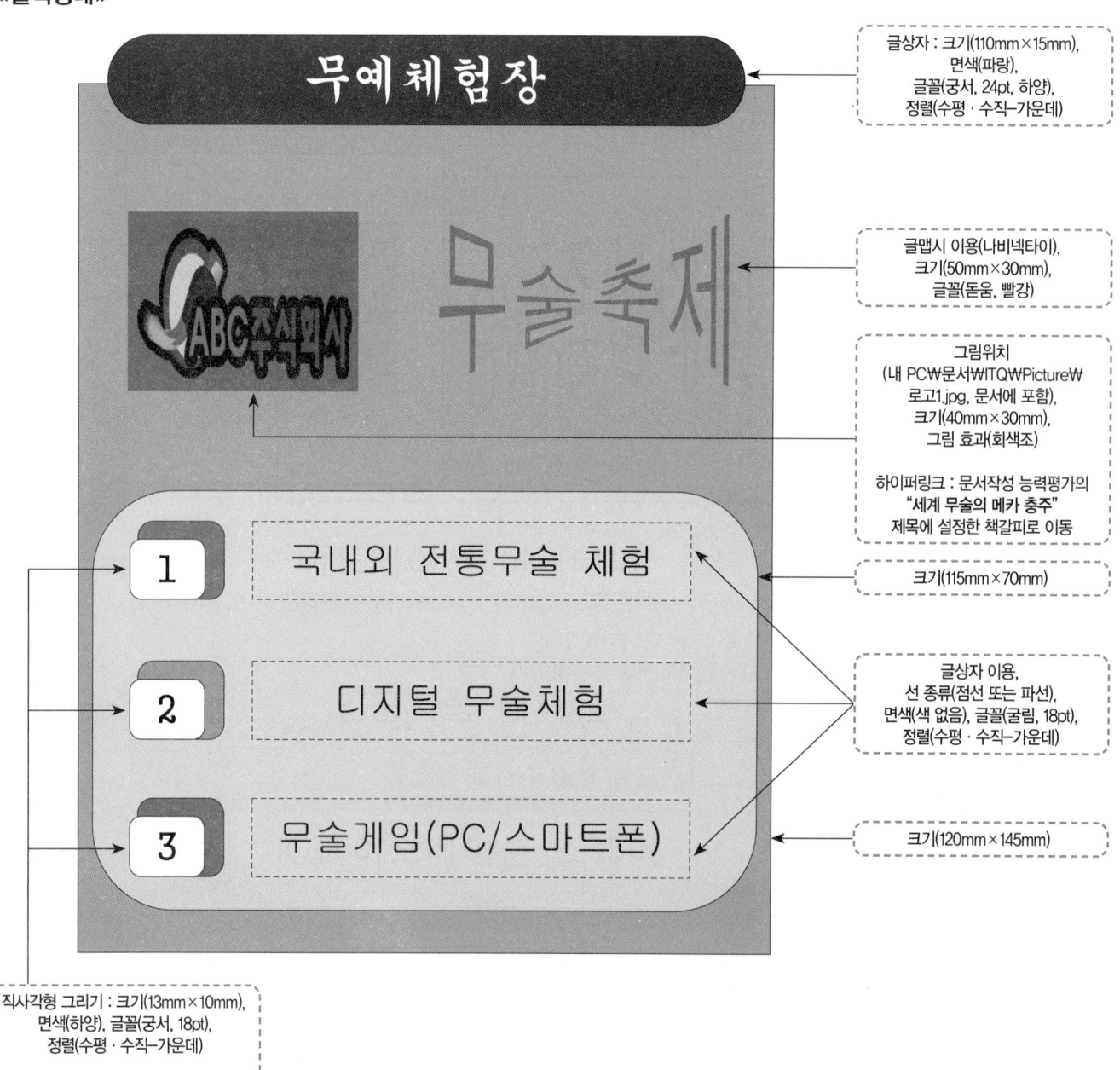

글상자 : 크기(110mm×15mm),
면색(파랑),
글꼴(궁서, 24pt, 하양),
정렬(수평·수직-가운데)

글맵시 이용(나비넥타이),
크기(50mm×30mm),
글꼴(돋움, 빨강)

그림위치
(내 PC₩문서₩ITQ₩Picture₩
로고1.jpg, 문서에 포함),
크기(40mm×30mm),
그림 효과(회색조)

하이퍼링크 : 문서작성 능력평가의
"세계 무술의 메카 충주"
제목에 설정한 책갈피로 이동

크기(115mm×70mm)

글상자 이용,
선 종류(점선 또는 파선),
면색(색 없음), 글꼴(굴림, 18pt),
정렬(수평·수직-가운데)

크기(120mm×145mm)

직사각형 그리기 : 크기(13mm×10mm),
면색(하양), 글꼴(궁서, 18pt),
정렬(수평·수직-가운데)

직사각형 그리기 : 크기(15mm×13mm),
면색(하양을 제외한 임의의 색)

글꼴 : 돋움, 18pt, 진하게, 가운데 정렬
책갈피 이름 : 무술
덧말 넣기

세계무술과 문화
세계 무술의 메카 충주

문단 첫 글자 장식 기능
글꼴 : 궁서, 면색 : 노랑

각주

그림위치(내 PC₩문서₩ITQ₩Picture₩그림5.jpg, 문서에 포함)
자르기 기능 이용, 크기(40mm×40mm), 바깥 여백 왼쪽 : 2mm

문화의 시대로 불리는 21세기는 문화(文化)가 곧 국력이자 부가가치가 무한한 관광 자원이다. 찬란했던 중원문화ⓐ의 중심지인 충주는 국가 지정 중요무형문화재 제76호인 택견의 본고장으로 1998년부터 충주세계무술축제를 개최하고 있다. 유네스코가 공식 후원하는 본 행사는 국내 무술은 물론 아시아, 아메리카, 오세아니아, 아프리카, 유럽 등 전 세계 주요 무술을 만날 수 있는 생동감 넘치는 축제의 장이다. 제14회를 맞은 2012년에는 37개국 42개 세계무술연맹 단체를 비롯하여 국내외 유수의 무술 팀이 대거 참여해 풍성한 볼거리와 흥미진진하고 다양한 체험을 선사하면서 충주를 세계 무술의 메카로 확고히 자리매김하게 하였다.

　세계무술축제는 충주 지역 관광의 세계화를 통해 지역 경제의 활성화를 도모하고, 외국인 관광객을 집중적으로 유치하여 문화관광 상품으로 발전(發展)하는 데 그 목적이 있다. 공식 행사, 문화 행사, 무술 및 경연 행사 등 무대 프로그램과 무술체험복합관, 건강체험관 등 상설 프로그램 그리고 시민 참여 및 경연 행사와 전시 프로그램을 통해 무술을 사랑하는 마니아뿐만 아니라 국내외 많은 관광객을 대상으로 무술의 대중화에 앞장서고자 한다.

♥ ## 세계의 전통 무술

글꼴 : 굴림, 18pt, 하양
음영색 : 빨강

1. 한국의 전통 무술
　가. 태권도 : 기술단련으로 자신의 신체를 방어하는 호신 무술
　나. 합기도 : 합기를 사용해서 상대를 다루는 전통 무예
2. 일본의 전통 무술
　가. 주짓수 : 유술을 바탕으로 상대방을 제압하는 전통 무예
　나. 가라테 : 신체 각 부위면을 이용해서 상대방을 공격하는 무술

문단 번호 기능 사용
1수준 : 20pt, 오른쪽 정렬,
2수준 : 30pt, 오른쪽 정렬
줄 간격 : 180%

♥ ## 무술축제 프로그램과 내용

글꼴 : 굴림, 18pt, 밑줄, 강조점

표 전체 글꼴 : 돋움, 10pt, 가운데 정렬
셀 배경(그러데이션) : 유형(가로),
시작색(하양), 끝색(노랑)

구분		내용
무대 프로그램	문화 행사	사물놀이, 직지팝스 오케스트라, 택견 비보잉
	무술 및 경연 행사	키즈세계무예마스터쉽, 세계철인무사대회, 국제무예연무대회
상설 프로그램	무술 체험	특공무술 체험, 주짓수 배우기, 전자기록장비 체험
	세계무술퍼레이드	축제장 내 밴드, 공연, 무술팀 합동 행진

글꼴 : 궁서, 24pt, 진하게
장평 : 105%, 오른쪽 정렬

충주중원문화재단

각주 구분선 : 5cm

ⓐ 충주 지역을 중심으로 형성되었던 정치, 경제, 사회 등 모든 상황을 포괄하는 개념

쪽 번호 매기기
6으로 시작 → vi

제 12 회 정보기술자격(ITQ) 출제예상 모의고사

		작성 시간 / 시험 시간	채점 결과
		분 / 60분	점 / 500점

과목	코드	문제유형	시험시간	수험번호	성명
아래한글	1111	C	60분		

한컴 오피스

· 수험자 유의사항 ·

- 수험자는 문제지를 받는 즉시 문제지와 **수험표상의 시험과목(프로그램)이 동일한지 반드시 확인**하여야 합니다.
- 파일명은 본인의 "수험번호–성명"으로 입력하여 답안폴더(내 PC₩문서₩ITQ)에 하나의 파일로 저장해야하며, 답안파일을 전송하지 않아 미제출로 처리될 경우 실격 처리합니다(예:12345678–홍길동.hwpx).
- 답안 작성을 마치면 파일을 저장하고, '답안 전송' 버튼을 선택하여 감독위원 PC로 답안을 전송하십시오. 수험생 정보와 저장한 파일명이 다를 경우 전송되지 않으므로 주의하시기 바랍니다.
- 답안 작성 중에도 **주기적으로 저장하고, '답안 전송'**하여야 문제 발생을 줄일 수 있습니다. 작업한 내용을 저장하지 않고 전송할 경우 이전에 저장된 내용이 전송되오니 이점 유의하시기 바랍니다.
- 답안문서는 지정된 경로 외의 다른 보조기억장치에 저장하는 경우, 지정된 시험 시간 외에 작성된 파일을 활용할 경우, 기타 통신수단(이메일, 메신저, 네트워크 등)을 이용하여 타인에게 전달 또는 외부 반출하는 경우는 부정 처리합니다.
- 시험 중 부주의 또는 고의로 시스템을 파손한 경우는 수험자가 변상해야 하며, 〈수험자 유의사항〉에 기재된 방법대로 이행하지 않아 생기는 불이익은 수험생 당사자의 책임임을 알려 드립니다.
- 문제의 조건은 한컴오피스 2022 / 2020 버전으로 설정되어 있으니 유의하시기 바랍니다.
- 시험을 완료한 수험자는 답안파일이 전송되었는지 확인한 후 감독위원의 지시에 따라 문제지를 제출하고 퇴실합니다.

· 답안 작성요령 ·

- 온라인 답안 작성 절차
  수험자 등록 ⇒ 시험 시작 ⇒ 답안파일 저장 ⇒ 답안 전송 ⇒ 시험 종료
- 공통 부문
  - 글꼴에 대한 기본설정은 함초롬바탕, 10포인트, 검정, 줄간격 160%, 양쪽정렬로 합니다.
  - 색상은 조건의 색을 적용하고 색의 구분이 안 될 경우에는 RGB 값을 적용하십시오.
    (빨강 255, 0, 0 / 파랑 0, 0, 255 / 노랑 255, 255, 0).
  - 각 문항에 주어진 ≪조건≫에 따라 작성하고 언급하지 않은 조건은 ≪출력형태≫와 같이 작성합니다.
  - 용지여백은 왼쪽·오른쪽 11mm, 위쪽·아래쪽·머리말·꼬리말 10mm, 제본 0mm로 합니다.
  - 그림 삽입 문제의 경우 「내 PC₩문서₩ITQ₩Picture」 폴더에서 지정된 파일을 선택하여 삽입하십시오.
  - 삽입한 그림은 반드시 문서에 포함하여 저장해야 합니다(미포함 시 감점 처리).
  - 각 항목은 지정된 페이지에 출력형태와 같이 정확히 작성하시기 바라며, 그렇지 않을 경우에 해당 항목은 0점 처리됩니다.
    ※ 페이지구분 : 1페이지 – 기능평가Ⅰ(문제번호 표시 : 1. 2.),
    　　　　　　　2페이지 – 기능평가Ⅱ(문제번호 표시 : 3. 4.),
    　　　　　　　3페이지 – 문서작성 능력평가
- 기능평가
  - 문제와 ≪조건≫은 입력하지 않으며 문제번호와 답(≪출력형태≫)만 작성합니다.
  - 4번 문제는 묶기를 했을 경우 0점 처리됩니다.
- 문서작성 능력평가
  - A4 용지(210mm×297mm) 1매 크기, 세로 서식 문서로 작성합니다.
  - ⌐ ¬ 표시는 문서작성에 대한 지시사항이므로 작성하지 않습니다.

kpc 한국생산성본부

1. 다음의 《조건》에 따라 스타일 기능을 적용하여 《출력형태》와 같이 작성하시오. (50점)

《조건》 (1) 스타일 이름 – library
　　　　　 (2) 문단 모양 – 왼쪽 여백 : 15pt, 문단 아래 간격 : 10pt
　　　　　 (3) 글자 모양 – 글꼴 : 한글(돋움)/영문(궁서), 크기 : 10pt, 장평 : 95%, 자간 : -5%

《출력형태》

The collection of resources is done through submission of documents, and through the purchase, donation, and international exchanges of publications.

독서는 단순한 문자 판독이 아니라, 글쓴이와 읽는 이와의 간접적 만남이며 그 만남은 책이라는 작품을 매개로 하여 이루어 지는 것이기 때문에 의사소통 행위라고 할 수 있다.

2. 다음의 《조건》에 따라 《출력형태》와 같이 표와 차트를 작성하시오. (100점)

《표 조건》 (1) 표 전체(표, 캡션) – 돋움, 10pt
　　　　　　 (2) 정렬 – 문자 : 가운데 정렬, 숫자 : 오른쪽 정렬
　　　　　　 (3) 셀 배경(면색) : 노랑
　　　　　　 (4) 한글의 계산 기능을 이용하여 빈칸에 평균(소수점 두 자리)을 구하고, 캡션 기능 사용할 것
　　　　　　 (5) 선 모양은 《출력형태》와 동일하게 처리할 것

《출력형태》

지역별 도서관 현황(단위: 십만 권, 천 종, 관)

구분	부산	대구	인천	광주	평균
총 도서	63	47	49	26	
전자자료	99	535	743	258	
연속간행물	8	7	3	4	
도서관	47	44	55	24	✕

《차트 조건》 (1) 차트 데이터는 표 내용에서 지역별 총 도서, 전자자료, 연속간행물의 값만 이용할 것
　　　　　　 (2) 종류 – 〈묶은 세로 막대형〉으로 작업할 것
　　　　　　 (3) 제목 – 글꼴 : 굴림, 진하게, 12pt,
　　　　　　　　　 속성 : 채우기(밝은 색 : 하양), 테두리, 그림자(바깥쪽 : 대각선 오른쪽 아래)
　　　　　　 (4) 제목 이외의 전체 글꼴 – 굴림, 보통, 10pt
　　　　　　 (5) 축제목과 범례는 《출력형태》와 동일하게 처리할 것

《출력형태》

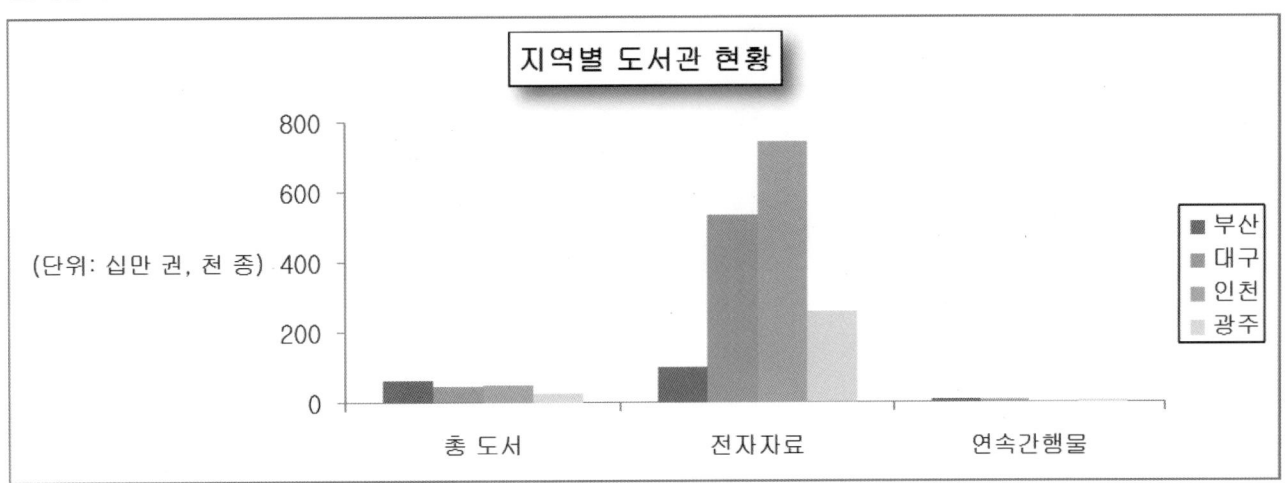

3. 다음 (1), (2)의 수식을 수식 편집기로 각각 입력하시오. (40점)

≪**출력형태**≫

(1) $\lambda = \dfrac{h}{mh} = \dfrac{h}{\sqrt{2me\,V}}$

(2) $\dfrac{F}{h_2} = t_2 k_1 \dfrac{t_1}{d} = 2 \times 10^{-7} \dfrac{t_1 t_2}{d}$

4. 다음의 ≪조건≫에 따라 ≪출력형태≫와 같이 문서를 작성하시오. (110점)

≪**조건**≫

(1) 그리기 도구를 이용하여 작성하고, 모든 도형(글맵시, 지정된 그림 포함)을 ≪출력형태≫와 같이 작성하시오.

(2) 도형의 면색은 지시사항이 없으면 색 없음을 제외하고 서로 다르게 임의로 지정하시오.

≪**출력형태**≫

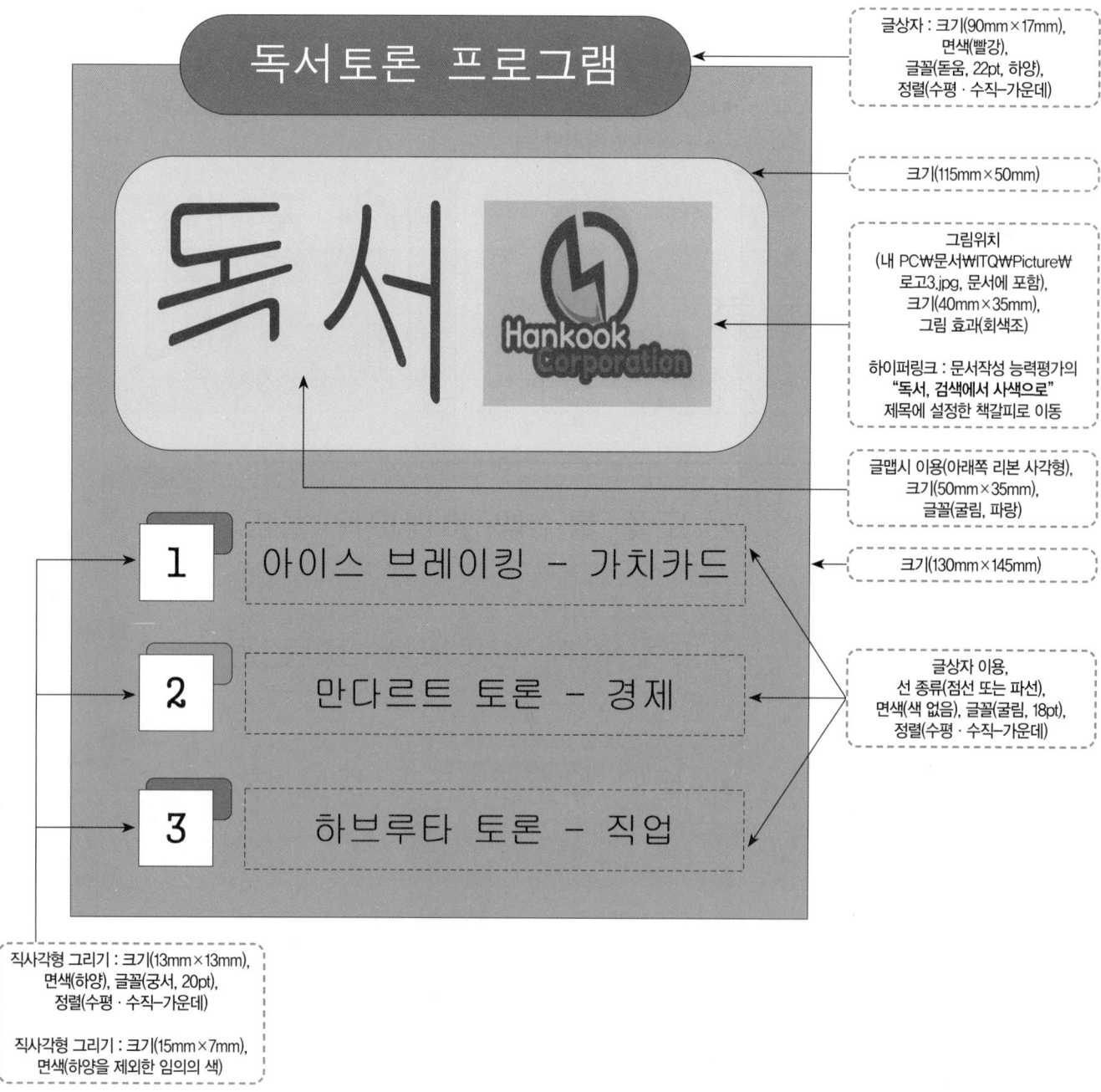

글상자 : 크기(90mm×17mm), 면색(빨강), 글꼴(돋움, 22pt, 하양), 정렬(수평 · 수직-가운데)

크기(115mm×50mm)

그림위치
(내 PC₩문서₩ITQ₩Picture₩
로고3.jpg, 문서에 포함),
크기(40mm×35mm),
그림 효과(회색조)

하이퍼링크 : 문서작성 능력평가의
"독서, 검색에서 사색으로"
제목에 설정한 책갈피로 이동

글맵시 이용(아래쪽 리본 사각형),
크기(50mm×35mm),
글꼴(굴림, 파랑)

크기(130mm×145mm)

글상자 이용,
선 종류(점선 또는 파선),
면색(색 없음), 글꼴(굴림, 18pt),
정렬(수평 · 수직-가운데)

직사각형 그리기 : 크기(13mm×13mm),
면색(하양), 글꼴(궁서, 20pt),
정렬(수평 · 수직-가운데)

직사각형 그리기 : 크기(15mm×7mm),
면색(하양을 제외한 임의의 색)

글꼴 : 굴림, 18pt, 진하게, 가운데 정렬
책갈피 이름 : 독서
덧말 넣기

머리말 기능
돋움, 10pt, 오른쪽 정렬 → 독서교육

<small>책과 당신을 잇다</small>
독서, 검색에서 사색으로

문단 첫 글자 장식 기능
글꼴 : 궁서, 면색 : 노랑

그림위치(내 PC₩문서₩ITQ₩Picture₩그림4.jpg, 문서에 포함)
자르기 기능 이용, 크기(40mm×35mm), 바깥 여백 왼쪽 : 2mm

사람은 무의식적으로 여러 정보를 접하면서 본인이 마음에 들어 하는 것은 택하고 그렇지 않은 것은 버리는 취사선택을 한다. 어릴 때부터 바른 정서와 바람직한 행동을 하기 위해서는 교육적인 책을 통해서 좋은 정보를 접할 수 있도록 하는 것이 중요하다. 특히 현대 사회처럼 급변(急變)하는 변화의 물결 속에서 숨 가쁘게 돌아가는 시대에는 더욱 그렇다. 이러한 변화는 발전과 성장이라는 긍정적 성과의 원동력이기는 하나 그 이면에는 무한 경쟁과 물질 만능주의로 인한 인간성 상실의 위기 속에서 희망을 잃어버린 사람들이 늘어나고 있다는 부정적 측면 또한 외면할 수 없는 현실이다.

잃어버린 희망을 되찾고 올바른 가치관을 재정립하여 건전한 상식이 통용(通用)되는 사회를 이루기 위해서는 각 개인이 주체적 존재로서 삶의 주인이 되어야 한다. 책은 사고력 및 창조성 등 개인의 능력 계발과 적극성 및 추진력 등 바람직한 성격 형성에도 지대한 영향을 미쳐 전인교육의 바탕을 이루는 필수 요소라 할 수 있다. 풍요 속 빈곤의 시대를 살아가는 고독한 현대인들의 생활에 촉촉한 단비가 되어 줄 양서ⓐ를 널리 보급하고 책 읽기 운동을 적극 전개하여 풍요로운 삶을 실현하고 문화 변혁을 이루어 인간 중심의 따뜻한 미래를 앞당겨야 할 것이다.

각주

♥ e-Book(전자책) 챌린지 공모전

글꼴 : 돋움, 18pt, 하양
음영색 : 빨강

  i. 참여도서 및 주제

    a. 참여도서 : 도서관 사이트에 탑재된 전자책

    b. 주제 : 전자책을 읽고 다양한 미디어를 활용한 독후소감

  ii. 참여기간 및 대상

    a. 참여기간 : 2023.11.13 - 12.8

    b. 대상 : 초등(4-6학년), 중학생, 고등학생, 학교 밖 청소년

문단 번호 기능 사용
1수준 : 20pt, 오른쪽 정렬,
2수준 : 30pt, 오른쪽 정렬
줄 간격 : 180%

♥ 독서교육종합지원시스템

글꼴 : 돋움, 18pt, 기울임, 강조점

표 전체 글꼴 : 궁서, 10pt, 가운데 정렬
셀 배경(그러데이션) : 유형(가로),
시작색(하양), 끝색(노랑)

구분	내용	비고
도서관 업무지원	자료대출, 반납 처리 등의 업무 처리	디지털자료실지원센터 (표준화된 학교 도서관 정보시스템)
	도서관 운영과 관련된 각종 통계 자료 및 보고서 작성	
자료구축/공유	도서, 비도서, 전자 자료 등의 목록 시스템 구축 및 공유	
	디지털 원문자료(e-Book, 온라인 도감 등)의 공동 활용 지원	
독서교육	교과활용 방안을 이용한 교사 및 학생의 교수-학습 활동 지원	

글꼴 : 굴림, 24pt, 진하게
장평 : 105%, 오른쪽 정렬 → # 디지털자료실지원센터

각주 구분선 : 5cm

ⓐ 내용이 건전하거나 교훈적이어서 생활에 지침이 될 만한 좋은 책

쪽 번호 매기기
7로 시작 → G

제13회 정보기술자격(ITQ) 출제예상 모의고사

				작성 시간 / 시험 시간	채점 결과
				분 / 60분	점 / 500점

과목	코드	문제유형	시험시간	수험번호	성명
아래한글	1111	A	60분		

한컴 오피스

· 수험자 유의사항 ·

- 수험자는 문제지를 받는 즉시 문제지와 **수험표상의 시험과목(프로그램)이 동일한지 반드시 확인**하여야 합니다.
- 파일명은 본인의 "수험번호−성명"으로 입력하여 답안폴더(내 PC₩문서₩ITQ)에 하나의 파일로 저장해야하며, 답안파일을 전송하지 않아 미제출로 처리될 경우 실격 처리합니다(예:12345678−홍길동.hwpx).
- 답안 작성을 마치면 파일을 저장하고, '답안 전송' 버튼을 선택하여 감독위원 PC로 답안을 전송하십시오. 수험생 정보와 저장한 파일명이 다를 경우 전송되지 않으므로 주의하시기 바랍니다.
- 답안 작성 중에도 **주기적으로 저장하고, '답안 전송'**하여야 문제 발생을 줄일 수 있습니다. 작업한 내용을 저장하지 않고 전송할 경우 이전에 저장된 내용이 전송되오니 이점 유의하시기 바랍니다.
- 답안문서는 지정된 경로 외의 다른 보조기억장치에 저장하는 경우, 지정된 시험 시간 외에 작성된 파일을 활용할 경우, 기타 통신수단(이메일, 메신저, 네트워크 등)을 이용하여 타인에게 전달 또는 외부 반출하는 경우는 부정 처리합니다.
- 시험 중 부주의 또는 고의로 시스템을 파손한 경우는 수험자가 변상해야 하며, 〈수험자 유의사항〉에 기재된 방법대로 이행하지 않아 생기는 불이익은 수험생 당사자의 책임임을 알려 드립니다.
- 문제의 조건은 한컴오피스 2022 / 2020 버전으로 설정되어 있으니 유의하시기 바랍니다.
- 시험을 완료한 수험자는 답안파일이 전송되었는지 확인한 후 감독위원의 지시에 따라 문제지를 제출하고 퇴실합니다.

· 답안 작성요령 ·

- 온라인 답안 작성 절차
  수험자 등록 ⇒ 시험 시작 ⇒ 답안파일 저장 ⇒ 답안 전송 ⇒ 시험 종료
- 공통 부문
  - 글꼴에 대한 기본설정은 함초롬바탕, 10포인트, 검정, 줄간격 160%, 양쪽정렬로 합니다.
  - 색상은 조건의 색을 적용하고 색의 구분이 안 될 경우에는 RGB 값을 적용하십시오.
    (빨강 255, 0, 0 / 파랑 0, 0, 255 / 노랑 255, 255, 0).
  - 각 문항에 주어진 ≪조건≫에 따라 작성하고 언급하지 않은 조건은 ≪출력형태≫와 같이 작성합니다.
  - 용지여백은 왼쪽 · 오른쪽 11㎜, 위쪽 · 아래쪽 · 머리말 · 꼬리말 10㎜, 제본 0㎜로 합니다.
  - 그림 삽입 문제의 경우 「내 PC₩문서₩ITQ₩Picture」 폴더에서 지정된 파일을 선택하여 삽입하십시오.
  - 삽입한 그림은 반드시 문서에 포함하여 저장해야 합니다(미포함 시 감점 처리).
  - 각 항목은 지정된 페이지에 출력형태와 같이 정확히 작성하시기 바라며, 그렇지 않을 경우에 해당 항목은 0점 처리됩니다.
    ※ 페이지구분 : 1페이지 − 기능평가 I (문제번호 표시 : 1. 2.),
    　　　　　　　2페이지 − 기능평가 II (문제번호 표시 : 3. 4.),
    　　　　　　　3페이지 − 문서작성 능력평가
- 기능평가
  - 문제와 ≪조건≫은 입력하지 않으며 문제번호와 답(≪출력형태≫)만 작성합니다.
  - 4번 문제는 묶기를 했을 경우 0점 처리됩니다.
- 문서작성 능력평가
  - A4 용지(210㎜×297㎜) 1매 크기, 세로 서식 문서로 작성합니다.
  - [- - - - - - - - -] 표시는 문서작성에 대한 지시사항이므로 작성하지 않습니다.

kpc 한국생산성본부

1. 다음의 ≪조건≫에 따라 스타일 기능을 적용하여 ≪출력형태≫와 같이 작성하시오. (50점)

≪조건≫ (1) 스타일 이름 – delivery
　　　　 (2) 문단 모양 – 왼쪽 여백 : 15pt, 문단 아래 간격 : 10pt
　　　　 (3) 글자 모양 – 글꼴 : 한글(돋움)/영문(굴림), 크기 : 10pt, 장평 : 95%, 자간 : 5%

≪출력형태≫

To efficient placement and operation of the joint delivery center, it is necessary to analyze the systematic collection of delivery centers, and regional economic indicators.

공동배송센터 구축사업의 효율적 배치와 운영을 위해 택배 물동량 자료의 체계적인 수집방안을 모색하고, 물동량 자료와 지역별 사회경제지표를 연계하여 분석할 필요가 있다.

2. 다음의 ≪조건≫에 따라 ≪출력형태≫와 같이 표와 차트를 작성하시오. (100점)

≪표 조건≫ (1) 표 전체(표, 캡션) – 돋움, 10pt
　　　　　 (2) 정렬 – 문자 : 가운데 정렬, 숫자 : 오른쪽 정렬
　　　　　 (3) 셀 배경(면색) : 노랑
　　　　　 (4) 한글의 계산 기능을 이용하여 빈칸에 합계를 구하고, 캡션 기능 사용할 것
　　　　　 (5) 선 모양은 ≪출력형태≫와 동일하게 처리할 것

≪출력형태≫

연도별 주요 택배사 점유율(단위 : 백 개)

구분	2017년	2018년	2019년	2020년	합계
A택배	1,054	1,224	1,320	1,689	
B택배	293	332	387	453	
C택배	282	317	368	465	
D택배	188	214	263	246	

≪차트 조건≫ (1) 차트 데이터는 표 내용에서 연도별 A택배, B택배, C택배의 값만 이용할 것
　　　　　　 (2) 종류 – 〈묶은 세로 막대형〉으로 작업할 것
　　　　　　 (3) 제목 – 글꼴 : 굴림, 진하게, 12pt,
　　　　　　　　　　　 속성 : 채우기(밝은 색 : 하양), 테두리, 그림자(바깥쪽 : 대각선 오른쪽 아래)
　　　　　　 (4) 제목 이외의 전체 글꼴 – 굴림, 보통, 10pt
　　　　　　 (5) 축제목과 범례는 ≪출력형태≫와 동일하게 처리할 것

≪출력형태≫

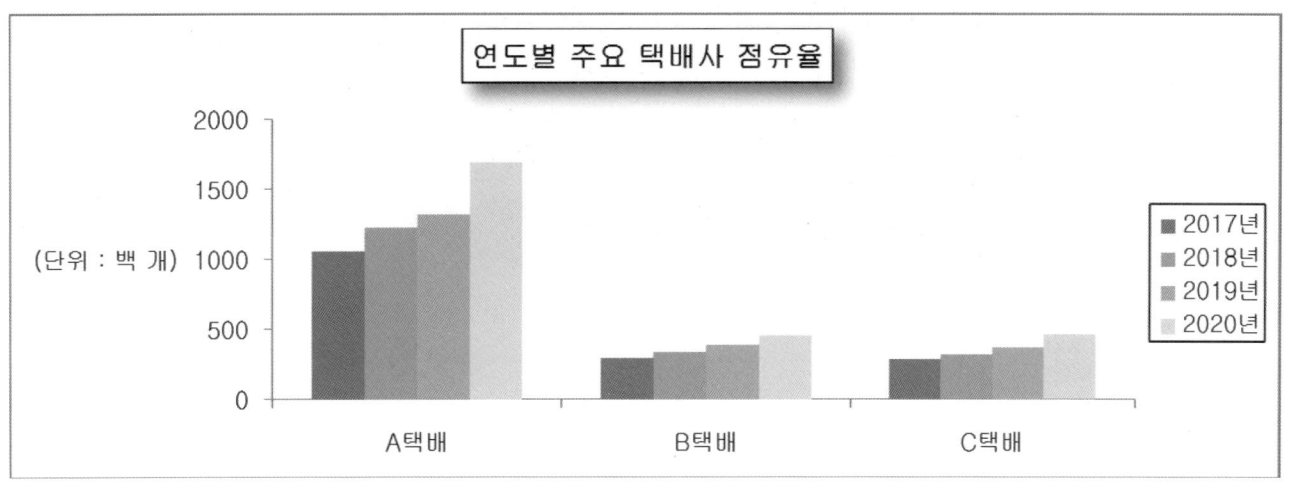

3. 다음 (1), (2)의 수식을 수식 편집기로 각각 입력하시오. (40점)

≪출력형태≫

(1) $V = \dfrac{1}{R}\displaystyle\int_0^q qdq = \dfrac{1}{2}\dfrac{q^2}{R}$

(2) $\displaystyle\int_0^1 (\sin x + \dfrac{x}{2})dx = \int_0^1 \dfrac{1+\sin x}{2}dx$

4. 다음의 ≪조건≫에 따라 ≪출력형태≫와 같이 문서를 작성하시오. (110점)

≪조건≫

(1) 그리기 도구를 이용하여 작성하고, 모든 도형(글맵시, 지정된 그림 포함)을 ≪출력형태≫와 같이 작성하시오.
(2) 도형의 면색은 지시사항이 없으면 색 없음을 제외하고 서로 다르게 임의로 지정하시오.

≪출력형태≫

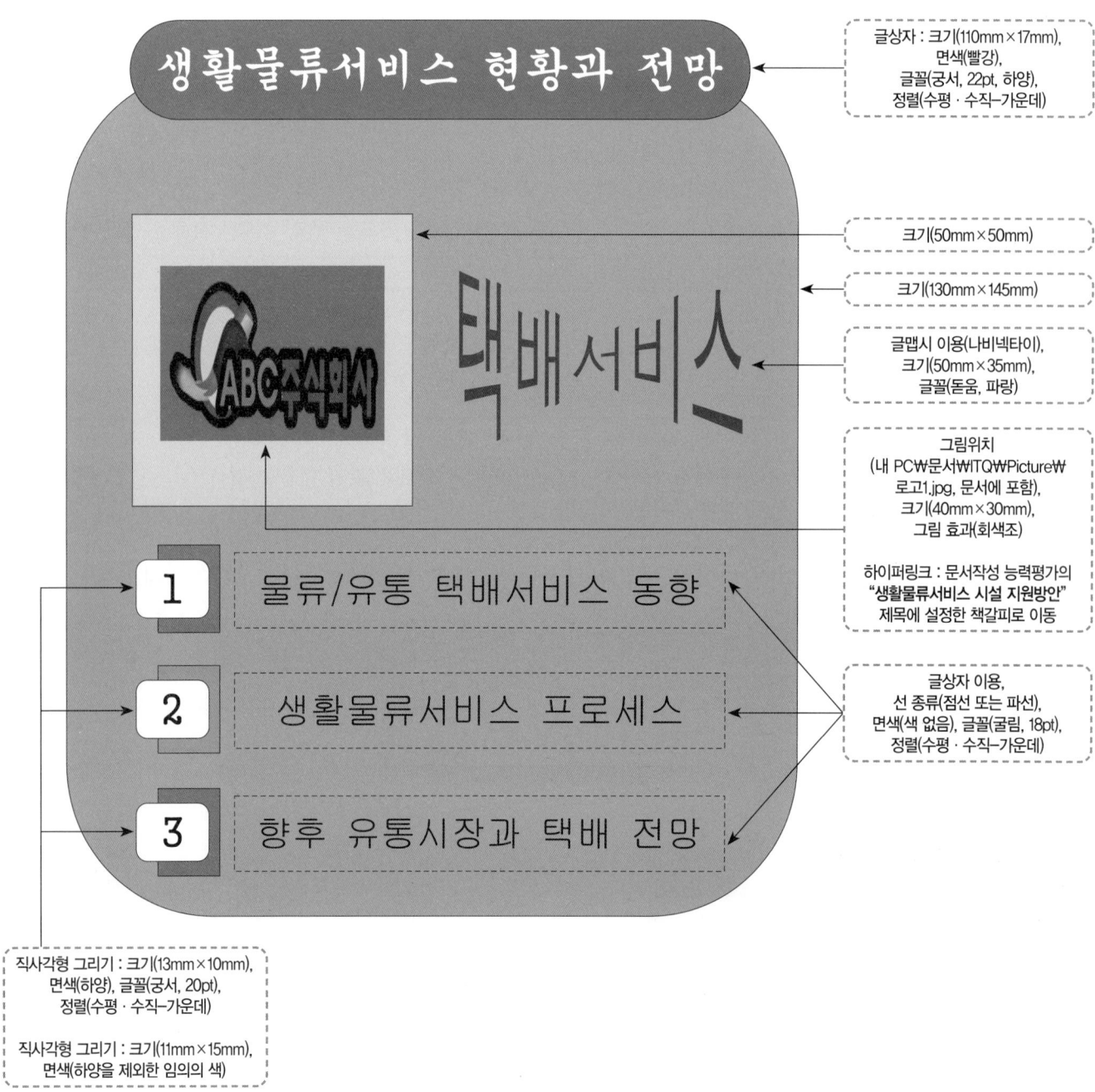

글상자 : 크기(110mm×17mm), 면색(빨강), 글꼴(궁서, 22pt, 하양), 정렬(수평·수직-가운데)

크기(50mm×50mm)

크기(130mm×145mm)

글맵시 이용(나비넥타이), 크기(50mm×35mm), 글꼴(돋움, 파랑)

그림위치 (내 PC₩문서₩ITQ₩Picture₩ 로고1.jpg, 문서에 포함), 크기(40mm×30mm), 그림 효과(회색조)

하이퍼링크 : 문서작성 능력평가의 "생활물류서비스 시설 지원방안" 제목에 설정한 책갈피로 이동

글상자 이용, 선 종류(점선 또는 파선), 면색(색 없음), 글꼴(굴림, 18pt), 정렬(수평·수직-가운데)

직사각형 그리기 : 크기(13mm×10mm), 면색(하양), 글꼴(궁서, 20pt), 정렬(수평·수직-가운데)

직사각형 그리기 : 크기(11mm×15mm), 면색(하양을 제외한 임의의 색)

글꼴 : 굴림, 18pt, 진하게, 가운데 정렬
책갈피 이름 : 생활물류
덧말 넣기

머리말 기능
돋움, 10pt, 오른쪽 정렬 → 택배물동량 분석

서울연구원
생활물류서비스 시설 지원방안

문단 첫 글자 장식 기능
글꼴 : 궁서, 면색 : 노랑

그림위치(내 PC₩문서₩ITQ₩Picture₩그림4.jpg, 문서에 포함)
자르기 기능 이용, 크기(40mm×40mm), 바깥 여백 왼쪽 : 2mm

디지털과 모바일 기술의 발전과 함께 소비자의 취향과 소비패턴도 다양해지면서 온라인 쇼핑이 계속해서 늘어나고 있다. 서울과 수도권에 집중(集中)된 택배 물동량을 처리하기 위한 택배 시설은 턱없이 부족한 실정이다. ~각주~

서울 외곽으로 밀려난 물류시설은 허브 앤 스포크㉠ 방식의 국내 택배 처리 시스템에서 서울시 물동량이 멀리 떨어진 물류터미널까지 이동 후 다시 서울로 유입되는 비효율을 발생시키고 있으며, 이는 다시 택배 차량의 통행 거리를 증가시켜 에너지 소비 증가, 환경오염 등 많은 사회적 부작용을 유발(誘發)한다. 택배 차량의 통행거리 증가는 교통정체 증가, 종사자 근로환경 악화 등 사회적 갈등의 한 요인이다. 문제 해결을 위해 택배 물동량 처리에 상응하는 적정 택배 서브터미널의 추가 확보가 이루어져야 한다. 택배 시장 현황과 이슈를 살펴보고 서울시 택배 물동량을 분석하여 추가로 필요한 택배 서브터미널의 규모와 위치를 도출한다. 서울시 내부에 택배 서브터미널을 구축하기 위한 가용부지의 활용을 위해 관련 법과 제도를 검토한다. 택배 서브터미널의 적정 규모와 위치는 '시설 입지 문제'를 우선 구축하고 택배 물동량 현황과 전망을 토대로 시나리오를 설정한 후 시나리오별 최적해를 도출한다.

■ 물류시설 확보를 위한 법/제도 개선

글꼴 : 궁서, 18pt, 하양
음영색 : 빨강

가. 물류 인프라 확충 지원 및 규제 완화
　　㉠ 정부차원의 생활물류서비스 발전법 제정
　　㉡ 공공 주도 개발방식 적극 활용
나. 도시계획시설의 입체/복합개발 현실적 대안
　　㉠ 일정 규모의 부지 확보, 차량 통행 유출입 유연
　　㉡ 교통시설과 유수지 등 방재시설 적합

문단 번호 기능 사용
1수준 : 20pt, 오른쪽 정렬,
2수준 : 30pt, 오른쪽 정렬
줄 간격 : 180%

■ 서브터미널 추정 결과

글꼴 : 궁서, 18pt, 기울임, 강조점

표 전체 글꼴 : 굴림, 10pt, 가운데 정렬
셀 배경(그러데이션) : 유형(가로),
시작색(노랑), 끝색(하양)

구분	시나리오	우선 배정	서브터미널 수(개)	경제 타당성
현재 물동량	원안	수도권 내 기존 물류터미널 67개	63	3.46
	시나리오 1	기존 서울 인근 터미널 51개	63	1.40
장래 물동량	시나리오 2	서울 내부 터미널 23개	72	1.38
	시나리오 3	서울 인근 터미널 51개	69	1.01
현재 및 장래 물동량 원안		수도권 내 기존 물류터미널 우선 배정 후 후보 대상지(168개) 추가		

글꼴 : 돋움, 24pt, 진하게
장평 : 105%, 오른쪽 정렬 → # 도시인프라계획센터

각주 구분선 : 5cm

㉠ 국가 간 공항 중심의 작은 노선이 연결된 항공 네트워크 형태

쪽 번호 매기기
5로 시작 → ⑤

작성 시간 / 시험 시간	채점 결과
분 / 60분	점 / 500점

과목	코드	문제유형	시험시간	수험번호	성명
아래한글	1111	B	60분		

한컴 오피스

· 수험자 유의사항 ·

● 수험자는 문제지를 받는 즉시 문제지와 **수험표상의 시험과목(프로그램)이 동일한지 반드시 확인**하여야 합니다.
● 파일명은 본인의 "수험번호−성명"으로 입력하여 답안폴더(내 PC\문서\ITQ)에 하나의 파일로 저장해야하며, 답안파일을 전송하지 않아 미제출로 처리될 경우 실격 처리합니다(예:12345678−홍길동.hwpx).
● 답안 작성을 마치면 파일을 저장하고, '답안 전송' 버튼을 선택하여 감독위원 PC로 답안을 전송하십시오. 수험생 정보와 저장한 파일명이 다를 경우 전송되지 않으므로 주의하시기 바랍니다.
● 답안 작성 중에도 **주기적으로 저장하고, '답안 전송'**하여야 문제 발생을 줄일 수 있습니다. 작업한 내용을 저장하지 않고 전송할 경우 이전에 저장된 내용이 전송되오니 이점 유의하시기 바랍니다.
● 답안문서는 지정된 경로 외의 다른 보조기억장치에 저장하는 경우, 지정된 시험 시간 외에 작성된 파일을 활용할 경우, 기타 통신수단(이메일, 메신저, 네트워크 등)을 이용하여 타인에게 전달 또는 외부 반출하는 경우는 부정 처리합니다.
● 시험 중 부주의 또는 고의로 시스템을 파손한 경우는 수험자가 변상해야 하며, 〈수험자 유의사항〉에 기재된 방법대로 이행하지 않아 생기는 불이익은 수험생 당사자의 책임임을 알려 드립니다.
● 문제의 조건은 한컴오피스 2022 / 2020 버전으로 설정되어 있으니 유의하시기 바랍니다.
● 시험을 완료한 수험자는 답안파일이 전송되었는지 확인한 후 감독위원의 지시에 따라 문제지를 제출하고 퇴실합니다.

· 답안 작성요령 ·

● 온라인 답안 작성 절차
　수험자 등록 ⇒ 시험 시작 ⇒ 답안파일 저장 ⇒ 답안 전송 ⇒ 시험 종료
● 공통 부문
　• 글꼴에 대한 기본설정은 함초롬바탕, 10포인트, 검정, 줄간격 160%, 양쪽정렬로 합니다.
　• 색상은 조건의 색을 적용하고 색의 구분이 안 될 경우에는 RGB 값을 적용하십시오.
　　(빨강 255, 0, 0 / 파랑 0, 0, 255 / 노랑 255, 255, 0).
　• 각 문항에 주어진 ≪조건≫에 따라 작성하고 언급하지 않은 조건은 ≪출력형태≫와 같이 작성합니다.
　• 용지여백은 왼쪽 · 오른쪽 11mm, 위쪽 · 아래쪽 · 머리말 · 꼬리말 10mm, 제본 0mm로 합니다.
　• 그림 삽입 문제의 경우 「내 PC\문서\ITQ\Picture」 폴더에서 지정된 파일을 선택하여 삽입하십시오.
　• 삽입한 그림은 반드시 문서에 포함하여 저장해야 합니다(미포함 시 감점 처리).
　• 각 항목은 지정된 페이지에 출력형태와 같이 정확히 작성하시기 바라며, 그렇지 않을 경우에 해당 항목은 0점 처리됩니다.
　　※ 페이지구분 : 1페이지 − 기능평가 I (문제번호 표시 : 1. 2.),
　　　　　　　　　　 2페이지 − 기능평가 II (문제번호 표시 : 3. 4.),
　　　　　　　　　　 3페이지 − 문서작성 능력평가
● 기능평가
　• 문제와 ≪조건≫은 입력하지 않으며 문제번호와 답(≪출력형태≫)만 작성합니다.
　• 4번 문제는 묶기를 했을 경우 0점 처리됩니다.
● 문서작성 능력평가
　• A4 용지(210mm×297mm) 1매 크기, 세로 서식 문서로 작성합니다.
　• ⸤⸥ 표시는 문서작성에 대한 지시사항이므로 작성하지 않습니다.

kpc 한국생산성본부

1. 다음의 ≪조건≫에 따라 스타일 기능을 적용하여 ≪출력형태≫와 같이 작성하시오. (50점)

≪조건≫ (1) 스타일 이름 – exhibition
         (2) 문단 모양 – 왼쪽 여백 : 15pt, 문단 아래 간격 : 10pt
         (3) 글자 모양 – 글꼴 : 한글(돋움)/영문(굴림), 크기 : 10pt, 장평 : 95%, 자간 : 5%

≪출력형태≫

WSCE 2023 is the largest Smart City related technology exhibition in Asia where more than 20,000 visitors from 60 countries 200 cities gather together to build 'People-centered' smart cities.

2023 월드 스마트시티 엑스포는 60개국 200개 도시 2만여 명의 관람객이 모여 '사람 중심' 스마트시티를 구축하는 아시아 최대 규모의 스마트시티 관련 기술 전시회이다.

2. 다음의 ≪조건≫에 따라 ≪출력형태≫와 같이 표와 차트를 작성하시오. (100점)

≪표 조건≫ (1) 표 전체(표, 캡션) – 굴림, 10pt
          (2) 정렬 – 문자 : 가운데 정렬, 숫자 : 오른쪽 정렬
          (3) 셀 배경(면색) : 노랑
          (4) 한글의 계산 기능을 이용하여 빈칸에 합계를 구하고, 캡션 기능 사용할 것
          (5) 선 모양은 ≪출력형태≫와 동일하게 처리할 것

≪출력형태≫

월드 스마트시티 엑스포 참관객 연령별 현황(단위 : 백 명)

구분	3회	4회	5회	6회	합계
20대	42	51	54	60	
30대	55	69	72	79	
40대	98	113	118	123	
50대 이상	23	34	36	41	✕

≪차트 조건≫ (1) 차트 데이터는 표 내용에서 횟수별 20대, 30대, 40대의 값만 이용할 것
           (2) 종류 – 〈묶은 가로 막대형〉으로 작업할 것
           (3) 제목 – 글꼴 : 돋움, 진하게, 12pt,
                    속성 : 채우기(밝은 색 : 하양), 테두리, 그림자(바깥쪽 : 대각선 오른쪽 아래)
           (4) 제목 이외의 전체 글꼴 – 돋움, 보통, 10pt
           (5) 축제목과 범례는 ≪출력형태≫와 동일하게 처리할 것

≪출력형태≫

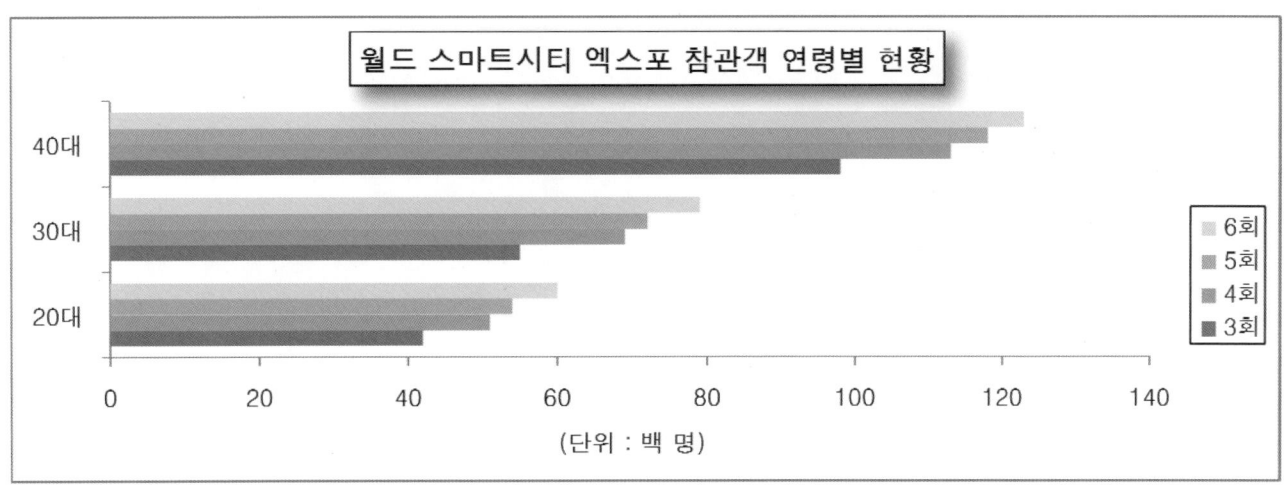

3. 다음 (1), (2)의 수식을 수식 편집기로 각각 입력하시오. (40점)

≪출력형태≫

(1) $G = 2 \int_{\frac{a}{2}}^{a} \frac{b\sqrt{a^2 - x^2}}{a} dx$

(2) $L = \frac{m+M}{m} V = \frac{m+M}{m} \sqrt{2gh}$

4. 다음의 ≪조건≫에 따라 ≪출력형태≫와 같이 문서를 작성하시오. (110점)

≪조건≫

(1) 그리기 도구를 이용하여 작성하고, 모든 도형(글맵시, 지정된 그림 포함)을 ≪출력형태≫와 같이 작성하시오.

(2) 도형의 면색은 지시사항이 없으면 색 없음을 제외하고 서로 다르게 임의로 지정하시오.

≪출력형태≫

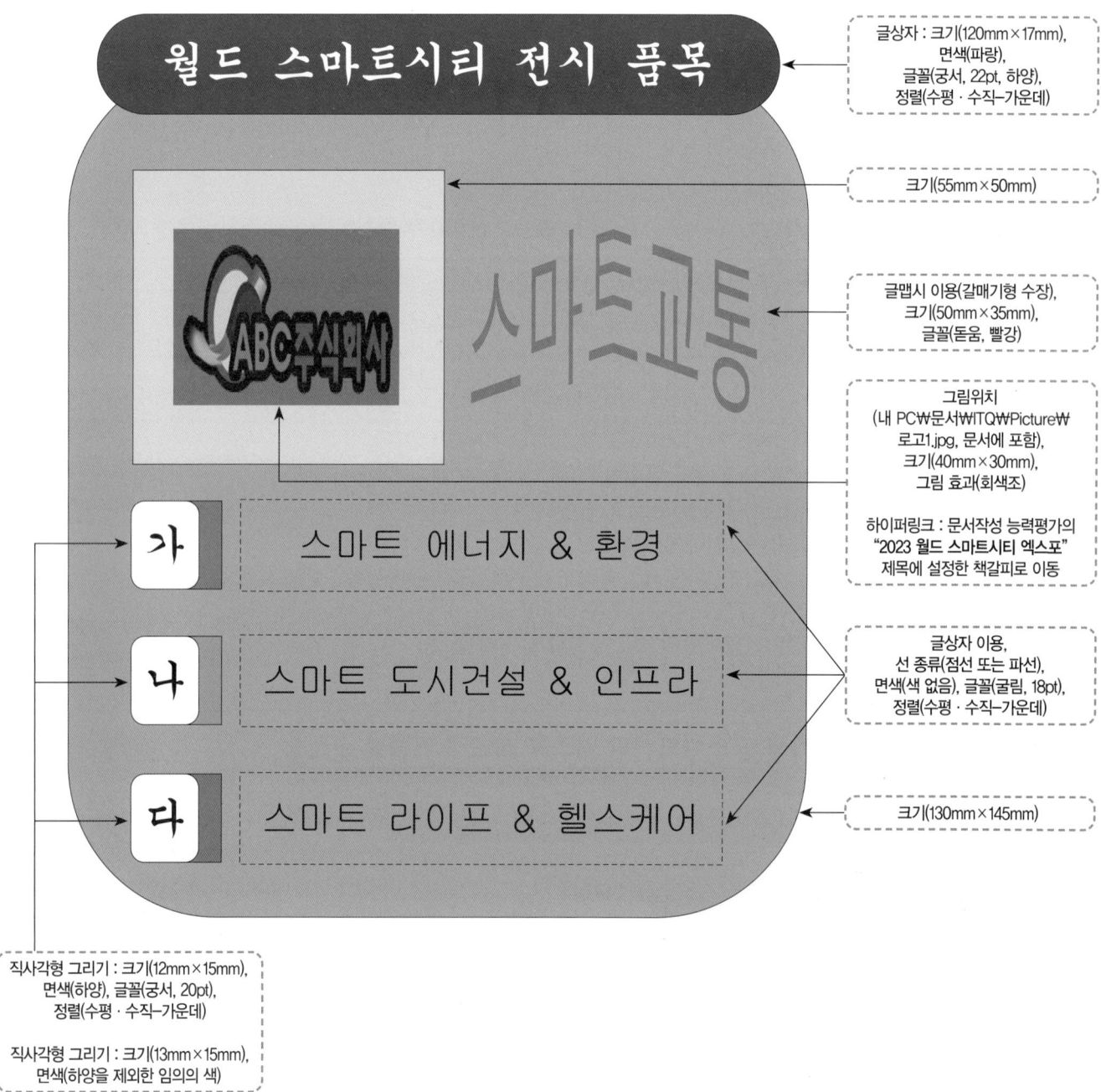

글꼴 : 궁서, 18pt, 진하게, 가운데 정렬
책갈피 이름 : 전시회
덧말 넣기

머리말 기능
굴림, 10pt, 오른쪽 정렬 →　스마트 정부

아시아 최대 비즈니스 장
2023 월드 스마트시티 엑스포

문단 첫 글자 장식 기능
글꼴 : 궁서, 면색 : 노랑

그림위치(내 PC\문서\ITQ\Picture\그림4.jpg, 문서에 포함)
자르기 기능 이용, 크기(40mm×40mm), 바깥 여백 왼쪽 : 2mm

국토교통부와 과학기술정보통신부는 도시문제 해결과 시민들의 삶의 질을 제고하기 위해 첨단기술(尖端技術)을 활용하는 스마트 도시의 오늘과 내일을 한 곳에서 체험할 수 있는 2023 월드 스마트시티 엑스포를 개최한다. 스마트시티 분야의 전 세계 정부, 기업, 전문가들이 함께 모여 미래의 도시를 그려 나가는 아시아태평양 지역의 스마트시티 행사로 사람을 품고, 미래를 열고, 세계를 잇는 2023 월드 스마트시티 엑스포에서 상상 속 미래의 도시를 현실로 만들어가고 있다.

각주

2017년부터 시작되어 올해로 7번째로 개최되는 2023 월드 스마트시티 엑스포는 UFI⑦로부터 국제인증을 획득하였으며, 전세계 스마트시티 관계자에 기술과 서비스를 홍보할 수 있는 아태지역 최대 플랫폼이자 스마트시티 민관합작투자 플랫폼 실현과 글로벌 스마트시티 리더들과 함께하는 비즈니스 상담의 장이다. 또한 ICT 전문가와 정부관계자들로부터 직접 최신 기술동향을 습득하고 스마트시티 기술 발전을 위한 아이디어를 공유(共有)하고 기업설명회를 통해 국내외 유력 바이어를 대상으로 전시 참가사가 기업 및 제품을 홍보할 수 있는 자리가 마련된다.

◆ 2023 월드 스마트시티 엑스포 개요

글꼴 : 궁서, 18pt, 하양
음영색 : 빨강

가. 일시 및 장소

Ⓐ 일시 : 2023년 9월 6일(수) - 9월 8일(금)

Ⓑ 장소 : 킨텍스 제1전시장 2-5홀

나. 주최 및 주관

Ⓐ 주최 : 국토교통부, 과학기술정보통신부

Ⓑ 주관 : 한국토지주택공사, 한국수자원공사

문단 번호 기능 사용
1수준 : 20pt, 오른쪽 정렬,
2수준 : 30pt, 오른쪽 정렬
줄 간격 : 180%

표 전체 글꼴 : 굴림, 10pt, 가운데 정렬
셀 배경(그러데이션) : 유형(세로),
시작색(하양), 끝색(노랑)

◆ 월드 스마트시티 주요 참가 품목

글꼴 : 궁서, 18pt, 밑줄, 강조점

분야	영역	내용
스마트 라이프 헬스케어	생활	스마트 가전/홈, 스마트 생활편의 서비스, 스마트 공원 조성
	헬스케어	의료정보/원격의료 시스템, 클라우드 기반 원스톱 의료서비스
스마트 경제	일자리	창업인큐베이팅센터, 창업과 스타트업 지원, 도시 해외수출
	물류	물류센터 및 물동량 현황 관리, 모바일 POS, 지능형 드론 배송
스마트 정부	소통/참여/현장형 행정	스마트 기반 현장행정, 공공분야 온라인 투표 시스템
	데이터 기반 거버넌스	공공 빅데이터 통합 저장소 구축, 민관 공동 빅데이터 플랫폼 구축

글꼴 : 돋움, 24pt, 진하게
장평 : 105%, 오른쪽 정렬

국토교통부 도시경제과

각주 구분선 : 5cm

⑦ 국제전시연맹으로 세계 전시산업 분야에서 최고 권위를 자랑하는 국제기구

쪽 번호 매기기
5로 시작 → E

	작성 시간 / 시험 시간	채점 결과
	분 / 60분	점 / 500점

과목	코드	문제유형	시험시간	수험번호	성명
아래한글	1111	C	60분		

한컴 오피스

· 수험자 유의사항 ·

- 수험자는 문제지를 받는 즉시 문제지와 **수험표상의 시험과목(프로그램)이 동일한지 반드시 확인**하여야 합니다.
- 파일명은 본인의 "수험번호-성명"으로 입력하여 답안폴더(내 PC₩문서₩ITQ)에 하나의 파일로 저장해야하며, 답안파일을 전송하지 않아 미제출로 처리될 경우 실격 처리합니다(예:12345678-홍길동.hwpx).
- 답안 작성을 마치면 파일을 저장하고, '답안 전송' 버튼을 선택하여 감독위원 PC로 답안을 전송하십시오. 수험생 정보와 저장한 파일명이 다를 경우 전송되지 않으므로 주의하시기 바랍니다.
- 답안 작성 중에도 **주기적으로 저장하고, '답안 전송'**하여야 문제 발생을 줄일 수 있습니다. 작업한 내용을 저장하지 않고 전송할 경우 이전에 저장된 내용이 전송되오니 이점 유의하시기 바랍니다.
- 답안문서는 지정된 경로 외의 다른 보조기억장치에 저장하는 경우, 지정된 시험 시간 외에 작성된 파일을 활용할 경우, 기타 통신수단(이메일, 메신저, 네트워크 등)을 이용하여 타인에게 전달 또는 외부 반출하는 경우는 부정 처리합니다.
- 시험 중 부주의 또는 고의로 시스템을 파손한 경우는 수험자가 변상해야 하며, 〈수험자 유의사항〉에 기재된 방법대로 이행하지 않아 생기는 불이익은 수험생 당사자의 책임임을 알려 드립니다.
- 문제의 조건은 한컴오피스 2022 / 2020 버전으로 설정되어 있으니 유의하시기 바랍니다.
- 시험을 완료한 수험자는 답안파일이 전송되었는지 확인한 후 감독위원의 지시에 따라 문제지를 제출하고 퇴실합니다.

· 답안 작성요령 ·

- 온라인 답안 작성 절차
  수험자 등록 ⇒ 시험 시작 ⇒ 답안파일 저장 ⇒ 답안 전송 ⇒ 시험 종료
- 공통 부문
  - 글꼴에 대한 기본설정은 함초롬바탕, 10포인트, 검정, 줄간격 160%, 양쪽정렬로 합니다.
  - 색상은 조건의 색을 적용하고 색의 구분이 안 될 경우에는 RGB 값을 적용하십시오.
    (빨강 255, 0, 0 / 파랑 0, 0, 255 / 노랑 255, 255, 0).
  - 각 문항에 주어진 ≪조건≫에 따라 작성하고 언급하지 않은 조건은 ≪출력형태≫와 같이 작성합니다.
  - 용지여백은 왼쪽·오른쪽 11mm, 위쪽·아래쪽·머리말·꼬리말 10mm, 제본 0mm로 합니다.
  - 그림 삽입 문제의 경우「내 PC₩문서₩ITQ₩Picture」폴더에서 지정된 파일을 선택하여 삽입하십시오.
  - 삽입한 그림은 반드시 문서에 포함하여 저장해야 합니다(미포함 시 감점 처리).
  - 각 항목은 지정된 페이지에 출력형태와 같이 정확히 작성하시기 바라며, 그렇지 않을 경우에 해당 항목은 0점 처리됩니다.
    ※ 페이지구분 : 1페이지 – 기능평가 I (문제번호 표시 : 1. 2.),
    2페이지 – 기능평가 II (문제번호 표시 : 3. 4.),
    3페이지 – 문서작성 능력평가
- 기능평가
  - 문제와 ≪조건≫은 입력하지 않으며 문제번호와 답(≪출력형태≫)만 작성합니다.
  - 4번 문제는 묶기를 했을 경우 0점 처리됩니다.
- 문서작성 능력평가
  - A4 용지(210mm×297mm) 1매 크기, 세로 서식 문서로 작성합니다.
  - ⎯⎯⎯ 표시는 문서작성에 대한 지시사항이므로 작성하지 않습니다.

kpc 한국생산성본부

1. 다음의 ≪조건≫에 따라 스타일 기능을 적용하여 ≪출력형태≫와 같이 작성하시오. (50점)

≪조건≫ (1) 스타일 이름 – festival
(2) 문단 모양 – 첫 줄 들여쓰기 : 15pt, 문단 아래 간격 : 10pt
(3) 글자 모양 – 글꼴 : 한글(돋움)/영문(굴림), 크기 : 10pt, 장평 : 95%, 자간 : 5%

≪출력형태≫

Celebrating its 23th anniversary this year, the Festival has been held annually in Pohang, the Republic of Korea, collaborating with other local arts festivals.

포항바다국제연극제는 포항시와 경상북도에서 후원하는 국제 공연 축제로서 매년 새로운 콘텐츠와 콘셉트를 도입하여 국제 행사로서의 입지를 굳혀가고 있습니다.

2. 다음의 ≪조건≫에 따라 ≪출력형태≫와 같이 표와 차트를 작성하시오. (100점)

≪표 조건≫ (1) 표 전체(표, 캡션) – 돋움, 10pt
(2) 정렬 – 문자 : 가운데 정렬, 숫자 : 오른쪽 정렬
(3) 셀 배경(면색) : 노랑
(4) 한글의 계산 기능을 이용하여 빈칸에 합계를 구하고, 캡션 기능 사용할 것
(5) 선 모양은 ≪출력형태≫와 동일하게 처리할 것

≪출력형태≫

포항시 축제 방문객 현황(단위 : 만 명)

축제명	2019년	2020년	2021년	2022년	합계
바다연극축제	115	123	152	212	
해맞이축제	67	65	87	113	
우리불빛축제	54	67	74	98	
구룡포해변축제	38	49	55	82	

≪차트 조건≫ (1) 차트 데이터는 표 내용에서 연도별 바다연극축제, 해맞이축제, 우리불빛축제의 값만 이용할 것
(2) 종류 – 〈표식이 있는 꺾은선형〉으로 작업할 것
(3) 제목 – 글꼴 : 굴림, 진하게, 12pt,
속성 : 채우기(밝은 색 : 하양), 테두리, 그림자(바깥쪽 : 대각선 오른쪽 아래)
(4) 제목 이외의 전체 글꼴 – 굴림, 보통, 10pt
(5) 축제목과 범례는 ≪출력형태≫와 동일하게 처리할 것

≪출력형태≫

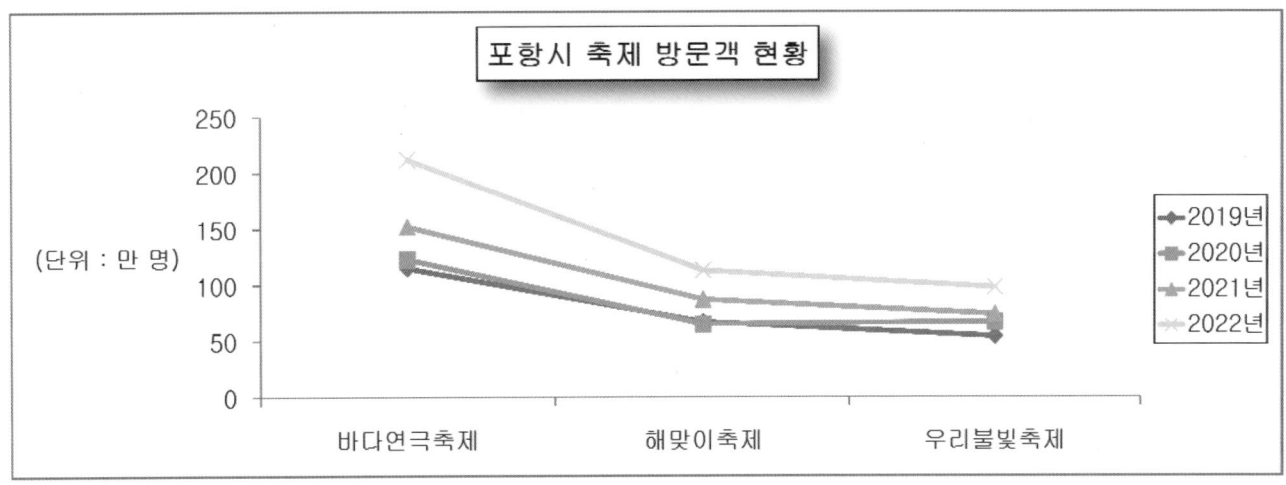

3. 다음 (1), (2)의 수식을 수식 편집기로 각각 입력하시오. (40점)

≪출력형태≫

(1) $\sum_{k=1}^{n} k^3 = \frac{n(n+1)}{2} = \sum_{k=1}^{n} k$

(2) $\frac{t_A}{t_B} = \sqrt{\frac{d_B}{d_A}} = \sqrt{\frac{M_B}{M_A}}$

4. 다음의 ≪조건≫에 따라 ≪출력형태≫와 같이 문서를 작성하시오. (110점)

≪조건≫

(1) 그리기 도구를 이용하여 작성하고, 모든 도형(글맵시, 지정된 그림 포함)을 ≪출력형태≫와 같이 작성하시오.

(2) 도형의 면색은 지시사항이 없으면 색 없음을 제외하고 서로 다르게 임의로 지정하시오.

≪출력형태≫

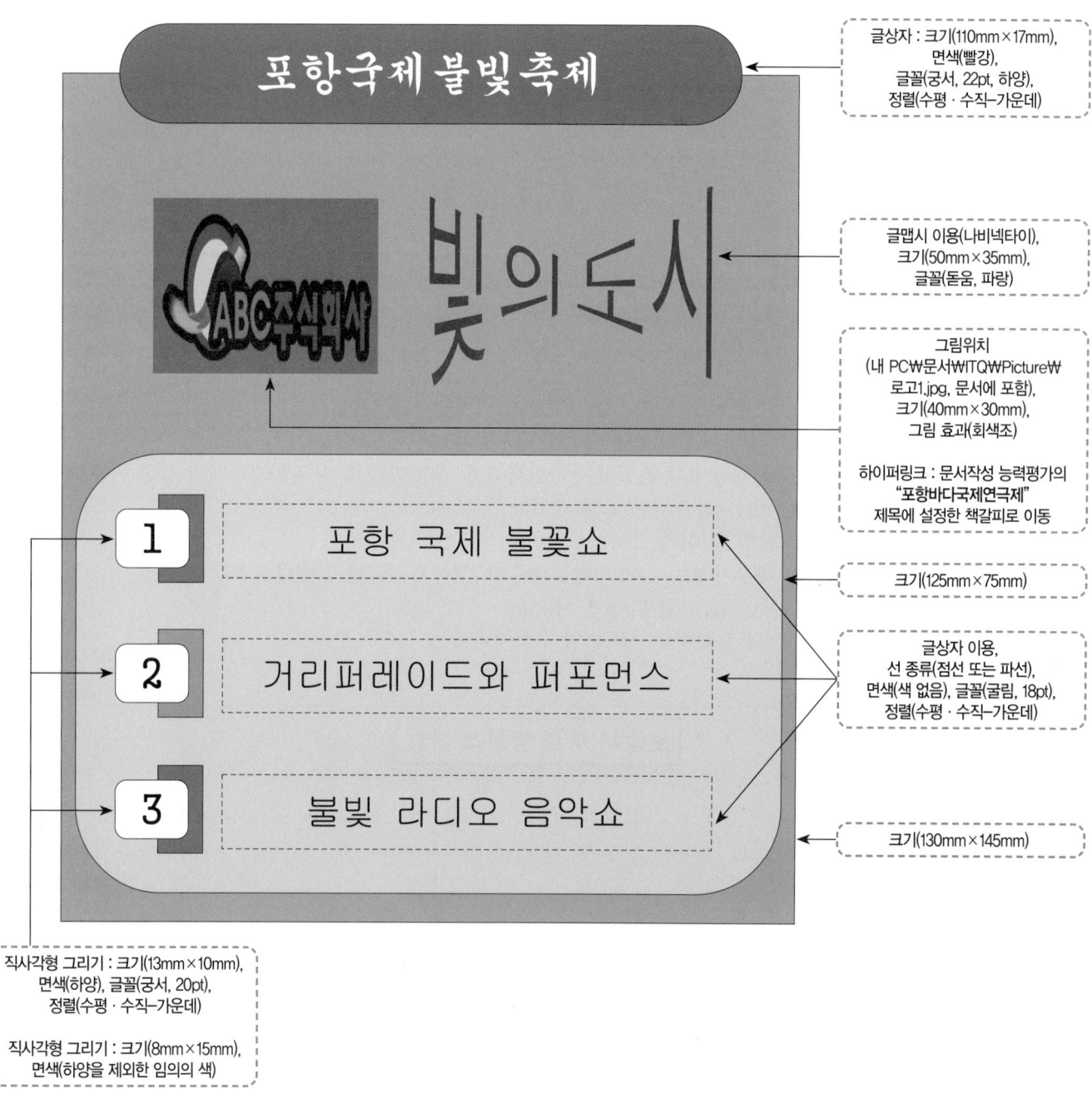

글꼴 : 굴림, 18pt, 진하게, 가운데 정렬
책갈피 이름 : 연극
덧말 넣기

머리말 기능
돋움, 10pt, 오른쪽 정렬 → 연극 축제

공연예술
포항바다국제연극제

문단 첫 글자 장식 기능
글꼴 : 궁서, 면색 : 노랑

각주

그림위치(내 PC₩문서₩ITQ₩Picture₩그림4.jpg, 문서에 포함)
자르기 기능 이용, 크기(40mm×40mm), 바깥 여백 왼쪽 : 2mm

포 항바다국제연극제ㄱ는 매년 여름에 열리는 국제 연극 축제로서 포항시와 경상북도에서 후원하여 올해로 23회를 맞이한다. 포항바다국제연극제는 지역의 문화 발전 및 관광 자원 개발을 주도(主導)하고자 개최되며, 공연예술제의 테마는 자연과 바다 그리고 인간이 하나 되는 세상을 만드는 데 있다.

포항바다국제연극제는 여름이면 생각나는 바다와 백사장 그리고 포항의 상징인 포스코를 배경으로 포항의 대표적인 랜드마크로 자리 잡은 영일대 해상누각 앞에서 10월 16일부터 7일간 펼쳐진다. 코믹극, 공포극, 1인극 등 다양한 연극과 거리 퍼포먼스, 콘서트, 뮤지컬 등 다채로운 공연으로 축제의 분위기가 더욱 고조(高潮)될 전망이다. 또한, 포항 국제불빛축제와 연계하여 축제 분위기를 한껏 돋울 거리 퍼포먼스와 화려한 공연 예술을 선보일 예정이다. 2023년 축제에서는 국내 20여 팀 외에 중국과 베트남, 오스트리아, 네덜란드, 일본, 미국 등 해외 팀 19단체가 참여할 예정이어서 국제 행사로서의 입지도 굳혀가고 있다.

♥ **행사 개요**

글꼴 : 궁서, 18pt, 하양
음영색 : 빨강

가. 일정 및 주제

ㄱ 일정 : 2023. 10. 16(월) - 2023. 10. 22(일)

ㄴ 주제 : 꿈꾸는 바다 그리고 인간

문단 번호 기능 사용
1수준 : 20pt, 오른쪽 정렬,
2수준 : 30pt, 오른쪽 정렬
줄 간격 : 180%

나. 장소 및 주최

ㄱ 장소 : 포항북부해수욕장 영일대 해상누각 앞

ㄴ 주최 : 포항시, (사)포항바다국제연극제진흥회

♥ **공연 관람 일정**

글꼴 : 궁서, 18pt, 기울임, 강조점

표 전체 글꼴 : 굴림, 10pt, 가운데 정렬
셀 배경(그러데이션) : 유형(가운데에서),
시작색(하양), 끝색(노랑)

일자	시간	공연 및 연극	국가	장소
10. 16(월)	오후 7시	배소고지 이야기	한국	중앙무대
10. 17(화)	오후 3시	라마야나	중국	연극무대
10. 21(토)	오후 7시	화이어쇼	오스트리아	시립아트홀
10. 22(일)	오후 7시	오페라 부룽불불	말레이시아	연극무대
		이야기가 있는 음악회	한국	중앙무대

글꼴 : 돋움, 24pt, 진하게
장평 105%, 오른쪽 정렬 → **포항바다국제연극제진흥회**

각주 구분선 : 5cm

ㄱ 산과 바다 그리고 문화와 인간이 어우러진 국제 연극 축제

쪽 번호 매기기
4로 시작 → D

MEMO

PART 04
최신유형 기출문제

정보기술자격(ITQ)
최신유형 기출문제

작성 시간 / 시험 시간	채점 결과
분 / 60분	점 / 500점

과목	코드	문제유형	시험시간	수험번호	성명
아래한글	1111	A	60분		

한컴 오피스

· 수험자 유의사항 ·

● 수험자는 문제지를 받는 즉시 문제지와 **수험표상의 시험과목(프로그램)이 동일한지 반드시 확인**하여야 합니다.
● 파일명은 본인의 "수험번호−성명"으로 입력하여 답안폴더(내 PC₩문서₩ITQ)에 하나의 파일로 저장해야 하며, 답안파일을 전송하지 않아 미제출로 처리될 경우 실격 처리합니다(예:12345678−홍길동.hwpx).
● 답안 작성을 마치면 파일을 저장하고, '답안 전송' 버튼을 선택하여 감독위원 PC로 답안을 전송하십시오. 수험생 정보와 저장한 파일명이 다를 경우 전송되지 않으므로 주의하시기 바랍니다.
● 답안 작성 중에도 **주기적으로 저장하고, '답안 전송'**하여야 문제 발생을 줄일 수 있습니다. 작업한 내용을 저장하지 않고 전송할 경우 이전에 저장된 내용이 전송되오니 이점 유의하시기 바랍니다.
● 답안문서는 지정된 경로 외의 다른 보조기억장치에 저장하는 경우, 지정된 시험 시간 외에 작성된 파일을 활용할 경우, 기타 통신수단(이메일, 메신저, 네트워크 등)을 이용하여 타인에게 전달 또는 외부 반출하는 경우는 부정 처리합니다.
● 시험 중 부주의 또는 고의로 시스템을 파손한 경우는 수험자가 변상해야 하며, 〈수험자 유의사항〉에 기재된 방법대로 이행하지 않아 생기는 불이익은 수험생 당사자의 책임임을 알려 드립니다.
● 문제의 조건은 한컴오피스 2022 / 2020 버전으로 설정되어 있으니 유의하시기 바랍니다.
● 시험을 완료한 수험자는 답안파일이 전송되었는지 확인한 후 감독위원의 지시에 따라 문제지를 제출하고 퇴실합니다.

· 답안 작성요령 ·

● 온라인 답안 작성 절차
  수험자 등록 ⇒ 시험 시작 ⇒ 답안파일 저장 ⇒ 답안 전송 ⇒ 시험 종료
● 공통 부문
  • 글꼴에 대한 기본설정은 함초롬바탕, 10포인트, 검정, 줄간격 160%, 양쪽정렬로 합니다.
  • 색상은 조건의 색을 적용하고 색의 구분이 안 될 경우에는 RGB 값을 적용하십시오.
    (빨강 255, 0, 0 / 파랑 0, 0, 255 / 노랑 255, 255, 0).
  • 각 문항에 주어진 ≪조건≫에 따라 작성하고 언급하지 않은 조건은 ≪출력형태≫와 같이 작성합니다.
  • 용지여백은 왼쪽 · 오른쪽 11mm, 위쪽 · 아래쪽 · 머리말 · 꼬리말 10mm, 제본 0mm로 합니다.
  • 그림 삽입 문제의 경우 「내 PC₩문서₩ITQ₩Picture」 폴더에서 지정된 파일을 선택하여 삽입하십시오.
  • 삽입한 그림은 반드시 문서에 포함하여 저장해야 합니다(미포함 시 감점 처리).
  • 각 항목은 지정된 페이지에 출력형태와 같이 정확히 작성하시기 바라며, 그렇지 않을 경우에 해당 항목은 0점 처리됩니다.
    ※ 페이지구분 : 1페이지 − 기능평가 I (문제번호 표시 : 1. 2.),
                2페이지 − 기능평가 II (문제번호 표시 : 3. 4.),
                3페이지 − 문서작성 능력평가
● 기능평가
  • 문제와 ≪조건≫은 입력하지 않으며 문제번호와 답(≪출력형태≫)만 작성합니다.
  • 4번 문제는 묶기를 했을 경우 0점 처리됩니다.
● 문서작성 능력평가
  • A4 용지(210mm×297mm) 1매 크기, 세로 서식 문서로 작성합니다.
  • ⌈‾‾‾‾‾⌋ 표시는 문서작성에 대한 지시사항이므로 작성하지 않습니다.

kpc 한국생산성본부

1. 다음의 ≪조건≫에 따라 스타일 기능을 적용하여 ≪출력형태≫와 같이 작성하시오. (50점)

≪조건≫ (1) 스타일 이름 – semantic
   (2) 문단 모양 – 왼쪽 여백 : 15pt, 문단 아래 간격 : 10pt
   (3) 글자 모양 – 글꼴 : 한글(궁서)/영문(돋움), 크기 : 10pt, 장평 : 95%, 자간 : 5%

≪출력형태≫

Semantic Network Analysis is a technique that analyzes semantic relations between words, and can identify how specific topics or concepts are connected within a document.

시멘틱 네트워크 분석은 단어들 간의 의미적 관계를 분석하는 기법으로, 특정 주제나 개념이 문서 내에서 어떻게 연결되어 있는지를 시각적으로 표현하여 주요 개념과 관계를 파악할 수 있다.

2. 다음의 ≪조건≫에 따라 ≪출력형태≫와 같이 표와 차트를 작성하시오. (100점)

≪표 조건≫ (1) 표 전체(표, 캡션) – 돋움, 10pt
   (2) 정렬 – 문자 : 가운데 정렬, 숫자 : 오른쪽 정렬
   (3) 셀 배경(면색) : 노랑
   (4) 한글의 계산 기능을 이용하여 빈칸에 합계를 구하고, 캡션 기능 사용할 것
   (5) 선 모양은 ≪출력형태≫와 동일하게 처리할 것

≪출력형태≫

시민력 연구 인터뷰 분석 자료 현황(단위 : 개)

구분	대화 건수	대화내용 수	영상 건수	녹취록 수	합계
사회복지학계	30	59	11	19	
지방자치단체	12	24	3	9	
사회적기업	56	115	19	37	
NPO센터장	13	26	6	7	

≪차트 조건≫ (1) 차트 데이터는 표 내용에서 구분별 사회복지학계, 지방자치단체, 사회적기업의 값만 이용할 것
   (2) 종류 – 〈묶은 세로 막대형〉으로 작업할 것
   (3) 제목 – 글꼴 : 굴림, 진하게, 12pt,
         속성 : 채우기(밝은 색 : 하양), 테두리, 그림자(바깥쪽 : 대각선 오른쪽 아래)
   (4) 제목 이외의 전체 글꼴 – 굴림, 보통, 10pt
   (5) 축제목과 범례는 ≪출력형태≫와 동일하게 처리할 것

≪출력형태≫

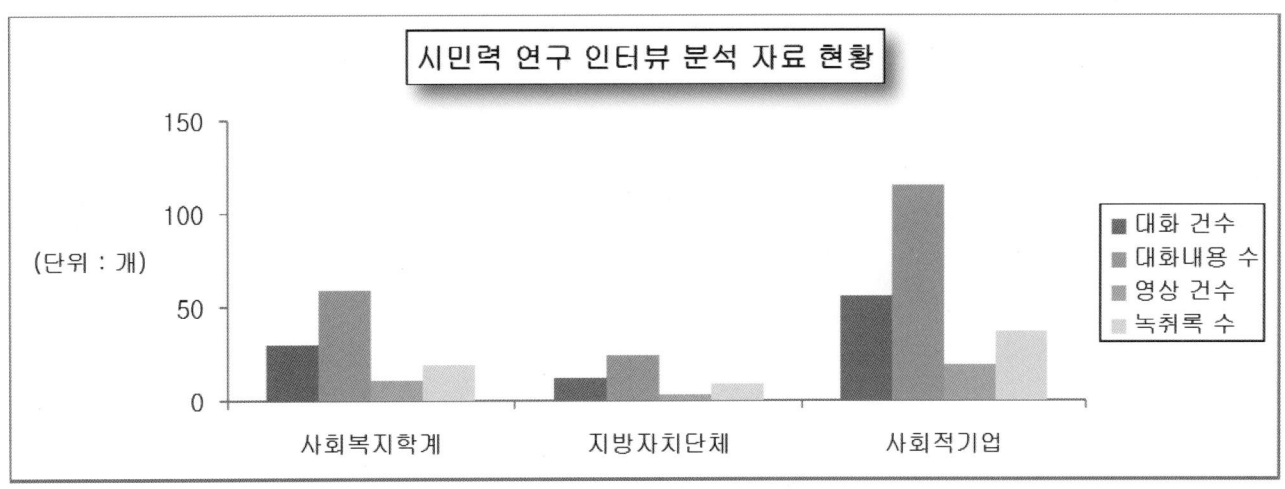

3. 다음 (1), (2)의 수식을 수식 편집기로 각각 입력하시오. (40점)

≪출력형태≫

(1) $\dfrac{x}{\sqrt{a}-\sqrt{b}}=\dfrac{x\sqrt{a}+x\sqrt{b}}{a-b}$

(2) $K=\dfrac{a(1+r)(1+r)^{n}-1}{r}$

4. 다음의 ≪조건≫에 따라 ≪출력형태≫와 같이 문서를 작성하시오. (110점)

≪조건≫

(1) 그리기 도구를 이용하여 작성하고, 모든 도형(글맵시, 지정된 그림 포함)을 ≪출력형태≫와 같이 작성하시오.

(2) 도형의 면색은 지시사항이 없으면 색 없음을 제외하고 서로 다르게 임의로 지정하시오.

≪출력형태≫

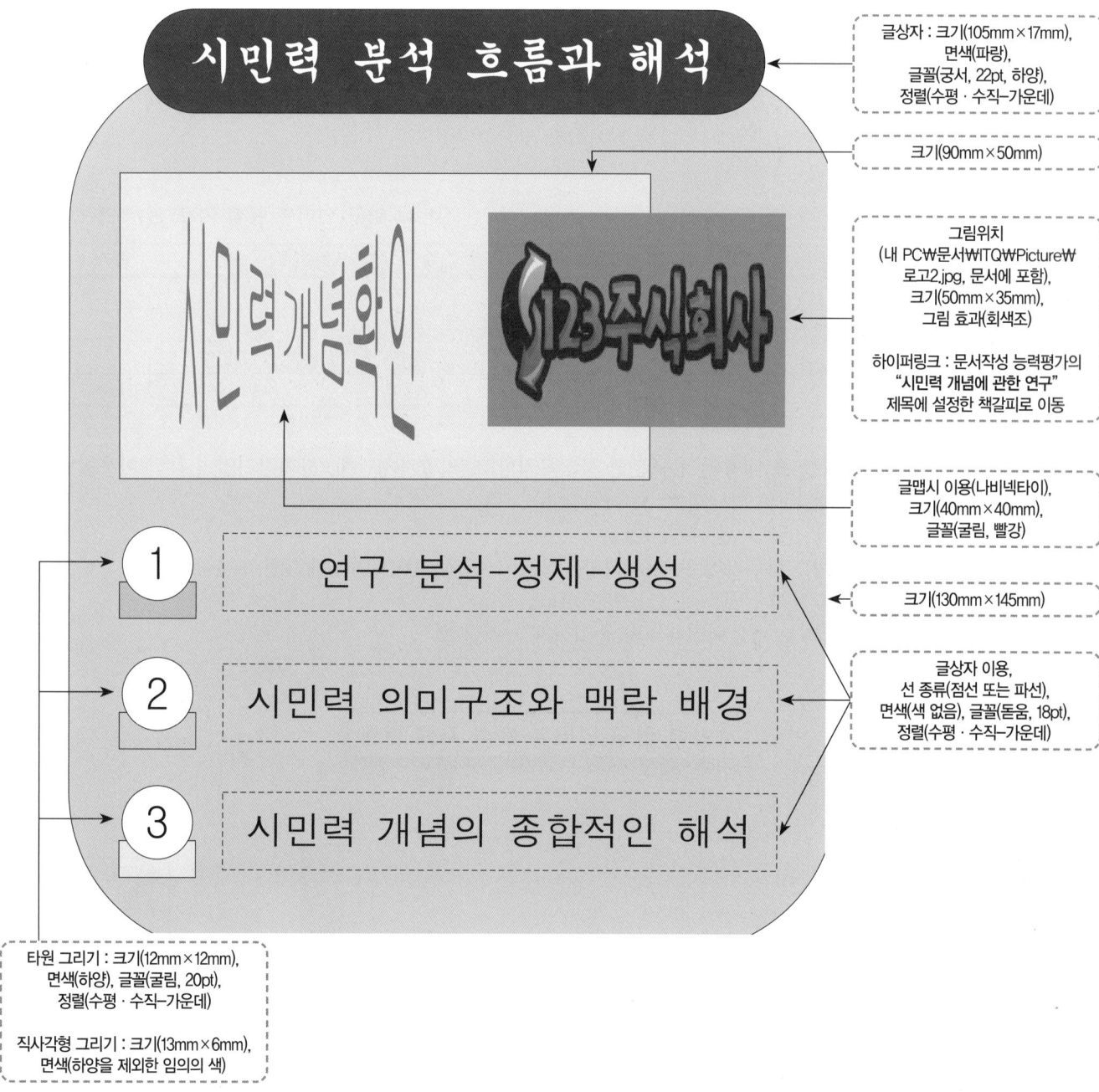

텍스트마이닝 방법 중심으로
시민력 개념에 관한 연구

시민사회와 평생교육, 사회복지 등의 분야에서 강조되고 있는 시민력의 개념적 의미를 파악했다는 점에서 학술적 의의가 있으나 일본의 시민력 연구 동향을 확인하지 못한 한계점을 가진다. 시민력ⓐ은 'social civic power'로 번역(翻譯)되는데 해당 용어에 대한 연구는 거의 없다. 시민력의 태동은 일본의 싱크탱크에서 언급하였던 것으로 확인된다. 따라서 시민력에 대한 일본 연구의 동향을 확인할 필요가 있음에도 일본어로 작성된 논문을 검색하여 확인하지 못한 점은 이 연구의 한계(限界)로 지적된다. 그리고 시민력에 대한 후속 연구로 시민력과 관련된 경험적인 연구가 추후 필요할 것으로 판단된다. 시민의 참여 필요성은 앞선 개념 논의에서도 확인하였듯이, 우리나라 법적 체계로 지지받고 있다. 시민력이 발현되는 중요한 전제 조건 중의 하나는 시민이 직접 참여하는 것이다.

참여의 수준과 범위는 다양하다. 시민의 참여가 이루어질 때 시민력이 발현되지만 시민참여가 없는 경우 시민력은 나타나지 않는다. 따라서 경험적으로 시민참여가 이루어지고 시민력이 확인되는 곳에서 어떠한 현상들이 변화되고 나타나는지 연구할 필요가 있다.

■ 시민력 인식의 의식구조

1. 시민 개인의 동기 및 사회적 환경
   ① 개인 동기 : 현장과 일상에 집중된 자발적 시민행동
   ② 사회적 환경 : 시민 당사자들의 공정성 인식
2. 시민행동에 대한 상호 균형 및 집단 견제
   ① 상호 균형 : 상호 협력을 통해 권력 형성하고 균형 실현
   ② 집단 견제 : 집단 조직하여 견제를 위한 실천적 역량 확보

■ 시민력 인식의 맥락적 해석

접근형태	주요단어	인식의 맥락	맥락해석	중심지표
일상적	숙의, 네트워크, 시스템	시민력이 추구하는 가치관	공정한 민주적 형태의 숙의 달성과 시민 활동	평균 95% 내외
시민활동	민주주의, 일상, 협력			
	시민운동, 역량, 실천	시민 개인의 역량	실천 시민운동의 역량과 의식 필요	81% 수준
조직적	노동조합, 활동가, 정책	조직화 된 시민	조직화되어 권력 형성 및 정책 참여	88% 수준

한국NGO센터

ⓐ 시민의 힘, 일본의 싱크탱크 처음 사용, 최근 시민사회와 평생교육, 사회복지계 등에서 사용

제 02 회 정보기술자격(ITQ) 최신유형 기출문제

	작성 시간 / 시험 시간	채점 결과
	분 / 60분	점 / 500점

과목	코드	문제유형	시험시간	수험번호	성명
아래한글	1111	B	60분		

한컴 오피스

· 수험자 유의사항 ·

● 수험자는 문제지를 받는 즉시 문제지와 **수험표상의 시험과목(프로그램)이 동일한지 반드시 확인**하여야 합니다.

● 파일명은 본인의 "수험번호–성명"으로 입력하여 답안폴더(내 PC₩문서₩ITQ)에 하나의 파일로 저장해야하며, 답안파일을 전송하지 않아 미제출로 처리될 경우 실격 처리합니다(예:12345678–홍길동.hwpx).

● 답안 작성을 마치면 파일을 저장하고, '답안 전송' 버튼을 선택하여 감독위원 PC로 답안을 전송하십시오. 수험생 정보와 저장한 파일명이 다를 경우 전송되지 않으므로 주의하시기 바랍니다.

● 답안 작성 중에도 **주기적으로 저장하고, '답안 전송'**하여야 문제 발생을 줄일 수 있습니다. 작업한 내용을 저장하지 않고 전송할 경우 이전에 저장된 내용이 전송되오니 이점 유의하시기 바랍니다.

● 답안문서는 지정된 경로 외의 다른 보조기억장치에 저장하는 경우, 지정된 시험 시간 외에 작성된 파일을 활용할 경우, 기타 통신수단(이메일, 메신저, 네트워크 등)을 이용하여 타인에게 전달 또는 외부 반출하는 경우는 부정 처리합니다.

● 시험 중 부주의 또는 고의로 시스템을 파손한 경우는 수험자가 변상해야 하며, 〈수험자 유의사항〉에 기재된 방법대로 이행하지 않아 생기는 불이익은 수험생 당사자의 책임임을 알려 드립니다.

● 문제의 조건은 한컴오피스 2022 / 2020 버전으로 설정되어 있으니 유의하시기 바랍니다.

● 시험을 완료한 수험자는 답안파일이 전송되었는지 확인한 후 감독위원의 지시에 따라 문제지를 제출하고 퇴실합니다.

· 답안 작성요령 ·

● 온라인 답안 작성 절차
   수험자 등록 ⇒ 시험 시작 ⇒ 답안파일 저장 ⇒ 답안 전송 ⇒ 시험 종료

● 공통 부문
   • 글꼴에 대한 기본설정은 함초롬바탕, 10포인트, 검정, 줄간격 160%, 양쪽정렬로 합니다.
   • 색상은 조건의 색을 적용하고 색의 구분이 안 될 경우에는 RGB 값을 적용하십시오.
     (빨강 255, 0, 0 / 파랑 0, 0, 255 / 노랑 255, 255, 0).
   • 각 문항에 주어진 ≪조건≫에 따라 작성하고 언급하지 않은 조건은 ≪출력형태≫와 같이 작성합니다.
   • 용지여백은 왼쪽 · 오른쪽 11㎜, 위쪽 · 아래쪽 · 머리말 · 꼬리말 10㎜, 제본 0㎜로 합니다.
   • 그림 삽입 문제의 경우 「내 PC₩문서₩ITQ₩Picture」 폴더에서 지정된 파일을 선택하여 삽입하십시오.
   • 삽입한 그림은 반드시 문서에 포함하여 저장해야 합니다(미포함 시 감점 처리).
   • 각 항목은 지정된 페이지에 출력형태와 같이 정확히 작성하시기 바라며, 그렇지 않을 경우에 해당 항목은 0점 처리됩니다.
     ※ 페이지구분 : 1페이지 – 기능평가 I (문제번호 표시 : 1. 2.),
                      2페이지 – 기능평가 II (문제번호 표시 : 3. 4.),
                      3페이지 – 문서작성 능력평가

● 기능평가
   • 문제와 ≪조건≫은 입력하지 않으며 문제번호와 답(≪출력형태≫)만 작성합니다.
   • 4번 문제는 묶기를 했을 경우 0점 처리됩니다.

● 문서작성 능력평가
   • A4 용지(210㎜×297㎜) 1매 크기, 세로 서식 문서로 작성합니다.
   • ⬚⬚⬚⬚⬚ 표시는 문서작성에 대한 지시사항이므로 작성하지 않습니다.

kpc 한국생산성본부

1. 다음의 ≪조건≫에 따라 스타일 기능을 적용하여 ≪출력형태≫와 같이 작성하시오. (50점)

≪조건≫ (1) 스타일 이름 – manhwa

(2) 문단 모양 – 왼쪽 여백 : 15pt, 문단 아래 간격 : 10pt

(3) 글자 모양 – 글꼴 : 한글(궁서)/영문(돋움), 크기 : 10pt, 장평 : 95%, 자간 : 5%

≪출력형태≫

Korea Manhwa Museum opened in 2001. All collections are open to the public by various exhibitions. Museum also runs variety of experiential activities related Manhwa.

디지털 미디어 시대에서 만화는 웹툰으로 탈바꿈했고, 이제 웹툰은 만화라는 어머니를 삼켜버린 절대적 용어가 되었다고 해도 과언이 아니다.

2. 다음의 ≪조건≫에 따라 ≪출력형태≫와 같이 표와 차트를 작성하시오. (100점)

≪표 조건≫ (1) 표 전체(표, 캡션) – 돋움, 10pt

(2) 정렬 – 문자 : 가운데 정렬, 숫자 : 오른쪽 정렬

(3) 셀 배경(면색) : 노랑

(4) 한글의 계산 기능을 이용하여 빈칸에 합계를 구하고, 캡션 기능 사용할 것

(5) 선 모양은 ≪출력형태≫와 동일하게 처리할 것

≪출력형태≫

만화산업 지역별 사업체 수(단위 : 개)

지역	만화 출판업	온라인 제작	만화책 임대업	만화 도소매업	합계
인천	10	29	33	90	
광주	5	34	13	84	
대전	5	9	19	104	
전북	4	16	17	118	

≪차트 조건≫ (1) 차트 데이터는 표 내용에서 구분별 인천, 광주, 대전의 값만 이용할 것

(2) 종류 – 〈묶은 세로 막대형〉으로 작업할 것

(3) 제목 – 글꼴 : 굴림, 진하게, 12pt,

속성 : 채우기(밝은 색 : 하양), 테두리, 그림자(바깥쪽 : 대각선 오른쪽 아래)

(4) 제목 이외의 전체 글꼴 – 굴림, 보통, 10pt

(5) 축제목과 범례는 ≪출력형태≫와 동일하게 처리할 것

≪출력형태≫

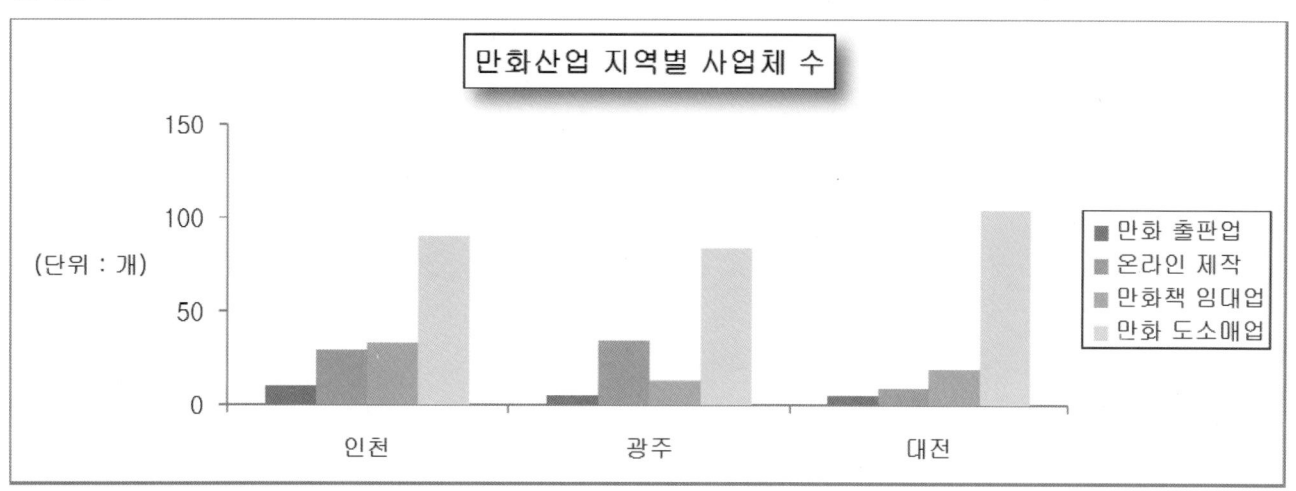

3. 다음 (1), (2)의 수식을 수식 편집기로 각각 입력하시오. (40점)

≪출력형태≫

(1) $\dfrac{b}{\sqrt{a^2+b^2}} = \dfrac{2\tan\theta}{1+\tan^2\theta}$

(2) $A^3 + \sqrt{\dfrac{gL}{2\pi}} = \dfrac{gT}{2\pi}$

4. 다음의 ≪조건≫에 따라 ≪출력형태≫와 같이 문서를 작성하시오. (110점)

≪조건≫

(1) 그리기 도구를 이용하여 작성하고, 모든 도형(글맵시, 지정된 그림 포함)을 ≪출력형태≫와 같이 작성하시오.

(2) 도형의 면색은 지시사항이 없으면 색 없음을 제외하고 서로 다르게 임의로 지정하시오.

≪출력형태≫

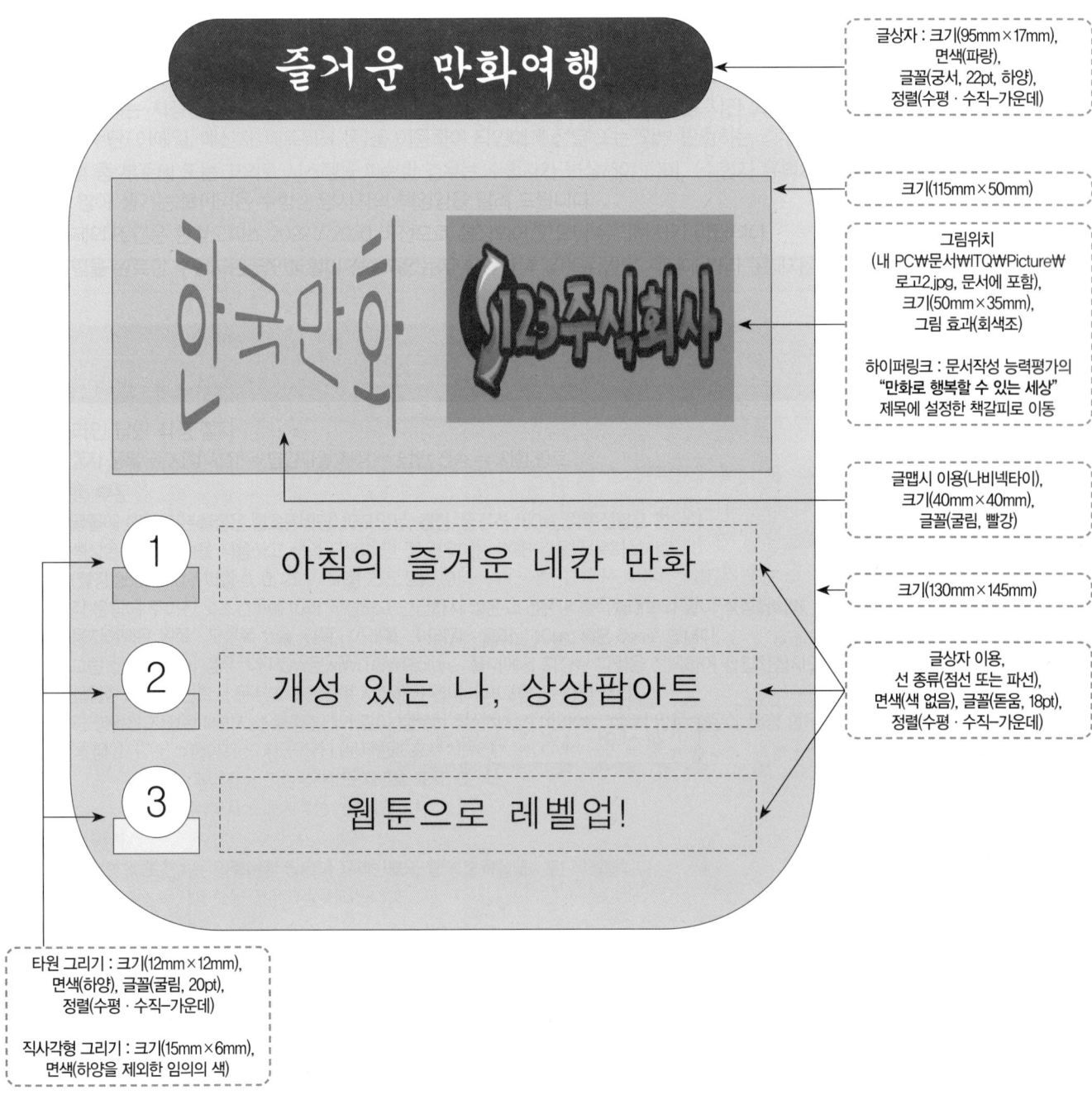

글상자 : 크기(95mm×17mm),
면색(파랑),
글꼴(궁서, 22pt, 하양),
정렬(수평 · 수직-가운데)

크기(115mm×50mm)

그림위치
(내 PC₩문서₩ITQ₩Picture₩
로고2.jpg, 문서에 포함),
크기(50mm×35mm),
그림 효과(회색조)

하이퍼링크 : 문서작성 능력평가의
"만화로 행복할 수 있는 세상"
제목에 설정한 책갈피로 이동

글맵시 이용(나비넥타이),
크기(40mm×40mm),
글꼴(굴림, 빨강)

크기(130mm×145mm)

글상자 이용,
선 종류(점선 또는 파선),
면색(색 없음), 글꼴(돋움, 18pt),
정렬(수평 · 수직-가운데)

타원 그리기 : 크기(12mm×12mm),
면색(하양), 글꼴(굴림, 20pt),
정렬(수평 · 수직-가운데)

직사각형 그리기 : 크기(15mm×6mm),
면색(하양을 제외한 임의의 색)

글꼴 : 돋움, 18pt, 진하게, 가운데 정렬
책갈피 이름 : 만화
덧말 넣기

머리말 기능
궁서, 10pt, 오른쪽 정렬 → 한국 만화

한국만화문화유산
만화로 행복할 수 있는 세상

문단 첫 글자 장식 기능
글꼴 : 굴림, 면색 : 노랑

그림위치(내 PC\문서\ITQ\Picture\그림5.jpg, 문서에 포함)
자르기 기능 이용, 크기(40mm×40mm), 바깥 여백 왼쪽 : 2mm

만화백과사전에서 모리스 혼은 "그 안에 완성된 하나의 생각을 하는 그림은 어떤 것이라도 만화라 불릴 수 있다."고 말했다. 만화는 인간이 지닌 원초적인 창조력을 바탕으로 세상의 모든 이야기를 담아내는 매체다. 만화는 한 칸으로 세상을 풍자(諷刺)하기도 하고 여러 페이지를 통해 세상에 존재하지 않는 세계를 만들기도 한다. 만화는 아주 간단한 선만으로 완성되기도 하고 세밀한 선과 복잡한 채색이 동원(動員)되기도 한다.

이런 만화는 놀랍게도 작가 1인의 창의적 힘에 기대고 있는 매체이다. 만화는 근대 이후 주로 자국의 출판시스템을 기반으로 발전했다. 그런데 21세기를 맞이해 격렬한 변화와 마주하게 되었다. 만화는 디지털 미디어로 확장되었고 종이 미디어 시대와 비교해 더 자유롭게 국경을 넘나들기 시작했다. 또한 만화는 영화, 드라마, 게임, 애니메이션, 광고, 캐릭터 등 다양한 미디어로 확산, 활용되고 있다. 만화산업을 둘러싼 지형은 예전의 단순한 관계에 비해 더 복잡해졌고 참여하는 사람들도 많아졌다. 만화ⓝ는 급변하는 미디어 환경과 진화하는 융복합콘텐츠 시대에서 끊임없이 변화와 혁신을 거듭하며 당당하게 글로벌 한류의 중심에 서 있다.

각주

★ 만화역사 생생체험

글꼴 : 굴림, 18pt, 하양
음영색 : 빨강

1. 교육 내용 및 일정

　① 교육 내용 : 만화가를 직접 만나고 나만의 문화재 만화 그리기

　② 교육 일정 : 7월 19일(토), 7월 26일(토) 14:00 - 16:00

2. 참가 대상 및 교육 장소

　① 참가 대상 : 초등학생, 중학생, 고등학생

　② 교육 장소 : 한국만화박물관 2층 체험교육실

문단 번호 기능 사용
1수준 : 20pt, 오른쪽 정렬,
2수준 : 30pt, 오른쪽 정렬
줄 간격 : 180%

표 전체 글꼴 : 돋움, 10pt, 가운데 정렬
셀 배경(그러데이션) : 유형(가로),
시작색(노랑), 끝색(하양)

★ 국제만화가대회 역대 개최지

글꼴 : 굴림, 18pt,
밑줄, 강조점

개최연도	시기	개최지	주제
2013년	11월	홍콩 완차이	만화창작의 새로운 방향
2014년		대만 가오슝	세계 각국 만화가의 디지털 창작 현황
2015년	10월	한국 대전	내 목소리
2018년	6월	대만 신베이시	디지털만화의 발전과 미래
2019년	11월-12월	일본 기타큐슈	만화 아카이브 – 만화의 보존과 전승

글꼴 : 돋움, 24pt, 진하게
장평 : 105%, 오른쪽 정렬 → **한국만화영상진흥원**

각주 구분선 : 5cm

ⓝ 이야기 따위를 간결하고 익살스럽게 그린 그림으로 대화를 삽입하여 나타냄

쪽 번호 매기기
5로 시작 → ⑤

정보기술자격(ITQ)
최신유형 기출문제

작성 시간 / 시험 시간	채점 결과
분 / 60분	점 / 500점

과목	코드	문제유형	시험시간	수험번호	성명
아래한글	1111	C	60분		

한컴 오피스

· 수험자 유의사항 ·

● 수험자는 문제지를 받는 즉시 문제지와 **수험표상의 시험과목(프로그램)이 동일한지 반드시 확인**하여야 합니다.
● 파일명은 본인의 "수험번호-성명"으로 입력하여 답안폴더(내 PC₩문서₩ITQ)에 하나의 파일로 저장해야하며, 답안파일을 전송하지 않아 미제출로 처리될 경우 실격 처리합니다(예:12345678-홍길동.hwpx).
● 답안 작성을 마치면 파일을 저장하고, '답안 전송' 버튼을 선택하여 감독위원 PC로 답안을 전송하십시오. 수험생 정보와 저장한 파일명이 다를 경우 전송되지 않으므로 주의하시기 바랍니다.
● 답안 작성 중에도 **주기적으로 저장하고, '답안 전송'**하여야 문제 발생을 줄일 수 있습니다. 작업한 내용을 저장하지 않고 전송할 경우 이전에 저장된 내용이 전송되오니 이점 유의하시기 바랍니다.
● 답안문서는 지정된 경로 외의 다른 보조기억장치에 저장하는 경우, 지정된 시험 시간 외에 작성된 파일을 활용할 경우, 기타 통신수단(이메일, 메신저, 네트워크 등)을 이용하여 타인에게 전달 또는 외부 반출하는 경우는 부정 처리합니다.
● 시험 중 부주의 또는 고의로 시스템을 파손한 경우는 수험자가 변상해야 하며, 〈수험자 유의사항〉에 기재된 방법대로 이행하지 않아 생기는 불이익은 수험생 당사자의 책임임을 알려 드립니다.
● 문제의 조건은 한컴오피스 2022 / 2020 버전으로 설정되어 있으니 유의하시기 바랍니다.
● 시험을 완료한 수험자는 답안파일이 전송되었는지 확인한 후 감독위원의 지시에 따라 문제지를 제출하고 퇴실합니다.

· 답안 작성요령 ·

● 온라인 답안 작성 절차
  수험자 등록 ⇒ 시험 시작 ⇒ 답안파일 저장 ⇒ 답안 전송 ⇒ 시험 종료
● 공통 부문
  • 글꼴에 대한 기본설정은 함초롬바탕, 10포인트, 검정, 줄간격 160%, 양쪽정렬로 합니다.
  • 색상은 조건의 색을 적용하고 색의 구분이 안 될 경우에는 RGB 값을 적용하십시오.
    (빨강 255, 0, 0 / 파랑 0, 0, 255 / 노랑 255, 255, 0).
  • 각 문항에 주어진 ≪조건≫에 따라 작성하고 언급하지 않은 조건은 ≪출력형태≫와 같이 작성합니다.
  • 용지여백은 왼쪽 · 오른쪽 11㎜, 위쪽 · 아래쪽 · 머리말 · 꼬리말 10㎜, 제본 0㎜로 합니다.
  • 그림 삽입 문제의 경우 「내 PC₩문서₩ITQ₩Picture」 폴더에서 지정된 파일을 선택하여 삽입하십시오.
  • 삽입한 그림은 반드시 문서에 포함하여 저장해야 합니다(미포함 시 감점 처리).
  • 각 항목은 지정된 페이지에 출력형태와 같이 정확히 작성하시기 바라며, 그렇지 않을 경우에 해당 항목은 0점 처리됩니다.
    ※ 페이지구분 : 1페이지 – 기능평가 I (문제번호 표시 : 1. 2.),
                 2페이지 – 기능평가 II(문제번호 표시 : 3. 4.),
                 3페이지 – 문서작성 능력평가
● 기능평가
  • 문제와 ≪조건≫은 입력하지 않으며 문제번호와 답(≪출력형태≫)만 작성합니다.
  • 4번 문제는 묶기를 했을 경우 0점 처리됩니다.
● 문서작성 능력평가
  • A4 용지(210㎜×297㎜) 1매 크기, 세로 서식 문서로 작성합니다.
  • ＿＿＿＿＿ 표시는 문서작성에 대한 지시사항이므로 작성하지 않습니다.

kpc 한국생산성본부

1. 다음의 ≪조건≫에 따라 스타일 기능을 적용하여 ≪출력형태≫와 같이 작성하시오. (50점)

≪조건≫ (1) 스타일 이름 – womensday
(2) 문단 모양 – 왼쪽 여백 : 15pt, 문단 아래 간격 : 10pt
(3) 글자 모양 – 글꼴 : 한글(돋움)/영문(궁서), 크기 : 10pt, 장평 : 95%, 자간 : 5%

≪출력형태≫

It began on March 8, 1908, when women workers in the United States protested demanding better working conditions and suffrage.

1908년 3월 8일 미국 여성 노동자들이 근로여건 개선과 참정권 등을 요구하면서 시위를 벌인 것에서 시작됐다. 이후 유엔은 1975년을 '세계 여성의 해'로 지정하고 3월 8일을 '세계 여성의 날'로 공식화했다.

2. 다음의 ≪조건≫에 따라 ≪출력형태≫와 같이 표와 차트를 작성하시오. (100점)

≪표 조건≫ (1) 표 전체(표, 캡션) – 돋움, 10pt
(2) 정렬 – 문자 : 가운데 정렬, 숫자 : 오른쪽 정렬
(3) 셀 배경(면색) : 노랑
(4) 한글의 계산 기능을 이용하여 빈칸에 평균(소수점 두 자리)을 구하고, 캡션 기능 사용할 것
(5) 선 모양은 ≪출력형태≫와 동일하게 처리할 것

≪출력형태≫

지역별 경력단절여성 현황(단위 : 천 명)

지역	2021년	2022년	2023년	2024년	평균
부산	78	80	84	71	
대구	77	69	69	66	
인천	75	81	78	81	
광주	45	45	35	33	

≪차트 조건≫ (1) 차트 데이터는 표 내용에서 연도별 부산, 대구, 인천의 값만 이용할 것
(2) 종류 – ⟨묶은 세로 막대형⟩으로 작업할 것
(3) 제목 – 글꼴 : 굴림, 진하게, 12pt,
속성 : 채우기(밝은 색 : 하양), 테두리, 그림자(바깥쪽 : 대각선 오른쪽 아래)
(4) 제목 이외의 전체 글꼴 – 굴림, 보통, 10pt
(5) 축제목과 범례는 ≪출력형태≫와 동일하게 처리할 것

≪출력형태≫

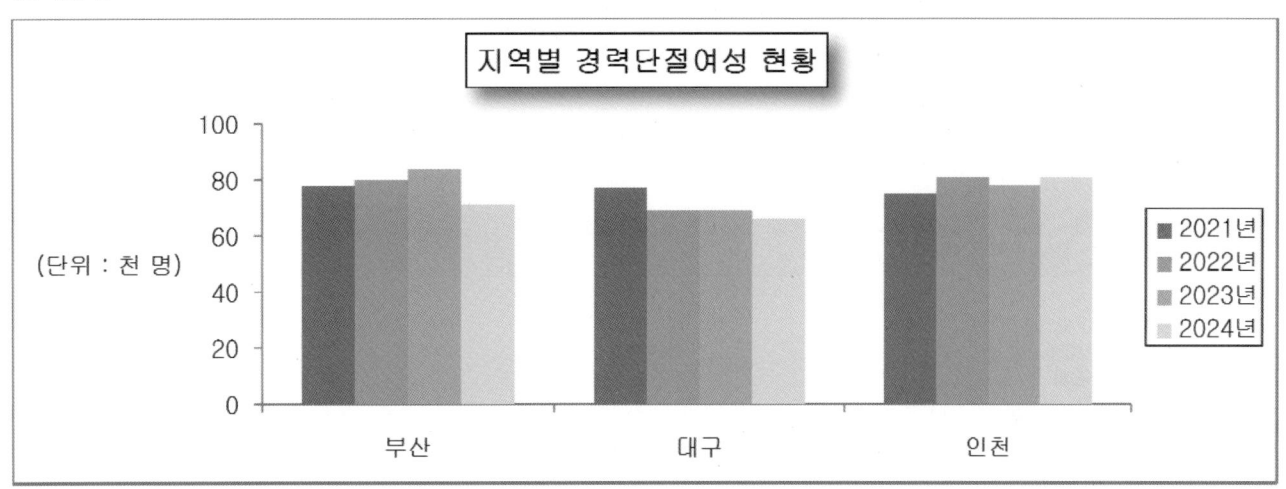

3. 다음 (1), (2)의 수식을 수식 편집기로 각각 입력하시오. (40점)

≪출력형태≫

(1) $g = \dfrac{GM}{R^2} = \dfrac{6.67 \times 10^{-11} \times 6.0 \times 10^{24}}{(6.4 \times 10^7)^2}$　　　(2) $f(x) = \dfrac{\dfrac{x}{2} - \sqrt{5} + 2}{\sqrt{1-x^2}}$

4. 다음의 ≪조건≫에 따라 ≪출력형태≫와 같이 문서를 작성하시오. (110점)

≪조건≫

(1) 그리기 도구를 이용하여 작성하고, 모든 도형(글맵시, 지정된 그림 포함)을 ≪출력형태≫와 같이 작성하시오.
(2) 도형의 면색은 지시사항이 없으면 색 없음을 제외하고 서로 다르게 임의로 지정하시오.

≪출력형태≫

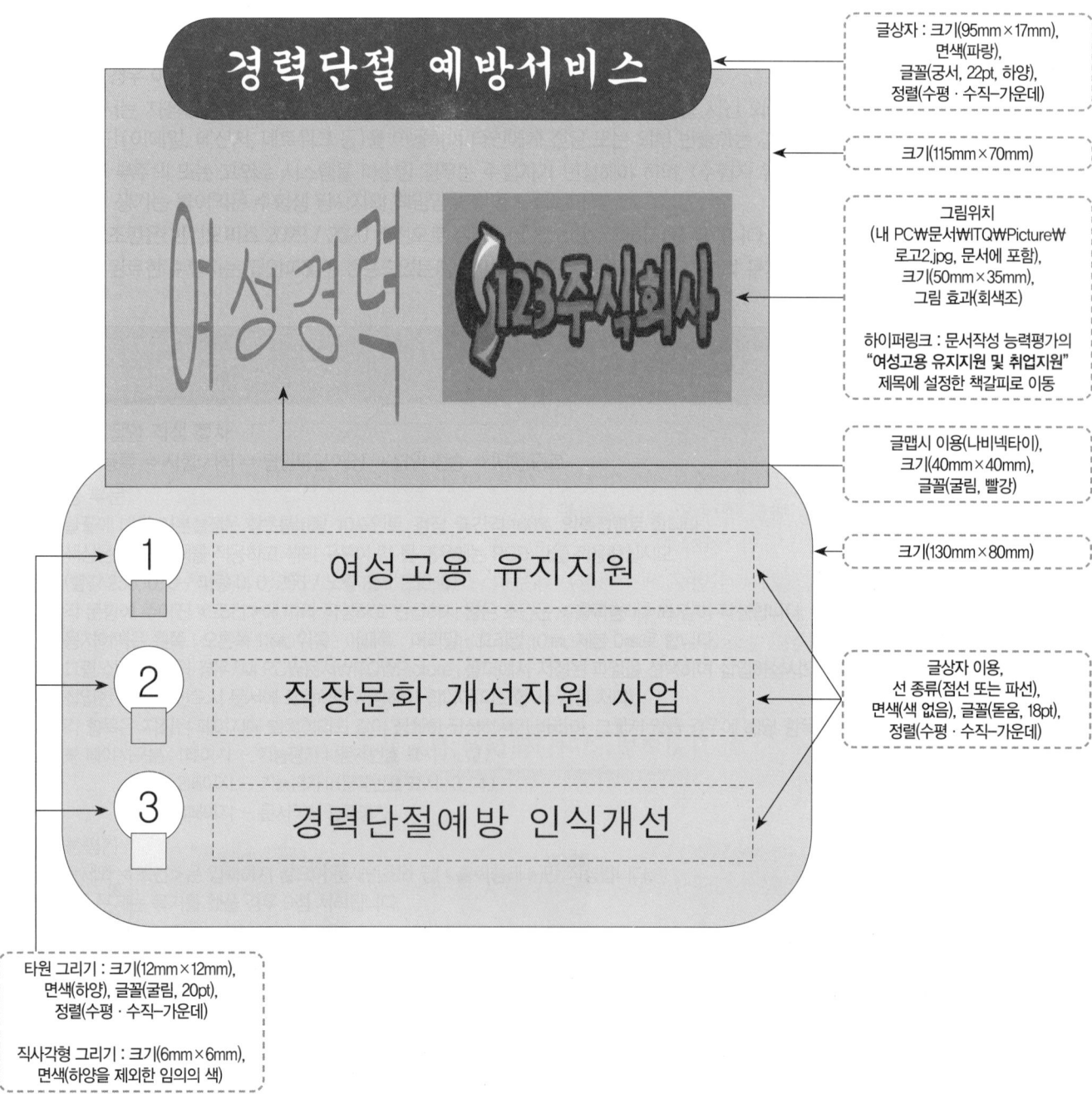

글상자 : 크기(95mm×17mm),
　　　　면색(파랑),
　　　　글꼴(궁서, 22pt, 하양),
　　　　정렬(수평·수직-가운데)

크기(115mm×70mm)

그림위치
(내 PC₩문서₩ITQ₩Picture₩
로고2.jpg, 문서에 포함),
크기(50mm×35mm),
그림 효과(회색조)

하이퍼링크 : 문서작성 능력평가의
"여성고용 유지지원 및 취업지원"
제목에 설정한 책갈피로 이동

글맵시 이용(나비넥타이),
크기(40mm×40mm),
글꼴(굴림, 빨강)

크기(130mm×80mm)

글상자 이용,
선 종류(점선 또는 파선),
면색(색 없음), 글꼴(돋움, 18pt),
정렬(수평·수직-가운데)

타원 그리기 : 크기(12mm×12mm),
　　　　　　면색(하양), 글꼴(굴림, 20pt),
　　　　　　정렬(수평·수직-가운데)

직사각형 그리기 : 크기(6mm×6mm),
　　　　　　　　면색(하양을 제외한 임의의 색)

글꼴 : 돋움, 18pt, 진하게, 가운데 정렬
책갈피 이름 : 여성취업
덧말 넣기

머리말 기능
궁서, 10pt, 오른쪽 정렬 → 경력 단절 예방

여성의 경제활동 촉진
여성고용 유지지원 및 취업지원

문단 첫 글자 장식 기능
글꼴 : 굴림, 면색 : 노랑

그림위치(내 PC₩문서₩ITQ₩Picture₩그림4.jpg, 문서에 포함)
자르기 기능 이용, 크기(40mm×40mm), 바깥 여백 왼쪽 : 2mm

여성가족부는 여성들이 경력단절 없이 지속적인 경제활동을 할 수 있도록 여성새로일하기센터(이하 '새일센터')를 중심으로 경력단절예방 서비스와 창업지원을 강화한다. 2009년부터 시작된 새일센터는 전국 158개소로, 경력단절여성⊙에게 맞춤형 취업상담 및 정보 제공, 직업 교육훈련, 취업연계, 사후관리 등을 지원(支援)하며 경력단절여성의 역량 강화와 고용 증가 등 긍정적인 효과가 있는 것으로 평가된다.　　각주

　경력단절예방 사업은 재직 여성이 지속적으로 일할 수 있도록 상담 및 경력개발 자문 등 역량 개발을 지원하고, 기업에게는 직장문화 개선을 위한 교육과 근로 상담, 여성화장실, 수유실 등 근로 환경을 지원한다. 또한 30-40대 경력단절여성에게 맞춤형 취업을 지원하는 경력이음 사례관리서비스 운영기관을 20개소로 확대(擴大)하고, 취약계층과 지역일자리 특성과 상황에 맞는 지역특성화 통합사례관리 방식을 신규 도입한다. 취업 뿐 아니라 창업 분야에서도 여성들의 진출이 활성화될 수 있도록 창업상담사를 확대 배치하여 창업 지원금, 창업 공간 등을 연계 지원한다.

★ **주요 사업**

글꼴 : 굴림, 18pt, 하양
음영색 : 빨강

　1. 직업상담

　　① 직업진로 지도와 취업알선 서비스

　　② 집단 상담 프로그램 운영

　2. 교육 및 취업연계

　　① 전문훈련기관 등과 협력을 통한 직업교육훈련 과정 운영

　　② 인턴십 지원 및 취업지원 서비스

문단 번호 기능 사용
1수준 : 20pt, 오른쪽 정렬,
2수준 : 30pt, 오른쪽 정렬
줄 간격 : 180%

표 전체 글꼴 : 돋움, 10pt, 가운데 정렬
셀 배경(그러데이션) : 유형(가로),
시작색(노랑), 끝색(하양)

★ 경력단절여성 취업지원 사업내용

글꼴 : 굴림, 18pt, 밑줄, 강조점

구분		내용	비고
고용노동부	집단상담 프로그램	경력단절여성 및 결혼이민여성 대상 집단상담프로그램 운영	159개 새일센터
여성 가족부	직업교육훈련	각 새일센터에서 5-6개 직업훈련과정 운영	
	인턴연계	인턴 1인당 460만원 한도 지원(기업 400만원, 인턴 60만원)	
	취/창업지원	취·창업 동아리 운영, 컨설팅 지원	
	경력단절예방지원	경력단절 예방 특강, 취업자 직장적응 교육, 노무상담	

글꼴 : 돋움, 24pt, 진하게
장평 : 105%, 오른쪽 정렬 → **여성새로일하기센터**

각주 구분선 : 5cm

⊙ 기혼 여성 중 결혼, 임신, 출산 등으로 직장을 그만둬 비취업 상태에 있는 여성

쪽 번호 매기기
5로 시작 → 마

제 04 회 정보기술자격(ITQ) 최신유형 기출문제

작성 시간 / 시험 시간	채점 결과
분 / 60분	점 / 500점

과목	코드	문제유형	시험시간	수험번호	성명
아래한글	1111	A	60분		

한컴 오피스

· 수험자 유의사항 ·

- 수험자는 문제지를 받는 즉시 문제지와 **수험표상의 시험과목(프로그램)이 동일한지 반드시 확인**하여야 합니다.
- 파일명은 본인의 "수험번호−성명"으로 입력하여 답안폴더(내 PC₩문서₩ITQ)에 하나의 파일로 저장해야하며, 답안파일을 전송하지 않아 미제출로 처리될 경우 실격 처리합니다(예:12345678−홍길동.hwpx).
- 답안 작성을 마치면 파일을 저장하고, '답안 전송' 버튼을 선택하여 감독위원 PC로 답안을 전송하십시오. 수험생 정보와 저장한 파일명이 다를 경우 전송되지 않으므로 주의하시기 바랍니다.
- 답안 작성 중에도 **주기적으로 저장하고, '답안 전송'**하여야 문제 발생을 줄일 수 있습니다. 작업한 내용을 저장하지 않고 전송할 경우 이전에 저장된 내용이 전송되오니 이점 유의하시기 바랍니다.
- 답안문서는 지정된 경로 외의 다른 보조기억장치에 저장하는 경우, 지정된 시험 시간 외에 작성된 파일을 활용할 경우, 기타 통신수단(이메일, 메신저, 네트워크 등)을 이용하여 타인에게 전달 또는 외부 반출하는 경우는 부정 처리합니다.
- 시험 중 부주의 또는 고의로 시스템을 파손한 경우는 수험자가 변상해야 하며, 〈수험자 유의사항〉에 기재된 방법대로 이행하지 않아 생기는 불이익은 수험생 당사자의 책임임을 알려 드립니다.
- 문제의 조건은 한컴오피스 2022 / 2020 버전으로 설정되어 있으니 유의하시기 바랍니다.
- 시험을 완료한 수험자는 답안파일이 전송되었는지 확인한 후 감독위원의 지시에 따라 문제지를 제출하고 퇴실합니다.

· 답안 작성요령 ·

- 온라인 답안 작성 절차
  수험자 등록 ⇒ 시험 시작 ⇒ 답안파일 저장 ⇒ 답안 전송 ⇒ 시험 종료
- 공통 부문
  - 글꼴에 대한 기본설정은 함초롬바탕, 10포인트, 검정, 줄간격 160%, 양쪽정렬로 합니다.
  - 색상은 조건의 색을 적용하고 색의 구분이 안 될 경우에는 RGB 값을 적용하십시오.
    (빨강 255, 0, 0 / 파랑 0, 0, 255 / 노랑 255, 255, 0).
  - 각 문항에 주어진 ≪조건≫에 따라 작성하고 언급하지 않은 조건은 ≪출력형태≫와 같이 작성합니다.
  - 용지여백은 왼쪽 · 오른쪽 11mm, 위쪽 · 아래쪽 · 머리말 · 꼬리말 10mm, 제본 0mm로 합니다.
  - 그림 삽입 문제의 경우 「내 PC₩문서₩ITQ₩Picture」 폴더에서 지정된 파일을 선택하여 삽입하십시오.
  - 삽입한 그림은 반드시 문서에 포함하여 저장해야 합니다(미포함 시 감점 처리).
  - 각 항목은 지정된 페이지에 출력형태와 같이 정확히 작성하시기 바라며, 그렇지 않을 경우에 해당 항목은 0점 처리됩니다.
    ※ 페이지구분 : 1페이지 − 기능평가 I (문제번호 표시 : 1. 2.),
    　　　　　　　 2페이지 − 기능평가 II (문제번호 표시 : 3. 4.),
    　　　　　　　 3페이지 − 문서작성 능력평가
- 기능평가
  - 문제와 ≪조건≫은 입력하지 않으며 문제번호와 답(≪출력형태≫)만 작성합니다.
  - 4번 문제는 묶기를 했을 경우 0점 처리됩니다.
- 문서작성 능력평가
  - A4 용지(210mm×297mm) 1매 크기, 세로 서식 문서로 작성합니다.
  - .... 표시는 문서작성에 대한 지시사항이므로 작성하지 않습니다.

kpc 한국생산성본부

1. 다음의 ≪조건≫에 따라 스타일 기능을 적용하여 ≪출력형태≫와 같이 작성하시오. (50점)

≪조건≫ (1) 스타일 이름 – population
(2) 문단 모양 – 왼쪽 여백 : 15pt, 문단 아래 간격 : 10pt
(3) 글자 모양 – 글꼴 : 한글(궁서)/영문(돋움), 크기 : 10pt, 장평 : 95%, 자간 : 5%

≪출력형태≫

Korea's rapid population aging is a social risk because an increase in the elderly population means an increase in the number of people receiving elderly care in the traditional sense.

한국은 전 세계적으로 가장 빠른 저출산과 인구 고령화를 경험하고 있기에 인구 변화에 대응한 정책의 서비스 강화 및 품질 관리와 효과성 제고라는 두 가지 정책 목표를 신속하게 달성해야 한다.

2. 다음의 ≪조건≫에 따라 ≪출력형태≫와 같이 표와 차트를 작성하시오. (100점)

≪표 조건≫ (1) 표 전체(표, 캡션) – 돋움, 10pt
(2) 정렬 – 문자 : 가운데 정렬, 숫자 : 오른쪽 정렬
(3) 셀 배경(면색) : 노랑
(4) 한글의 계산 기능을 이용하여 빈칸에 합계를 구하고, 캡션 기능 사용할 것
(5) 선 모양은 ≪출력형태≫와 동일하게 처리할 것

≪출력형태≫

지역별 고령인구 추이(단위 : 천 명)

연도	서울	경기	부산	경남	합계
2023년	1,687	2,073	722	644	
2024년	1,769	2,214	756	677	
2028년	2,080	2,843	887	831	
2038년	2,669	4,229	1,065	1,125	

≪차트 조건≫ (1) 차트 데이터는 표 내용에서 지역별 2023년, 2024년, 2028년의 값만 이용할 것
(2) 종류 – 〈묶은 세로 막대형〉으로 작업할 것
(3) 제목 – 글꼴 : 굴림, 진하게, 12pt,
속성 : 채우기(밝은 색 : 하양), 테두리, 그림자(바깥쪽 : 대각선 오른쪽 아래)
(4) 제목 이외의 전체 글꼴 – 굴림, 보통, 10pt
(5) 축제목과 범례는 ≪출력형태≫와 동일하게 처리할 것

≪출력형태≫

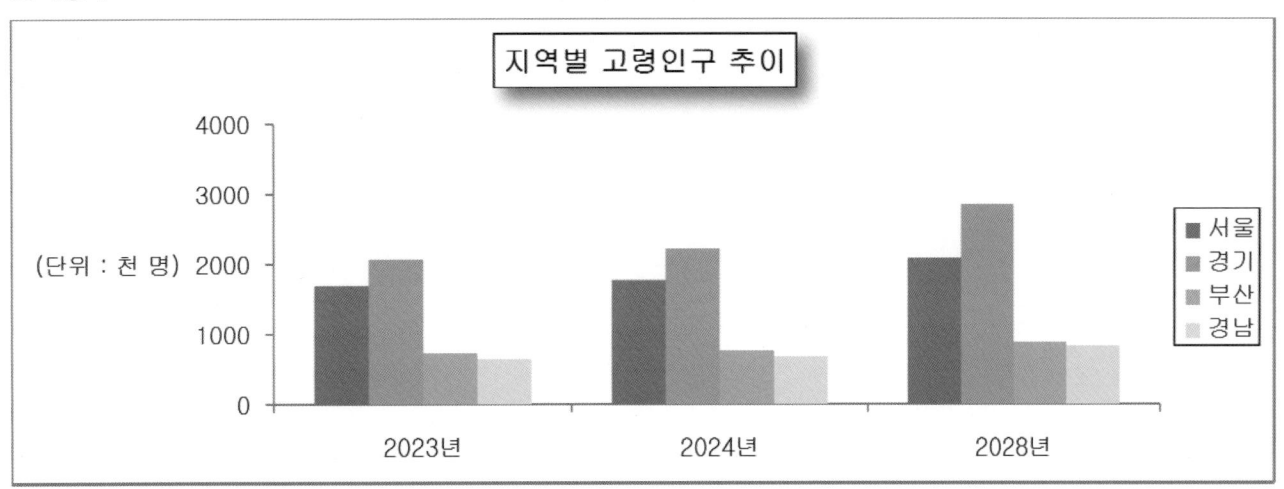

3. 다음 (1), (2)의 수식을 수식 편집기로 각각 입력하시오. (40점)

≪출력형태≫

(1) $U_a - U_b = \dfrac{GmM}{a} - \dfrac{GmM}{b} = \dfrac{GmM}{2R}$　　　　(2) $V = \dfrac{1}{R}\displaystyle\int_0^q qdq = \dfrac{1}{2}\dfrac{q^2}{R}$

4. 다음의 ≪조건≫에 따라 ≪출력형태≫와 같이 문서를 작성하시오. (110점)

≪조건≫

(1) 그리기 도구를 이용하여 작성하고, 모든 도형(글맵시, 지정된 그림 포함)을 ≪출력형태≫와 같이 작성하시오.

(2) 도형의 면색은 지시사항이 없으면 색 없음을 제외하고 서로 다르게 임의로 지정하시오.

≪출력형태≫

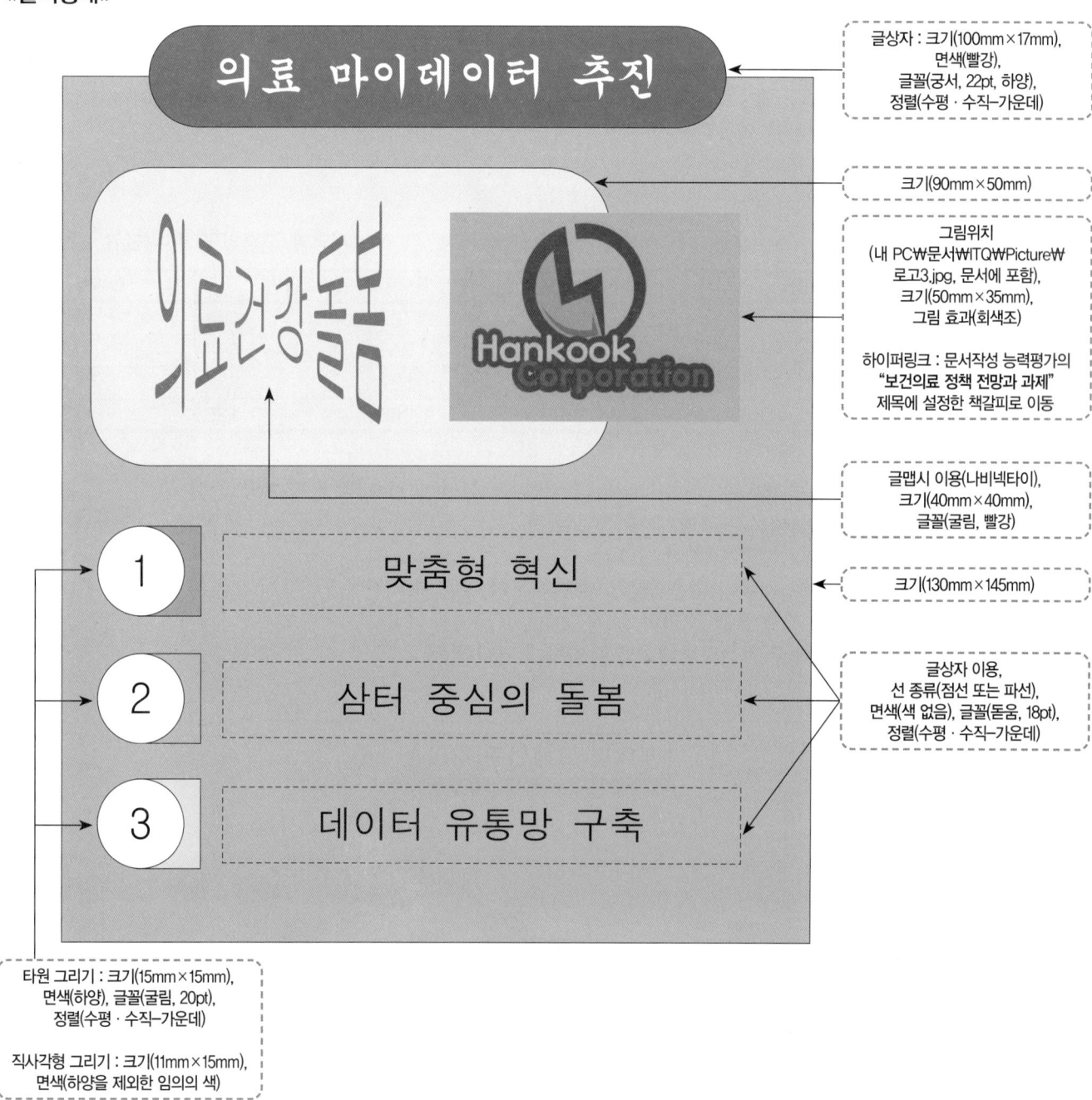

글꼴 : 돋움, 18pt, 진하게, 가운데 정렬
책갈피 이름 : 보건의료
덧말 넣기

머리말 기능
굴림, 10pt, 오른쪽 정렬 → 보건시대

한국보건사회연구원
보건의료 정책 전망과 과제

문단 첫 글자 장식 기능
글꼴 : 굴림, 면색 : 노랑

그림위치(내 PC\문서\ITQ\Picture\그림5.jpg, 문서에 포함)
자르기 기능 이용, 크기(40mm×35mm), 바깥 여백 왼쪽 : 2mm

초 고령사회를 목전에 둔 2024년은 고령인구 증가가 가져올 재정압박이 본격화되고 코로나19 이후 경제 위기로 인한 건강 격차 확대가 우려된다. 한편 고령화와 만성질환 증가는 지역사회 주민 단위로 건강, 의료, 돌봄의 통합관리에 대한 사회적 수요를 증가시킬 것이다. 단기적으로 저소득층을 보호(保護)하고 장기적으로 미래 보건의료시스템의 지속 가능성을 제고하는 핵심 정책으로 지역사회 일차 의료 혁신의 추진이 필요하다. 초고령 사회 진입이 주도하는 보건의료 정책 환경에서 일차 의료① 혁신은 더 이상 미룰 수 없는 최우선 과제이다.

각주

국정 과제와 보건의료 환경 전망을 반영하여 함께 추진(推進)해야 할 세부 과제로 첫째는 지역 주민 대상 일차의료 가치 기반 지불 모형의 개발과 시범 운영, 둘째는 의료비 지원 제도의 체계적 통합과 외연 확대, 셋째는 건강보험 의료 질 평가 체계 구조 개편, 마지막으로 디지털 전환을 통한 혁신을 촉진하는 것이다. 디지털 전환은 의료 데이터의 관리와 분석, 원격 진료 등의 분야에서 큰 변화를 가져올 수 있다.

※ 주요 보건의료 정책

글꼴 : 굴림, 18pt, 하양
음영색 : 파랑

1. 보건의료 정책 환경 전망
   ① 고령화에 따른 재정압박의 가속
   ② 소득수준에 따른 건강 격차의 확대

문단 번호 기능 사용
1수준 : 20pt, 오른쪽 정렬,
2수준 : 30pt, 오른쪽 정렬
줄 간격 : 180%

2. 중점 추진 과제 : 지역사회 일차 의료 혁신
   ① 의료비 지원 제도의 체계적 통합과 외연 확대
   ② 건강보험 의료 질 평가체계 구조 개편

표 전체 글꼴 : 돋움, 10pt, 가운데 정렬
셀 배경(그러데이션) : 유형(가로),
시작색(노랑), 끝색(하양)

※ *일차 의료 가치 기반 복수 모형*

글꼴 : 굴림, 18pt, 기울임, 강조점

구분	트랙1	트랙2	트랙3	비고
일차 의료 기능 구성	환자 관리 개선	환자 관리 통합	지역사회 자원 연계	가치 기반 지불 모형 참여 경험 및 역량 확대
참여기관유형	소규모 단독 개원	집단(네트워크)개원	의료기관 네트워크	
중점영역	인프라 구축	개선된 환자 관리 실행	협력체계의 최적화	
적용기간	2년 유지, 트랙2로 전환	2년 유지, 트랙3으로 전환	지속 가능	
지불방식 유연화	행위별 수가(FFS)	FFS+환자당 월간 정액	환자당 월간 정액	

글꼴 : 돋움, 24pt, 진하게
장평 : 105%, 오른쪽 정렬 → # 한국보건사회연구원

각주 구분선 : 5cm

① 건강을 위하여 가장 먼저 대하는 보건의료

쪽 번호 매기기
4로 시작 → 라

작성 시간 / 시험 시간	채점 결과
분 / 60분	점 / 500점

과목	코드	문제유형	시험시간	수험번호	성명
아래한글	1111	B	60분		

한컴 오피스

· 수험자 유의사항 ·

● 수험자는 문제지를 받는 즉시 문제지와 **수험표상의 시험과목(프로그램)이 동일한지 반드시 확인**하여야 합니다.

● 파일명은 본인의 "수험번호–성명"으로 입력하여 답안폴더(내 PC₩문서₩ITQ)에 하나의 파일로 저장해야하며, 답안파일을 전송하지 않아 미제출로 처리될 경우 실격 처리합니다(예:12345678–홍길동.hwpx).

● 답안 작성을 마치면 파일을 저장하고, '답안 전송' 버튼을 선택하여 감독위원 PC로 답안을 전송하십시오. 수험생 정보와 저장한 파일명이 다를 경우 전송되지 않으므로 주의하시기 바랍니다.

● 답안 작성 중에도 **주기적으로 저장하고, '답안 전송'**하여야 문제 발생을 줄일 수 있습니다. 작업한 내용을 저장하지 않고 전송할 경우 이전에 저장된 내용이 전송되오니 이점 유의하시기 바랍니다.

● 답안문서는 지정된 경로 외의 다른 보조기억장치에 저장하는 경우, 지정된 시험 시간 외에 작성된 파일을 활용할 경우, 기타 통신수단(이메일, 메신저, 네트워크 등)을 이용하여 타인에게 전달 또는 외부 반출하는 경우는 부정 처리합니다.

● 시험 중 부주의 또는 고의로 시스템을 파손한 경우는 수험자가 변상해야 하며, 〈수험자 유의사항〉에 기재된 방법대로 이행하지 않아 생기는 불이익은 수험생 당사자의 책임임을 알려 드립니다.

● 문제의 조건은 한컴오피스 2022 / 2020 버전으로 설정되어 있으니 유의하시기 바랍니다.

● 시험을 완료한 수험자는 답안파일이 전송되었는지 확인한 후 감독위원의 지시에 따라 문제지를 제출하고 퇴실합니다.

· 답안 작성요령 ·

● 온라인 답안 작성 절차

　수험자 등록 ⇒ 시험 시작 ⇒ 답안파일 저장 ⇒ 답안 전송 ⇒ 시험 종료

● 공통 부문

　· 글꼴에 대한 기본설정은 함초롬바탕, 10포인트, 검정, 줄간격 160%, 양쪽정렬로 합니다.

　· 색상은 조건의 색을 적용하고 색의 구분이 안 될 경우에는 RGB 값을 적용하십시오.
　　(빨강 255, 0, 0 / 파랑 0, 0, 255 / 노랑 255, 255, 0).

　· 각 문항에 주어진 ≪조건≫에 따라 작성하고 언급하지 않은 조건은 ≪출력형태≫와 같이 작성합니다.

　· 용지여백은 왼쪽 · 오른쪽 11㎜, 위쪽 · 아래쪽 · 머리말 · 꼬리말 10㎜, 제본 0㎜로 합니다.

　· 그림 삽입 문제의 경우 「내 PC₩문서₩ITQ₩Picture」 폴더에서 지정된 파일을 선택하여 삽입하십시오.

　· 삽입한 그림은 반드시 문서에 포함하여 저장해야 합니다(미포함 시 감점 처리).

　· 각 항목은 지정된 페이지에 출력형태와 같이 정확히 작성하시기 바라며, 그렇지 않을 경우에 해당 항목은 0점 처리됩니다.

　※ 페이지구분 : 1페이지 – 기능평가Ⅰ(문제번호 표시 : 1. 2.).
　　　　　　　 2페이지 – 기능평가Ⅱ(문제번호 표시 : 3. 4.).
　　　　　　　 3페이지 – 문서작성 능력평가

● 기능평가

　· 문제와 ≪조건≫은 입력하지 않으며 문제번호와 답(≪출력형태≫)만 작성합니다.

　· 4번 문제는 묶기를 했을 경우 0점 처리됩니다.

● 문서작성 능력평가

　· A4 용지(210㎜×297㎜) 1매 크기, 세로 서식 문서로 작성합니다.

　· ⌐‾‾‾‾‾‾¬ 표시는 문서작성에 대한 지시사항이므로 작성하지 않습니다.

150점

1. 다음의 ≪조건≫에 따라 스타일 기능을 적용하여 ≪출력형태≫와 같이 작성하시오. (50점)

≪조건≫ (1) 스타일 이름 – expo

(2) 문단 모양 – 왼쪽 여백 : 15pt, 문단 아래 간격 : 10pt

(3) 글자 모양 – 글꼴 : 한글(궁서)/영문(돋움), 크기 : 10pt, 장평 : 95%, 자간 : 5%

≪출력형태≫

This is the largest market place of safety industry in Korea to introduce advanced technologies in safety industry of Korea to public and private buyers coming from home and abroad.

대한민국 안전산업박람회는 국내 최대 규모의 안전산업 전문 전시회로 국내외 업계 종사자, 정부, 지자체, 공공 기관 관계자 등 국내외 바이어들을 한자리에서 만날 수 있다.

2. 다음의 ≪조건≫에 따라 ≪출력형태≫와 같이 표와 차트를 작성하시오. (100점)

≪표 조건≫ (1) 표 전체(표, 캡션) – 돋움, 10pt

(2) 정렬 – 문자 : 가운데 정렬, 숫자 : 오른쪽 정렬

(3) 셀 배경(면색) : 노랑

(4) 한글의 계산 기능을 이용하여 빈칸에 합계를 구하고, 캡션 기능 사용할 것

(5) 선 모양은 ≪출력형태≫와 동일하게 처리할 것

≪출력형태≫

연도별 안전산업박람회 참관객 현황(단위 : 천 명)

구분	2021년	2022년	2023년	2024년	합계
20대	105	92	101	136	
30대	122	125	135	128	
40대	132	138	154	152	
50대	89	98	102	82	

≪차트 조건≫ (1) 차트 데이터는 표 내용에서 연도별 20대, 30대, 40대의 값만 이용할 것

(2) 종류 – 〈묶은 세로 막대형〉으로 작업할 것

(3) 제목 – 글꼴 : 굴림, 진하게, 12pt,

속성 : 채우기(밝은 색 : 하양), 테두리, 그림자(바깥쪽 : 대각선 오른쪽 아래)

(4) 제목 이외의 전체 글꼴 – 굴림, 보통, 10pt

(5) 축제목과 범례는 ≪출력형태≫와 동일하게 처리할 것

≪출력형태≫

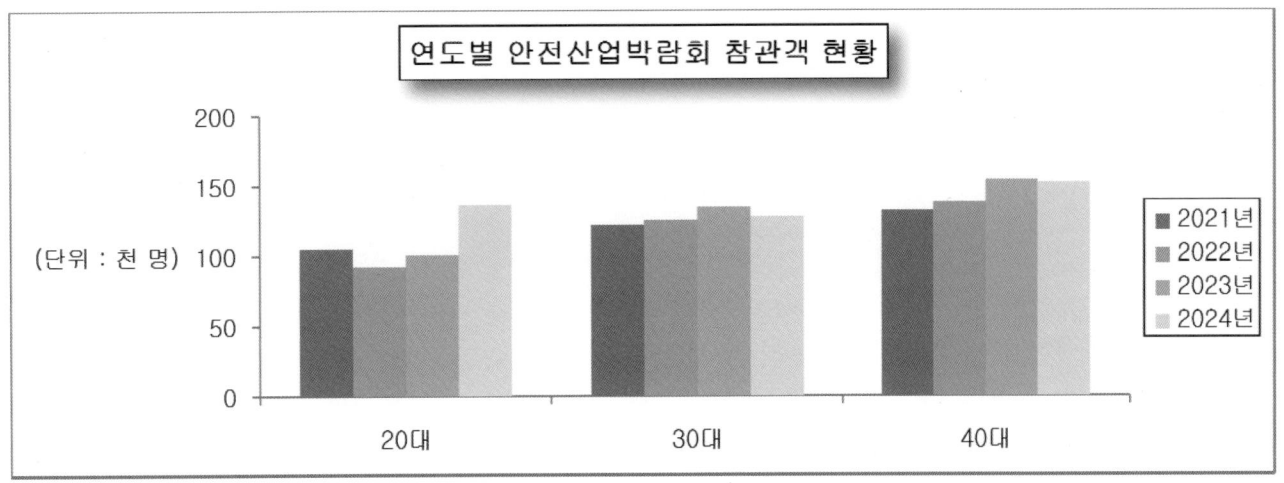

3. 다음 (1), (2)의 수식을 수식 편집기로 각각 입력하시오. (40점)

≪출력형태≫

(1) $F = 1 - \dfrac{9(9n-1)(9n-2)}{10(10n-1)(10n-2)}$

(2) $\vec{s} = \dfrac{\vec{r_2} - \vec{r_1}}{t_2 - t_1} = \dfrac{\Delta \vec{r}}{\Delta t}$

4. 다음의 ≪조건≫에 따라 ≪출력형태≫와 같이 문서를 작성하시오. (110점)

≪조건≫

(1) 그리기 도구를 이용하여 작성하고, 모든 도형(글맵시, 지정된 그림 포함)을 ≪출력형태≫와 같이 작성하시오.
(2) 도형의 면색은 지시사항이 없으면 색 없음을 제외하고 서로 다르게 임의로 지정하시오.

≪출력형태≫

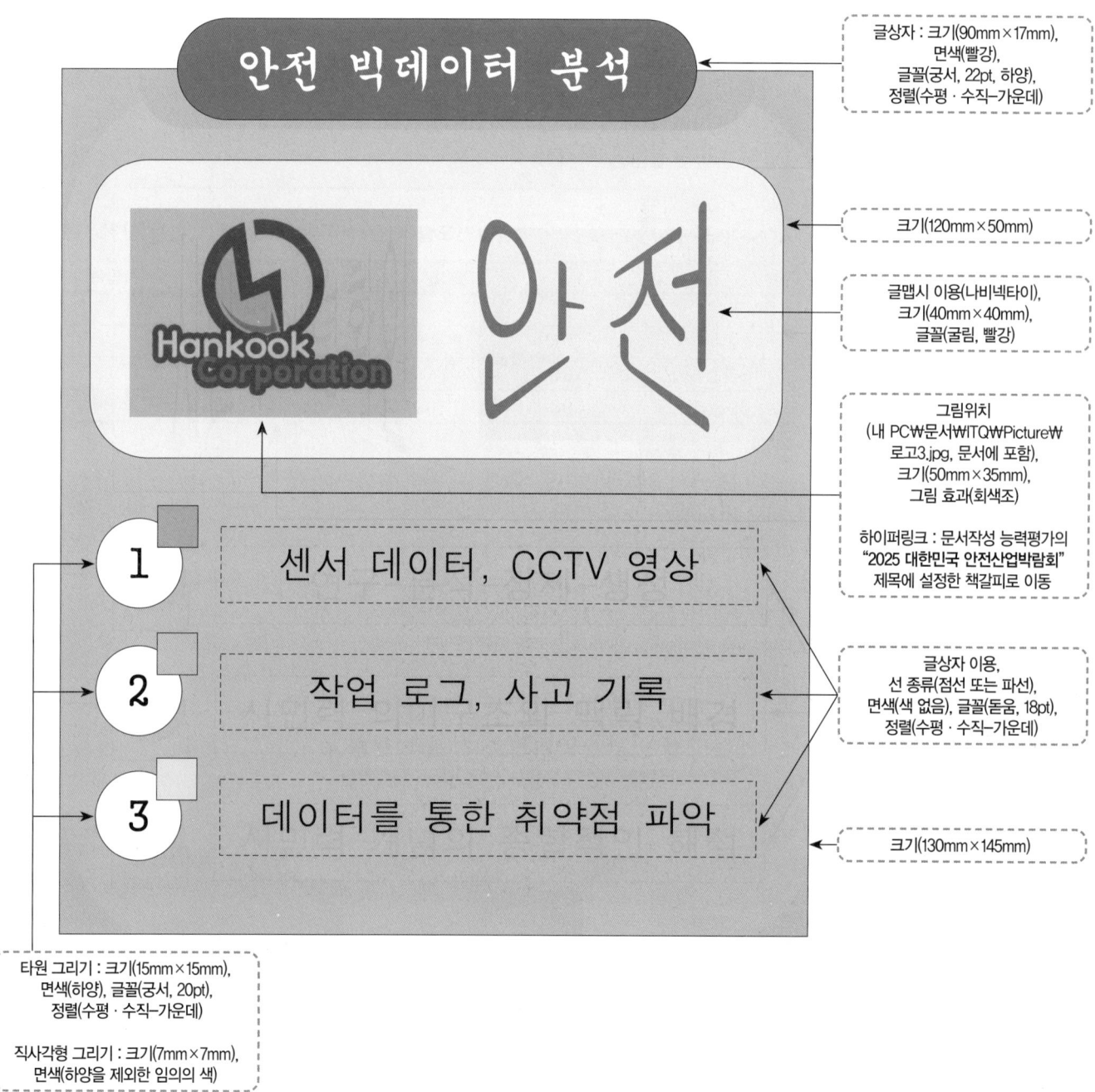

- 글상자 : 크기(90mm×17mm), 면색(빨강), 글꼴(궁서, 22pt, 하양), 정렬(수평 · 수직-가운데)
- 크기(120mm×50mm)
- 글맵시 이용(나비넥타이), 크기(40mm×40mm), 글꼴(굴림, 빨강)
- 그림위치 (내 PC₩문서₩ITQ₩Picture₩ 로고3.jpg, 문서에 포함), 크기(50mm×35mm), 그림 효과(회색조)
- 하이퍼링크 : 문서작성 능력평가의 "2025 대한민국 안전산업박람회" 제목에 설정한 책갈피로 이동
- 글상자 이용, 선 종류(점선 또는 파선), 면색(색 없음), 글꼴(돋움, 18pt), 정렬(수평 · 수직-가운데)
- 크기(130mm×145mm)

센서 데이터, CCTV 영상

작업 로그, 사고 기록

데이터를 통한 취약점 파악

- 타원 그리기 : 크기(15mm×15mm), 면색(하양), 글꼴(궁서, 20pt), 정렬(수평 · 수직-가운데)
- 직사각형 그리기 : 크기(7mm×7mm), 면색(하양을 제외한 임의의 색)

글꼴 : 돋움, 18pt, 진하게, 가운데 정렬
책갈피 이름 : 안전
덧말 넣기

머리말 기능
굴림, 10pt, 오른쪽 정렬 → 안전 기술

안전산업
2025 대한민국 안전산업박람회

문단 첫 글자 장식 기능
글꼴 : 굴림, 면색 : 노랑

그림위치(내 PC₩문서₩ITQ₩Picture₩그림4.jpg, 문서에 포함)
자르기 기능 이용, 크기(40mm×40mm), 바깥 여백 왼쪽 : 2mm

범　정부적으로 추진하는 대한민국 안전산업박람회는 국가 안전 총괄 부처인 행정안전부가 주최하는 국내 최대 규모의 안전산업 전문전시회로 첨단 기술 및 제품을 소개하여 재난 대응력을 강화하고 관련 기업의 국내외 판로 개척(開拓)을 통한 안전산업 육성을 목적으로 추진되는 행사이다. 2019년부터 산업통상자원부 유망전시회로 선정된 대한민국 안전산업박람회는 올해 개최 예정인 수도권 안전산업 분야 전시회 중 유일하게 유망전시회로 이름을 올려 명실상부한 국내 대표 안전산업 전시회로 부상하고 있다.

　대한민국 안전산업박람회는 산업통상자원부의 전폭적인 지원을 받게 되어 국내 안전산업계가 해외 진출(進出)에 앞장서는 국제 전시회로 거듭날 수 있는 발판을 마련했다. 특히 올해는 해외 바이어 초청 수출상담회를 2차에 걸쳐 진행할 예정이며, 이에 따른 참가기업의 상담 성과 향상을 기대하고 있다. 또한 이번 전시회는 최근 사회 이슈에 발맞춰 한국형 뉴딜@ 중 'K-안전 뉴딜'을 주요 주제로 선정하여 관련 산업을 영위하는 참가기업들과 함께 대한민국 안전산업의 미래를 재미있고 보기 쉬운 콘텐츠관으로 신설하여 운영한다.

각주

♣ 주목받는 최신 안전 기술

글꼴 : 굴림, 18pt, 하양
음영색 : 파랑

1. 사물인터넷 기반 실시간 모니터링 시스템
　① 스마트 센서 : 유해 가스, 온도, 습도, 진동 등 감지
　② 장비 상태 모니터링 : 기계나 장비의 작동 상태 감지 사고 예방
2. 로봇 및 자동화 기술
　① 위험 구역 점검 : 유해한 공간, 높은 곳 등을 로봇이 대신 점검
　② 자동화 장비 : 자동화된 생산 라인은 작업자의 위험을 감소

문단 번호 기능 사용
1수준 : 20pt, 오른쪽 정렬,
2수준 : 30pt, 오른쪽 정렬
줄 간격 : 180%

♣ 주요 전시 품목 현황

글꼴 : 굴림, 18pt, 기울임, 강조점

표 전체 글꼴 : 돋움, 10pt, 가운데 정렬
셀 배경(그러데이션) : 유형(가로),
시작색(노랑), 끝색(하양)

구분	전시 품목	구분	전시 품목
화재 안전 및 소방 장비	화재 예방 및 진압	개인 보호 장비	산업 현장에서 일하는 사람들의 장비
	화재경보기, 비상구 유도등, 방화복		안전모, 안전화, 방진 마스크, 안전복
산업안전	비상 정지, 산업용 로봇 안전 장치	미세먼지산업	집진기, 미세먼지 측정기술 및 제품
스마트 안전 기술	IT 기술을 활용한 안전 관리 제품	재난 안전	자연재해나 대규모 사고 대비 품목
	스마트 안전모, 웨어러블 안전 장치		재난 예측/경보 시스템, 구조 장비

글꼴 : 돋움, 24pt, 진하게
장평 : 105%, 오른쪽 정렬 → # 안전산업박람회사무국

각주 구분선 : 5cm

@ 1933년에 미국의 대통령 루스벨트가 경제 공황에 대처하기 위하여 시행한 경제 부흥 정책

쪽 번호 매기기
4로 시작 → iv

제 06 회 정보기술자격(ITQ) 최신유형 기출문제

작성 시간 / 시험 시간	채점 결과
분 / 60분	점 / 500점

과목	코드	문제유형	시험시간	수험번호	성명
아래한글	1111	C	60분		

한컴 오피스

· 수험자 유의사항 ·

- 수험자는 문제지를 받는 즉시 문제지와 **수험표상의 시험과목(프로그램)이 동일한지 반드시 확인**하여야 합니다.
- 파일명은 본인의 "수험번호–성명"으로 입력하여 답안폴더(내 PC\문서\ITQ)에 하나의 파일로 저장해야 하며, 답안파일을 전송하지 않아 미제출로 처리될 경우 실격 처리합니다(예:12345678–홍길동.hwpx).
- 답안 작성을 마치면 파일을 저장하고, '답안 전송' 버튼을 선택하여 감독위원 PC로 답안을 전송하십시오. 수험생 정보와 저장한 파일명이 다를 경우 전송되지 않으므로 주의하시기 바랍니다.
- 답안 작성 중에도 **주기적으로 저장하고, '답안 전송'**하여야 문제 발생을 줄일 수 있습니다. 작업한 내용을 저장하지 않고 전송할 경우 이전에 저장된 내용이 전송되오니 이점 유의하시기 바랍니다.
- 답안문서는 지정된 경로 외의 다른 보조기억장치에 저장하는 경우, 지정된 시험 시간 외에 작성된 파일을 활용할 경우, 기타 통신수단(이메일, 메신저, 네트워크 등)을 이용하여 타인에게 전달 또는 외부 반출하는 경우는 부정 처리합니다.
- 시험 중 부주의 또는 고의로 시스템을 파손한 경우는 수험자가 변상해야 하며, 〈수험자 유의사항〉에 기재된 방법대로 이행하지 않아 생기는 불이익은 수험생 당사자의 책임임을 알려 드립니다.
- 문제의 조건은 한컴오피스 2022 / 2020 버전으로 설정되어 있으니 유의하시기 바랍니다.
- 시험을 완료한 수험자는 답안파일이 전송되었는지 확인한 후 감독위원의 지시에 따라 문제지를 제출하고 퇴실합니다.

· 답안 작성요령 ·

- 온라인 답안 작성 절차
  수험자 등록 ⇒ 시험 시작 ⇒ 답안파일 저장 ⇒ 답안 전송 ⇒ 시험 종료
- 공통 부문
  - 글꼴에 대한 기본설정은 함초롬바탕, 10포인트, 검정, 줄간격 160%, 양쪽정렬로 합니다.
  - 색상은 조건의 색을 적용하고 색의 구분이 안 될 경우에는 RGB 값을 적용하십시오.
    (빨강 255, 0, 0 / 파랑 0, 0, 255 / 노랑 255, 255, 0).
  - 각 문항에 주어진 《조건》에 따라 작성하고 언급하지 않은 조건은 《출력형태》와 같이 작성합니다.
  - 용지여백은 왼쪽 · 오른쪽 11㎜, 위쪽 · 아래쪽 · 머리말 · 꼬리말 10㎜, 제본 0㎜로 합니다.
  - 그림 삽입 문제의 경우 「내 PC\문서\ITQ\Picture」 폴더에서 지정된 파일을 선택하여 삽입하십시오.
  - 삽입한 그림은 반드시 문서에 포함하여 저장해야 합니다(미포함 시 감점 처리).
  - 각 항목은 지정된 페이지에 출력형태와 같이 정확히 작성하시기 바라며, 그렇지 않을 경우에 해당 항목은 0점 처리됩니다.
    ※ 페이지구분 : 1페이지 – 기능평가 I (문제번호 표시 : 1. 2.),
    　　　　　　　 2페이지 – 기능평가 II (문제번호 표시 : 3. 4.),
    　　　　　　　 3페이지 – 문서작성 능력평가
- 기능평가
  - 문제와 《조건》은 입력하지 않으며 문제번호와 답(《출력형태》)만 작성합니다.
  - 4번 문제는 묶기를 했을 경우 0점 처리됩니다.
- 문서작성 능력평가
  - A4 용지(210㎜×297㎜) 1매 크기, 세로 서식 문서로 작성합니다.
  - ⌐ ⌐ ⌐ ⌐ ⌐ 표시는 문서작성에 대한 지시사항이므로 작성하지 않습니다.

kpc 한국생산성본부

1. 다음의 ≪조건≫에 따라 스타일 기능을 적용하여 ≪출력형태≫와 같이 작성하시오. (50점)

≪조건≫ (1) 스타일 이름 – flower

(2) 문단 모양 – 왼쪽 여백 : 15pt, 문단 아래 간격 : 10pt

(3) 글자 모양 – 글꼴 : 한글(궁서)/영문(돋움), 크기 : 10pt, 장평 : 95%, 자간 : 5%

≪출력형태≫

Korea Floritopia 2025 that will be held from September 27 to October 5 will reflect the beauty of the blue sky and fall sunshine to introduce the vivid story of flower.

광주꽃박람회는 '꽃과 문화–남도의 가을'이라는 주제 아래 푸른 하늘과 가을 햇살의 아름다움을 반영한 정원과 화훼 관련 업체가 참가하여 2025년 9월에서 10월까지 개최됩니다.

2. 다음의 ≪조건≫에 따라 ≪출력형태≫와 같이 표와 차트를 작성하시오. (100점)

≪표 조건≫ (1) 표 전체(표, 캡션) – 돋움, 10pt

(2) 정렬 – 문자 : 가운데 정렬, 숫자 : 오른쪽 정렬

(3) 셀 배경(면색) : 노랑

(4) 한글의 계산 기능을 이용하여 빈칸에 평균(소수점 두 자리)을 구하고, 캡션 기능 사용할 것

(5) 선 모양은 ≪출력형태≫와 동일하게 처리할 것

≪출력형태≫

국화의 품종별 유통 정보(단위 : 십 원, 속)

구분	그린팡	백마	보라미	구절초	평균
최고가	390	430	525	150	
최저가	69	150	230	88	
평균가	206	215	252	145	
거래량	435	267	273	120	

≪차트 조건≫ (1) 차트 데이터는 표 내용에서 구분별 최고가, 최저가, 평균가의 값만 이용할 것

(2) 종류 – 〈묶은 세로 막대형〉으로 작업할 것

(3) 제목 – 글꼴 : 굴림, 진하게, 12pt,

속성 : 채우기(밝은 색 : 하양), 테두리, 그림자(바깥쪽 : 대각선 오른쪽 아래)

(4) 제목 이외의 전체 글꼴 – 굴림, 보통, 10pt

(5) 축제목과 범례는 ≪출력형태≫와 동일하게 처리할 것

≪출력형태≫

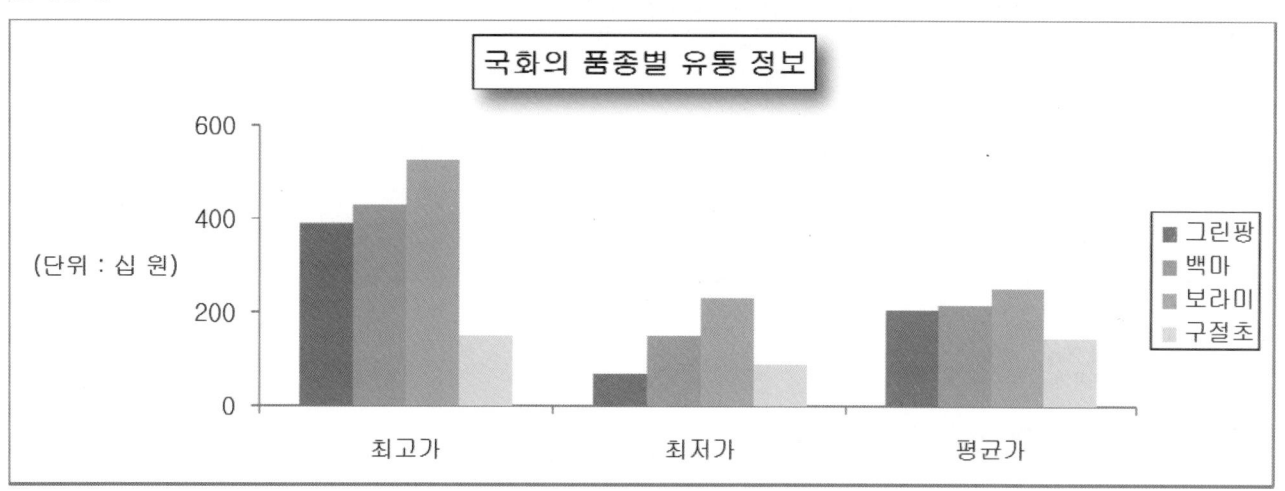

3. 다음 (1), (2)의 수식을 수식 편집기로 각각 입력하시오. (40점)

≪출력형태≫

(1) $B_1 = \pi r^2 + \dfrac{1}{\sqrt{2}} \times 2\pi r \times 1$

(2) $\dfrac{F}{h_2} = t_2 k_1 \dfrac{t_1}{d} = 2 \times 10^{-7} \dfrac{t_1 t_2}{d}$

4. 다음의 ≪조건≫에 따라 ≪출력형태≫와 같이 문서를 작성하시오. (110점)

≪조건≫

(1) 그리기 도구를 이용하여 작성하고, 모든 도형(글맵시, 지정된 그림 포함)을 ≪출력형태≫와 같이 작성하시오.

(2) 도형의 면색은 지시사항이 없으면 색 없음을 제외하고 서로 다르게 임의로 지정하시오.

≪출력형태≫

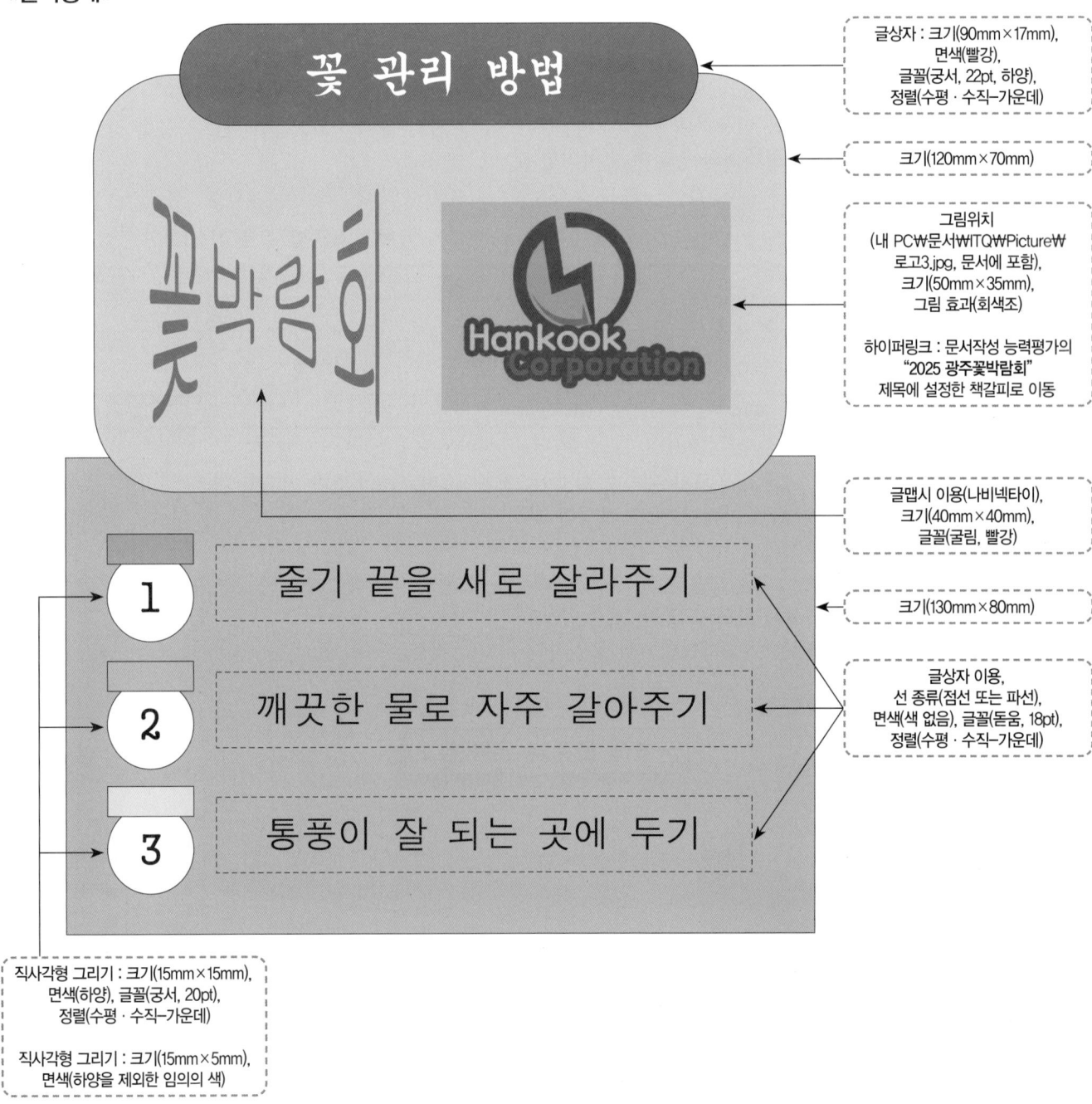

글상자 : 크기(90mm×17mm),
면색(빨강),
글꼴(궁서, 22pt, 하양),
정렬(수평·수직-가운데)

크기(120mm×70mm)

그림위치
(내 PC₩문서₩ITQ₩Picture₩
로고3.jpg, 문서에 포함),
크기(50mm×35mm),
그림 효과(회색조)

하이퍼링크 : 문서작성 능력평가의
"2025 광주꽃박람회"
제목에 설정한 책갈피로 이동

글맵시 이용(나비넥타이),
크기(40mm×40mm),
글꼴(굴림, 빨강)

크기(130mm×80mm)

글상자 이용,
선 종류(점선 또는 파선),
면색(색 없음), 글꼴(돋움, 18pt),
정렬(수평·수직-가운데)

직사각형 그리기 : 크기(15mm×15mm),
면색(하양), 글꼴(궁서, 20pt),
정렬(수평·수직-가운데)

직사각형 그리기 : 크기(15mm×5mm),
면색(하양을 제외한 임의의 색)

글꼴 : 돋움, 18pt, 진하게, 가운데 정렬
책갈피 이름 : 꽃
덧말 넣기

머리말 기능
굴림, 10pt, 오른쪽 정렬 → 꽃과 사람

꽃의 향연
2025 광주꽃박람회

문단 첫 글자 장식 기능
글꼴 : 굴림, 면색 : 노랑

그림위치(내 PC₩문서₩ITQ₩Picture₩그림4.jpg, 문서에 포함)
자르기 기능 이용, 크기(40mm×40mm), 바깥 여백 왼쪽 : 2mm

시민들에게 '꽃을 통한 힐링'을 제공하고, 화훼시장 경기 회복을 위해 가을에 만날 수 있는 국화, 해바라기, 샐비어, 샤프란, 코키아 등 다양한 가을꽃을 감상할 수 있는 광주꽃박람회가 개최된다. '꽃과 문화-남도의 가을'이라는 주제로 펼쳐지는 본 행사는 20개의 주제 정원과 100여 개의 화훼 관련 홍보 부스, 체험 프로그램, 무대 공연 등으로 꾸며진다. 무등산의 입석대 및 서석대와 경양방죽을 재현(再現)하고 고향의 향수를 자극하는 초가집이 어우러진 남도의 정원도 선보일 예정이다.

이번 박람회에서는 각종 질환을 치유(治癒)하는 신개념으로서 꽃과 식물의 활용도를 보여주는 힐링 가든, 썩지 않는 흙인 리치 쏘일, 물구멍이 없는 신개념 화분, 꽃 자판기 등 새로운 화훼 신기술과 재배법이 공개된다. 화사한 가을꽃으로 장식된 입구 정원을 비롯해 도시민의 지친 영혼을 달래줄 템플스테이 특별관, 화려한 양란@ 정원과 이색 분재 등도 볼거리를 더할 것으로 기대된다. 코로나19 시국이 장기화하여 화훼 농가를 비롯한 모든 국민이 어려운 시기이지만 활짝 핀 꽃을 보고 웃으며 힐링 할 수 있는 기회가 되길 바란다.

각주

♣ **봄, 가을 야생화의 특징**
글꼴 : 굴림, 18pt, 하양
음영색 : 파랑

　1. 봄 야생화
　　① 제비꽃 : 보라색이 흔하지만 흰색 노란색 등 다양하며 작고 귀여움
　　② 얼레지 : 보라색 꽃잎이 뒤로 확 젖혀지는 독특한 모양
　2. 가을 야생화
　　① 용담 : 깊고 진한 보라색이나 파란색의 종 모양 꽃이 핌
　　② 쑥부쟁이 : 가을에 가장 흔하게 볼 수 있는 보라색 야생화

문단 번호 기능 사용
1수준 : 20pt, 오른쪽 정렬,
2수준 : 30pt, 오른쪽 정렬
줄 간격 : 180%

표 전체 글꼴 : 돋움, 10pt, 가운데 정렬
셀 배경(그러데이션) : 유형(가로),
시작색(노랑), 끝색(하양)

♣ *부대행사 및 체험행사*
글꼴 : 굴림, 18pt, 기울임, 강조점

구분	행사명	내용	장소
부대행사	원예 기술 배우기	식물을 건강하게 키우는 방법에 대한 강좌와 시연	다목적홀
	꽃 관련 놀이	꽃 이름 맞추기, 식물 퀴즈, 꽃 그림 그리기 대회	
체험행사	꽃 심기	작은 화분에 꽃이나 식물을 직접 심어보기	늘솜 부스
	꽃꽂이	꽃의 색깔이나 모양을 조화롭게 사용하는 법	자이언트 플라워 부스
	식물 공예	압화를 이용한 액자, 꽃 향초 및 비누 만들기	

글꼴 : 굴림, 24pt, 진하게
장평 : 105%, 오른쪽 정렬 → **김대중컨벤션센터**

각주 구분선 : 5cm

@ 꽃을 보고 즐기기 위하여 온실에서 재배하는 난과 식물로 많은 신품종을 개량하고 있음

쪽 번호 매기기
5로 시작 → ⑤

과목	코드	문제유형	시험시간	수험번호	성명
아래한글	1111	A	60분		

`한컴 오피스`

· 수험자 유의사항 ·

● 수험자는 문제지를 받는 즉시 문제지와 **수험표상의 시험과목(프로그램)이 동일한지 반드시 확인**하여야 합니다.
● 파일명은 본인의 "수험번호–성명"으로 입력하여 답안폴더(내 PC₩문서₩ITQ)에 하나의 파일로 저장해야하며, 답안파일을 전송하지 않아 미제출로 처리될 경우 실격 처리합니다(예:12345678–홍길동.hwpx).
● 답안 작성을 마치면 파일을 저장하고, '답안 전송' 버튼을 선택하여 감독위원 PC로 답안을 전송하십시오. 수험생 정보와 저장한 파일명이 다를 경우 전송되지 않으므로 주의하시기 바랍니다.
● 답안 작성 중에도 **주기적으로 저장하고, '답안 전송'**하여야 문제 발생을 줄일 수 있습니다. 작업한 내용을 저장하지 않고 전송할 경우 이전에 저장된 내용이 전송되오니 이점 유의하시기 바랍니다.
● 답안문서는 지정된 경로 외의 다른 보조기억장치에 저장하는 경우, 지정된 시험 시간 외에 작성된 파일을 활용할 경우, 기타 통신수단(이메일, 메신저, 네트워크 등)을 이용하여 타인에게 전달 또는 외부 반출하는 경우는 부정 처리합니다.
● 시험 중 부주의 또는 고의로 시스템을 파손한 경우는 수험자가 변상해야 하며, 〈수험자 유의사항〉에 기재된 방법대로 이행하지 않아 생기는 불이익은 수험생 당사자의 책임임을 알려 드립니다.
● 문제의 조건은 한컴오피스 2022 / 2020 버전으로 설정되어 있으니 유의하시기 바랍니다.
● 시험을 완료한 수험자는 답안파일이 전송되었는지 확인한 후 감독위원의 지시에 따라 문제지를 제출하고 퇴실합니다.

· 답안 작성요령 ·

● 온라인 답안 작성 절차
    수험자 등록 ⇒ 시험 시작 ⇒ 답안파일 저장 ⇒ 답안 전송 ⇒ 시험 종료
● 공통 부문
    • 글꼴에 대한 기본설정은 함초롬바탕, 10포인트, 검정, 줄간격 160%, 양쪽정렬로 합니다.
    • 색상은 조건의 색을 적용하고 색의 구분이 안 될 경우에는 RGB 값을 적용하십시오.
      (빨강 255, 0, 0 / 파랑 0, 0, 255 / 노랑 255, 255, 0).
    • 각 문항에 주어진 《조건》에 따라 작성하고 언급하지 않은 조건은 《출력형태》와 같이 작성합니다.
    • 용지여백은 왼쪽 · 오른쪽 11mm, 위쪽 · 아래쪽 · 머리말 · 꼬리말 10mm, 제본 0mm로 합니다.
    • 그림 삽입 문제의 경우 「내 PC₩문서₩ITQ₩Picture」 폴더에서 지정된 파일을 선택하여 삽입하십시오.
    • 삽입한 그림은 반드시 문서에 포함하여 저장해야 합니다(미포함 시 감점 처리).
    • 각 항목은 지정된 페이지에 출력형태와 같이 정확히 작성하시기 바라며, 그렇지 않을 경우에 해당 항목은 0점 처리됩니다.
      ※ 페이지구분 : 1페이지 – 기능평가 I (문제번호 표시 : 1. 2.),
                      2페이지 – 기능평가 II (문제번호 표시 : 3. 4.),
                      3페이지 – 문서작성 능력평가
● 기능평가
    • 문제와 《조건》은 입력하지 않으며 문제번호와 답(《출력형태》)만 작성합니다.
    • 4번 문제는 묶기를 했을 경우 0점 처리됩니다.
● 문서작성 능력평가
    • A4 용지(210mm×297mm) 1매 크기, 세로 서식 문서로 작성합니다.
    • 〔⋯⋯⋯〕 표시는 문서작성에 대한 지시사항이므로 작성하지 않습니다.

kpc 한국생산성본부

1. 다음의 ≪조건≫에 따라 스타일 기능을 적용하여 ≪출력형태≫와 같이 작성하시오. (50점)

≪조건≫ (1) 스타일 이름 – tourism
　　　　 (2) 문단 모양 – 왼쪽 여백 : 15pt, 문단 아래 간격 : 10pt
　　　　 (3) 글자 모양 – 글꼴 : 한글(굴림)/영문(돋움), 크기 : 10pt, 장평 : 95%, 자간 : 5%

≪출력형태≫

Korea's tourism is booming thanks to cultural events and tech innovations, attracting tourists seeking experiences that blend tradition with modernity.

한국의 관광산업은 K-팝과 전통문화를 결합한 특별한 여행 상품을 통해 많은 외국인 관광객을 유치하고 있으며 이러한 상품들은 다양한 국가의 관광객들에게 긍정적인 반응을 얻고 있습니다.

2. 다음의 ≪조건≫에 따라 ≪출력형태≫와 같이 표와 차트를 작성하시오. (100점)

≪표 조건≫ (1) 표 전체(표, 캡션) – 궁서, 10pt
　　　　　 (2) 정렬 – 문자 : 가운데 정렬, 숫자 : 오른쪽 정렬
　　　　　 (3) 셀 배경(면색) : 노랑
　　　　　 (4) 한글의 계산 기능을 이용하여 빈칸에 합계를 구하고, 캡션 기능 사용할 것
　　　　　 (5) 선 모양은 ≪출력형태≫와 동일하게 처리할 것

≪출력형태≫

한국 방문 외국인 관광객 통계(단위 : 천 명)

국가명	2021년	2022년	2023년	2024년	합계
중국	170	227	2,019	3,184	
일본	15	297	2,316	1,998	
미국	204	544	1,086	864	
대만	4	73	961	976	

≪차트 조건≫ (1) 차트 데이터는 표 내용에서 연도별 중국, 일본, 미국의 값만 이용할 것
　　　　　　 (2) 종류 – 〈묶은 세로 막대형〉으로 작업할 것
　　　　　　 (3) 제목 – 글꼴 : 굴림, 진하게, 12pt,
　　　　　　　　　　　 속성 : 채우기(밝은 색 : 하양), 테두리, 그림자(바깥쪽 : 대각선 오른쪽 아래)
　　　　　　 (4) 제목 이외의 전체 글꼴 – 굴림, 보통, 10pt
　　　　　　 (5) 축제목과 범례는 ≪출력형태≫와 동일하게 처리할 것

≪출력형태≫

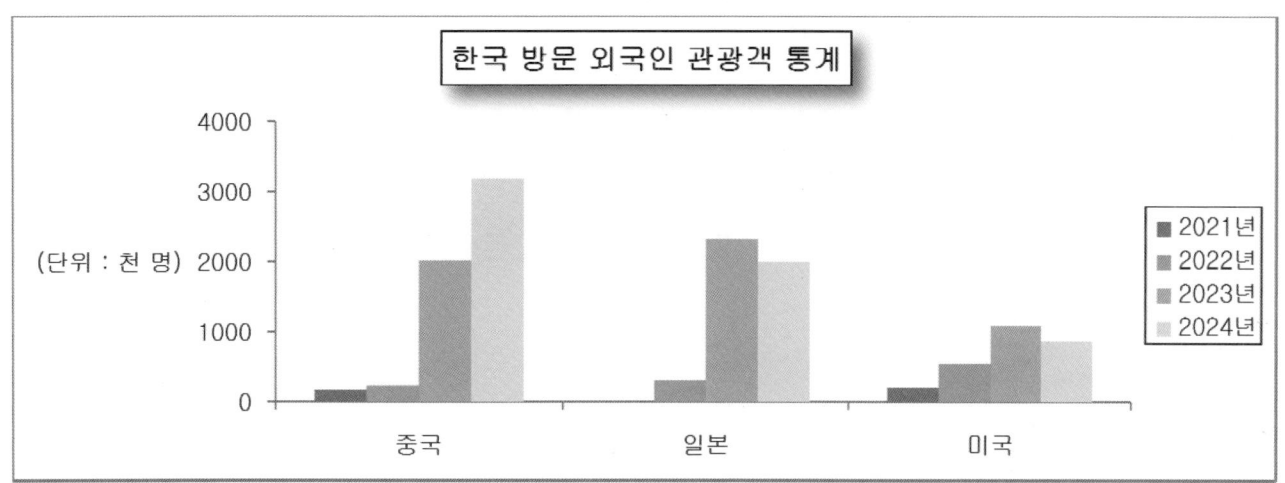

3. 다음 (1), (2)의 수식을 수식 편집기로 각각 입력하시오. (40점)

≪출력형태≫

(1) $B_1 = \pi r^2 + \dfrac{1}{\sqrt{2}} \times 2\pi r \times 1$

(2) $Q = \lim\limits_{\Delta t \to 0} \dfrac{\Delta s}{\Delta t} = \dfrac{d^2 s}{dt^2} + 1$

4. 다음의 ≪조건≫에 따라 ≪출력형태≫와 같이 문서를 작성하시오. (110점)

≪조건≫

(1) 그리기 도구를 이용하여 작성하고, 모든 도형(글맵시, 지정된 그림 포함)을 ≪출력형태≫와 같이 작성하시오.
(2) 도형의 면색은 지시사항이 없으면 색 없음을 제외하고 서로 다르게 임의로 지정하시오.

≪출력형태≫

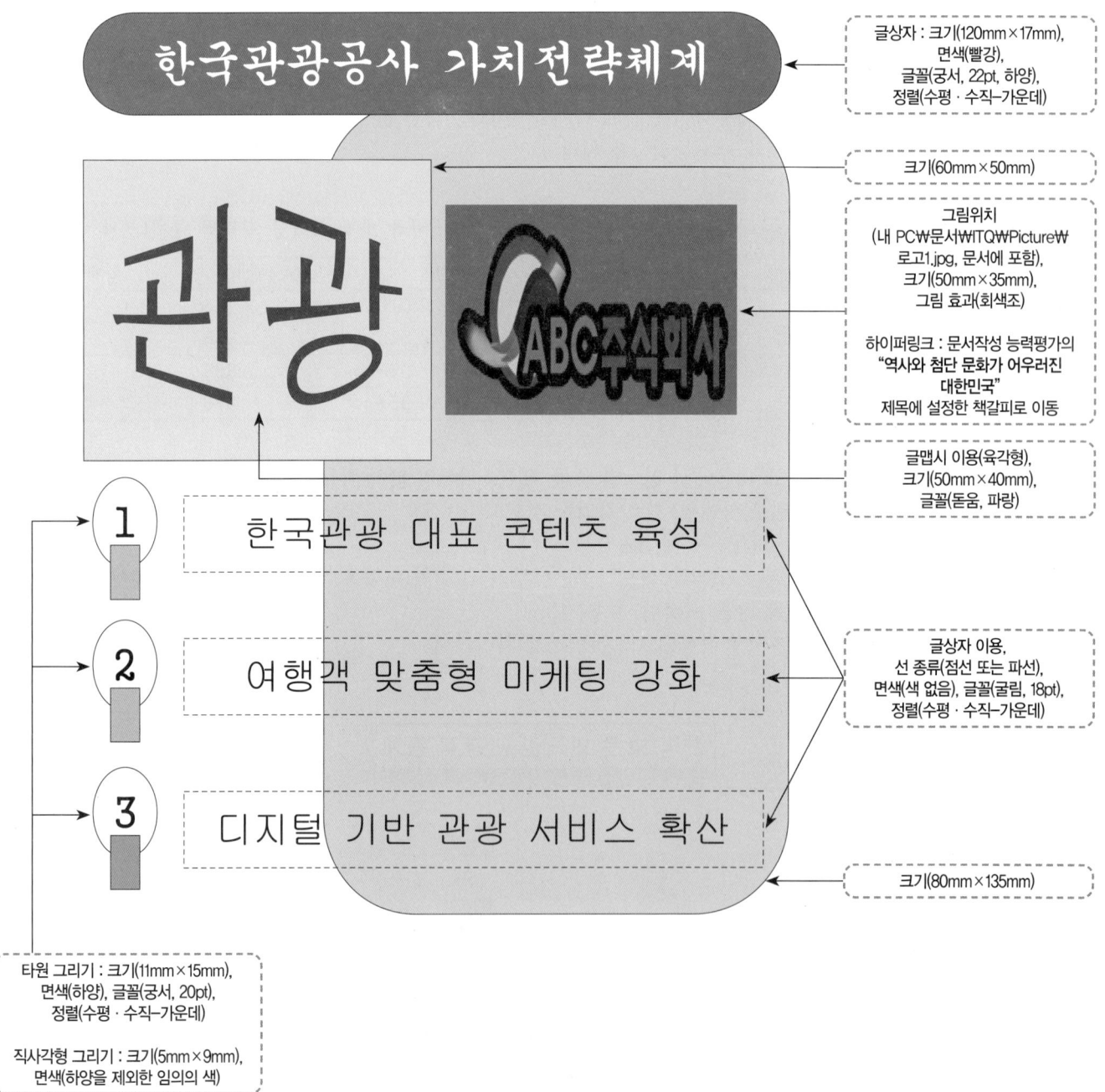

글꼴 : 궁서, 18pt, 진하게, 가운데 정렬
책갈피 이름 : 관광
덧말 넣기

머리말 기능
돋움, 10pt, 오른쪽 정렬 ➜ 한국 관광

5천년의 역사와 현대의 조화
역사와 첨단 문화가 어우러진 대한민국

문단 첫 글자 장식 기능
글꼴 : 돋움, 면색 : 노랑

그림위치(내 PC₩문서₩ITQ₩Picture₩그림4.jpg, 문서에 포함)
자르기 기능 이용, 크기(40mm×40mm), 바깥 여백 왼쪽 : 2mm

한국은 독특한 문화와 역사, 현대적인 도시 경관이 어우러진 매력적인 관광지로 부상하고 있다. 서울, 부산, 제주도 등 주요 도시들은 각기 다른 매력으로 외국인 관광객들의 발길을 사로잡고 있다. 특히 서울은 고궁과 첨단 기술이 공존하는 도시로 경복궁, 창덕궁 같은 역사적 명소와 남산서울타워, 강남의 현대적 쇼핑가를 동시에 경험할 수 있다. 한류의 영향으로 K-pop, K-drama 관련 장소들도 큰 인기(人氣)를 끌고 있으며, 이는 한국 관광 산업의 새로운 성장 동력이 되고 있다.

각주

한국 관광의 또 다른 매력은 사계절의 아름다움과 다양한 축제에 있다. 봄의 벚꽃축제①, 여름의 바다 축제, 가을의 단풍 구경, 겨울의 스키 리조트 등 계절마다 특색 있는 관광 콘텐츠가 외국인들의 관심을 끌고 있다. 특히 지역별로 열리는 다채로운 축제들은 한국의 문화적 다양성을 보여주는 좋은 기회가 되고 있다. 부산국제영화제, 보령머드축제, 화천산천어축제 등은 이미 국제적인 명성을 얻은 축제(祝祭)들이다. 또한, 한국의 음식 문화도 외국인 관광객들에게 큰 즐거움을 주고 있다. 김치, 불고기, 비빔밥 등 전통 한식부터 길거리 음식, 현대적으로 재해석된 퓨전 요리까지 다양한 맛을 경험할 수 있다.

■ 사계절의 아름다움과 축제

글꼴 : 굴림, 18pt, 하양
음영색 : 파랑

　I. 계절별 특색 있는 관광 콘텐츠
　　a. 여름 : 부산 해운대 축제, 강원도 섬강 축제
　　b. 가을 : 설악산, 내장산 등 국립공원 단풍 구경
　II. 국제적 명성의 지역 축제
　　a. 부산 국제 영화제 : 아시아 최대 영화제
　　b. 보령 머드 축제 : 건강한 피부를 위한 머드 체험

문단 번호 기능 사용
1수준 : 20pt, 오른쪽 정렬,
2수준 : 30pt, 오른쪽 정렬
줄 간격 : 180%

■ 추천 지역과 주요 체험

글꼴 : 굴림, 18pt, 기울임, 강조점

표 전체 글꼴 : 돋움, 10pt, 가운데 정렬
셀 배경(그러데이션) : 유형(가로),
시작색(하양), 끝색(노랑)

지역	제주도	부산	서울	경주
명소	성산일출봉	해운대	경복궁	불국사
추천 방문 계절	봄(3-5월)	여름(8월)	가을(10월)	
주요 체험	해녀문화	해수욕	한복체험	템플스테이
공통 특성	유네스코 세계문화유산 보유			

글꼴 : 궁서, 24pt, 진하게
장평 : 120%, 오른쪽 정렬 ➜ **한국관광공사**

각주 구분선 : 5cm

① 대표적인 벚꽃 축제 : 진해 군항제, 여의도 봄꽃 축제

쪽 번호 매기기
4로 시작 ➜ IV

작성 시간 / 시험 시간	채점 결과
분 / 60분	점 / 500점

과목	코드	문제유형	시험시간	수험번호	성명
아래한글	1111	B	60분		

한컴 오피스

· 수험자 유의사항 ·

● 수험자는 문제지를 받는 즉시 문제지와 **수험표상의 시험과목(프로그램)이 동일한지 반드시 확인**하여야 합니다.

● 파일명은 본인의 "수험번호-성명"으로 입력하여 답안폴더(내 PC\문서\ITQ)에 하나의 파일로 저장해야하며, 답안파일을 전송하지 않아 미제출로 처리될 경우 실격 처리합니다(예:12345678-홍길동.hwpx).

● 답안 작성을 마치면 파일을 저장하고, '답안 전송' 버튼을 선택하여 감독위원 PC로 답안을 전송하십시오. 수험생 정보와 저장한 파일명이 다를 경우 전송되지 않으므로 주의하시기 바랍니다.

● 답안 작성 중에도 **주기적으로 저장하고, '답안 전송'**하여야 문제 발생을 줄일 수 있습니다. 작업한 내용을 저장하지 않고 전송할 경우 이전에 저장된 내용이 전송되오니 이점 유의하시기 바랍니다.

● 답안문서는 지정된 경로 외의 다른 보조기억장치에 저장하는 경우, 지정된 시험 시간 외에 작성된 파일을 활용할 경우, 기타 통신수단(이메일, 메신저, 네트워크 등)을 이용하여 타인에게 전달 또는 외부 반출하는 경우는 부정 처리합니다.

● 시험 중 부주의 또는 고의로 시스템을 파손한 경우는 수험자가 변상해야 하며, 〈수험자 유의사항〉에 기재된 방법대로 이행하지 않아 생기는 불이익은 수험생 당사자의 책임임을 알려 드립니다.

● 문제의 조건은 한컴오피스 2022 / 2020 버전으로 설정되어 있으니 유의하시기 바랍니다.

● 시험을 완료한 수험자는 답안파일이 전송되었는지 확인한 후 감독위원의 지시에 따라 문제지를 제출하고 퇴실합니다.

· 답안 작성요령 ·

● 온라인 답안 작성 절차
  수험자 등록 ⇒ 시험 시작 ⇒ 답안파일 저장 ⇒ 답안 전송 ⇒ 시험 종료

● 공통 부문
  • 글꼴에 대한 기본설정은 함초롬바탕, 10포인트, 검정, 줄간격 160%, 양쪽정렬로 합니다.
  • 색상은 조건의 색을 적용하고 색의 구분이 안 될 경우에는 RGB 값을 적용하십시오.
    (빨강 255, 0, 0 / 파랑 0, 0, 255 / 노랑 255, 255, 0).
  • 각 문항에 주어진 ≪조건≫에 따라 작성하고 언급하지 않은 조건은 ≪출력형태≫와 같이 작성합니다.
  • 용지여백은 왼쪽 · 오른쪽 11mm, 위쪽 · 아래쪽 · 머리말 · 꼬리말 10mm, 제본 0mm로 합니다.
  • 그림 삽입 문제의 경우 「내 PC\문서\ITQ\Picture」 폴더에서 지정된 파일을 선택하여 삽입하십시오.
  • 삽입한 그림은 반드시 문서에 포함하여 저장해야 합니다(미포함 시 감점 처리).
  • 각 항목은 지정된 페이지에 출력형태와 같이 정확히 작성하시기 바라며, 그렇지 않을 경우에 해당 항목은 0점 처리됩니다.
    ※ 페이지구분 : 1페이지 – 기능평가 I (문제번호 표시 : 1. 2.),
                2페이지 – 기능평가 II (문제번호 표시 : 3. 4.),
                3페이지 – 문서작성 능력평가

● 기능평가
  • 문제와 ≪조건≫은 입력하지 않으며 문제번호와 답(≪출력형태≫)만 작성합니다.
  • 4번 문제는 묶기를 했을 경우 0점 처리됩니다.

● 문서작성 능력평가
  • A4 용지(210mm×297mm) 1매 크기, 세로 서식 문서로 작성합니다.
  • 〔⠂⠂⠂⠂⠂⠂⠂〕 표시는 문서작성에 대한 지시사항이므로 작성하지 않습니다.

kpc 한국생산성본부

1. 다음의 ≪조건≫에 따라 스타일 기능을 적용하여 ≪출력형태≫와 같이 작성하시오. (50점)

≪조건≫ (1) 스타일 이름 – disease
　　　　 (2) 문단 모양 – 왼쪽 여백 : 15pt, 문단 아래 간격 : 10pt
　　　　 (3) 글자 모양 – 글꼴 : 한글(굴림)/영문(돋움), 크기 : 10pt, 장평 : 95%, 자간 : 5%

≪출력형태≫

A disease is a particular abnormal condition that negatively affects the structure of function of all or part of an organism, and that is not due to any immediate external injury.

질병은 생물학적 차원의 개념으로 병리학 혹은 생리학의 관점에서 심신이 계속적으로 장애를 일으켜서 정상적인 기능을 할 수 없는 상태를 의미하며, 감염성 질환과 비감염성 질환으로 나눈다.

2. 다음의 ≪조건≫에 따라 ≪출력형태≫와 같이 표와 차트를 작성하시오. (100점)

≪표 조건≫ (1) 표 전체(표, 캡션) – 궁서, 10pt
　　　　　 (2) 정렬 – 문자 : 가운데 정렬, 숫자 : 오른쪽 정렬
　　　　　 (3) 셀 배경(면색) : 노랑
　　　　　 (4) 한글의 계산 기능을 이용하여 빈칸에 평균(소수점 두 자리)을 구하고, 캡션 기능 사용할 것
　　　　　 (5) 선 모양은 ≪출력형태≫와 동일하게 처리할 것

≪출력형태≫

고혈압 진단 경험률(단위 : %)

지역	2020년	2021년	2022년	2023년	평균
강원	66.4	66.4	66.1	63.2	
충남	69.1	69.4	68.1	69.2	
전남	57.6	60.3	62.1	60.7	
경남	64.1	63.9	63.6	59.7	

≪차트 조건≫ (1) 차트 데이터는 표 내용에서 연도별 강원, 충남, 전남의 값만 이용할 것
　　　　　　 (2) 종류 – 〈묶은 세로 막대형〉으로 작업할 것
　　　　　　 (3) 제목 – 글꼴 : 굴림, 진하게, 12pt,
　　　　　　　　　　　 속성 : 채우기(밝은 색 : 하양), 테두리, 그림자(바깥쪽 : 대각선 오른쪽 아래)
　　　　　　 (4) 제목 이외의 전체 글꼴 – 굴림, 보통, 10pt
　　　　　　 (5) 축제목과 범례는 ≪출력형태≫와 동일하게 처리할 것

≪출력형태≫

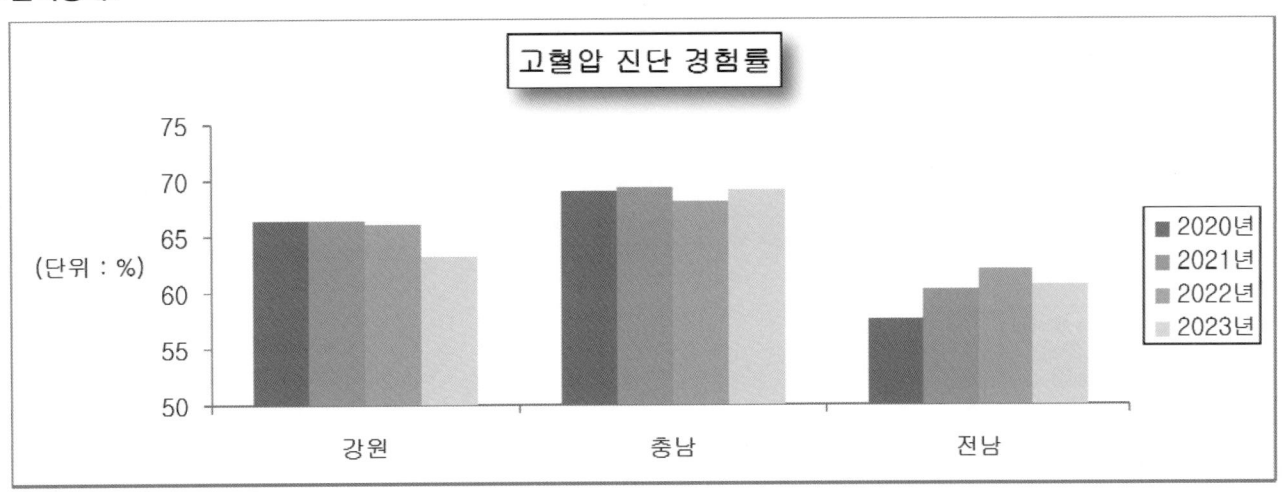

3. 다음 (1), (2)의 수식을 수식 편집기로 각각 입력하시오. (40점)

≪출력형태≫

(1) $\int_0^1 (\sin + \frac{x}{2})dx = \int_0^1 \frac{1+\sin x}{2}dx$

(2) $H_n = \frac{a(r^n-1)}{r-1} = \frac{a(1+r^n)}{1-r}(r \neq 1)$

4. 다음의 ≪조건≫에 따라 ≪출력형태≫와 같이 문서를 작성하시오. (110점)

≪조건≫

(1) 그리기 도구를 이용하여 작성하고, 모든 도형(글맵시, 지정된 그림 포함)을 ≪출력형태≫와 같이 작성하시오.

(2) 도형의 면색은 지시사항이 없으면 색 없음을 제외하고 서로 다르게 임의로 지정하시오.

≪출력형태≫

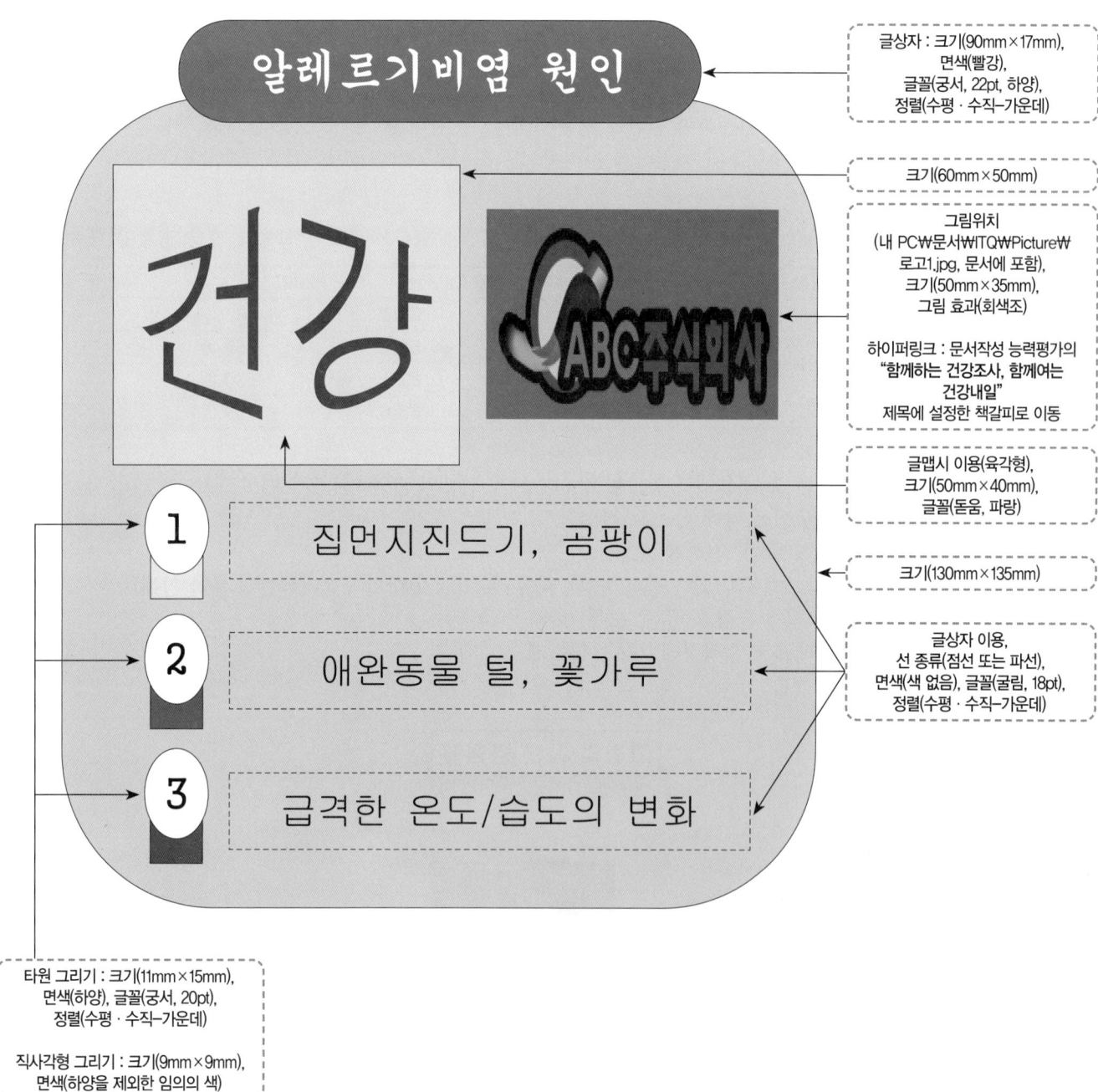

글꼴 : 궁서, 18pt, 진하게, 가운데 정렬
책갈피 이름 : 건강
덧말 넣기

지역사회건강조사
함께 하는 건강조사, 함께 여는 건강내일

문단 첫 글자 장식 기능
글꼴 : 돋움, 면색 : 노랑

그림위치(내 PC₩문서₩ITQ₩Picture₩그림5.jpg, 문서에 포함)
자르기 기능 이용, 크기(40mm×40mm), 바깥 여백 왼쪽 : 2mm

지역사회건강조사는 지역 건강통계를 생산하여 지역별로 꼭 필요한 근거 중심의 보건 사업을 수행하기 위해 지역주민 건강행태(흡연, 음주 등) 및 이환(罹患), 의료이용 등을 조사하는 건강조사로 지역보건법 제4조(지역사회 건강실태조사) 및 동법시행령 제2조(지역사회 건강실태조사 방법 및 내용)에 따라 보건복지부 질병관리본부와 17개 시, 도, 255개 보건소가 함께 수행하는 국가승인통계 조사이다.

조사방법은 조사원이 주택유형과 지역적 특성을 고려한 통계적 방법론에 따라 선정(選定)된 약 450개의 표본가구를 직접 방문하여 일대일 면접 조사로 실시되며, 설문조사는 전자조사표(CAPI)를 이용하여 노트북으로 진행된다. 이때, 선정된 가구에는 8월부터 우편을 통해 선정통지서가 전달되며, 일련의 교육과정을 통해 훈련된 해당지역 보건소 소속 조사원이 조사 수행한다. 조사 항목으로는 가구조사, 건강행태, 예방접종 및 검진, 이환, 의료이용, 사고 및 중독, 활동 제한 및 삶의 질, 심폐소생술[1], 사회 물리적 환경, 코로나바이러스감염증-19, 교육 및 경제활동에 대해 조사한다. 이 중 건강행태 조사 항목으로는 흡연, 음주, 안전의식, 신체활동, 식생활, 비만 및 체중조절, 건강지식, 구강건강, 정신건강이다.

각주

글꼴 : 굴림, 18pt, 하양
음영색 : 파랑

♣ 건강한 생활을 위한 기본 원칙

I. 운동 및 식습관

   a. 매일 최소 30분 이상의 유산소 및 근력 운동

   b. 다양한 영양소를 포함한 균형잡힌 식사와 신선한 과일과 채소 섭취

II. 수면과 건강검진

   a. 수면의 질을 높이기 위한 규칙적인 수면 패턴 유지

   b. 조기 발견을 위한 정기적인 건강 검진

문단 번호 기능 사용
1수준 : 20pt, 오른쪽 정렬,
2수준 : 30pt, 오른쪽 정렬
줄 간격 : 180%

표 전체 글꼴 : 돋움, 10pt, 가운데 정렬
셀 배경(그러데이션) : 유형(가로),
시작색(노랑), 끝색(하양)

♣ 연도별 지역사회건강조사 추진 내용

글꼴 : 굴림, 18pt, 기울임, 강조점

연도	추진 경과	실시 규모 및 방법	비고
2007년	지역사회건강조사 시범사업 실시	서울, 전북, 경남에서 시범 실시	제3기 순환조사 (2018년-2021년)
2008년	전국 일제 실시	전국 251개 보건소	
2009년	전자조사표 면접조사 실시	조사원이 면접 진행	
2010년	순환조사 체계 도입	조사 항목별 1년, 2년, 4년 주기	
2015년	지역사회건강조사 의무시행 법적근거 마련	지역보건법 제4조	

글꼴 : 궁서, 24pt, 진하게
장평 : 120%, 오른쪽 정렬 → **질 병 관 리 청**

각주 구분선 : 5cm

[1] 심폐소생술 인지, 심폐소생술 교육 및 실습 경험 등에 대해 조사함

쪽 번호 매기기
5로 시작 → ⑤

과목	코드	문제유형	시험시간	수험번호	성명
아래한글	1111	C	60분		

한컴 오피스

· 수험자 유의사항 ·

● 수험자는 문제지를 받는 즉시 문제지와 **수험표상의 시험과목(프로그램)이 동일한지 반드시 확인**하여야 합니다.

● 파일명은 본인의 "수험번호–성명"으로 입력하여 답안폴더(내 PC\문서\ITQ)에 하나의 파일로 저장해야하며, 답안파일을 전송하지 않아 미제출로 처리될 경우 실격 처리합니다(예:12345678–홍길동.hwpx).

● 답안 작성을 마치면 파일을 저장하고, '답안 전송' 버튼을 선택하여 감독위원 PC로 답안을 전송하십시오. 수험생 정보와 저장한 파일명이 다를 경우 전송되지 않으므로 주의하시기 바랍니다.

● 답안 작성 중에도 **주기적으로 저장하고, '답안 전송'**하여야 문제 발생을 줄일 수 있습니다. 작업한 내용을 저장하지 않고 전송할 경우 이전에 저장된 내용이 전송되오니 이점 유의하시기 바랍니다.

● 답안문서는 지정된 경로 외의 다른 보조기억장치에 저장하는 경우, 지정된 시험 시간 외에 작성된 파일을 활용할 경우, 기타 통신수단(이메일, 메신저, 네트워크 등)을 이용하여 타인에게 전달 또는 외부 반출하는 경우는 부정 처리합니다.

● 시험 중 부주의 또는 고의로 시스템을 파손한 경우는 수험자가 변상해야 하며, 〈수험자 유의사항〉에 기재된 방법대로 이행하지 않아 생기는 불이익은 수험생 당사자의 책임임을 알려 드립니다.

● 문제의 조건은 한컴오피스 2022 / 2020 버전으로 설정되어 있으니 유의하시기 바랍니다.

● 시험을 완료한 수험자는 답안파일이 전송되었는지 확인한 후 감독위원의 지시에 따라 문제지를 제출하고 퇴실합니다.

· 답안 작성요령 ·

● 온라인 답안 작성 절차

수험자 등록 ⇒ 시험 시작 ⇒ 답안파일 저장 ⇒ 답안 전송 ⇒ 시험 종료

● 공통 부문

• 글꼴에 대한 기본설정은 함초롬바탕, 10포인트, 검정, 줄간격 160%, 양쪽정렬로 합니다.

• 색상은 조건의 색을 적용하고 색의 구분이 안 될 경우에는 RGB 값을 적용하십시오.
(빨강 255, 0, 0 / 파랑 0, 0, 255 / 노랑 255, 255, 0).

• 각 문항에 주어진 ≪조건≫에 따라 작성하고 언급하지 않은 조건은 ≪출력형태≫와 같이 작성합니다.

• 용지여백은 왼쪽 · 오른쪽 11㎜, 위쪽 · 아래쪽 · 머리말 · 꼬리말 10㎜, 제본 0㎜로 합니다.

• 그림 삽입 문제의 경우 「내 PC\문서\ITQ\Picture」 폴더에서 지정된 파일을 선택하여 삽입하십시오.

• 삽입한 그림은 반드시 문서에 포함하여 저장해야 합니다(미포함 시 감점 처리).

• 각 항목은 지정된 페이지에 출력형태와 같이 정확히 작성하시기 바라며, 그렇지 않을 경우에 해당 항목은 0점 처리됩니다.

※ 페이지구분 : 1페이지 – 기능평가 I (문제번호 표시 : 1. 2.),

2페이지 – 기능평가 II (문제번호 표시 : 3. 4.),

3페이지 – 문서작성 능력평가

● 기능평가

• 문제와 ≪조건≫은 입력하지 않으며 문제번호와 답(≪출력형태≫)만 작성합니다.

• 4번 문제는 묶기를 했을 경우 0점 처리됩니다.

● 문서작성 능력평가

• A4 용지(210㎜×297㎜) 1매 크기, 세로 서식 문서로 작성합니다.

• [____] 표시는 문서작성에 대한 지시사항이므로 작성하지 않습니다.

kpc 한국생산성본부

1. 다음의 ≪조건≫에 따라 스타일 기능을 적용하여 ≪출력형태≫와 같이 작성하시오. (50점)

≪조건≫ (1) 스타일 이름 – lifelong
　　　　(2) 문단 모양 – 왼쪽 여백 : 15pt, 문단 아래 간격 : 10pt
　　　　(3) 글자 모양 – 글꼴 : 한글(돋움)/영문(굴림), 크기 : 10pt, 장평 : 95%, 자간 : 5%

≪출력형태≫

Lifelong education is the "ongoing, voluntary" pursuit of knowledge for either personal or professional reasons. Therefore, it not only enhances social inclusion, but also self sustainability.

학교교육과 사회교육을 포함하는 평생교육은 개인의 전 생애에 걸쳐 사회, 경제, 문화적으로 발달하는 것을 돕는다. 백세시대를 맞아 평생교육이 중요해지고 있으며 평생교육의 실현을 위한 다각적 방법이 필요하다.

2. 다음의 ≪조건≫에 따라 ≪출력형태≫와 같이 표와 차트를 작성하시오. (100점)

≪표 조건≫ (1) 표 전체(표, 캡션) – 궁서, 10pt
　　　　　(2) 정렬 – 문자 : 가운데 정렬, 숫자 : 오른쪽 정렬
　　　　　(3) 셀 배경(면색) : 노랑
　　　　　(4) 한글의 계산 기능을 이용하여 빈칸에 평균(소수점 두 자리)을 구하고, 캡션 기능 사용할 것
　　　　　(5) 선 모양은 ≪출력형태≫와 동일하게 처리할 것

≪출력형태≫

지역별 평생 교육기관 현황(단위 : 개, 명)

구분	광주	부산	대구	인천	평균
기관수	146	262	160	226	
프로그램수	4,737	10,360	7,360	7,513	
강사수	2,321	5,411	3,528	3,645	
학습자수	128,749	406,176	233,267	183,671	

≪차트 조건≫ (1) 차트 데이터는 표 내용에서 지역별 기관수, 프로그램수, 강사수의 값만 이용할 것
　　　　　　(2) 종류 – 〈묶은 세로 막대형〉으로 작업할 것
　　　　　　(3) 제목 – 글꼴 : 굴림, 진하게, 12pt,
　　　　　　　　　　속성 : 채우기(밝은 색 : 하양), 테두리, 그림자(바깥쪽 : 대각선 오른쪽 아래)
　　　　　　(4) 제목 이외의 전체 글꼴 – 굴림, 보통, 10pt
　　　　　　(5) 축제목과 범례는 ≪출력형태≫와 동일하게 처리할 것

≪출력형태≫

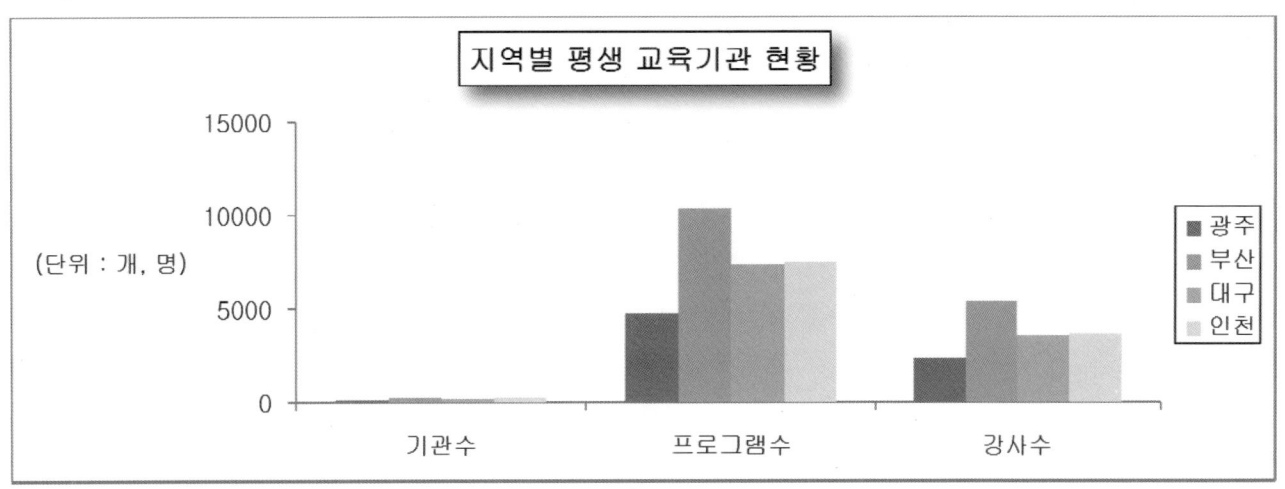

3. 다음 (1), (2)의 수식을 수식 편집기로 각각 입력하시오. (40점)

≪출력형태≫

(1) $\dfrac{h_1}{h_2} = \left(\sqrt{a}\,\right)^{M_2 - M_1} \fallingdotseq 2.5^{M_2 - M_1}$

(2) $\displaystyle\sum_{k=1}^{n} k^3 = \dfrac{n(n+1)}{2} = \sum_{k=1}^{n} k$

4. 다음의 ≪조건≫에 따라 ≪출력형태≫와 같이 문서를 작성하시오. (110점)

≪조건≫

(1) 그리기 도구를 이용하여 작성하고, 모든 도형(글맵시, 지정된 그림 포함)을 ≪출력형태≫와 같이 작성하시오.
(2) 도형의 면색은 지시사항이 없으면 색 없음을 제외하고 서로 다르게 임의로 지정하시오.

≪출력형태≫

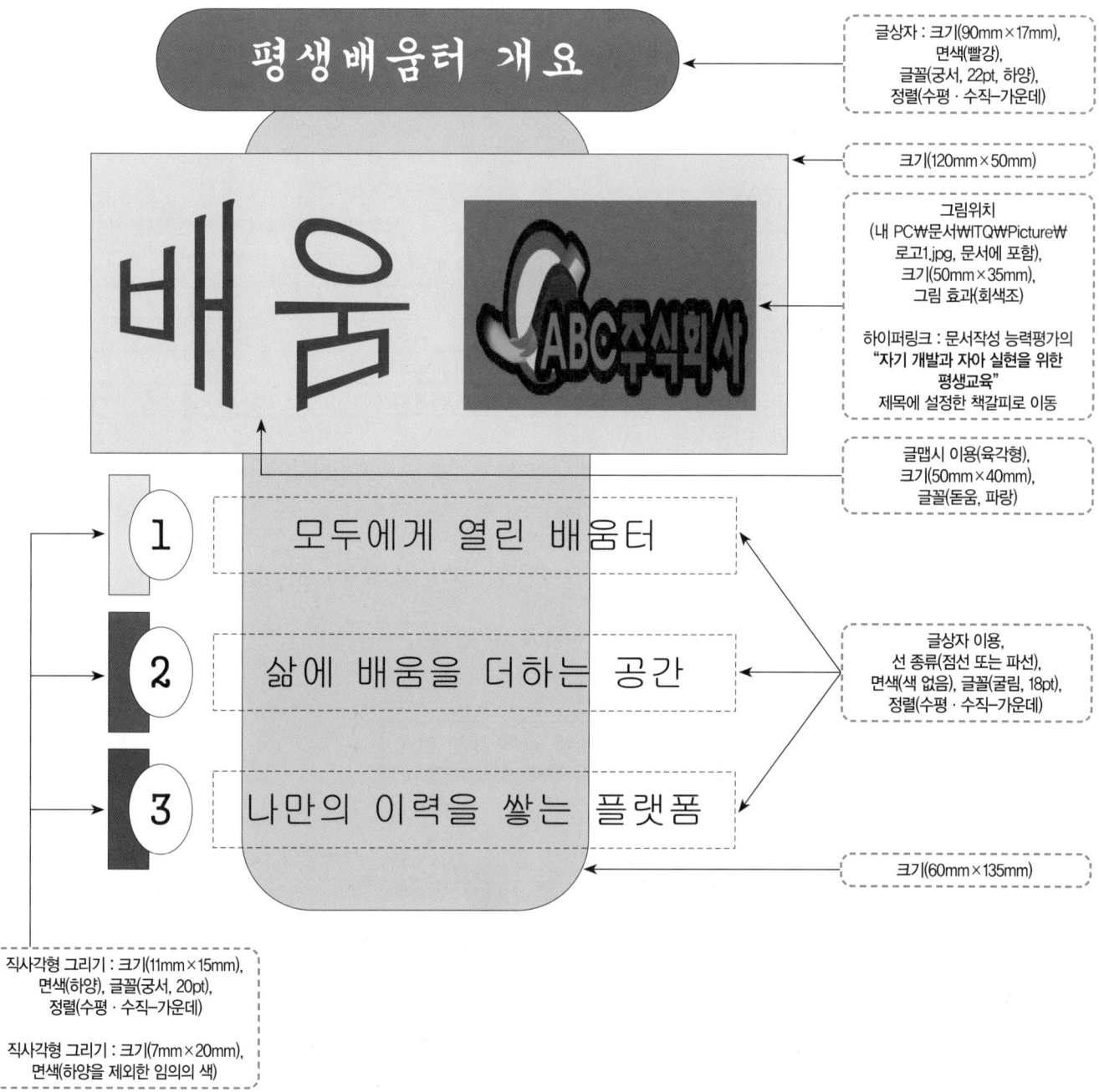

글상자 : 크기(90mm×17mm),
면색(빨강),
글꼴(궁서, 22pt, 하양),
정렬(수평·수직-가운데)

크기(120mm×50mm)

그림위치
(내 PC₩문서₩ITQ₩Picture₩
로고1.jpg, 문서에 포함),
크기(50mm×35mm),
그림 효과(회색조)

하이퍼링크 : 문서작성 능력평가의
"자기 개발과 자아 실현을 위한
평생교육"
제목에 설정한 책갈피로 이동

글맵시 이용(육각형),
크기(50mm×40mm),
글꼴(돋움, 파랑)

글상자 이용,
선 종류(점선 또는 파선),
면색(색 없음), 글꼴(굴림, 18pt),
정렬(수평·수직-가운데)

크기(60mm×135mm)

직사각형 그리기 : 크기(11mm×15mm),
면색(하양), 글꼴(궁서, 20pt),
정렬(수평·수직-가운데)

직사각형 그리기 : 크기(7mm×20mm),
면색(하양을 제외한 임의의 색)

글꼴 : 궁서, 18pt, 진하게, 가운데 정렬
책갈피 이름 : 평생교육
덧말 넣기

머리말 기능
돋움, 10pt, 오른쪽 정렬 → 쌓이는 배움

하나 둘, 쌓아가는 배움

자기 개발과 자아 실현을 위한 평생교육

문단 첫 글자 장식 기능
글꼴 : 돋움, 면색 : 노랑

각주

그림위치(내 PC₩문서₩ITQ₩Picture₩그림5.jpg, 문서에 포함)
자르기 기능 이용, 크기(40mm×40mm), 바깥 여백 왼쪽 : 2mm

현대사회를 학습과 교육적 시각에서 보면 현대사회는 지식근로자를 필요로 하는 지식기반사회이다. 평생교육①은 100세 시대에 그 중요성이 더욱 강조되고 있다. 평생교육에 대한 수요가 지속적으로 증가하고 있지만 단기 성과 위주로 운영되는 한계점을 보이고 있다. 중장년의 재취업 요구 증가 등 평생교육의 수요 변화로 장기적인 성과를 위한 프로그램이 요구되고 있으나 문화예술교육이나 인문교양교육 중심으로 교육프로그램이 운영되고 있으며 지역별 평생교육 전문 인력도 크게 부족한 상황이다.

　우리나라의 평생교육 프로그램의 유형을 분석(分析)한 결과 문화예술교육, 인문교양교육, 직업능력교육, 시민참여교육의 순서로 나타났다. 특히, 중장년의 인생이모작을 위한 재취업 요구의 증가 등 평생교육 수요 변화에 맞춰 장기적 성과(成果)를 위해 학력보완교육, 기초문해교육 등을 보완하고 직업능력교육 강화에 역점을 둘 필요성이 제기되었다. 정부는 평생교육의 중요성을 인식하고 평생학습을 통한 삶의 질 향상, 인생 제2막을 위한 고용가능성 증진, 사회통합 증진, 지속가능한 발전이 국민의 행복을 보장한다고 보고 100세 시대 국가평생학습체제 구축을 중요 과제로 선정하였다.

■ 평생교육 잘 찾는 첫걸음 늘배움

글꼴 : 굴림, 18pt, 하양
음영색 : 파랑

I. 누구나 무료로
　　a. 누구나 늘 배우는 '늘배움' 습관
　　b. 무료로 다양한 분야의 동영상 강좌 서비스
II. 언제나 어디서나
　　a. 쉽고 편리하게 이용 가능한 평생학습
　　b. 지역별 평생교육기관 및 강좌정보 제공

문단 번호 기능 사용
1수준 : 20pt, 오른쪽 정렬,
2수준 : 30pt, 오른쪽 정렬
줄 간격 : 180%

■ *평생교육 주제별 프로그램*

글꼴 : 굴림, 18pt, 기울임, 강조점

표 전체 글꼴 : 돋움, 10pt, 가운데 정렬
셀 배경(그러데이션) : 유형(가로),
시작색(하양), 끝색(노랑)

평생교육관		직업능력 특별관	
문해교육	한글교육 등	재취업 교육	재취업을 위한 이직, 전직 프로그램
인문교육	인문학 등	창업 교육	창업, 창직 및 폐업 관련 프로그램
교양교육	국제 예절 등	귀농 교육	귀농, 귀촌 교육 프로그램
시민교육	세계시민교육 등	사회공헌 교육	사회봉사 등 사회공헌 프로그램
평생학습 추구		인생 2막 준비	

글꼴 : 궁서, 24pt, 진하게
장평 120%, 오른쪽 정렬

평생교육위원회

각주 구분선 : 5cm

① 유아에서 시작하여 노년에 이르기까지 평생에 걸친 교육

쪽 번호 매기기
5로 시작 → ⑤

작성 시간 / 시험 시간	채점 결과
분 / 60분	점 / 500점

과목	코드	문제유형	시험시간	수험번호	성명
아래한글	1111	A	60분		

한컴 오피스

· 수험자 유의사항 ·

- 수험자는 문제지를 받는 즉시 문제지와 **수험표상의 시험과목(프로그램)이 동일한지 반드시 확인**하여야 합니다.
- 파일명은 본인의 "수험번호−성명"으로 입력하여 답안폴더(내 PC\문서\ITQ)에 하나의 파일로 저장해야하며, 답안파일을 전송하지 않아 미제출로 처리될 경우 실격 처리합니다(예:12345678−홍길동.hwpx).
- 답안 작성을 마치면 파일을 저장하고, '답안 전송' 버튼을 선택하여 감독위원 PC로 답안을 전송하십시오. 수험생 정보와 저장한 파일명이 다를 경우 전송되지 않으므로 주의하시기 바랍니다.
- 답안 작성 중에도 **주기적으로 저장하고, '답안 전송'**하여야 문제 발생을 줄일 수 있습니다. 작업한 내용을 저장하지 않고 전송할 경우 이전에 저장된 내용이 전송되오니 이점 유의하시기 바랍니다.
- 답안문서는 지정된 경로 외의 다른 보조기억장치에 저장하는 경우, 지정된 시험 시간 외에 작성된 파일을 활용할 경우, 기타 통신수단(이메일, 메신저, 네트워크 등)을 이용하여 타인에게 전달 또는 외부 반출하는 경우는 부정 처리합니다.
- 시험 중 부주의 또는 고의로 시스템을 파손한 경우는 수험자가 변상해야 하며, 〈수험자 유의사항〉에 기재된 방법대로 이행하지 않아 생기는 불이익은 수험생 당사자의 책임임을 알려 드립니다.
- 문제의 조건은 한컴오피스 2022 / 2020 버전으로 설정되어 있으니 유의하시기 바랍니다.
- 시험을 완료한 수험자는 답안파일이 전송되었는지 확인한 후 감독위원의 지시에 따라 문제지를 제출하고 퇴실합니다.

· 답안 작성요령 ·

- 온라인 답안 작성 절차
  수험자 등록 ⇒ 시험 시작 ⇒ 답안파일 저장 ⇒ 답안 전송 ⇒ 시험 종료
- 공통 부문
  - 글꼴에 대한 기본설정은 함초롬바탕, 10포인트, 검정, 줄간격 160%, 양쪽정렬로 합니다.
  - 색상은 조건의 색을 적용하고 색의 구분이 안 될 경우에는 RGB 값을 적용하십시오.
    (빨강 255, 0, 0 / 파랑 0, 0, 255 / 노랑 255, 255, 0).
  - 각 문항에 주어진 《조건》에 따라 작성하고 언급하지 않은 조건은 《출력형태》와 같이 작성합니다.
  - 용지여백은 왼쪽 · 오른쪽 11mm, 위쪽 · 아래쪽 · 머리말 · 꼬리말 10mm, 제본 0mm로 합니다.
  - 그림 삽입 문제의 경우 「내 PC\문서\ITQ\Picture」 폴더에서 지정된 파일을 선택하여 삽입하십시오.
  - 삽입한 그림은 반드시 문서에 포함하여 저장해야 합니다(미포함 시 감점 처리).
  - 각 항목은 지정된 페이지에 출력형태와 같이 정확히 작성하시기 바라며, 그렇지 않을 경우에 해당 항목은 0점 처리됩니다.
    ※ 페이지구분 : 1페이지 − 기능평가 I (문제번호 표시 : 1. 2.),
    　　　　　　　 2페이지 − 기능평가 II (문제번호 표시 : 3. 4.),
    　　　　　　　 3페이지 − 문서작성 능력평가
- 기능평가
  - 문제와 《조건》은 입력하지 않으며 문제번호와 답(《출력형태》)만 작성합니다.
  - 4번 문제는 묶기를 했을 경우 0점 처리됩니다.
- 문서작성 능력평가
  - A4 용지(210mm×297mm) 1매 크기, 세로 서식 문서로 작성합니다.
  - ┌─────┐ 표시는 문서작성에 대한 지시사항이므로 작성하지 않습니다.

kpc 한국생산성본부

1. 다음의 ≪조건≫에 따라 스타일 기능을 적용하여 ≪출력형태≫와 같이 작성하시오. (50점)

≪조건≫ (1) 스타일 이름 - ibinfo
        (2) 문단 모양 - 첫 줄 들여쓰기 : 15pt, 문단 아래 간격 : 10pt
        (3) 글자 모양 - 글꼴 : 한글(궁서)/영문(돋움), 크기 : 10pt, 장평 : 105%, 자간 : -5%

≪출력형태≫

The International Baccalaureate is a global education program aimed at developing inquiring, knowledgeable, and caring young people who help to create a better world.

국제 바칼로레아는 50년 이상 양질의 도전적인 교육 프로그램을 통해 더 나은 평화로운 세상을 만들고자 노력해 왔으며 공감, 신경 언어학적 다양성, 문화적 존중을 강조하는 교육을 제공합니다.

2. 다음의 ≪조건≫에 따라 ≪출력형태≫와 같이 표와 차트를 작성하시오. (100점)

≪표 조건≫ (1) 표 전체(표, 캡션) - 굴림, 10pt
        (2) 정렬 - 문자 : 가운데 정렬, 숫자 : 오른쪽 정렬
        (3) 셀 배경(면색) : 노랑
        (4) 한글의 계산 기능을 이용하여 빈칸에 합계를 구하고, 캡션 기능 사용할 것
        (5) 선 모양은 ≪출력형태≫와 동일하게 처리할 것

≪출력형태≫

IB MYP 주요 통계(단위 : 명, 점)

연도	2020년	2021년	2022년	2023년	합계
참가 학생 수	6,928	7,561	8,440	9,362	
상위 성적 학생 수	1,350	1,527	1,700	1,800	
여학생 수	3,525	3,854	4,200	4,500	
평균 성적	4.73	4.75	4.80	4.77	

≪차트 조건≫ (1) 차트 데이터는 표 내용에서 연도별 참가 학생수, 상위 성적 학생 수, 여학생 수의 값만 이용할 것
        (2) 종류 - 〈묶은 세로 막대형〉으로 작업할 것
        (3) 제목 - 글꼴 : 돋움, 진하게, 12pt,
               속성 : 채우기(밝은 색 : 하양), 테두리, 그림자(바깥쪽 : 대각선 오른쪽 아래)
        (4) 제목 이외의 전체 글꼴 - 돋움, 보통, 10pt
        (5) 축제목과 범례는 ≪출력형태≫와 동일하게 처리할 것

≪출력형태≫

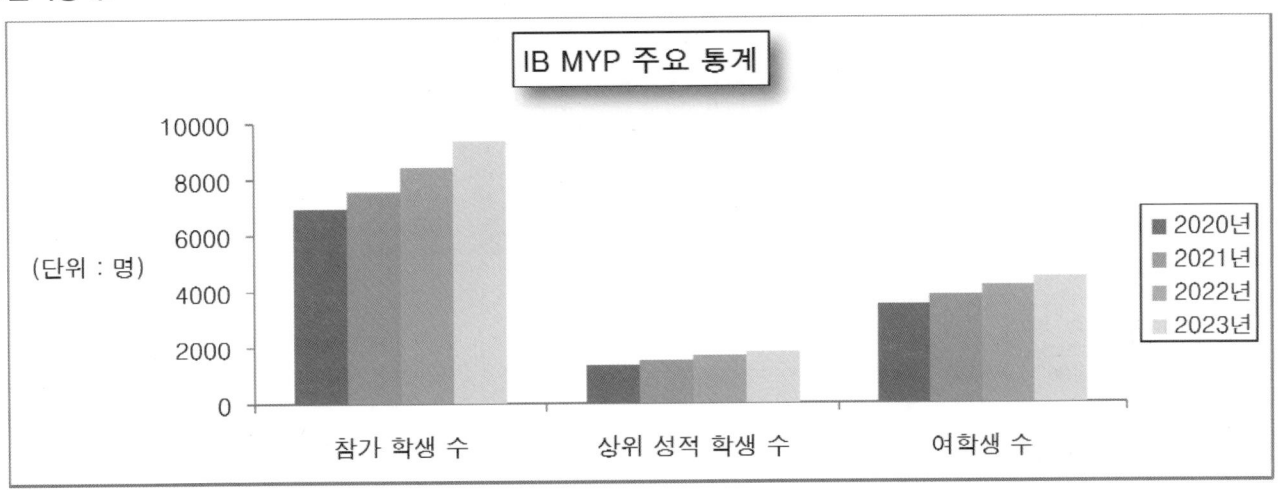

3. 다음 (1), (2)의 수식을 수식 편집기로 각각 입력하시오. (40점)

≪출력형태≫

(1) $T = \dfrac{b^2}{a} + 2\pi\sqrt{\dfrac{r^3}{GM}}$

(2) $a_n - b_n = n^2 \dfrac{h^2}{4\pi^2 K m e^2}$

4. 다음의 ≪조건≫에 따라 ≪출력형태≫와 같이 문서를 작성하시오. (110점)

≪조건≫

(1) 그리기 도구를 이용하여 작성하고, 모든 도형(글맵시, 지정된 그림 포함)을 ≪출력형태≫와 같이 작성하시오.
(2) 도형의 면색은 지시사항이 없으면 색 없음을 제외하고 서로 다르게 임의로 지정하시오.

≪출력형태≫

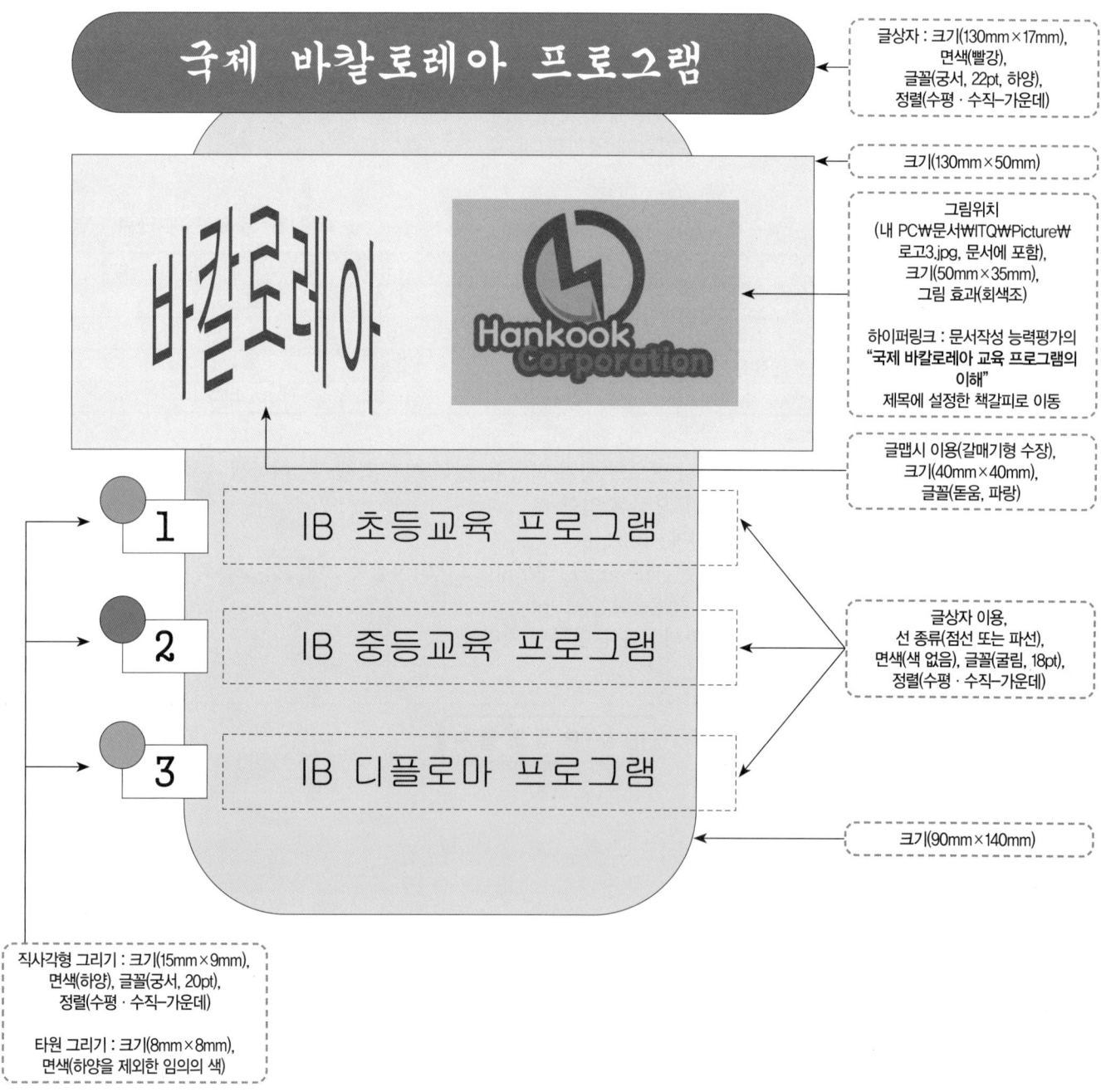

글상자 : 크기(130mm×17mm),
면색(빨강),
글꼴(궁서, 22pt, 하양),
정렬(수평·수직-가운데)

크기(130mm×50mm)

그림위치
(내 PC₩문서₩ITQ₩Picture₩
로고3.jpg, 문서에 포함),
크기(50mm×35mm),
그림 효과(회색조)

하이퍼링크 : 문서작성 능력평가의
**"국제 바칼로레아 교육 프로그램의
이해"**
제목에 설정한 책갈피로 이동

글맵시 이용(갈매기형 수장),
크기(40mm×40mm),
글꼴(돋움, 파랑)

글상자 이용,
선 종류(점선 또는 파선),
면색(색 없음), 글꼴(굴림, 18pt),
정렬(수평·수직-가운데)

크기(90mm×140mm)

직사각형 그리기 : 크기(15mm×9mm),
면색(하양), 글꼴(궁서, 20pt),
정렬(수평·수직-가운데)

타원 그리기 : 크기(8mm×8mm),
면색(하양을 제외한 임의의 색)

글꼴 : 궁서, 18pt, 진하게, 가운데 정렬
책갈피 이름 : IB교육
덧말 넣기

머리말 기능
굴림, 10pt, 오른쪽 정렬 → IB 교육 프로그램

글로벌 인재 양성
국제 바칼로레아 교육 프로그램의 이해

문단 첫 글자 장식 기능
글꼴 : 돋움, 면색 : 노랑

그림위치(내 PC₩문서₩ITQ₩Picture₩그림4.jpg, 문서에 포함)
자르기 기능 이용, 크기(40mm×35mm), 바깥 여백 왼쪽 : 2mm

국제 바칼로레아(IB) 교육은 글로벌 시대에 걸맞은 인재를 양성(養成)하기 위한 혁신적인 교육 프로그램이다. 1968년 스위스 제네바에서 시작된 IB는 현재 전 세계 150개국 이상에서 실시되고 있으며, 학생들의 비판적 사고력과 국제적 감각을 키우는 데 중점을 둔다. IB 프로그램은 크게 초등교육 프로그램, 중등교육 프로그램, 디플로마 프로그램, 직업 관련 프로그램으로 나뉘며, 3세부터 19세까지의 학생들을 대상으로 한다. IB 교육의 핵심은 '국제적 소양을 갖춘 인재ⓐ 육성'으로, 이를 위해 다국어 교육(敎育)과 문화간 이해를 강조한다.

각주

　IB 교육의 특징 중 하나는 '학습자 중심'의 교육 방식이다. 교사는 지식을 일방적으로 전달하는 것이 아니라, 학생들이 스스로 탐구하고 발견할 수 있도록 안내하는 역할을 한다. 또한, IB 교육은 통합적 학습을 강조하여, 여러 학문 분야를 연계한 종합적인 이해를 추구한다. IB 평가 방식은 에세이, 프로젝트, 발표 등 다양한 방식을 통해 학생들의 능력을 종합적으로 평가하며, 이는 실제 생활에서 필요한 역량을 기르는 데 효과적이다. 그래서 IB 교육은 급변하는 세계에 대응할 수 있는 글로벌 마인드를 갖춘 인재를 육성하는 데 기여하고 있다.

♣ IB 교육 프로그램의 구조

글꼴 : 돋움, 18pt, 하양
음영색 : 빨강

　　가. 초등교육 프로그램(PYP)

　　　㉮ 과목 : 과학, 예술, 수학, 사회, 언어, 체육과 생활지도

　　　㉯ 교수 접근 방법 : 자기 주도성

　　나. 중등교육 프로그램(MYP)

　　　㉮ 과목 : 언어습득, 디자인, 개인과 사회, 수학 등

　　　㉯ 핵심 요소 : 학습 접근 방식 기술 개발

문단 번호 기능 사용
1수준 : 20pt, 오른쪽 정렬,
2수준 : 30pt, 오른쪽 정렬
줄 간격 : 180%

표 전체 글꼴 : 굴림, 10pt, 가운데 정렬
셀 배경(그러데이션) : 유형(가로),
시작색(노랑), 끝색(하양)

♣ IB 학습자 프로필과 교육 프로그램

글꼴 : 돋움, 18pt, 밑줄, 강조점

IB 학습자 프로필	초등 프로그램	중등 프로그램	디플로마 프로그램	직업 관련 프로그램
대상 연령	3-12세	11-16세	16-19세	
지식이 풍부한 사람	탐구 중심	개념 기반 학습	심화 에세이	성찰적 프로젝트
사고하는 사람	비판적 사고	복잡한 문제 해결	TOK(지식론)	
성찰하는 사람	포트폴리오 평가	형성 및 총괄 평가	내/외부 평가	

글꼴 : 궁서, 24pt, 진하게
장평 : 95%, 오른쪽 정렬 → **국제 바칼로레아기구**

각주 구분선 : 5cm

ⓐ IB 학습자상은 탐구하는 사람, 지식이 풍부한 사람 이외에 8가지를 제시

쪽 번호 매기기
4로 시작 → IV

아카데미소프트와 코딩아지트의 컴교실 **타자 프로그램**

 V2.0 업그레이드

[K마블이란?]

[K마블인트로]

업그레이 된 K마블 V2.0을 만나보세요!

▶ 키우스봇과 함께하는 **무료 타자프로그램!**

▶ 영문 버전 오픈-**영어 키보드** 자리연습, **원어민** 음성을 들으며 타자 연습을 하는 **영어 단어연습**

▶ 온라인 대전 **2 VS 2** 모드 출시

▶ 나만의 **커스텀 캐릭터** 기능 오픈

100% 무료 타자프로그램

K마블 V 2.0으로 한글·영문 타자연습 모두 가능해요!!

전체 메뉴

K마블 튜토리얼

커스텀 프로필

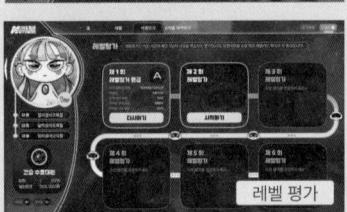
레벨 평가

영어 단어연습

온라인 대전

▶ **커스텀 프로필**

자신의 케릭터를 꾸밀 수 있는 기능이 추가되었습니다. 케릭터의 머리, 얼굴, 옷, 장신구를 변경하여 자신만의 개성있는 케릭터를 만들어 봅니다.

▶ **영어 단어연습**

영어 동사 단어연습은 원어민의 영어 발음을 들으며 영어동사 단어연습을 할 수 있는 타자입니다.

▶ **레벨평가 시안성**

레벨평가 화면이 이전 화면 보다 보기 좋게 변경되었습니다. 배운 내용을 복습하여 높은 점수에 도전해 봅니다.

▶ **온라인 대전 게임 - 영토 사수 작전**

친구들과 1 VS 1 또는 2 VS 2 온라인 대전 게임으로 오타 없이 빨리 타자를 입력하여 영토를 지배하는 게임입니다. 비슷한 타수의 친구와 대결하면 재미있는 승부를 볼 수 있습니다.

컴퓨터 자격증의 시작!

컴퓨터 타자 활용 능력

| 시행처 : 국제자격진흥원

[민간자격등록]
K마블 한글타자(2024-001827)
K마블 영문타자(2024-002318)

▶ 자격증 개요

'컴퓨터 타자 활용 능력' 자격 평가 시험은 컴퓨터 입문자를 위한 기초 자격시험으로 ITQ 및 DIAT 등 컴퓨터 자격시험 이전에 간단한 타자 능력을 평가하는 기초 자격 평가 시험입니다.

▶ 시험 과목 및 출제 기준

컴퓨터 기초 상식 + 마우스 + 키보드(타자)로 구성

시험과목	시간	문항수	배점	등급
컴퓨터 기초 상식	5	10	100	A등급 → 900점 이상
마우스 사용 능력	10	4	100	B등급 → 800점 이상
키보드(타자) 사용 능력	15	4	800	C등급 → 700점 이상 D등급 → 600점 이상
합계	30	18	1,000	비기너 → 599점 이하

▶ 자격증 특징

✓ 누구나 쉽게 온라인으로 진행
- 교육기관에서는 단체 시험을 누구나 쉽게 온라인으로 원서접수 및 자격시험을 볼 수 있습니다.
- 교육기관은 교육 현장에서 교육 후 바로 시험을 볼 수 있습니다.
- 개인 응시자도 방문 접수 및 집체 시험 없이 온라인으로 원서접수 및 자격시험을 볼 수 있습니다.

✓ 타자 능력을 평가하는 컴퓨터 기초 시험입니다.
- OA 과정 또는 ITQ 및 DIAT 등 컴퓨터 전문 자격증을 취득하기 이전에 필요한 기초 타자 자격 시험입니다.
- 컴퓨터를 처음 접하는 입문자들에게 컴퓨터 기초 지식과 타자 및 마우스 사용 능력을 평가하는 시험입니다.

✓ 학습과 시험이 간단 명료합니다.
- K마블과 교재로 학습하고 해당 내용에서 출제하는 간단한 시험입니다.

✓ 모든 시험이 CBT 방식으로 컴퓨터에서 모두 시행됩니다.
- 시험의 모든 과목이 컴퓨터에서 진행됩니다.

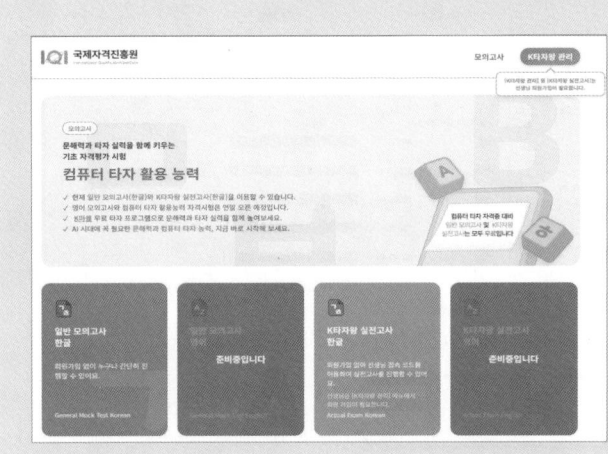

자격증 채점프로그램의 새로운 변화!!

MAG 채점 프로그램

❶ 개인용 채점프로그램_MAG PER 2.0

▶ 개인을 위한 **채점프로그램**으로 각 자격증별 **시험 결과** 즉시 확인

▶ **빠른 채점**과 보기 편한 디자인!

▶ **인공지능**으로 채점 **오류 최소화!**

▲ 과목 선택

▲ 채점 결과

❷ 교육기관용 채점프로그램_MAG NET

▶ 선생님을 위한 또 다른 서비스를 제공합니다.

▶ 선생님을 위한 **온라인 채점프로그램**으로 접속한 수검자의 **시험 결과**를 실시간 확인

▶ 시험종료 후 **성적통계**로 문제별 부족한 부분과 단점을 완벽히 보완

▶ **인공지능**으로 채점율 UP

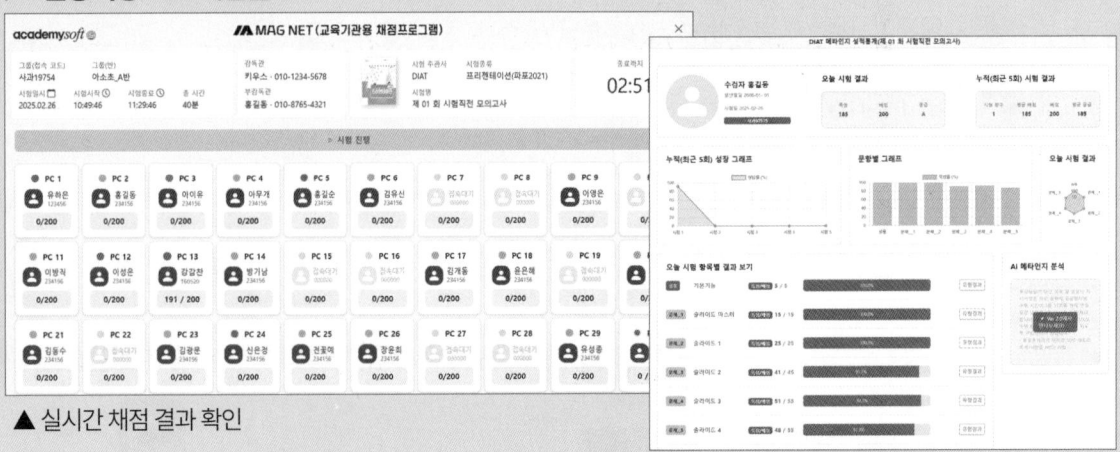

▲ 실시간 채점 결과 확인

▲ 개인별 메타인지 성적 통계

 2026년 신간 교재부터는 웹(온라인) 버전으로 오픈됩니다.

정보기술자격(ITQ) 시험

한컴오피스

과 목	코 드	문제유형	시험시간	수험번호	성 명
아래한글	1111	A	60분		

수험자 유의사항

● 수험자는 문제지를 받는 즉시 문제지와 **수험표상의 시험과목(프로그램)이 동일한지 반드시 확인**하여야 합니다.

● 파일명은 본인의 "수험번호-성명"으로 입력하여 답안폴더(내 PC₩문서₩ITQ)에 하나의 파일로 저장해야 하며, 답안 문서 파일명이 "수험번호-성명"과 일치하지 않거나, 답안파일을 전송하지 않아 미제출로 처리될 경우 실격 처리합니다. (예:12345678-홍길동.hwpx).

● 답안 작성을 마치면 파일을 저장하고, '답안 전송' 버튼을 선택하여 감독위원 PC로 답안을 전송하십시오. 수험생 정보와 저장한 파일명이 다를 경우 전송되지 않으므로 주의하시기 바랍니다.

● 답안 작성 중에도 **주기적으로 저장하고, '답안 전송'**하여야 문제 발생을 줄일 수 있습니다. 작업한 내용을 저장하지 않고 전송할 경우 이전에 저장된 내용이 전송되오니 이점 유의하시기 바랍니다.

● 답안문서는 지정된 경로 외의 다른 보조기억장치에 저장하는 경우, 지정된 시험 시간 외에 작성된 파일을 활용할 경우, 기타 통신수단(이메일, 메신저, 네트워크 등)을 이용하여 타인에게 전달 또는 외부 반출하는 경우는 부정 처리합니다.

● 시험 중 부주의 또는 고의로 시스템을 파손한 경우는 수험자가 변상해야 하며, <수험자 유의사항>에 기재된 방법대로 이행 하지 않아 생기는 불이익은 수험생 당사자의 책임임을 알려 드립니다.

● 문제의 조건은 한컴오피스 2022 / 2020 버전으로 설정되어 있으니 유의하시기 바랍니다.

● 시험을 완료한 수험자는 답안파일이 전송되었는지 확인한 후 감독위원의 지시에 따라 문제지를 제출하고 퇴실합니다.

답안 작성요령

● **온라인 답안 작성 절차** : 수험자 등록 → 시험 시작 → 답안파일 저장 → 답안 전송 → 시험 종료

● **공통 부문**
  • 글꼴에 대한 기본설정은 함초롬바탕, 10포인트, 검정, 줄간격 160%, 양쪽정렬로 합니다.
  • 색상은 조건의 색을 적용하고 색의 구분이 안 될 경우에는 RGB 값을 적용하십시오.
    (빨강 255,0,0 / 파랑 0,0,255 / 노랑 255,255,0)
  • 각 문항에 주어진 《조건》에 따라 작성하고 언급하지 않은 조건은 《출력형태》와 같이 작성합니다.
  • 용지여백은 왼쪽·오른쪽 11㎜, 위쪽·아래쪽·머리말·꼬리말 10㎜, 제본 0㎜로 합니다.
  • 그림 삽입 문제의 경우 「내 PC₩문서₩ITQ₩Picture」폴더에서 지정된 파일을 선택하여 삽입하십시오.
  • 삽입한 그림은 반드시 문서에 포함하여 저장해야 합니다(미포함 시 감점 처리).
  • 각 항목은 지정된 페이지에 출력형태와 같이 정확히 작성하시기 바라며, 그렇지 않을 경우에 해당 항목은 0점 처리됩니다.
    ※ 페이지구분 : 1페이지 – 기능평가 I (문제번호 표시 : 1. 2.), 2페이지 – 기능평가 II (문제번호 표시 : 3. 4.), 3페이지 – 문서작성 능력평가

● **기능평가**
  • 문제와 《조건》은 입력하지 않으며 문제번호와 답(《출력형태》)만 작성합니다.
  • 4번 문제는 묶기를 했을 경우 0점 처리됩니다.

● **문서작성 능력평가**
  • A4 용지(210㎜×297㎜) 1매 크기, 세로 서식 문서로 작성합니다.
  • ┌┄┄┐ 표시는 문서작성에 대한 지시사항이므로 작성하지 않습니다.

kpc 한국생산성본부

글꼴 : 돋움, 18pt, 진하게, 가운데 정렬
책갈피 이름 : 미래도시
덧말 넣기

지역사회 지속가능성
SDGs 미래도시 구축 전략 연구

문단 첫 글자 장식 기능
글꼴 : 굴림, 면색 : 노랑

각주
그림위치(내 PC\문서\ITQ\Picture\그림4.jpg, 문서에 포함)
자르기 기능 이용, 크기(40mm×40mm), 바깥 여백 왼쪽 : 2mm

01 래도시의 SDGs⑤ 개념은 주민의 삶의 질을 향상하고, 지역 활성화를 촉진하여 지속 가능발전을 이루기 위한 중요한 해결책으로 주목받고 있다. 미래도시는 첨단 기술과 지속 가능한 인프라 구축(構築)을 통해 지역사회문제를 해결하고, 주민의 참여를 증진하는 데 중점을 두고 있다. 미래도시가 지향하는 지역 활성화란 지자체 인구 감소를 억제하고 지속가능한 사회를 형성하기 위한 정책이나 일련의 시책(施策)을 의미합니다. 이는 지방자치단체, 민간기업, 주민 등에 의한 산업진흥 등 특색 있는 시책을 추진하는 것을 의미하며, 지역소멸 문제 해결을 위한 전략을 제시하는 것이다. 현재, 일본은 고령화와 인구 감소로 인해 지방 도시와 농촌 지역에서 심각한 지역소멸 현상을 겪고 있으며 이는 경제적, 사회적 불균형을 초래하고 있다. 이러한 문제를 해결하기 위해서는 효과적인 정책과 전략이 필요하다.

　미래도시 개념은 기술 혁신과 환경 친화적 접근을 통해 지역 문제를 해결하는 데 핵심적인 역할을 한다. 스마트 시티와 지속가능한 인프라 구축을 통해 지역 인구소멸을 예방하고 주민 삶의 질을 향상할 수 있는 잠재력을 지니고 있다. 정책적으로는 주민참여를 극대화하고 SDGs 목표를 지역 정책에 통합하는 것이 필수적이다.

♠ 미래도시 구축 사례분석

글꼴 : 굴림, 18pt, 하양
음영색 : 빨강

　1. 스마트 시티 재난 대응형 도시 개발
　　① IoT 기술 : 기술 활용한 스마트 그리드 시스템 도입
　　② 비전 실현 : 재난 대응 교육훈련, 태양광 발전 시스템 도입
　2. 지속 가능한 교통 체계 구축
　　① 대중교통 : 전기버스로 탄소 배출 줄이고 시민 편의성 증대
　　② 자전거 이용 : 자전거 공유 프로그램 도입

문단 번호 기능 사용
1수준 : 20pt, 오른쪽 정렬,
2수준 : 30pt, 오른쪽 정렬
줄 간격 : 180%

표 전체 글꼴 : 돋움, 10pt, 가운데 정렬
셀 배경(그러데이션) : 유형(가로),
시작색(하양), 끝색(노랑)

♠ 지역소멸 대응하기 위한 정책 제안

글꼴 : 굴림, 18pt, 밑줄, 강조점

구분	정책	세부내용	기대효과	전략 제안
자원	지역 자원의 활용	지역의 역사적 유산 및 자연경관 활용	지역 경제 활성화	인구 유입 촉진, 지역 인프라 개선, 교육 및 일자리 창출
주민	주민 참여의 강화	주민 의견 수렴, 주민 주도 프로젝트 지원	주민 유대감 강화	
경제 개발	지속 가능한 지역 경제 모델 개발	친환경 농업 및 공예 산업 육성	지역 경제 자립성 향상, 환경보존	
		지역 제품의 소비자와의 직접 연결		

글꼴 : 돋움, 24pt, 진하게
장평 : 105%, 오른쪽 정렬 → # 사회혁신센터

각주 구분선 : 5cm

⑤ 2016년부터 2030년까지 17가지 주목표와 169개 세부 목표로 시행

3. 다음 (1), (2)의 수식을 수식 편집기로 각각 입력하시오. **(40점)**

≪출력형태≫

(1) $E = \sqrt{\dfrac{GM}{R}}, \dfrac{R^3}{T^2} = \dfrac{GM}{4\pi^2}$

(2) $\displaystyle\int_0^3 \dfrac{\sqrt{6t^2 - 18t + 12}}{5} dt = 11$

4. 다음의 ≪조건≫에 따라 ≪출력형태≫와 같이 문서를 작성하시오. **(110점)**

≪조건≫
(1) 그리기 도구를 이용하여 작성하고, 모든 도형(글맵시, 지정된 그림 포함)을 ≪출력형태≫와 같이 작성하시오.
(2) 도형의 면색은 지시사항이 없으면 색 없음을 제외하고 서로 다르게 임의로 지정하시오.

≪출력형태≫

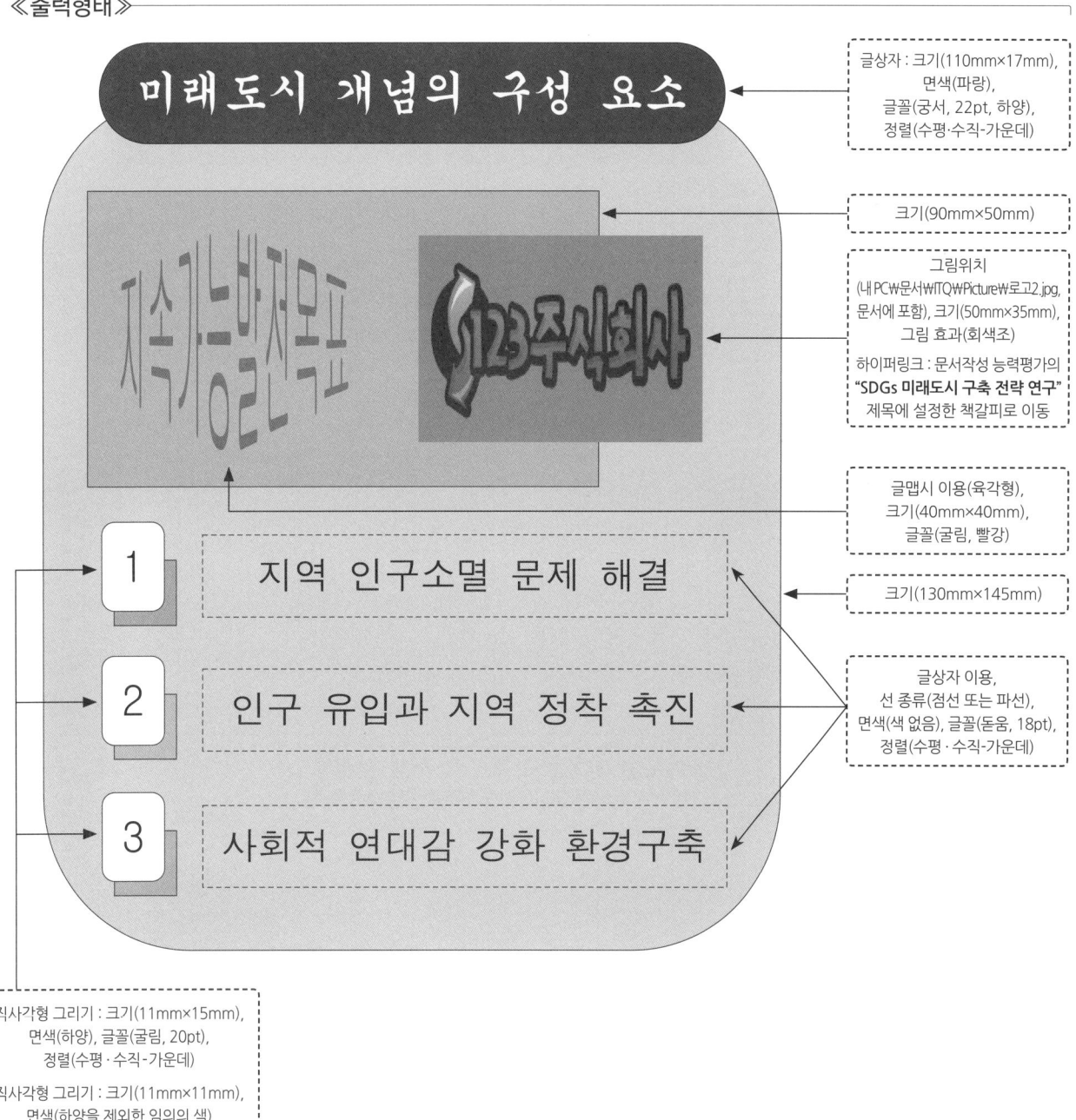

글상자 : 크기(110mm×17mm), 면색(파랑), 글꼴(궁서, 22pt, 하양), 정렬(수평·수직-가운데)

크기(90mm×50mm)

그림위치(내 PC₩문서₩ITQ₩Picture₩로고2.jpg, 문서에 포함), 크기(50mm×35mm), 그림 효과(회색조)
하이퍼링크 : 문서작성 능력평가의 **"SDGs 미래도시 구축 전략 연구"** 제목에 설정한 책갈피로 이동

글맵시 이용(육각형), 크기(40mm×40mm), 글꼴(굴림, 빨강)

크기(130mm×145mm)

글상자 이용, 선 종류(점선 또는 파선), 면색(색 없음), 글꼴(돋움, 18pt), 정렬(수평·수직-가운데)

직사각형 그리기 : 크기(11mm×15mm), 면색(하양), 글꼴(굴림, 20pt), 정렬(수평·수직-가운데)
직사각형 그리기 : 크기(11mm×11mm), 면색(하양을 제외한 임의의 색)

1. 다음의 ≪조건≫에 따라 스타일 기능을 적용하여 ≪출력형태≫와 같이 작성하시오. (50점)

≪조건≫
    (1) 스타일 이름 - sdgs
    (2) 문단 모양 - 왼쪽 여백 : 15pt, 문단 아래 간격 : 10pt
    (3) 글자 모양 - 글꼴 : 한글(궁서)/영문(돋움), 크기 : 10pt, 장평 : 95%, 자간 : 5%

≪출력형태≫

It explores creative and innovative approaches to addressing the problem of local population extinction through the SDGs Future City, and provides solutions to community sustainability.

SDGs 미래도시를 통해 지역 인구소멸 문제를 해결하기 위한 창의적이고 혁신적인 접근법을 탐구하며, 지역사회의 지속가능성의 모티브와 해법, 유사 문제에 대한 가치 있는 통찰력을 제공한다.

2. 다음의 ≪조건≫에 따라 ≪출력형태≫와 같이 표와 차트를 작성하시오. (100점)

≪표 조건≫
    (1) 표 전체(표, 캡션) - 굴림, 10pt
    (2) 정렬 - 문자 : 가운데 정렬, 숫자 : 오른쪽 정렬
    (3) 셀 배경(면색) : 노랑
    (4) 한글의 계산 기능을 이용하여 빈칸에 합계를 구하고, 캡션 기능 사용할 것
    (5) 선 모양은 ≪출력형태≫와 동일하게 처리할 것

≪출력형태≫

연도별 SDGs 미래도시 선정 현황(단위 : 개)

연도	2020년	2021년	2022년	2023년	합계
도시 선정 수	33	31	30	30	
사업 선정 수	10	11	10	12	
누적 도시 수	93	124	154	184	
재 선정 수	6	7	9	10	

≪차트 조건≫
    (1) 차트 데이터는 표 내용에서 연도별 도시 선정 수, 사업 선정 수, 누적 도시 수의 값만 이용할 것
    (2) 종류 - <묶은 세로 막대형>으로 작업할 것
    (3) 제목 - 굴림, 진하게, 12pt,
           속성 - 채우기(밝은 색 : 하양), 테두리, 그림자(바깥쪽 : 대각선 오른쪽 아래)
    (4) 제목 이외의 전체 글꼴 - 굴림, 보통, 10pt
    (5) 축제목과 범례는 ≪출력형태≫와 동일하게 처리할 것

≪출력형태≫

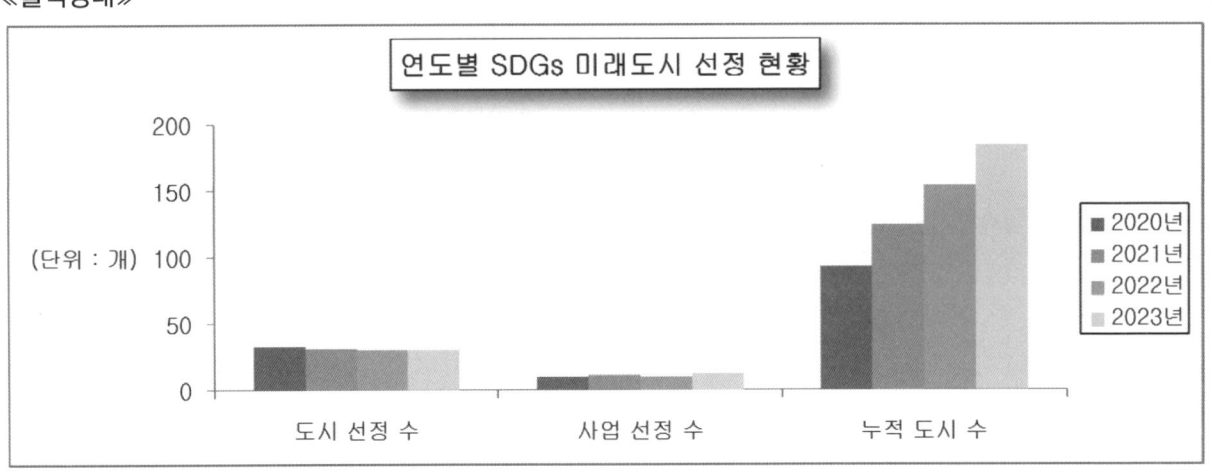

정보기술자격(ITQ) 시험 | 한컴오피스

과 목	코 드	문제유형	시험시간	수험번호	성 명
아래한글	1111	B	60분		

수험자 유의사항

● 수험자는 문제지를 받는 즉시 문제지와 **수험표상의 시험과목(프로그램)이 동일한지 반드시 확인**하여야 합니다.

● 파일명은 본인의 "수험번호-성명"으로 입력하여 답안폴더(내 PC₩문서₩ITQ)에 하나의 파일로 저장해야 하며, 답안 문서 파일명이 "수험번호-성명"과 일치하지 않거나, 답안파일을 전송하지 않아 미제출로 처리될 경우 실격 처리합니다 (예:12345678-홍길동.hwpx).

● 답안 작성을 마치면 파일을 저장하고, '답안 전송' 버튼을 선택하여 감독위원 PC로 답안을 전송하십시오. 수험생 정보와 저장한 파일명이 다를 경우 전송되지 않으므로 주의하시기 바랍니다.

● 답안 작성 중에도 **주기적으로 저장하고, '답안 전송'**하여야 문제 발생을 줄일 수 있습니다. 작업한 내용을 저장하지 않고 전송할 경우 이전에 저장된 내용이 전송되오니 이점 유의하시기 바랍니다.

● 답안문서는 지정된 경로 외의 다른 보조기억장치에 저장하는 경우, 지정된 시험 시간 외에 작성된 파일을 활용할 경우, 기타 통신수단(이메일, 메신저, 네트워크 등)을 이용하여 타인에게 전달 또는 외부 반출하는 경우는 부정 처리합니다.

● 시험 중 부주의 또는 고의로 시스템을 파손한 경우는 수험자가 변상해야 하며, <수험자 유의사항>에 기재된 방법대로 이행하지 않아 생기는 불이익은 수험생 당사자의 책임임을 알려 드립니다.

● 문제의 조건은 한컴오피스 2022 / 2020 버전으로 설정되어 있으니 유의하시기 바랍니다.

● 시험을 완료한 수험자는 답안파일이 전송되었는지 확인한 후 감독위원의 지시에 따라 문제지를 제출하고 퇴실합니다.

답안 작성요령

● **온라인 답안 작성 절차** : 수험자 등록 → 시험 시작 → 답안파일 저장 → 답안 전송 → 시험 종료

● **공통 부문**
  • 글꼴에 대한 기본설정은 함초롬바탕, 10포인트, 검정, 줄간격 160%, 양쪽정렬로 합니다.
  • 색상은 조건의 색을 적용하고 색의 구분이 안 될 경우에는 RGB 값을 적용하십시오.
    (빨강 255,0,0 / 파랑 0,0,255 / 노랑 255,255,0)
  • 각 문항에 주어진 ≪조건≫에 따라 작성하고 언급하지 않은 조건은 ≪출력형태≫와 같이 작성합니다.
  • 용지여백은 왼쪽·오른쪽 11㎜, 위쪽·아래쪽·머리말·꼬리말 10㎜, 제본 0㎜로 합니다.
  • 그림 삽입 문제의 경우 「내 PC₩문서₩ITQ₩Picture」 폴더에서 지정된 파일을 선택하여 삽입하십시오.
  • 삽입한 그림은 반드시 문서에 포함하여 저장해야 합니다(미포함 시 감점 처리).
  • 각 항목은 지정된 페이지에 출력형태와 같이 정확히 작성하시기 바라며, 그렇지 않을 경우에 해당 항목은 0점 처리됩니다.
    ※ 페이지구분 : 1페이지 - 기능평가 I (문제번호 표시 : 1. 2.), 2페이지 - 기능평가 II (문제번호 표시 : 3. 4.), 3페이지 - 문서작성 능력평가

● **기능평가**
  • 문제와 ≪조건≫은 입력하지 않으며 문제번호와 답(≪출력형태≫)만 작성합니다.
  • 4번 문제는 묶기를 했을 경우 0점 처리됩니다.

● **문서작성 능력평가**
  • A4 용지(210㎜×297㎜) 1매 크기, 세로 서식 문서로 작성합니다.
  • ┌┄┄┐ 표시는 문서작성에 대한 지시사항이므로 작성하지 않습니다.

BOI / B04

글꼴 : 돋움, 18pt, 진하게, 가운데 정렬
책갈피 이름 : 상담
덧말 넣기

머리말 기능
궁서, 10pt, 오른쪽 정렬 → 사이버 폭력의 특성

사이버 폭력의 지도방안
사이버 폭력의 예방 및 대응

문단 첫 글자 장식 기능
글꼴 : 굴림, 면색 : 노랑

각주

그림위치(내 PC\문서\ITQ\Picture\그림4.jpg, 문서에 포함)
자르기 기능 이용, 크기(40mm×35mm), 바깥 여백 왼쪽 : 2mm

사 이버 폭력의 정의는 개인이나 집단이 인터넷ⓐ, 전화기 등 정보나 정보통신 기술을 이용하여 글, 이미지, 음성 등으로 금품갈취, 협박, 따돌림, 강제적 심부름, 성희롱, 성폭력 등 정신적, 물질적 피해를 입히는 모든 범죄행위로 사이버 따돌림, 사이버 모욕, 사이버 명예훼손, 사이버 성희롱, 사이버 스토킹, 사이버 갈취(喝取) 등의 행위를 말한다. 사이버 폭력이 증가하는 이유는 인터넷이 발달(發達)하면서 중고등학생 뿐만 아니라 초등학생까지도 스마트폰을 지니고 있을 정도로 누구나 마음만 먹으면 쉽게 사이버 공간에 접할 수 있기 때문이다.

사이버 학교폭력도 마찬가지로 피해를 당하면 '보복하고 싶다'라는 감정이 앞서게 되고 이것이 피해자가 가해자로, 가해자가 피해자로 반복되는 악순환으로 계속된다. 적절한 시기에, 적절한 방법으로 자녀가 잘 치유되어 피해자, 가해자라는 이름에서 벗어나도록 하는 것, 악순환에 빠지지 않도록 하는 것이 가장 중요하다. 우리 아이들이 사이버 학교폭력에 관계된 어떤 피해자도, 가해자도 되지 않도록 주의를 기울이고 아이들의 가장 든든한 울타리가 되어 주어야 한다.

♣ 청소년 사이버 범죄 유형

글꼴 : 굴림, 18pt, 하양
음영색 : 빨강

1. 언어폭력 및 따돌림
   ① 온라인상에서 욕설, 조롱, 비난, 명예훼손
   ② 단체 채팅방에서 강제 초대하여 괴롭히는 채팅 감옥
2. 기타 사이버 범죄
   ① 온라인 도박 사이트를 이용하거나 개설
   ② 온라인 게임 아이템, 중고 물품 거래 등에서 발생하는 사기

문단 번호 기능 사용
1수준 : 20pt, 오른쪽 정렬,
2수준 : 30pt, 오른쪽 정렬
줄 간격 : 180%

♣ 사이버 폭력의 원인

글꼴 : 굴림, 18pt, 밑줄, 강조점

표 전체 글꼴 : 돋움, 10pt, 가운데 정렬
셀 배경(그러데이션) : 유형(가로),
시작색(노랑), 끝색(하양)

구분	세부 요인	설명
개인적 요인	성향적/심리적	질투, 시기, 높은 공격성, 충동성, 스트레스, 낮은 자아 존중감
	태도적	인터넷 중독, 윤리의식, 사이버폭력 용인 태도
관계적 요인	교사	교사의 지지 및 친밀감, 부모의 사이버매체 관리 및 감독 정도
	부모	부모의 양육태도, 친밀감, 의사소통 및 가정폭력 경험

글꼴 : 돋움, 24pt, 진하게
장평 : 105%, 오른쪽 정렬 → # 청소년사이버상담센터

각주 구분선 : 5cm

ⓐ 아르파네트에서 시작된 세계 최대 규모의 컴퓨터 통신망

쪽 번호 매기기
4로 시작 → D

3. 다음 (1), (2)의 수식을 수식 편집기로 각각 입력하시오. **(40점)**

≪출력형태≫

(1) $\dfrac{F}{h_2} = t_2 k_1 \dfrac{t_1}{d} = 2 \times 10^{-7} \dfrac{t_1 t_2}{d}$

(2) $\displaystyle\int_a^b x f(x) dx = \dfrac{1}{b-a} \int_a^b x dx = \dfrac{a+b}{2}$

4. 다음의 ≪조건≫에 따라 ≪출력형태≫와 같이 문서를 작성하시오. **(110점)**

≪조건≫
    (1) 그리기 도구를 이용하여 작성하고, 모든 도형(글맵시, 지정된 그림 포함)을 ≪출력형태≫와 같이 작성하시오.
    (2) 도형의 면색은 지시사항이 없으면 색 없음을 제외하고 서로 다르게 임의로 지정하시오.

≪출력형태≫

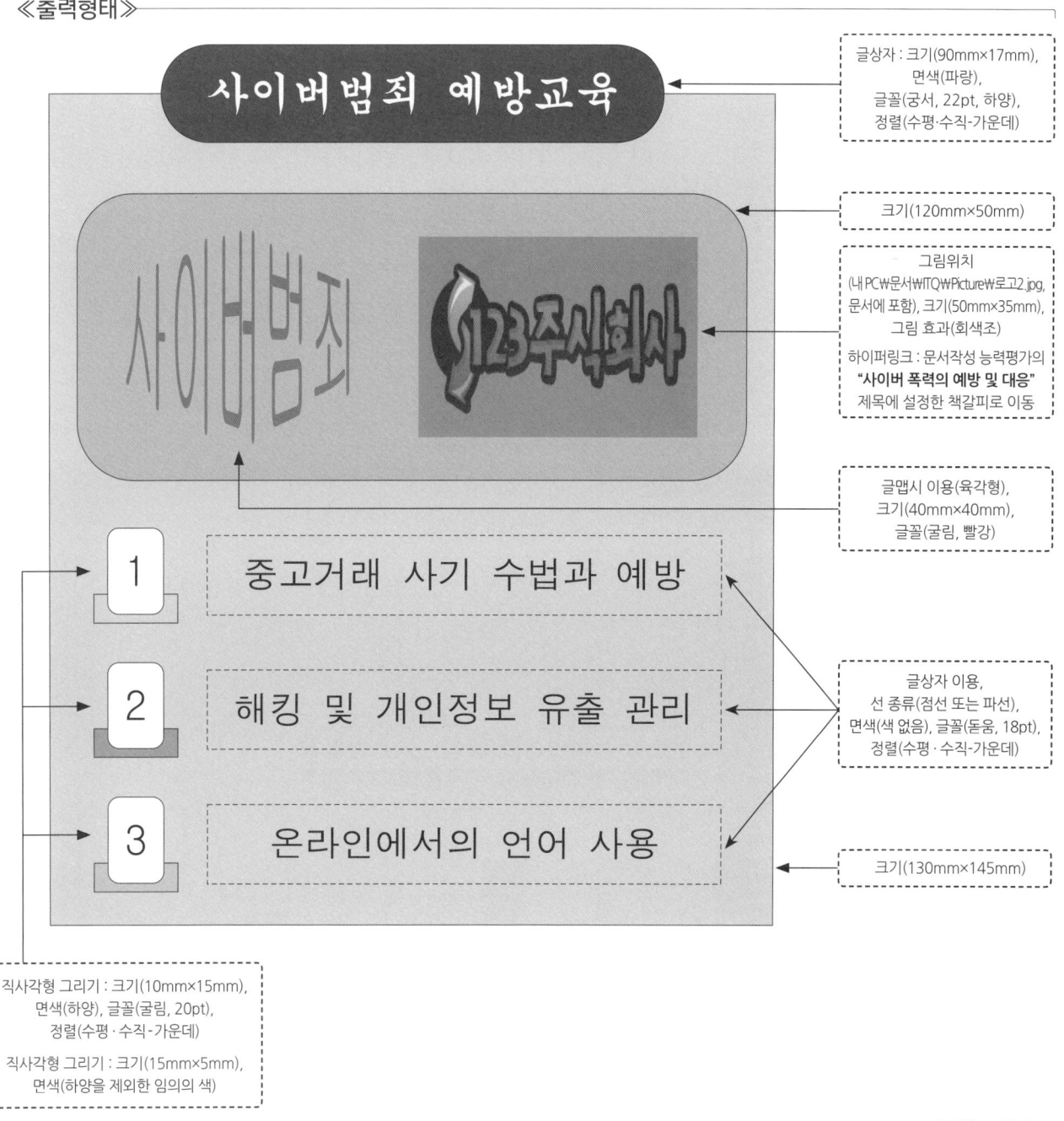

글상자 : 크기(90mm×17mm),
면색(파랑),
글꼴(궁서, 22pt, 하양),
정렬(수평·수직-가운데)

크기(120mm×50mm)

그림위치
(내 PC₩문서₩ITQ₩Picture₩로고2.jpg,
문서에 포함), 크기(50mm×35mm),
그림 효과(회색조)
하이퍼링크 : 문서작성 능력평가의
"사이버 폭력의 예방 및 대응"
제목에 설정한 책갈피로 이동

글맵시 이용(육각형),
크기(40mm×40mm),
글꼴(굴림, 빨강)

글상자 이용,
선 종류(점선 또는 파선),
면색(색 없음), 글꼴(돋움, 18pt),
정렬(수평·수직-가운데)

크기(130mm×145mm)

직사각형 그리기 : 크기(10mm×15mm),
면색(하양), 글꼴(굴림, 20pt),
정렬(수평·수직-가운데)
직사각형 그리기 : 크기(15mm×5mm),
면색(하양을 제외한 임의의 색)

1. 다음의 ≪조건≫에 따라 스타일 기능을 적용하여 ≪출력형태≫와 같이 작성하시오.　　　　**(50점)**

≪조건≫　　(1) 스타일 이름 - counseling
　　　　　　(2) 문단 모양 - 왼쪽 여백 : 15pt, 문단 아래 간격 : 10pt
　　　　　　(3) 글자 모양 - 글꼴 : 한글(궁서)/영문(돋움), 크기 : 10pt, 장평 : 95%, 자간 : 5%

≪출력형태≫

If you need help with crisis or psychological problems such as youth violence, you can get services such as crisis intervention and emergency rescue through the local youth counseling welfare center.

청소년의 학업, 진로, 또래 관계 등의 고민이나 위기 상황(가출, 인터넷 중독 등)으로 도움이 필요한 경우 지역 내 청소년상담복지센터를 통해 위기개입, 긴급구조 등의 서비스를 제공받을 수 있다.

2. 다음의 ≪조건≫에 따라 ≪출력형태≫와 같이 표와 차트를 작성하시오.　　　　**(100점)**

≪표 조건≫　　(1) 표 전체(표, 캡션) - 굴림, 10pt
　　　　　　　(2) 정렬 - 문자 : 가운데 정렬, 숫자 : 오른쪽 정렬
　　　　　　　(3) 셀 배경(면색) : 노랑
　　　　　　　(4) 한글의 계산 기능을 이용하여 빈칸에 합계를 구하고, 캡션 기능 사용할 것
　　　　　　　(5) 선 모양은 ≪출력형태≫와 동일하게 처리할 것

≪출력형태≫

연도별 사이버범죄(해킹) 발생 현황(단위 : 건)

구분	계정도용	단순침입	자료유출	자료훼손	합계
2020년	1,067	1,621	130	358	
2019년	751	1,458	114	341	
2018년	721	1,003	114	340	
2017년	1,160	904	67	299	

≪차트 조건≫　(1) 차트 데이터는 표 내용에서 구분별 2020년, 2019년, 2018년의 값만 이용할 것
　　　　　　　(2) 종류 - <묶은 세로 막대형>으로 작업할 것
　　　　　　　(3) 제목 - 굴림, 진하게, 12pt,
　　　　　　　　　　속성 - 채우기(밝은 색 : 하양), 테두리, 그림자(바깥쪽 : 대각선 오른쪽 아래)
　　　　　　　(4) 제목 이외의 전체 글꼴 - 굴림, 보통, 10pt
　　　　　　　(5) 축제목과 범례는 ≪출력형태≫와 동일하게 처리할 것

≪출력형태≫

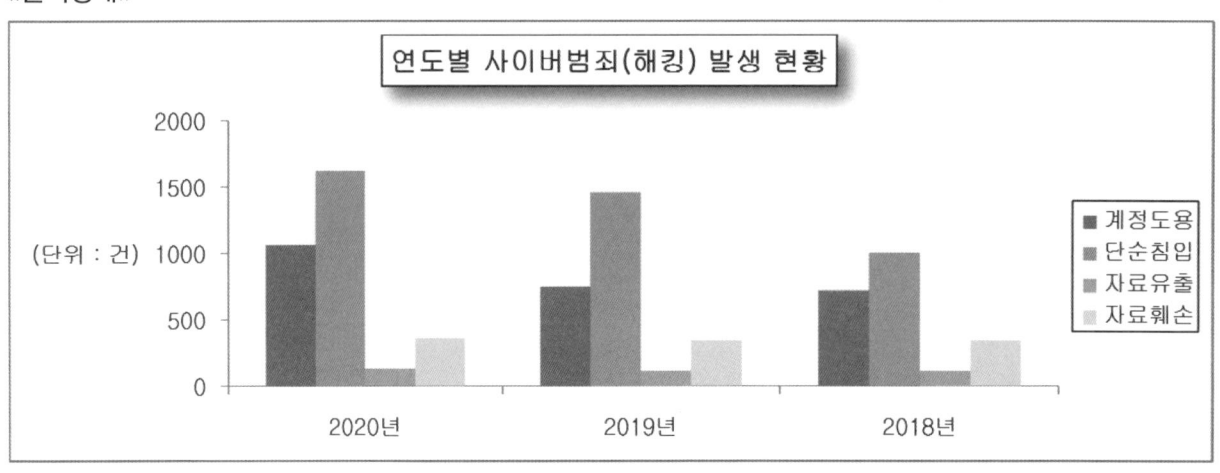

정보기술자격(ITQ) 시험 　　한컴오피스

과목	코드	문제유형	시험시간	수험번호	성 명
아래한글	1111	C	60분		

수험자 유의사항

● 수험자는 문제지를 받는 즉시 문제지와 **수험표상의 시험과목(프로그램)이 동일한지 반드시 확인**하여야 합니다.

● 파일명은 본인의 "수험번호-성명"으로 입력하여 답안폴더(내 PC₩문서₩ITQ)에 하나의 파일로 저장해야 하며, 답안 문서 파일명이 "수험번호-성명"과 일치하지 않거나, 답안파일을 전송하지 않아 미제출로 처리될 경우 실격 처리합니다 (예:12345678-홍길동.hwpx).

● 답안 작성을 마치면 파일을 저장하고, '답안 전송' 버튼을 선택하여 감독위원 PC로 답안을 전송하십시오. 수험생 정보와 저장한 파일명이 다를 경우 전송되지 않으므로 주의하시기 바랍니다.

● 답안 작성 중에도 **주기적으로 저장하고, '답안 전송'**하여야 문제 발생을 줄일 수 있습니다. 작업한 내용을 저장하지 않고 전송할 경우 이전에 저장된 내용이 전송되오니 이점 유의하시기 바랍니다.

● 답안문서는 지정된 경로 외의 다른 보조기억장치에 저장하는 경우, 지정된 시험 시간 외에 작성된 파일을 활용할 경우, 기타 통신수단(이메일, 메신저, 네트워크 등)을 이용하여 타인에게 전달 또는 외부 반출하는 경우는 부정 처리합니다.

● 시험 중 부주의 또는 고의로 시스템을 파손한 경우는 수험자가 변상해야 하며, <수험자 유의사항>에 기재된 방법대로 이행 하지 않아 생기는 불이익은 수험생 당사자의 책임임을 알려 드립니다.

● 문제의 조건은 한컴오피스 2022 / 2020 버전으로 설정되어 있으니 유의하시기 바랍니다.

● 시험을 완료한 수험자는 답안파일이 전송되었는지 확인한 후 감독위원의 지시에 따라 문제지를 제출하고 퇴실합니다.

답안 작성요령

● **온라인 답안 작성 절차** : 수험자 등록 → 시험 시작 → 답안파일 저장 → 답안 전송 → 시험 종료

● **공통 부문**
　• 글꼴에 대한 기본설정은 함초롬바탕, 10포인트, 검정, 줄간격 160%, 양쪽정렬로 합니다.
　• 색상은 조건의 색을 적용하고 색의 구분이 안 될 경우에는 RGB 값을 적용하십시오.
　　(빨강 255,0,0 / 파랑 0,0,255 / 노랑 255,255,0)
　• 각 문항에 주어진 ≪조건≫에 따라 작성하고 언급하지 않은 조건은 ≪출력형태≫와 같이 작성합니다.
　• 용지여백은 왼쪽·오른쪽 11㎜, 위쪽·아래쪽·머리말·꼬리말 10㎜, 제본 0㎜로 합니다.
　• 그림 삽입 문제의 경우「내 PC₩문서₩ITQ₩Picture」폴더에서 지정된 파일을 선택하여 삽입하십시오.
　• 삽입한 그림은 반드시 문서에 포함하여 저장해야 합니다(미포함 시 감점 처리).
　• 각 항목은 지정된 페이지에 출력형태와 같이 정확히 작성하시기 바라며, 그렇지 않을 경우에 해당 항목은 0점 처리됩니다.
　　※ 페이지구분 : 1페이지 - 기능평가 I (문제번호 표시 : 1. 2.), 2페이지 - 기능평가 II (문제번호 표시 : 3. 4.), 3페이지 - 문서작성 능력평가

● **기능평가**
　• 문제와 ≪조건≫은 입력하지 않으며 문제번호와 답(≪출력형태≫)만 작성합니다.
　• 4번 문제는 묶기를 했을 경우 0점 처리됩니다.

● **문서작성 능력평가**
　• A4 용지(210㎜×297㎜) 1매 크기, 세로 서식 문서로 작성합니다.
　• ┈┈ 표시는 문서작성에 대한 지시사항이므로 작성하지 않습니다.

글꼴 : 돋움, 18pt, 진하게, 가운데 정렬
책갈피 이름 : 물류산업
덧말 넣기

머리말 기능
굴림, 10pt, 오른쪽 정렬 → 스마트 물류

물류산업의 자동화
제15회 국제물류산업전

문단 첫 글자 장식 기능
글꼴 : 궁서, 면색 : 노랑

각주

그림위치(내 PC\문서\ITQ\Picture\그림5.jpg, 문서에 포함)
자르기 기능 이용, 크기(40mm×35mm), 바깥 여백 왼쪽 : 2mm

물류란 물적 유통(Physical Distribution)의 줄인 말로 생산자로부터 소비자로의 물건의 흐름을 가리킨다. 물류는 소유의 효용(效用)을 만족시켜주는 거래를 제외한 장소와 시간의 효용을 창출하는 부분으로 상품을 수송, 하역㉮, 보관, 포장하는 과정과 유통가공이나 수송 기초시설 등의 물자유통 과정 그리고 통신(通信) 기초시설과 정보망 등의 정보유통 개념을 모두 포함한다. 국내 물류산업은 IT, 전자상거래 등 첨단산업과 융합하여 유망 서비스업으로 진화를 거듭하고 있으며 최근에는 일반 택배와 같은 물류시장이 급성장하며 국민생활에 대한 기여도가 날로 커지고 있다.

최신 물류기술을 선보이는 제15회 국제물류산업전은 300여개사 1,500부스 규모로 진행될 예정이며, 코로나 19 장기화에 따라 전시부스 외에도 국내외 바이어를 대상으로 한 온라인 상담시스템을 구축하여 포스트 코로나에 대응할 계획이다. 국제물류산업전은 효과적인 물류 시스템, 물류합리화의 효율성 향상에 필요한 최신 정보를 제공하며 기업 물류비 절감의 핵심, 물류자동화 시스템과 운송 시스템, 하드웨어와 소프트웨어 간의 최적화된 솔루션에 대한 올바른 길을 제시하고 있다.

글꼴 : 궁서, 18pt, 하양
음영색 : 파랑

★ 전시개요

1. 일시 및 장소

① 일시 : 2025년 8월 11일 - 14일, 4일간

② 장소 : 고양시 킨텍스 제1전시장

2. 주최 및 후원

① 주최 : 한국통합물류협회, 경연전람, 케이와이엑스포

② 후원 : 국토교통부

문단 번호 기능 사용
1수준 : 20pt, 오른쪽 정렬,
2수준 : 30pt, 오른쪽 정렬
줄 간격 : 180%

표 전체 글꼴 : 굴림, 10pt, 가운데 정렬
셀 배경(그러데이션) : 유형(가로),
시작색(노랑), 끝색(하양)

글꼴 : 궁서, 18pt, 기울임, 강조점

★ 국제물류산업전 관련 주요 세미나

날짜	세미나명	주최/주관	장소
8월 11일	데이터 인사이트: 글로벌 바이어를 사로잡는 K-뷰티 트렌드	K-뷰티협회	세미나실 A
8월 12일	2년안에 K-뷰티로 해외 60개국 진출솔루션	뷰티매거진	세미나실 B
	천연 원료, 미래를 디자인하다(지속 가능한 두피케어 원료)	웰빙헤어	
8월 13일	B2B 플랫폼 시대, 데이터로 완성하는 수출 전략	K-뷰티협회	세미나실 A

글꼴 : 돋움, 24pt, 진하게
장평 : 105%, 오른쪽 정렬 → 국제물류산업전

각주 구분선 : 5cm

㉮ 화물수송 과정에서 짐을 싣고 내리는 일체의 현장 처리 작업

쪽 번호 매기기
7로 시작 → VII

3. 다음 (1), (2)의 수식을 수식 편집기로 각각 입력하시오. **(40점)**

≪출력형태≫

(1) $Q = \dfrac{F}{h_2} = \dfrac{1}{3}\dfrac{N}{h^3}m\overline{g^2}$

(2) $G = 2\displaystyle\int_{\frac{a}{2}}^{a}\dfrac{b\sqrt{a^2 - x^2}}{a}dx$

4. 다음의 ≪조건≫에 따라 ≪출력형태≫와 같이 문서를 작성하시오. **(110점)**

≪조건≫

　(1) 그리기 도구를 이용하여 작성하고, 모든 도형(글맵시, 지정된 그림 포함)을 ≪출력형태≫와 같이 작성하시오.

　(2) 도형의 면색은 지시사항이 없으면 색 없음을 제외하고 서로 다르게 임의로 지정하시오.

≪출력형태≫

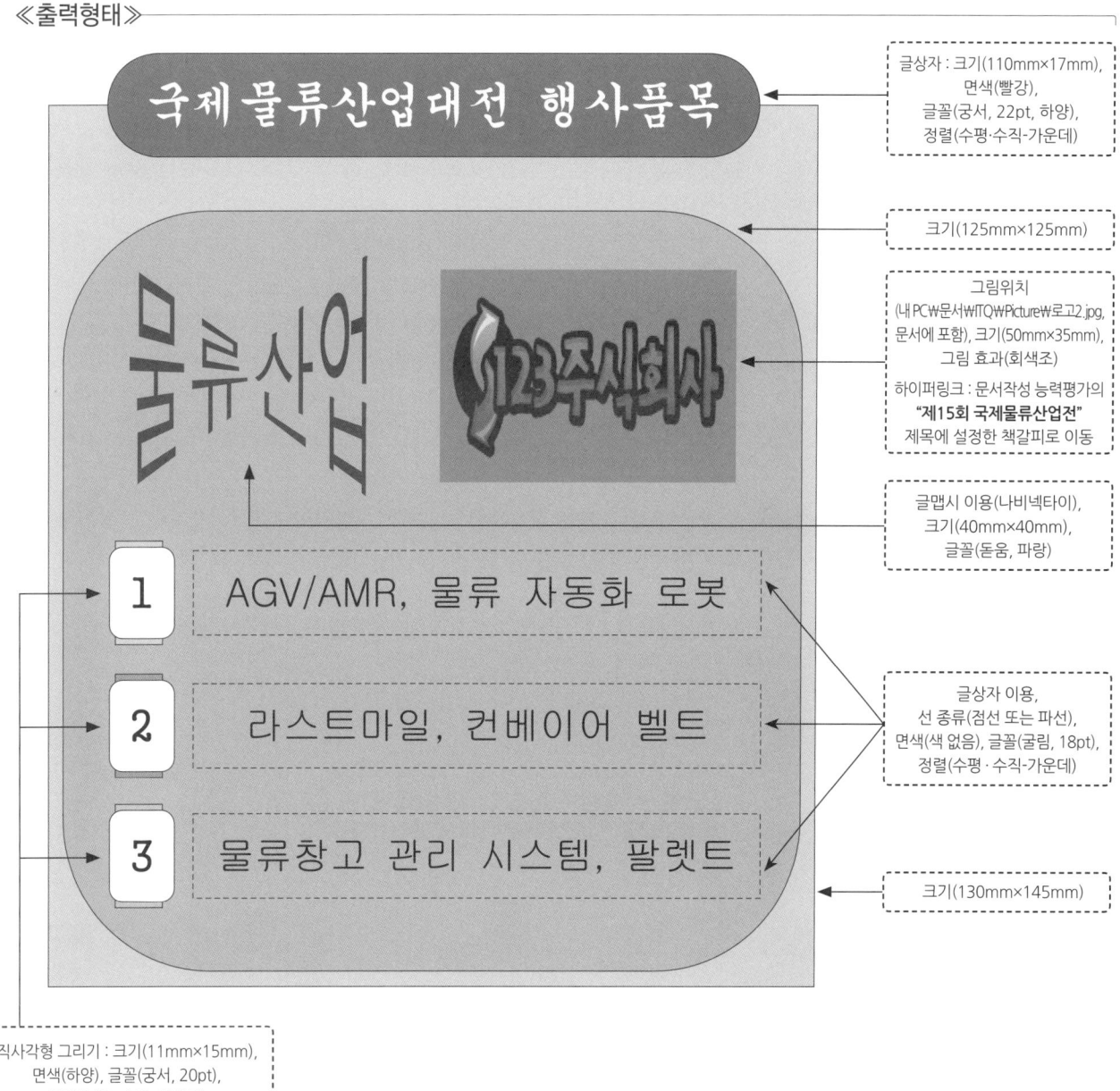

글상자 : 크기(110mm×17mm),
면색(빨강),
글꼴(궁서, 22pt, 하양),
정렬(수평·수직-가운데)

크기(125mm×125mm)

그림위치
(내 PC₩문서₩ITQ₩Picture₩로고2.jpg,
문서에 포함), 크기(50mm×35mm),
그림 효과(회색조)

하이퍼링크 : 문서작성 능력평가의
"제15회 국제물류산업전"
제목에 설정한 책갈피로 이동

글맵시 이용(나비넥타이),
크기(40mm×40mm),
글꼴(돋움, 파랑)

글상자 이용,
선 종류(점선 또는 파선),
면색(색 없음), 글꼴(굴림, 18pt),
정렬(수평·수직-가운데)

크기(130mm×145mm)

직사각형 그리기 : 크기(11mm×15mm),
면색(하양), 글꼴(궁서, 20pt),
정렬(수평·수직-가운데)

직사각형 그리기 : 크기(8mm×17mm),
면색(하양을 제외한 임의의 색)

1. 다음의 ≪조건≫에 따라 스타일 기능을 적용하여 ≪출력형태≫와 같이 작성하시오.　　　　**(50점)**

≪조건≫　　(1) 스타일 이름 - logistics
　　　　　　(2) 문단 모양 - 왼쪽 여백 : 15pt, 문단 아래 간격 : 10pt
　　　　　　(3) 글자 모양 - 글꼴 : 한글(굴림)/영문(돋움), 크기 : 10pt, 장평 : 105%, 자간 : 5%

≪출력형태≫

KOREA MAT 2025 is the only professional trade exhibition of logistics industry in KOREA exhibiting materials handling & logistics from software to hardware after packaging process.

국제물류산업전은 업계 전문가들이 교류하고, 혁신을 탐구하며, 한국 및 아시아-태평양 지역의 물류 및 자재 취급 분야에서 운영 효율성을 높일 수 있는 주요 플랫폼이다.

2. 다음의 ≪조건≫에 따라 ≪출력형태≫와 같이 표와 차트를 작성하시오.　　　　**(100점)**

≪표 조건≫　　(1) 표 전체(표, 캡션) - 돋움, 10pt
　　　　　　　(2) 정렬 - 문자 : 가운데 정렬, 숫자 : 오른쪽 정렬
　　　　　　　(3) 셀 배경(면색) : 노랑
　　　　　　　(4) 한글의 계산 기능을 이용하여 빈칸에 평균(소수점 두 자리)을 구하고, 캡션 기능 사용할 것
　　　　　　　(5) 선 모양은 ≪출력형태≫와 동일하게 처리할 것

≪출력형태≫

연도별 국제물류산업전 관람객 현황(단위 : 명)

구분	1일차	2일차	3일차	4일차	평균
2024년	13,842	18,483	18,102	10,377	
2023년	12,084	16,054	12,543	10,112	
2022년	13,045	15,221	13,569	9,089	
2021년	10,548	14,899	11,325	9,892	

≪차트 조건≫　(1) 차트 데이터는 표 내용에서 구분별 2024년, 2023년, 2022년의 값만 이용할 것
　　　　　　　(2) 종류 - <묶은 세로 막대형>으로 작업할 것
　　　　　　　(3) 제목 - 돋움, 진하게, 12pt,
　　　　　　　　　　　속성 - 채우기(밝은 색 : 하양), 테두리, 그림자(바깥쪽 : 대각선 오른쪽 아래)
　　　　　　　(4) 제목 이외의 전체 글꼴 - 돋움, 보통, 10pt
　　　　　　　(5) 축제목과 범례는 ≪출력형태≫와 동일하게 처리할 것

≪출력형태≫

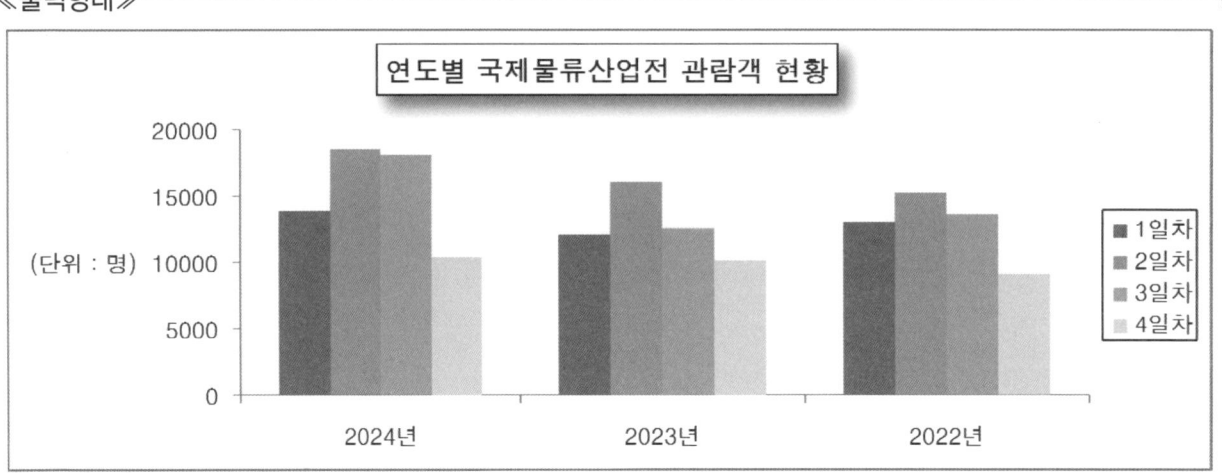